충북대학교 교양교재

BIG DATA

빅데이터 이해와 활용

조완섭 _ 충북대학교 경영정보학과 교수 최상현 _ 충북대학교 경영정보학과 교수 나종화 _ 충북대학교 정보통계학과 교수
류관희 _ 충북대학교 소프트웨어학과 교수 김용채 _ 충북대학교 기업정보화센터 수석연구원

충북대학교 출판부

빅데이터 이해와 활용

편 저 자 | 조완섭, 최상현, 나종화, 류관희, 김용채
발 행 처 | 충북대학교 출판부
발 행 인 | 윤 여 표
주 소 | 28644 충북 청주시 서원구 충대로1
전 화 | 043-261-2952, 3014 FAX | 043-274-1256
이 메 일 | presscbu@chungbuk.ac.kr
등록번호 | 제1983-2001-7호
초판1쇄 | 2015.02.27.
초판3쇄 | 2018.03.13.
인 쇄 처 | 케이프린텍(053-313-3673)

*이 저서는 2014학년도 충북대학교 학술도서지원사업에 의하여 발행되었음
(This work was supported by the academic books of the Chungbuk National University in 2014).

판매가 20,000원

ISBN 978-89-7295-230-5 93000

빅데이터 이해와 활용

조완섭(충북대학교 경영정보학과 교수)
최상현(충북대학교 경영정보학과 교수)
나종화(충북대학교 정보통계학과 교수)
류관희(충북대학교 소프트웨어학과 교수)
김용채(충북대학교 기업정보화센터 수석연구원)

서 문

2010년을 기점으로 데이터 생성이 폭발적으로 증가하는 빅데이터 시대로 진입하였습니다. 매년 전 세계에서 발생하는 데이터는 40%씩 증가하고 있으며, 빅데이터의 활용으로 미국의 의료건강 분야에서만 연간 3,300억달러 가치생산 효과가 있으며, 유럽의 공공분야에서만 2,500억 유로의 절감효과가 있다고 합니다. 빅데이터는 기존의 컴퓨팅 기술로는 다루기 불가능한 초대규모 정형 및 비정형 데이터에 대한 관리와 분석에 필요한 제반기술과 인력을 의미하고 있습니다. 맥킨지 보고서에 따르면 2018년까지 미국에서만 19만명의 데이터 분석전문가가 추가로 필요하고, 150만명의 데이터 기반 관리자 수요가 있다고 예측하였습니다.

빅데이터는 기술의 범주를 벗어나 이미 정치, 사회, 문화, 산업 등 국가적인 핵심 이슈로 부상하고 있습니다. SNS를 통하여 민심과 고객의 성향을 미리 파악하여 대처하고 있으며, 각종 센서 데이터를 분석하여 교통이나 거대 시설의 안전을 획기적으로 개선하는 사례가 속속 발표되고 있습니다. 또한 제조분야의 스마트 팩토리, 자동차 분야의 스마트 카 등도 빅데이터 기술의 응용분야입니다. 빅데이터는 세상을 빠르고, 정확하며, 투명하고 안전하게 바꾸는 원동력이 되고 있으며, 그 결과 기업과 국가의 경쟁력을 획기적으로 높이고 있습니다. 빅데이터 기술이 사회 전반에 스며들어 각 분야를 혁신적으로 바꾸어 나갈 때 선진국가로의 진입도 가능할 것입니다.

이 책은 빅데이터를 각자의 전공분야에 활용하려고 하는 사람들을 위해 준비한 입문서입니다. 빅데이터를 한 학기 동안 강의하는 대학의 교재나 직장에서 빅데이터에 입문하려는 사람들이 알아야 할 필요한 사항들로 구성하였습니다. 이 책과 함께 빅데이터 시대의 전문가로 출발하기를 기대합니다.

2015년 1월

저자일동

목 차

빅데이터 이해와 활용

1 장

빅데이터 시대와 활용사례

1장 빅데이터 시대와 활용사례

1.1 빅데이터 시대

1.1.1 개요

전세계의 데이터는 매년 40%씩 증가하고 있으며, 2010년에 zettabyte 시대에 진입하였다고 한다[MCK2011]. 1 zettabyte는 미국 의회도서관에 소장된 데이터(2011년 기준, 235 TB)의 400만배에 이르는 방대한 분량이다. 이러한 데이터 생성은 매달 10억개의 트위트 데이터, 매달 300억개의 페이스북 메시지, 1조대 이상의 모바일 기기 보급 등과 같은 고도 정보화 시대의 산물이다. <그림 1-1>은 빅데이터에 관한 주요 지표를 정리한 표이다[MCK2011].

Big Data – 폭증하는 데이터
$600 - 세상의 모든 음악을 저장할 수 있는 디스크 구매 비용
50억대 – 2010년에 모바일 폰 대수
300억개 – 매달 FaceBook에 공유되는 메시지 개수
40% - 매년 글로벌 데이터 증가율
235 테라 바이트 – 비국 의회도서관에서 2011년 4월까지 수집된 데이디 량

Big Data – 가치 창출의 원천
3000억 달러 – 미국 healthcare 부문에서 빅데이터 활용의 연간가치
2500억 유로 – 유럽 공공부문에서 빅데이터 활용의 연간가치
6000억 달러 – 개인 위치정보 사용으로 인한 연간 소비자 잉여가치(consumer surplus)
140,000명 ~ 190,000 명 – 미국의 빅데이터 분석 전문가 수요
1,500,000명 – 미국의 빅데이터 활용기반의 관리자 수요

<그림 1-1> 빅데이터와 그 가치[MCK2011]

폭발적으로 생성되고 있는 빅데이터를 활용하면 엄청난 경제적 가치가 있다는 사실이 밝혀지면서 선진국을 중심으로 빅데이터 기술과 활용에 관심이 지대하다. 미국

의 과학기술정책자문위원회는 2010년 "모든 연방정부는 빅데이터 전략 수립이 필요하다"라고 제시하고, 2012년 3월 빅데이터 연구개발에 2억달러 이상을 투입한다는 계획을 발표하였다[NIA2012]. 맥킨지는 빅데이터를 미국에서 의료 및 건강분야에 활용하면 년간 3,300억 달러의 가치가 예상되고, 유럽의 공공분야에 활용하면 2,500억 유로의 절감효과가 있을 것으로 예측하였다[MCK2011]. 또한, 2018년까지 미국에서만 연간 14만명에서 19만명의 데이터 분석 전문가가 추가로 필요하고, 150만명의 데이터 기반 관리자가 필요한 것으로 추정되었다[MCK2011]. 데이터 기반 관리자란 데이터 분석결과를 기반으로 자신의 업무에서 의사결정을 수행할 수 있는 사람들로써 재직자에 관한 빅데이터 교육의 중요성을 강조하는 말이다.

빅데이터는 "기존의 컴퓨팅 기술로는 저장, 관리, 분석이 불가능할 정도로 큰 데이터의 집합 및 관련 기술과 인력을 통칭하는 의미"로 사용되고 있다. 빅데이터의 출발은 IT 기술이지만 이미 과학기술과 산업은 물론 사회, 문화, 정치 등으로 확산되고 있다. 소셜 미디어 빅데이터 분석은 이제 대통령 선거나 국회의원 선거에서 유권자의 마음을 읽는 중요한 수단이 되고 있으며, 기업에서 고객의 목소리를 신속하고 정확하게 파악하는데 활용되고 있다.

빅데이터의 특징은 3Vs (Value, Variety, Velocity)로 설명된다. 상황에 따라서 "저렴한 비용"이라는 의미의 Value를 포함시켜 4Vs로 말하기도 한다. <표 1-1>은 빅데이터의 특징을 보여주고 있다.

<표 1-1> 빅데이터의 특징

	기존 데이터	빅데이터
크기(volume)	MB, GB	TB, PT
다양성(variety)	정형 데이터 위주 (매출, 주문, 재고, 인사, 고객 데이터)	비정형 데이터 (동영상, SNS, Stream data 등)
속도(velocity)	수시간~수주	수초~수분 (실시간 분석요구)

빅데이터의 생성원천은 크게 다섯가지 정도로 구분할 수 있다[조완섭2014]. 첫째, ERP(Enterprise Resource Planning)나 Databases 등과 같은 기업정보시스템과 전자상거래 시스템에서 생성하는 비즈니스 데이터의 급증이다. TESCO사는 매달 15억건 이상의 고객 및 구매관련 데이터를 수집하고 있으며, 수많은 기업들에서 자동화된 업무처

리의 결과로 거래 데이터가 축적되고 있다. 두 번째 유형은 멀티미디어 콘텐츠이다. YouTube, CC 카메라, CT/MRI 등 다양한 이미지/비디오 데이터가 도처에서 생성되고 있으며, 이와 같은 멀티미디어는 빅데이터에서 가장 큰 비중을 차지하고 있다. 세 번째 유형은 빅데이터 소스는 소셜 미디어이다. Twitter, Facebook, 카카오톡 등에서 생성되는 text/image/video의 크기는 상상을 초월할 정도이고, 이들을 분석하면 고객의 마음을 신속하고 정확하게 파악할 수 있으므로 마케팅이나 선거 등에서 중요한 분석 대상이 되고 있다. 네 번째 유형은 생체정보이다. 각종 의료정보, 유전자, 홍체, 지문 등 의생명 관련 데이터는 가장 방대하고 복잡하면서도 분석의 가치가 가장 높은 빅데이터로 알려져 있다. 마지막으로 M2M/IoT 스트림 데이터로써 각종 센서에서 '365일 24시간' 쏟아지는 데이터이다. 2020년 무선 통신망에 연결된 단말기 개수가 500억개를 돌파할 것으로 예상되고 있으며[ERI2011], 이들이 생성하는 데이터가 빅데이터의 중요한 소스가 될 것이다.

빅데이터를 분석하면 현대 인류가 직면한 난제를 해결하는데 크게 기여할 것으로 예측하고 있다[MCK2011]. Economist지는 빅데이터를 효과적으로 분석하면 전세계가 직면한 환경, 에너지, 식량, 의료문제에 대한 해결책을 제시할 것이라고 예측하였다. 의료 분야의 예를 들면 캐나다의 대학병원에서 미숙아실에 설치된 각종 첨단의료기기의 빅데이터를 분석하여 미숙아들의 감염여부를 기존의 2시간 전에 예측하던 것을 24시간 전에 예측할 수 있도록 개선하였다[KBS2012]. 이를 통하여 유아 사망률을 대폭 감소시켰으며, 결과적으로 의료비 절감과 의료산업의 혁신 사례로 소개되고 있다. Gartner 보고서는 데이터가 21세기 원유이고, 미래 경쟁력을 좌우하는 핵심이라고 전망하였다. 기업 및 조직들은 이미 다가선 데이터 경제시대를 이해하고 데이터 시대를 준비해야 한다. McKinsey는 빅데이터를 활용하면 기업 및 공공분야 경쟁력 확보와 생산성 개선, 비즈니스 혁신, 신규 비즈니스 창출이 가능할 것으로 예측하였다. 이러한 예측을 기반으로 선진국들은 빅데이터를 통하여 국가와 산업의 경쟁력을 높이는 경쟁을 이미 시작하였다.

<그림 1-2>는 분야별 빅데이터 활용 효과를 보여주고 있다. 의료 및 건강분야의 가치가 높음을 알 수 있으며, 공공부문에서의 빅데이터 가치도 매우 높게 전망되고 있다. 나열된 분야 외에도 전체 산업분야와 국가사회 전반적으로 빅데이터 활용의 효과는 가늠하기 힘들 정도로 방대할 것으로 예측되고 있다.

자료: McKinsey (2011.05)

<그림 1-2> 빅데이터 효과

1.1.2 데이터 과학자

데이터 과학자(data scientist)는 데이터 분석을 통하여 가치를 창출하는 전문가를 의미하며, 최근들어 선진국을 중심으로 인기가 치솟고 있는 신규직종이다. 주요 언론기관들의 데이터 과학자에 대한 언급은 <그림 1-3>과 같다. 데이터 과학자의 특성을 잘 표현한 말이다.

데이터 과학자가 예술적인 안목을 가져야 한다는 의미는 거대한 쓰레기 더미 같은 빅데이터를 수집, 정제, 분류, 요약하여 중요한 의미를 발견하고, 직관적으로 이해할 수 있도록 가시화하는 일은 예술가의 영역과 비슷한 것이다. 데이터 과학자는 방대하고 복잡한 데이터로부터 통찰력을 찾기 위해 인내력을 가져야 하므로 복잡한 사건을 해결하는 과학 수사관에 비유하기도 한다 (<그림 1-4> 참고).

미래에는 데이터 과학자 뿐 아니라 모든 분야의 종사자들이 빅데이터를 다룰 수 있는 능력을 가져야 할 것이다. 예를들어 재무, 금융, 회계 분야 종사자들은 방대한 재무 데이터를 실시간으로 고도분석하여 기업의 전략을 결정하는데 필요한 통찰력을 확보해야 하며, 의료 종사자들도 방대한 데이터 분석을 통하여 더 나은 의료 서비스를 제공할 수 있어야 경쟁력을 확보할 수 있을 것이다. 이러한 관점에서 재직자에 대한 빅데이터 교육의 필요성이 강조되고 있다.

<그림 1-3> 데이터 과학자에 대한 묘사

<그림 1-4> 데이터 과학자와 과학 수사관의 유사성

데이터 과학자가 가져야 할 역량은 벤다이어그램으로 표현될 수 있다. <그림 1-5>는 데이터과 학자가 가져야 할 역량으로 IT 기술 (Hacking Skills), 수리 통계 지식, 현업 지식을 들고 있다(http://www.dataists.com/2010/09/the-data-science-venn-diagram/). 이 세가지를 겸비한 전문가를 데이터 과학자라고 한다. 그림에서 IT 기술과 현업지식을 겸비한 사람을 위험인물(danger zone)으로 묘사하고 있다는 점이 흥미롭다. 수학/통계학적인 지식없이 빅데이터를 처리하고 분석하여 결과를 의사결정에 사용한다면 위험한 상황이 초래될 수 있다는 의미이다. 특히, 그 의사결정이 생명을 다루거나 중요한 국가정책을 결정하는 것이라면 통계학적인 분석 이론의 뒷받침이 필수적이라는 의미이다.

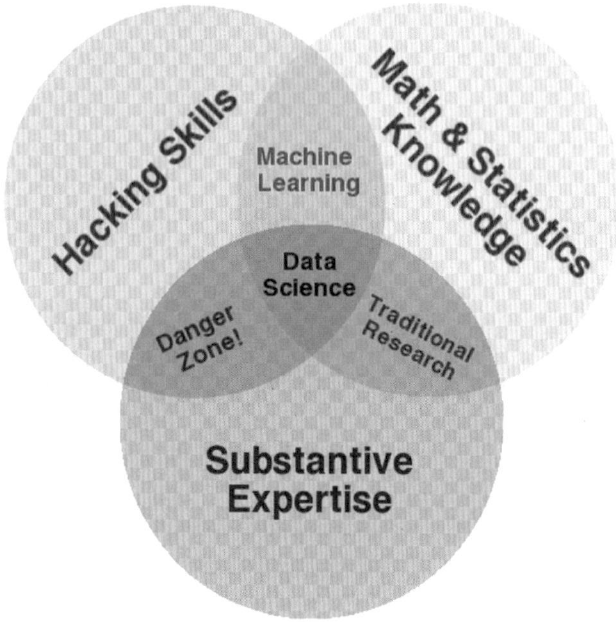

<그림 1-5> 데이터 과학자의 역량

맥킨지 보고서의 예측에 따르면 2018년까지 미국에서만 14만명 ~ 19만명의 데이터 과학자가 신규로 필요한 것으로 전망하였다. 또한, 데이터 분석 기반의 관리자도 150만명이나 추가로 필요하다고 전망하였다[MCK2011]. 이는 기업내 재직자 교육의 중요성을 의미하고 있다. 앞으로 관리자로 진출할 직원들은 조직내 빅데이터를 분석하고, 그 결과를 업무에 활용함으로써 과학적인 의사결정을 해야 할 것이다.

미국 등 선진국에서는 2010년 이후에 데이터 과학자를 양성하는 대학 내 학위과정과 재직자 과정을 활발하게 개설하고 있다[조완섭2013]. 특히, 데이터 과학자들의 연봉이나 취업률도 유사학과 졸업생에 비하여 훨씬 우수함이 벤치마킹 결과 나타나고 있다[MIC2011]. 노스캐롤라이나 주립대학교의 데이터 과학자 석사과정 졸업생을 벤치마킹한 결과 MIT Finance 전공자나 카네기멜론 정보시스템 전공자와 비교하여 급여는 유사하고, 취업률은 10% 이상이 높은 것으로 조사되었다. <그림 1-6>은 미국의 채용 및 급여조사 기관인 indeed.com에서 조사한 실시간 직종별 급여수준으로 데이터 과학자의 경우 미국 내 평균 연봉이 117,000달러로 조사되었다.

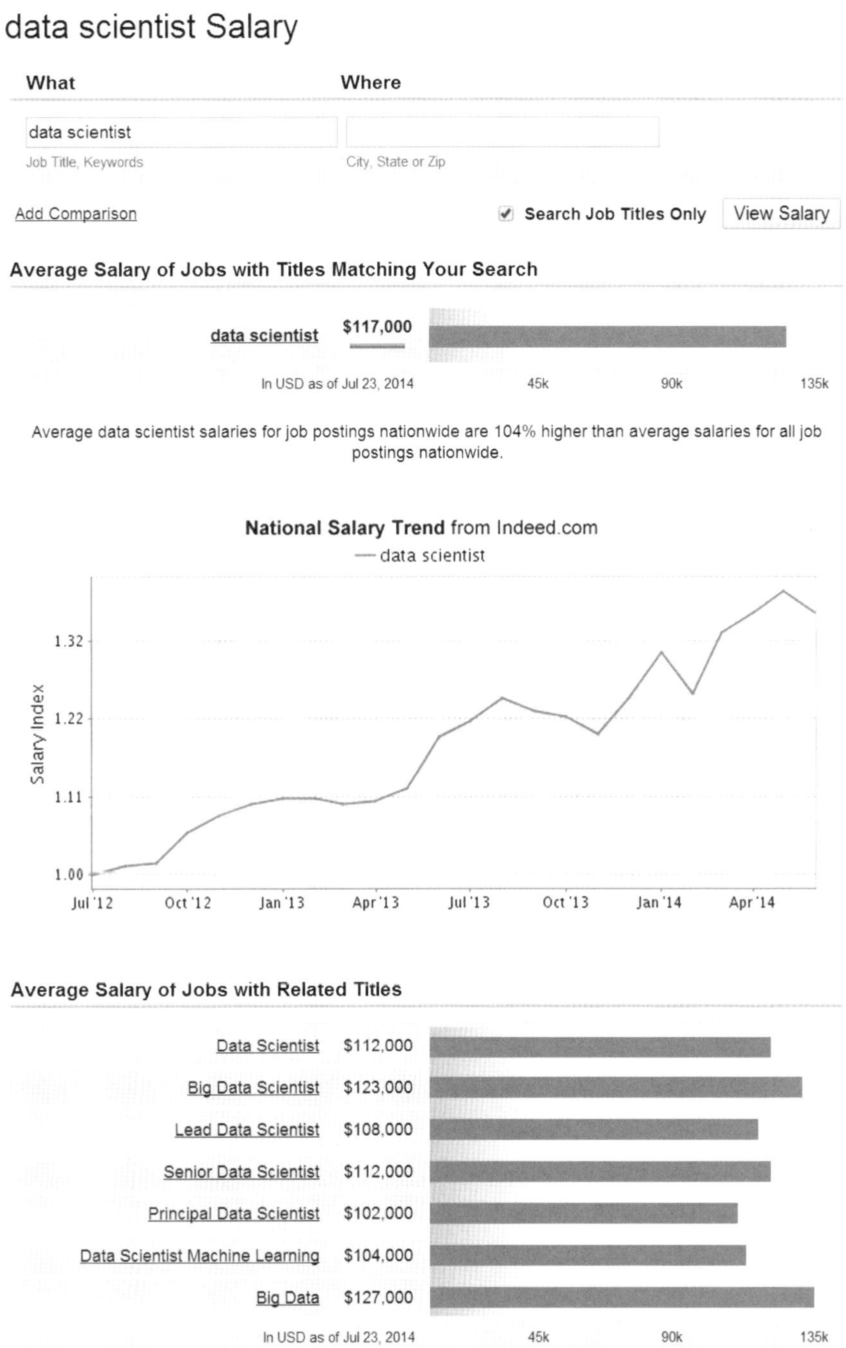

<그림 1-6> 데이터 과학자 급여수준 (http://www.indeed.com/salary, 2014.07.23)

1.1.3 빅데이터 기술

빅데이터는 기존의 데이터에 비하여 크기가 크고, 비정형 데이터를 포함하고 있으며, 실시간 분석이 요구되는 경우가 많으므로 기존의 컴퓨팅 기술과는 다른 기술이 요구된다. <그림 1-7>은 기존의 컴퓨팅 기술이 빅데이터 시대에 어떻게 변경되어야 하는지를 보여주고 있다. 먼저 데이터는 방대한 크기 때문에 하나의 컴퓨터에 데이터를 저장하는 것이 불가능하다. 그래서 수백대, 수천대의 컴퓨터를 연결하여 구성한 **클라우드 컴퓨터**에 데이터를 분산 저장하고, 분산 병렬처리하여 처리 속도를 높이는 기술이 필요하다. 또한 비정형 데이터를 포함하는 경우가 많으므로 다양한 멀티미디어 처리 기능과 자연어 처리 기술이 요구된다. 또한 대규모 데이터를 실시간으로 처리하고 분석하는 요구가 증가하고 있으며, 이를 위하여 메인 메모리 데이터베이스 등 **실시간 처리** 기술이 요구된다. 마지막으로 복잡하고 방대한 데이터로부터 분석된 결과를 직관적으로 표출할 수 있는 **가시화 기법**의 중요성도 강조되고 있다.

분산처리를 위해서는 Hadoop과 같은 특별한 파일 시스템과 NoSQL, Hive 등의 빅데이터용 데이터베이스 관리 시스템(DBMS)이 필요하다. <그림 1-8>은 빅데이터 처리를 위한 요소 기술을 정리한 그림이다. 좌측 하단의 Aggregator는 다양한 소스로부터 빅데이터를 수집하는 기술과 도구이다. 그 우측에는 데이터 저장기술로써 Hadoop 파일 시스템과 NoSQL 등의 데이터베이스 도구들이 있다. 중간 좌측에는 실시간 분석기술들이 있으며, 그 우측에는 배치 분석 기술들이 있다. 기존 마이닝 기술의 확장 버전이나 빅데이터 통계분석 기술(R)이 여기에 배치된다. 상단에는 분석결과를 가시화하거나 (visualization) 사용자와 인터페이스 하는 기술들이고, 우측에는 관리 및 모니터링 기술들이 배치되어 있다.

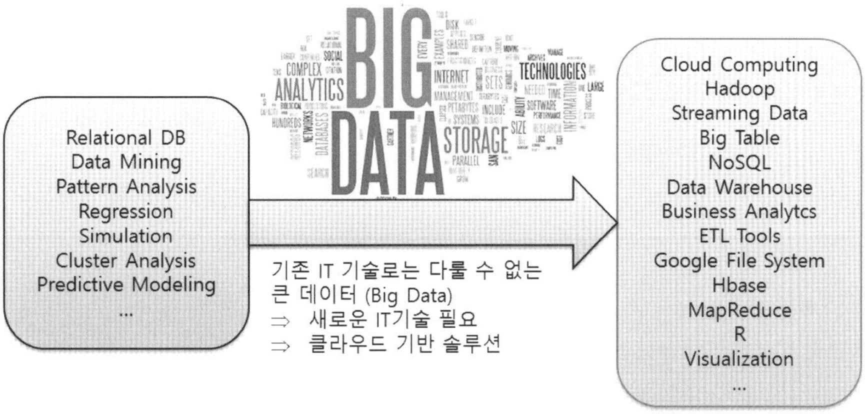

<그림 1-7> 빅데이터 시대와 새로운 IT 기술

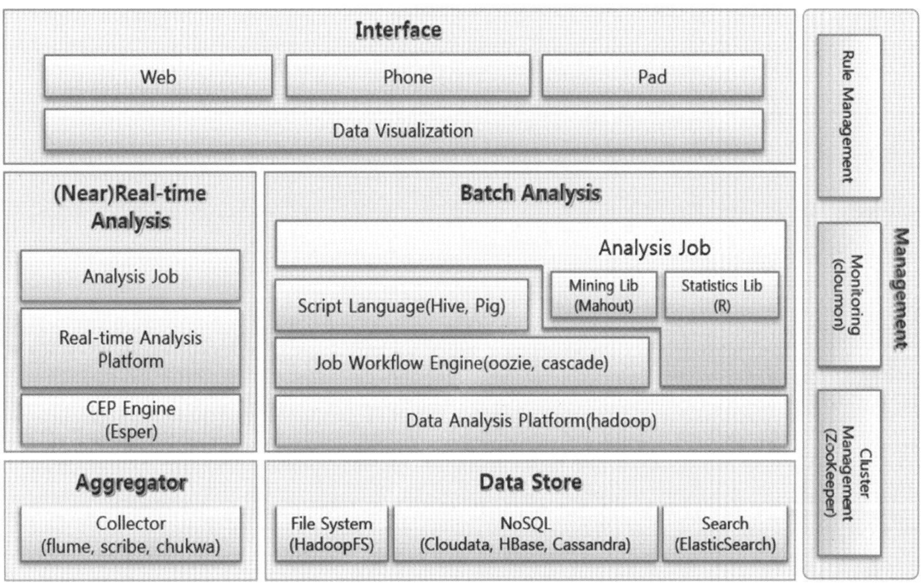

<그림 1-8> 빅데이터의 요소 기술들

이러한 기술들은 대부분 오픈소스라는 점에서 특징이 있다. 즉, 소프트웨어 자체에서 수익이 발생하는 것이 아니라, 이들 기술의 활용과 관련된 컨설팅과 데이터를 수집하고 관리하며 분석하는 곳에서 가치가 발생하는 것이다. 다음에서 빅데이터를 구성하는 대표 기술들을 간단히 살펴본다.

(1) Cloud Computing

여러 대의 컴퓨터들을 연결하고 고성능의 컴퓨터 시스템 만든 것으로 기존 수퍼 컴퓨터나 클러스터 컴퓨터 시스템보다 저가로 확장성 있는 고성능 컴퓨터 시스템을 만들 수 있다. 저장능력이나 컴퓨팅 파워를 계산하여 필요한 만큼의 컴퓨터 대수를 산정하고, 이들을 연결하여 구성함으로써 마치 전기나 수도처럼 필요한 만큼의 컴퓨터를 사용한다는 개념이다. 클라우드 시스템은 국내외적으로 많은 업체들이 서비스를 제공하고 있으며, 필요한 만큼의 자원을 임대 형태로 구매하여 사용할 수도 있다. 국내에서는 KT 등 주요 통신사들이 클라우드 서비스를 시작하였으며, 해외에서도 아마존 등에서 클라우드 서비스를 제공하고 있다.

(2) Hadoop : 분산파일 시스템

Cloud 컴퓨팅의 핵심 소프트웨어로써 분산파일 시스템 기능을 담당한다. 즉, 대규모 데이터를 여러 대의 클라우드 노드들에 분배하여 저장하고, 이들을 관리하는 기능을 담당한다. 데이터의 어느 부분이 어느 컴퓨터에 저장되었는지를 관리하며, 특히 어떤 노드가 고장이 났을 때 이를 대체하여 다른 컴퓨터가 담당하도록 함으로써 신뢰도를 높이고 있다.

(3) Map Reduce

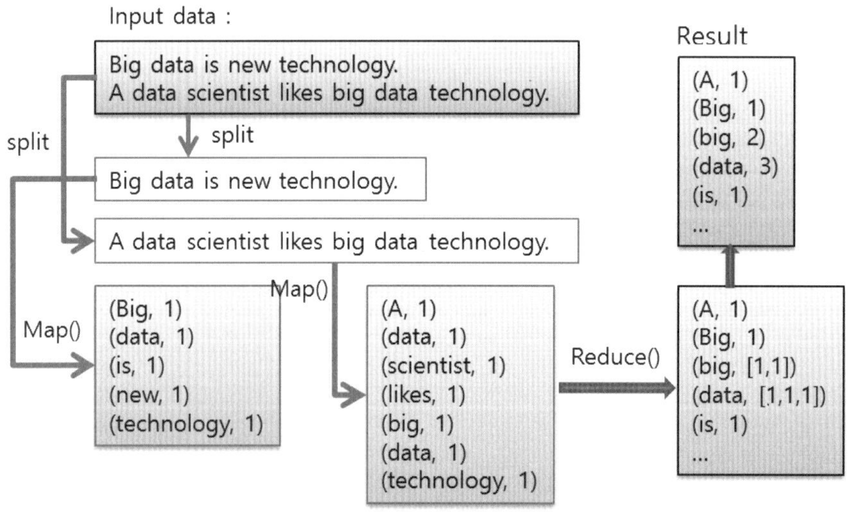

<그림 1-9> Map Reduce의 예제

클라우드 시스템을 구성하는 각 노드가 빅데이터를 분산하여 저장하고, 처리하며 (로컬 결과 산출), 이를 통합하여 최종 결과를 만들어 내는 프로그래밍 기법이다. 한 대의 컴퓨터를 활용하여 데이터를 저장하고, 처리하는 기존의 방식에 적합한 프로그래밍 (알고리즘) 기법들은 클라우드/Hadoop 환경에 적합한 형태, 즉 분산하여 처리하고 로컬 결과를 통합하여 최종 결과를 산출하는 방식으로 변경되어야 하며, Map Reduce가 그 핵심 개념이다.

<그림 1-9>는 Map Reduce의 원리를 보여주고 있다. 문장들을 읽어서 각 단어가 나타나는 회수를 계산하는 문제이다. 두 문장이 입력으로 들어왔을 때 이를 두 대의 컴퓨터를 사용하여 Map Reduce 기법으로 처리하는 과정을 보여주고 있다. Map Reduce 기법은 분산 처리하는 Map 단계와 각자의 처리 결과를 통합하는 Reduce 단계로 구성된다. 먼저 Map 단계에서는 두 문장을 각 컴퓨터에 전달하고, 각 문장 내에서의 단어의 출현빈도를 계산한다 (local result). 다음으로 Reduce 단계에서는 두 개의 local result를 통합하여 전체 문장에서 각 단어의 출현 빈도를 계산한다.

(4) 빅데이터 분석과정 (data lifecycle)

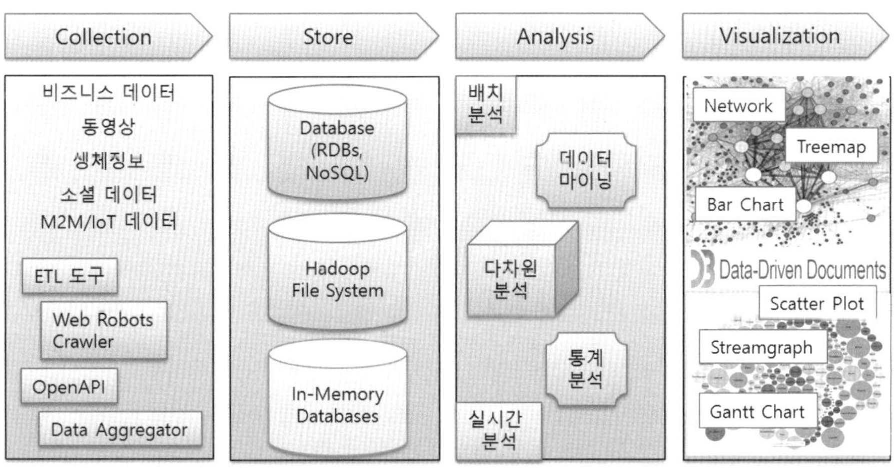

<그림 1-10> 빅데이터 분석과정 (Data lifecycle)

<그림 1-10>은 빅데이터 기술을 활용한 빅데이터 분석과정을 보여주고 있다. 좌측은 데이터 수집 부분이다. 다양한 데이터 소스로부터 데이터를 추출하여 분석하기 용이한 형태로 저장하는 과정이다. 그 우측에는 데이터 저장단계를 보여주고 있다. 빅

데이터 저장을 위한 클라우드 시스템과 하둡 등이 활용되어야 하며, 실시간으로 발생하는 데이터를 위해 인메모리 데이터베이스 등 빠른 저장과 처리장치가 필요할 수도 있다. 세 번째 단계는 저장된 데이터에 대하여 다양한 분석을 수행하는 부분이다. 전통적인 마이닝 뿐 아니라 실시간, 대규모 데이터에 대한 마이닝 기술이 활용되어야 한다. 마지막 부분은 가시화 부분이다. 방대한 데이터의 분석결과를 직관적으로 이해하고 의사결정에 활용할 수 있도록 분석결과가 가시화되어야 할 것이다.

1.1.4 빅데이터 활용

<그림 1-11>은 빅데이터의 특성별로 대표적인 활용 분야를 정리한 것이다. x축은 데이터의 비정형성 정도를 타나내고, y축은 데이터의 실시간성 정도를 나타낸다. 기존의 IT 응용들은 정형적이고 배치성인 데이터를 대상으로 한정하였으나 빅데이터는 비정형적이고 실시간성인 데이터까지 처리함으로써 응용분야를 대폭 확대한 것으로 볼 수 있다. 은행의 신용 리스크 감시 응용의 경우에는 실시간 정형데이터를 대상으로 하고 있으며, 공공비디오 감시카메라 응용 분야는 배치성 비정형데이터를 대상으로 하고 있다. 그러나 최근들어 빅데이터 기술의 발달로 공공 비디오 감시 카메라 데이터를 실시간으로 분석하려는 시도도 이루어지고 있다. 감시카메라의 이상 패턴을 실시간으로 감지하여 경찰서 등에 알림으로써 재난예방과 안전강화가 가능하기 때문이다.

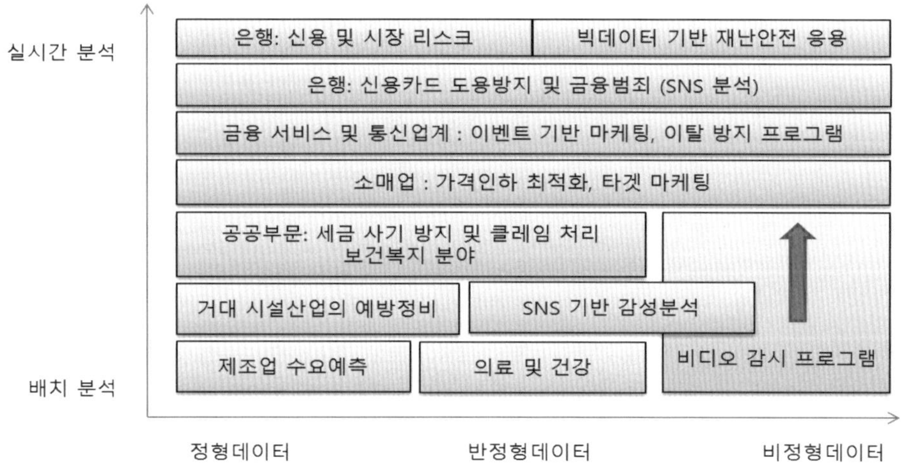

<그림 1-11> 데이터의 특성별 응용분야

빅데이터 관련 사람과 기술은 궁극적으로 비즈니스 혁신과 새로운 비즈니스 창출로 이어져야 가치가 있다. 최근 선진국을 중심으로 빅데이터를 활용한 비즈니스 혁신 사례가 속출하고 있다. 다음은 각 분야별로 빅데이터를 활용하여 비즈니스를 혁신하고 있는 사례들이다.

- **제조업체**들은 생산장비에서 쏟아지는 대용량 데이터를 분석하여 예방정비와 불량률을 획기적으로 줄이고 있다.
- **카드사, 유통사**들은 다양한 소스로부터 수집한 고객의 구매 정보를 분석하여 개인화된 마케팅에 활용하고 있다.
- **통신, 교통, 물류 기업**들도 사람 및 상품의 이동 경로에 대한 정보를 분석하여 새로운 비즈니스 기회를 창출하고 있다.
- **광고회사**는 현재 주변에 모인 고객(좌석에 앉은 고객)의 취향을 실시간으로 반영한 옥외광고(좌석 화면)을 제공하기 시작했다.
- **정유회사**는 전세계 곳곳에 설치된 시추시설에 센서를 부착하여 중앙집중 방식으로 데이터를 수집하고 분석함으로써 시설의 유지관리 비용을 줄일 뿐 아니라 예방정비로 생산성으로 높이고 있다.
- **병원**에서는 빅데이터 분석을 통하여 미숙아의 사망률을 획기적으로 줄이고 있고, 임상데이터와 SNS 데이터 및 의료보험 데이터를 통합하여 개인 맞춤식 진료가 가능하게 되고 있다. 미국의 병원에서는 IBM 왓슨 컴퓨터와 구글 글래스를 진료에 활용하기 시작했다.
- **구글 자동차, 구글 번역기, IBM 왓슨** 등은 빅데이터를 기반으로 새로운 비스니스를 창출하고 있다.
- **관광회사**들은 관광지를 찾는 고객들의 니즈를 미리 파악하여 대처함으로써 관광 수익을 극대화하고 고객 만족도를 높이는데 빅데이터를 활용하기 시작했다.

<그림 1-12>는 기존의 비즈니스 데이터에 빅데이터를 추가하여 통합 분석함으로써 비즈니스를 혁신하는 과정을 보여주고 있다. 기업의 내부 데이터 뿐 아니라 다양한 유형의 외부 빅데이터를 통합하여 분석함으로써 가치를 창출할 수 있다.

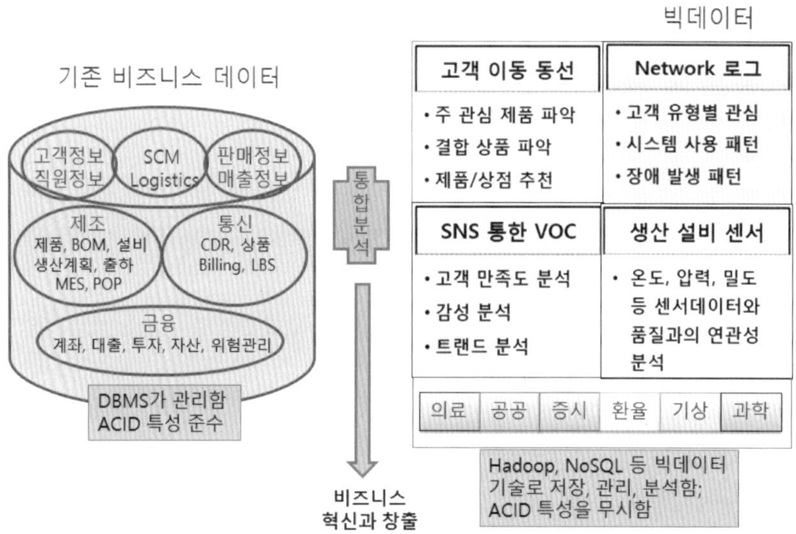

<그림 1-12> 빅데이터 활용 비즈니스 혁신과 창출

아마존 사이트는 빅데이터 분석 기반의 실시간 추천 시스템에서 매출의 30%를 달성하고 있으며, 대만 고속전철(THSRC)은 센서를 통하여 지상선의 두께, 바퀴의 순환, 온도 등을 포함하여 320,000개 항목의 데이터를 실시간으로 수집하여 분석함으로써 99.15%의 경우 6초 이내 정시도착과 출발이 가능하게 되었고, 승객 안전을 획기적으로 개선하고 있다[조완섭2014].

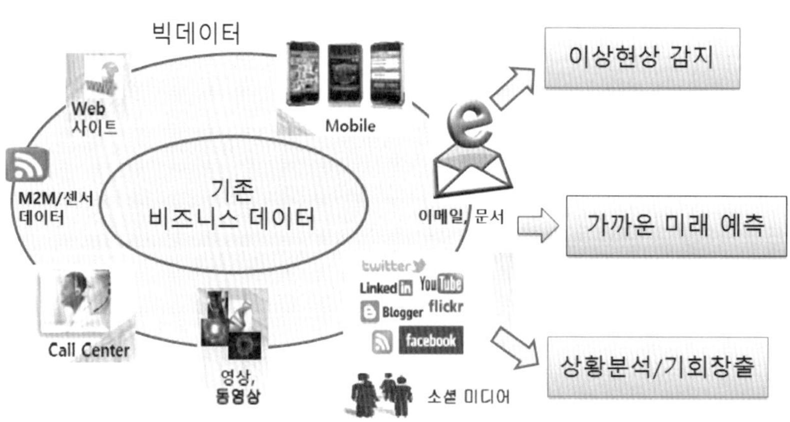

<그림 1-13> 빅데이터 활용효과

<그림 1-13>은 빅데이터를 활용한 효과를 보여주고 있다. 빅데이터의 분석을 통하여 이상현상을 감지할 수 있으며, 가까운 미래를 예측함으로써 사후감지 보다는 사전예방 체계를 갖출 수 있다. 이를 바탕으로 현재 상황을 정확하게 분석하고, 새로운 기회를 창출할 수 있게 된다.

제조업에서는 수율(불량) 관리나 제조설비 고장을 예측하는데 빅데이터 분석결과가 사용되며, 금융업에서는 신용카드 부정사용이나 리스크 관리에 빅데이터가 활용된다. 통신업체에서는 고객이탈 감지에, 공공분야에서는 재난 및 재해예방이나 환경감시 등에 빅데이터가 활용된다.

볼보 자동차의 경우 신차의 운행 과정에서 각종 센서가 수집하는 자료를 본사의 서버로 보내서 축적하고, 제품개발에서 찾기 어려운 결함과 고객의 요구를 분석해 낸다. 그 결과 과거 50만대의 차량이 팔린 후 알 수 있는 결함을 지금은 1,000대 정도 판매된 시점에서 포착하여 대규모 리콜 사태를 방지하며, 그 결과 비용을 절감할 수 있었다.

정유회사인 H사의 경우 전 세계에 흩어져 있는 시추시설의 수많은 장치에 이상 징후가 나타나면 빠르게 대처해야 막대한 손실을 줄일 수 있다. 이를 위한 인력 배치와 운영에 고비용을 사용하고 있었으나 최근 시설당 4만여 개의 센서를 부착하고 소수의 전문 인력들이 중앙에서 전 세계 장비를 집중적으로 관리할 수 있도록 함으로써 시설관리 비용과 고장으로 인한 손실을 대폭 줄였다. 시설별로 부착된 4만여 개의 센서로부터 생성되는 데이터를 분석하여 장비 또는 부품의 교체 주기, 이상 예측, 시설 및 장비별 효율성을 분석하는 것이 가능해졌기 때문이다.

의생명 빅데이터의 경우 빅데이터 중에서도 가장 큰 볼륨, 최고의 분석 난이도와 가치를 가지고 있는 분야이다[MCK2011]. 유전체 등 생명과학 분야의 빅데이터에서 환자의 의무기록, 거주지역 정보, 식생활습관, 직업이력 등 광범위한 데이터의 수집과 분석을 통하여 치료 방법을 개선할 수 있고, 이를 통해 의료비용 감축과 의료기술의 획기적 발전이 가능하게 된다[MCK2011].

<그림 1-14>는 제약 및 R&D 데이터, 임상/병상 데이터, 사고/보험/비용 데이터, 환자 행동 및 감정 데이터를 통합하여 분석하면 명실상부한 개인 맞춤식 의료가 가능하게 되어 의료기술의 획기적 발전과 의료비 절감이 예상된다 (미국의 경우 의료비의 8%까지 절감 예상)[MCK2011].

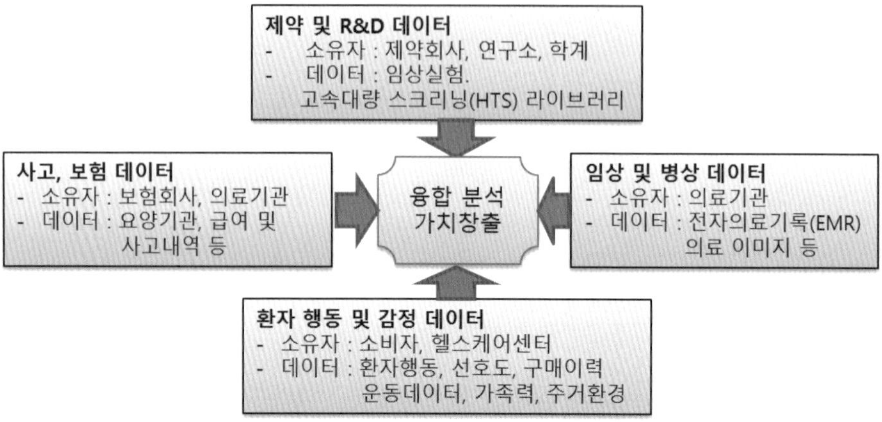

<그림 1-14> 의생명 데이터의 통합 분석을 통한 개인 맞춤식 의료실현[MCK2011]

1.1.5 기업의 분석지능[MIT2011]

분석지능(Analysis Quotient)이란 빅데이터로부터 조직의 전략 계획을 수립하고, 운영 프로세스를 개선하며, 전체적인 의사결정에 활용하는 정도를 의미한다. 즉, 빅데이터 분석을 기반으로 통찰력을 얻으며, 미래 상황까지 예측하는 '분석 지능(AQ)'이 미래의 불확실성을 극복하고, 기업(조직)이 생존하기 위한 필수 덕목으로 되고 있다. MIT Sloan Management와 IBM 연구소의 공동조사결과에 따르면 조직의 분석지능은 다음 4단계로 구분되며, 분석지능이 높을수록 과학적인 의사결정을 신속하게 함으로써 리스크 관리 능력과 혁신 능력이 뛰어난 것으로 조사되었다. 다음은 분석지능을 4단계로 구분한 것이다.

- 제1단계의 기업은 이제 막 데이터 분석에 관심을 갖기 시작한 조직을 의미한다.
- 제2단계의 기업은 어느 정도 데이터를 활용하지만 비즈니스와 연계하지는 못하는 조직을 의미한다.
- 제3단계는 과거 데이터를 분석할 수는 있어도 미래를 예측하지는 못하는 조직을 의미한다.
- 제4단계는 과거와 현재, 미래를 예측할 수 있는 데이터를 모두 분석하고 활용해 성과를 창출하는 조직을 의미한다.

우리 조직(나, 회사, 국가)은 어느 단계에 속해 있는가? MIT Sloan Management Review에서 CEO 3000명을 설문조사한 결과 Top-Performing 회사가 그렇지 않은 회사에 비해서 5배 이상의 분석능력을 갖고 있음을 발표하였다 (<그림 1-15> 참고). 금융부문의 분석역량이 가장 뛰어난 것으로 조사되었으며, 전체적으로 Top Performers 기업들이 Lower Performers 기업들보다 5배 이상의 분석능력을 보유하고 있는 것으로 조사되었다.

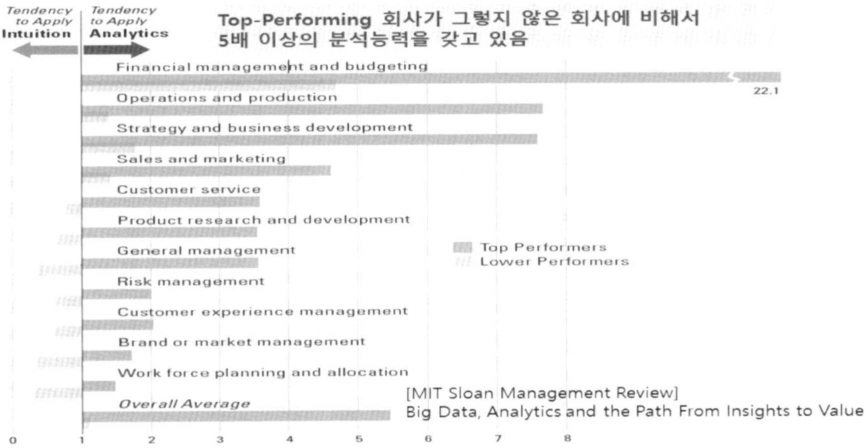

<그림 1-15> 기업의 분석지능에 관한 조사결과

1.2 빅데이터 활용사례

여기서는 각 분야에서 빅데이터를 활용하여 비즈니스를 획기적으로 개선하거나 혹은 새로운 비즈니스를 창출하는 실제 사례들을 살펴본다.

1.2.1 시설관리와 예방정비 업무에서 빅데이터 활용

정유회사 사례

정유회사는 다양한 업무에서 빅데이터를 활용하여 비즈니스를 혁신하고 있다. 그 중 하나가 시설관리 분야의 예방정비 업무이다. 전 세계에 흩어져 있는 정유회사의 최신 시추시설에는 시설당 수만개의 센서가 부착되어 빅데이터를 생성하고 있다. 각 부품에 부착된 센서는 온도와 습도는 물론 해저에서 해류 흐름의 방향이나 세기, 염분의 농도, 나사의 조임 상태 등등 다양한 상태를 진단하고 이를 수치화하여 본사의 시설 관리 서버로 전송한다. 전세계에 흩어져 있는 시설들의 관리는 본사에서 이러한 빅데이터 분석을 통해 이루어지고 있다.

<그림 1-16> 북해의 석유시추 기지 [WIKI]

미국 정유회사 코노코필립스사는 북해상에 시추선을 띄우고 작업을 하던 중에 고장이 발생했다[이지영2012]. 채굴을 멈추고 장애가 발생한 부품을 파악하고, 대체품으로 수리하는데 1주일이 걸렸다. 해당 시추선에서 고장으로 인해 7000만달러의 손실이 발생했다. 이후 이 회사는 빅데이터 분석을 통하여 고장을 미리 예측하고, 부품을 교체함으로써 손실을 막고 있다.

최신 시추시설에는 시설당 약 4만여개의 센서가 설치되어 실시간으로 상태정보를 생성하여 서버로 전송하고 있다. 센서가 생성하는 방대한 데이터, 이를 실시간으로 분석함으로써 고장패턴을 파악할 수 있으며, 실시간으로 이러한 고장패턴이 발생하고 있는지를 모니터링하면 고장이 발생하기 전에 고장을 예측하는 것이 가능해진다. 예를들어 어떤 이벤트 (데이터)가 발생한 후 1주일 이내에 부품 B에 고장이 날 확률이 90%라는 고장패턴을 축적된 데이터로부터 찾아내고, 이를 실시간으로 발생하는 이벤트에 연계하여 감시한다면 고장예측이 가능해진다.

수만개의 센서로부터 실시간으로 들어오는 데이터를 고장패턴과 비교하여 감시하는 작업을 자동화하기 위해서는 빅데이터 기술(스트리밍 데이터의 처리 및 마이닝 기술)이 필요하다. 실시간으로 들어오는 방대한 데이터를 저장하려면 기존의 저장기술로는 불가능한 경우가 빈번하다. 중복된 데이터를 필터링하는 기술, 클라우드 시스템이나 인메모리 데이터베이스 기술을 활용하는 방안, 실시간으로 마이닝하여 재난이 발생하기 전에 분석결과를 내 놓는 기술 등 기존의 컴퓨팅 기술과는 다른 새로운 기술이 필요한 것이다.

컴퓨터 서버 관제 [조완섭2012]

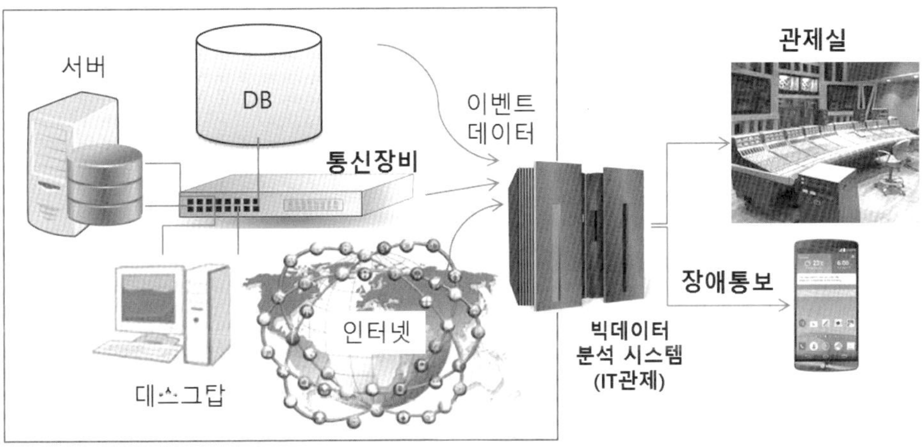

<그림 1-17> IT 관제 시스템

은행 등의 기업에서는 수백대, 수천대의 컴퓨터 서버를 운용하는 서버의 고장이 치명적일 수 있다. 실제 사이트에는 이기종의 분산된 서버들, 네트워크 장비들, 다양한 데이터베이스 관리 시스템, PC 등이 연결되어 서비스를 제공하고 있으며, 이들을 일관된 관리정책에 따라 통합적으로 운영관리하는 문제가 중요한 이슈로 부각되고 있다. IT 관제 시스템은 일상적인 운영과 관리 뿐 아니라 고장을 사전에 예측하여 미리 정비함으로써 서비스 중단을 최소화하는 것이 중요하다. 각 장비에서 발생하는 상태정보를 수집하여 분석함으로써 고장을 예측할 수 있다. 예를들어 "352번 컴퓨터에서 메모리 관련 이벤트가 발생하면 10분후에 어떤 컴퓨터 혹은 어떤 응용에서 고장이 발생할 가능성이 85%이다"라는 고장 패턴을 축적된 상태로그 정보로부터 발견하

고 운용시 이를 실시간으로 감시함으로써 컴퓨터나 응용의 고장을 미리 예측하고 대비할 수 있게 된다.

IT관제 시스템은 다양한 장비의 통합관리, 효과적인 장애 관리 및 예방, 직관적인 UI 제공과 모니터링 등의 기능을 제공함으로써 down time 최소화와 대고객 서비스 신뢰성을 제고하게 된다. 특히, 수많은 HW 및 SW 장치들에서 발생하는 과거 일정기간 동안의 상태정보로부터 이상패턴을 발견하는 기술 (데이터 마이닝)과 실시간으로 발생하는 이벤트 정보와 축적된 이상패턴을 실시간으로 비교하여 고장을 예측하는 기술 (스트리밍 데이터 마이닝)이 차세대 IT관제 시스템의 핵심기술이 되고 있다.

빅데이터를 활용한 고속전철 정시운행 [조완섭2014]

타이완 고속철도 회사(Taiwan High Speed Rail Corporation: THSRC)는 데이터 기반의 상태 모니터링을 통하여 예방정비와 신뢰성 제고 효과를 얻고 있다. 대만의 고속철도 THSRC 승객은 Taiwan 북쪽 Taipei에서 남쪽 Kaohsiung까지 214 mile을 90분에 달린다. 기차는 시간당 186 mile 이상의 속도로 50개의 터널과 214 mile에 분포된 고가교량, 지진이 일어나기 쉬운 지역 등을 통과한다.

THSRC는 센서를 통하여 지상선의 두께, 바퀴의 순환, 온도 등을 포함하여 320,000개 항목의 데이터를 얻고 있다. 기차 바퀴의 경우 상태 데이터가 정상 상태와 비교되기 위해 실시간으로 중앙 저장소에 무선으로 전송된다. 과도한 브레이크 사용과 같은 특정 파라미터의 편차가 발생하면 탑재된 모니터링 시스템은 자동으로 유지 시스템에 경고를 보낸다. 이 시스템은 자동으로 예방, 수정, 긴급 수리 같은 적절한 요청을 하게 된다. THSRC는 이 시스템으로 다음과 같은 많은 수익을 얻었다.

- On-Time 성능 : 매일 평균 90,000명의 손님을 운송하는 이 시스템은 99.15%의 경우 6초 이내 정시 도착과 출발이 가능하다.
- 승객 안전 : 센서 데이터를 통해 다양한 변수들을 모니터링함으로써 승객 안전을 획기적인 수준으로 높일 수 있다. 반면 1998년 6월 3일 독일의 Eschede 고속전철 참사는 101명 사망, 88명 부상했다. 이 사고는 단순히 바퀴 하나에서 생긴 피로 균열에 의해 일순간에 탈선하였다.

<그림 1-18> 독일 고속전철 사고 (1998.06)

(그림출처) http://en.wikipedia.org/wiki/Eschede_train_disaster

THSRC 브랜드의 이 솔루션은 정시 출발·도착 성능과 승객안전이라는 이점을 가져왔다. 이러한 효과는 운행 도중에 발생하는 빅데이터를 축적하여 분석하고, 이를 실시간 운영에 사용한 결과이다.

- "이벤트 X(예를들어, break고장)는 90% 확률로 이벤트 Y로 진행된다."라는 지식은 예방 유지관리 프로그램에서 매우 유용하며, 이는 전문가의 노하우 뿐 아니라 과거 축적된 이벤트 데이터를 분석함으로써 얻을 수 있다. 이러한 지식을 축적하고, 여러 기차에서 센서가 발생시키는 이벤트 데이터를 실시간으로 분석해서 고장 가능성을 미리 예측하도록 한다. 여기서 동일한 이벤트에 대하여 다른 기차들이 서로 다른 이벤트 코드를 생성한다면 시스템에서 자동으로 고장 패턴을 분석하는데 혼란이 초래될 것이므로 데이터 표준화와 정제 등이 중요한 과제이다.
- "기차에서 부품 A가 고장나면 동일 기차 혹은 다른 기차들에 장착된 유사 부품들을 검사해야 한다."라는 지식도 예방 유지관리에서 매우 중요하다. 빅데이터 거버넌스 프로그램에서는 다른 기차들에 장착된 동일 부품의 명칭을 일관되게 표기함으로써(표준화) 신속하게 유사 혹은 동일 부품들을 점검할 수 있도록 보증해야 한다.

1.2.2 의생명 분야[KBS2012]

맥킨지 보고서[MCK2011]는 빅데이터를 활용하여 건강·의료 부문에 선진화를 가져올 수 있을 것이라고 예측하고 있다. 미국의 의료 부문은 빅데이터의 활용으로 연간 3,300억 달러의 직간접적인 비용을 절감할 수 있는데, 이는 미국 정부의 의료 예산의 약 8%, 스페인 연간 의료비에 해당하는 규모이다. 미국은 모든 분야에서 빅데이터를 가장 많이 활용하고 있으며, 역시 의료 분야에서도 예외가 아니다. 버락 오바마 미국 대통령이 헬스 분야에 대한 투자를 적극 강조함에 따라 정부 주도의 빅데이터가 활성화되고 있다.

(1) 캐나다 대학병원 미숙아실 사례

의생명 분야 빅데이터 활용 사례는 대표적으로 캐나다 온타리오 대학의 미숙아실 빅데이터 활용 사례이다. 미숙아실에는 첨단 의료장비들이 설치되어 미숙아들의 신체 상태를 측정하고, 그 결과가 빅데이터로 생성되고 있다. 그러나 많은 병원에서는 간호원들이 정해진 시간 간격마다 장비의 데이터를 수작업으로 엑셀 등에 기록하고, 나머지는 버려지고 있는 실정이다. 온타리오 대학병원에서는 버려지는 데이터를 모아서 분석한 결과 심각한 상태로 이전하는 환자들의 데이터 패턴을 찾아낼 수 있었다. 예를들어 "건강한 아이의 심장박동 데이터는 불규칙적인 특징이 있지만 감염된 애기의 데이터는 그렇지 않다"와 같은 패턴을 찾아내고 이를 실시간으로 생성되는 데이터를 감시하는데 활용함으로써 사망으로 이르는 환자를 조기에 예측할 수 있게 되었다. 기존 방식으로는 2시간 전에 알아낼 수 있었지만 빅데이터 분석기술을 적용한 결과 6~24시간 전에 심각한 상태로 진행되는 애기들을 자동으로 발견하고, 미리 조치를 취함으로써 사망률을 획기적으로 줄이고, 인건비 등도 절감한 사례이다.

(2) 퀴즈왕 왓슨이 선택한 첫 직장은? [IBM2011, IBM]

왓슨(Watson)은 자연어 질문에 답할 수 있는 IBM에서 제작한 인공지능 컴퓨터 시스템으로 데이비드 페루치가 주도한 IBM의 DeepQA 프로젝트를 통해 개발되었다. 2011년 왓슨은 퀴즈 쇼 제퍼디!에 참가하였으며, 제퍼디!의 금액 기준 사상 최대 우승자 브레드 러터, 가장 긴 챔피언십(74번 연속 승리)의 기록 보유자 켄 제닝스와 대결하여 켄 제닝스와 브레드 러터가 각각 300,000 달러와 200,000 달러를 받는 사이 왓슨은 100만 달러를 거머쥐었다. 왓슨은 4 테라바이트의 디스크 공간의 200,000,000 페이지의 구조화/비구조화된 콘텐츠에 접근하였으며, 위키백과의 전문도 포함되지만 경기가 치러지는 동안에는 인터넷에 연결되지는 않았다.

<그림 1-19> IBM Watson의 퀴즈 대결

이후 왓슨의 첫 번째 고객은 의료분야에서 나왔다. 미국 병원 '세톤 헬스케어 패밀리'가 환자 데이터 분석을 위해 왓슨을 사용하였다. 특히 의료용 컨텐츠와 예측분석 기술을 통해 방대한 양의 환자 데이터에서 임상정보를 추출, 분석한 뒤 환자의 상태를 예측한다. 의사들은 환자를 진료할 때 왓슨으로부터 추출한 데이터를 토대로 진료하고 치료법을 고안해 나간다. 왓슨의 도움으로 이 병원에서는 환자의 재입원과 병원 방문 횟수가 줄어들고 있으며, 방대한 의료데이터 분석을 통하여 진단과 치료효과를 개선해 나가고 있다. 왓슨은 데이터 마이닝 기술을 활용하여 경향, 패턴, 편차 등을 파악해 결과를 예측하는 방식으로 의사가 최적의 처방을 낼 수 있도록 지원한다.

또한, 왓슨은 암진단과 치료에도 활용되기 위하여 세계 최고의 암센터인 미국 '메모리얼 슬로안 케터링 암센터'에도 도입되었다. 왓슨은 데이터 마이닝 기술을 통하여 암을 진단하고 최적의 치료방법을 선택할 수 있도록 의료진을 지원할 것이다.

그리고, 왓슨은 세계최대의 건강보험회사인 '웰포인트'에서도 활용되고 있다. 왓슨은 이 보험회사에서 광범위한 건상보험 관련 자료를 환자정보와 통합분석하여 진단과 치료방법을 빠르게 정확하게 찾아내고 있다. 왓슨은 환자의 의료기록, 보험회사가 보유한 치료제, 시술관련 자료, 의생명 관련 최신 논문 등 각종 데이터를 통합분석하여 최적의 진단과 치료방안을 제시하고 있다. 왓슨은 이러한 자료를 3초 이내에 분석해서 결과를 제시한다.

(3) 미국 국립보건원 필박스(Pillbox) 및 1000 게놈 프로젝트 [NIA2012-1]

필박스 사업은 미국 국립보건원에서 제공하는 의약품 정보서비스 사업이다. 미국에서는 한 해 220만 명 이상이 약물 부작용으로 입원하고 있으며, 약물 부작용은 미국인 사망 원인 4위로 나타날 정도로 심각한 상황이다. NIH는 약 검색 서비스를 통해 부작용을 예방하는 것은 물론, 얻어지는 다양한 사용자의 질병에 대한 통계 데이터를 활용해 질병 분포와 추세를 예측하고 있다. 사용자는 복용 중인 약에 대한 정보가 불분명할 때 필박스를 통해 약에 대한 정확한 정보를 확인할 수 있는데, 알약에 새겨진 글자·번호·색상·모양·크기 등 간단한 약에 대한 설명만으로도 정확한 약의 효능과 정보를 제공받을 수 있다.

또한 새로운 약을 개발한 제약회사는 자유롭게 새로운 약에 대한 정보를 언제든지 직접 입력할 수 있는 데이터 시스템을 제공하고, 사용자 역시 직접 약에 대한 정보를 공유할 수 있게 함으로써 제조사와 사용자 간의 유기적인 쌍방향 상호작용을 통해 약에 대한 정보가 필요한 사람에게 업데이트된 형태로 제공된다. 기존에는 한 건에 알약의 기능과 유효기간을 확인하는데 필요한 비용이 약 50달러(한 해 동안 NIH에 접수되는 알약의 기능이나 유효기간을 문의하는 민원 수 100만 건 이상)였으나 이 서비스를 이용함으로써 연간 5,000만 달러의 비용이 절감됐다.

또한, 미국 국립보건원(NIH)은 인간의 유전자 데이터와 관련된 질병을 연구할 수 있도록 75개 기업과 기관들과의 파트너십을 통해 200테라바이트(TB)의 유전자 데이터를 확보하였고, 이를 아마존 클라우드를 통하여 제공하기 시작했다. '1000 유전체 프로젝트'라 불리는 이 사업에서는 전 세계에서 2662명의 유전자 정보를 저장하고 질병 연구를 위해 1% 이상의 빈도를 나타내는 유전적 다양성을 분석하기 시작했다. 또한 이러한 정보들을 쉽게 볼 수 있고 공유·분석할 수 있도록 공개해 자신의 질병과 관련한 예측을 할 수 있다. 결국 모든 사람이 자신의 개성과 장단점·특성·진료기록을 유전자 정보와 함께 인터넷에 올려 타인의 정보와 비교 ·분석이 가능해짐에 따라 어떤 유전자가 질병을 발생시키는지에 대한 데이터베이스가 만들어지고 이러한 데이터를 기반으로 질병 치료에 활용될 수 있다.

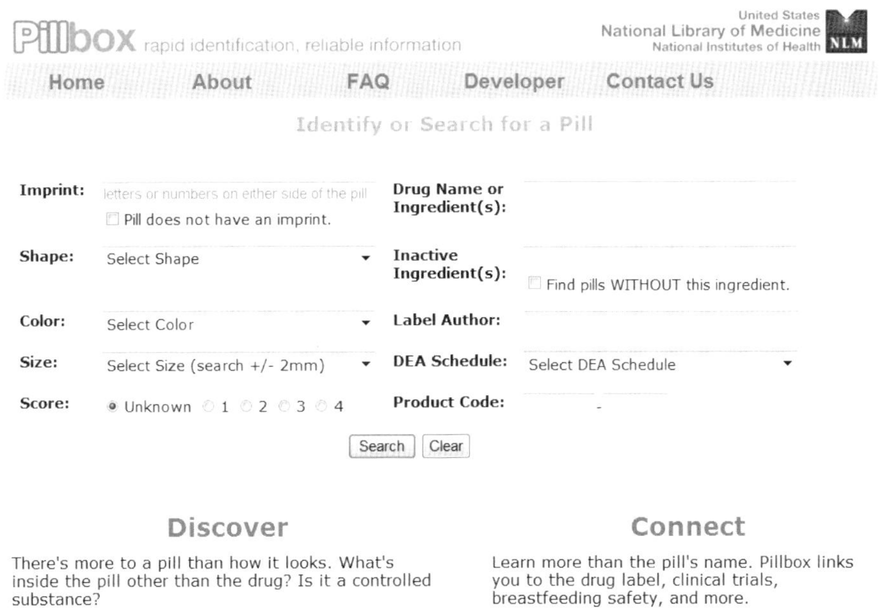

<그림 1-20> 미국 국립보건원의 Pillbox 사업 (pillbox.nlm.nih.gov)

유전자를 서로 공유함으로써 새로운 질병에 대한 빠른 진단서비스 제공이 가능해지고, 난치병 및 불치병과 관련된 유전자 정보를 공유하고 분석함으로써 새로운 치료제 개발 가능성을 높일 수 있으며, IT 및 빅데이터 기술을 활용하여 치료확률을 높일 수 있는 계기를 마련한 사업으로 평가된다.

(4) 건강보험 데이터를 활용한 질병예측 [건보2014]

국민건강보험관리공단에서는 '국민건강 주의알람 시스템'을 개발하여 2014년 5월부터 서비스를 개시하였다. 공단에서 개발한 시스템은 2008년부터 2012년까지 5년간 축적된 진료 데이터를 분석하여 다빈도 질병에 대한 월평균 등락율과 SNS 빈도수 분석결과를 근거로 전문가 자문을 거쳐 질병을 예측한다. 구글에서 검색빈도를 기반으로 독감예측을 한 것과 유사한 빅데이터 분석기술이 적용된 것이다. 알림 대상 질병은 인플루엔자, 눈병, 식중독, 알레르기성 피부염 등 4가지이고, 각 질병별로 증상, 원인, 발생시기와 관련이 있는 어휘를 묶어 ㈜다음소프트의 트위터 데이터 (2011년~2013

넌)와 연계분석을 통해 질병위험도를 예측할 수 있는 모델을 개발하였다. <그림 1-21>은 시스템의 개념도를 보여주고 있다. 왼쪽 상단의 방대한 건강보험공단 자료와 하단의 SNS 데이터를 통합분석하여 주요 질병에 대한 분석과 예측을 수행하고 적절한 가시화 기법을 통하여 대국민 서비스를 제공하고 있다.

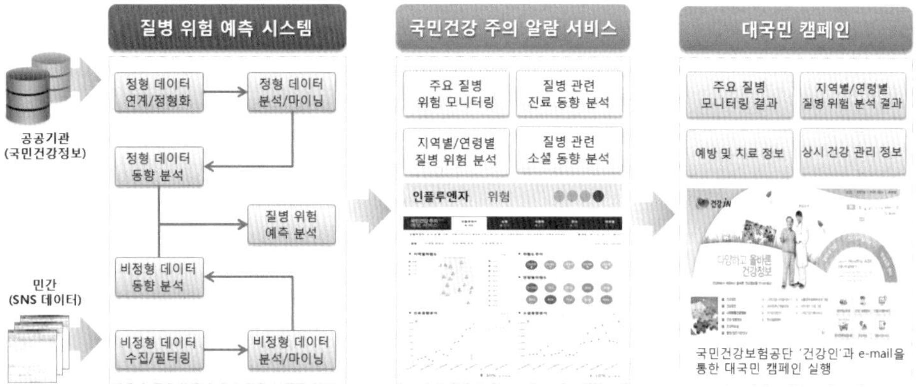

<그림 1-21> 국민건강 주의 알람 서비스 개념도

알람 서비스는 마치 일기 예보와 유사하게 질병별로 지역과 연령을 구분하여 관심/주의/경계/위험 4단계로 위험도를 표시하고, 각 단계별로 생활 속에서 주의할 사항들을 알려주고 있다. 특히, 빅데이터 분석기술을 기반으로 SNS 데이터를 진료데이터와 융합하여 질병 발생과 확산 추이를 보다 빠르게 예측함으로써 해당 질병에 대한 인식도를 높여 예방효과를 상승시킬 수 있을 것으로 기대하고 있다. 공단에서는 앞으로 기상, 대기오염 등의 환경자료와 뉴스 등의 데이터까지 포함하여 데이터 수집 채널을 다양화함으로써 예측의 정확도와 신뢰도를 높여 나갈 예정이다.

1.2.3 공공행정 분야

세계의 주요 도시, 중앙정부, 지자체등에서 운영되고 있는 전자정부는 이미 데이터 중심으로 변화하고 있다. (빅) 데이터를 활용함으로써 정확한 현황을 파악할 수 있고, 과학적이고도 신속한 의사결정이 가능하기 때문이다. 미국 뉴욕과 시카고의 경우 빅데이터 분석을 통한 범죄현황 분석, 위험지역 경찰배치 등을 통한 범죄억제 효과를 거두고 있다. 또한, 각국 정부에서는 직접적인 서비스보다는 민간에서 서비스를 창출할 수 있도록 공공데이터를 정제하여 개방하고 있는 추세이다. 우리나라 정부도 정부 3.0을 발표하면서 공공 빅데이터의 개방과 이를 통한 경쟁력 강화, 일자리 창출 등을 강력하게 추진하고 있다. <표 1-2>는 2013년 "공공분야 빅데이터 사업동향분석"에 수록된 최근 6개월 이내 공공분야 빅데이터 사업발주 현황이다[김진우2013]. 수많은 빅데이터 사업이 공공행정 부문에서 추진되고 있음을 알 수 있다.

<표 1-2> 공공부문 빅데이터 시범사업 [김진우2013]

1	우편서비스 빅데이터 기반 마련 및 활용	미래창조과학부 우정사업본부
2	소셜 빅데이터 분석 솔루션 구매	안전행정부 국립재난안전연구원
3	빅데이터를 활용한 고속도로 교통자료 분석 및 제공체계 구축 용역	한국도로공사 본사
4	빅데이터를 활용한 고속도로 교통자료 분석 및 제공체계 구축 감리용역	한국도로공사 본사
5	공간 빅데이터 기반의 복지·공간 융합모델 시범연구	대한지적공사 본사
6	공간 빅데이터 기반 수요자 중심의 재해침수모니터링 시스템 구축방안	대한지적공사 본사
7	공간 빅데이터 체계구축 ISP 수립	대한지적공사 본사
8	빅데이터 기반 신규 비즈니스 창출방안 연구	한국정보화진흥원
9	빅데이터 비즈니스 생태계 활성화 전략 수립	한국정보화진흥원
10	보건의료정보(빅데이터)를 활용한 맞춤형 서비스 개발방안 컨설팅	한국정보화진흥원
11	유통분야 판매정보 빅데이터 분석시스템 구축 컨설팅	한국정보화진흥원
12	빅데이터 분석을 활용한 일자리 수요와 공급 예측 강화 컨설팅	한국정보화진흥원
13	유통분야 판매정보 빅데이터 분석시스템 구축 컨설팅	한국정보화진흥원
14	위기청소년 빅데이터 분석으로 위기청소년 적시 대응체계 구축 컨설팅	한국정보화진흥원
15	2013년 빅데이터 역량진단모델 개발 및 시범적용 사업	한국정보화진흥원
16	빅데이터 분석 기반 ICT분야 미래 트랜드 전망	한국정보화진흥원
17	빅데이터 공통기반 및 시범과제 구축	한국정보화진흥원
18	빅데이터 공통기반 및 시범과제 구축 위탁감리	한국정보화진흥원
19	빅데이터 공통기반 및 시범과제 구축 - 빅데이터 비주얼분석솔루션 도입	한국정보화진흥원
20	빅데이터 공통기반 및 시범과제 구축 - 빅데이터 수집솔루션 도입	한국정보화진흥원
21	빅데이터 공통기반 및 시범과제 구축 - 빅데이터 저장플랫폼 도입	한국정보화진흥원

22	빅데이터 공통기반 및 시범과제 구축 - 빅데이터 분석솔루션 도입	한국정보화진흥원
23	빅데이터 인력양성 지원 및 활성화 방안 수립	한국정보화진흥원
24	빅데이터 공유활용 체계 수립	한국정보화진흥원
25	빅데이터 분석활용 센터 구축·운영사업	한국정보화진흥원
26	빅데이터 분석활용 센터 구축·운영사업 위탁감리	한국정보화진흥원
27	빅데이터 활용 스마트서비스 시범사업 공모	한국정보화진흥원
28	빅데이터 확산에 따른 보안 및 프라이버시 보호 체계 강화방안 연구 용역	한국인터넷진흥원
29	중소기업을 위한 빅데이터 기반 사이버위협 예측 · 분석 서비스 기초연구 용역	한국인터넷진흥원
30	과학기술 문헌 빅데이터 분석응용 어플리케이션 개발	KISTI
31	소셜 빅데이터를 활용한 자살과 왕따 관련 담론 분석	한국보건사회연구원
32	국방분야 빅데이터 활용 연구용역	국방부(총무팀)
33	빅데이터 큐레이터 양성 프로젝트 사업	서울특별시
34	빅데이터 공유 활용기반 조성사업	서울특별시
35	빅데이터 분석용 서버 1system 구매	서울대학교공과대학
36	빅데이터 SW 품질 평가모델 개발 용역	한국정보통신기술협회

(1) 뉴욕 경찰청 RTCC(Real Time Crime Center) [RTCC, IBM-NY]

1990년대 뉴욕은 세계에서 가장 위험한 도시 중 하나였으나 (90년 뉴욕의 살인사건 희생자는 2245명) 2012년 뉴욕시의 살인사건은 414건으로 줄었다. 뉴욕 경찰의 실시간 범죄센터(Real Time Crime Center) 덕분이다. 이 센터에는 뉴욕시의 1억2000만 건, 미국 전체의 330억 건의 범죄 관련 기록을 데이터베이스로 관리한다. 고도의 분석과 검색 기능을 통해 대형 화면에 필요한 정보를 시각화하여 적시에 제공한다. 용의자의 문신이나 범죄 이력, 현주소와 함께 얼굴 사진이 표시되며 이런 정보는 일선 경찰관에게 제공된다. 뉴욕은 이 시스템을 도입해 범죄율을 27%나 줄였다. 제대로 된 테크놀로지 구축을 통하여 경찰관들이 범죄 패턴 파악을 위해 서류 보고물이나 통합되지 않은 데이터베이스에 대한 의존도를 낮출 수 있고, 그들의 고유 업무(범죄 해결과 범인 파악)에 집중할 수 있도록 한다는 것이다. 빅데이터 테크놀로지와 전통적인 경찰 업무가 결합하면 보다 안전한 커뮤니티를 만들 수 있다는 것을 뉴욕 경찰청장과 CIO가 공감하면서 실현한 것이다.

RTCC에서 경찰관들이 얻을 수 있는 정보의 범위는 실로 엄청나다. 시스템은 지난

10년간의 120만개의 뉴욕시 범죄 고소, 체포, 그리고 911 전화 기록, 뉴욕 주의 50만개의 범죄 기록과 가석방 파일과 미국 전역에서 발생한 3100여 개가 넘는 범죄 기록을 상세히 찾을 수 있다. 제각각 흩어져 있던 범죄 관련 데이터가 신속하게 통합되고, 연관되어 검색되고 활용되기 시작했다. 범죄센터에서 가장 중요한 이슈는 데이터 사이의 연관성 분석이나 패턴을 찾아내는 것이다. 조사와 분석역량을 범죄센터 내부 시스템에 구축함으로써 경찰관들을 신속하게 지원하는 체제를 갖추는 것이다. 패턴분석의 시작은 모든 범죄 관련 데이터를 통합지도 위에 좌표화하는 것부터다. 특정 범죄의 발생장소와 용의자에 관한 정보를 한 장의 지도 위에 올려놓고 동시에 유사한 범죄의 기록을 검색하여 통합한 후, 이를 지도상에 반영한다.

신고전화가 오는 순간부터 연계분석(link-analysis)이 시작된다. 형사들이 현장에 출동하는 동안 신고전화에서 말하는 주소, 사건유형, 피의자의 특징에 대해 범죄센터에서는 유사한 범죄 데이터를 추출하고, 사고현장 인근에서 최근에 벌어진 범죄에 대한 데이터를 지도 위에 올려놓고 1차 연계성을 찾아낸다. 만약 사건이 토요일 새벽에 일어났다면, 최근 동일한 요일, 동일한 시간대에 사건위치 반경 5㎞ 이내에 비슷한 사건이 있었는지 찾아보는 식이다. 이런 분석들이 현장에 도착한 형사들의 스마트폰과 노트북에 그래프, 차트, 숫자, 지도 정보로 제공된다.

<그림 1-22> 뉴욕 경찰청 Real-time Crime Center

(http://www.nycpolicefoundation.org/)

추가적으로, RTCC는 경찰관들이 휴대용 기기를 통해 개인 사진을 전송 받을 수 있도록 했다. 최근에 한 경찰관은 마약 중독자를 쫓다 휴대용 기기를 통해 용의자의 사진을 받게 됐고, 이 용의자를 버지니아의 살인범으로 체포할 수 있었다. 이러한 RTCC의 핵심 빅데이터 기술은 방대한 데이터 웨어하우스와 실시간 데이터 분석 기술이다. RTCC는 이 많은 정보를 직원들이 마음껏 활용할 수 있도록 하지만 프라이버시 보호를 위해 NYPD 직원으로 인증 받은 사람만이 접속할 수 있다.

(2) 미국 국세청 탈세방지 시스템

미국 국세청은 세금 관련 데이터의 통합 및 분석을 통하여 탈세 및 사기 범죄 예방 시스템을 구축함으로써 세금 누락, 불필요한 세금환급 등의 효과를 거두고 있다. 세계은행은 탈세 및 세금사기와 관련된 지구촌 지하경제 규모가 전체 GDP의 18%에 이를 것으로 전망하고 있다. OECD는 지하경제에 흘러다니는 탈세를 조세망으로 끌여들여 지속가능한 경제성장을 이루어야 한다고 경고하고 있는 실정이다.

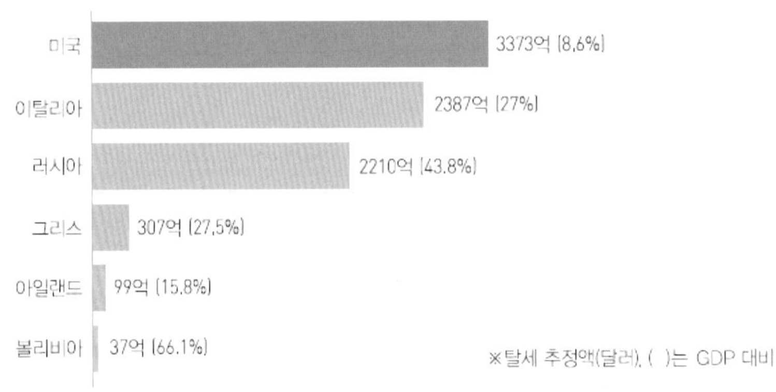

<그림 1-23> 국가별 탈세 규모

미국 국세청은 세금관련 대용량 데이터와 빅데이터 기술을 결합한 탈세 및 사기 예방 시스템을 구축하였다. 방대한 자료로부터 이상 징후를 찾아내고, 예측 모델링을 통해 과거의 행동정보를 분석하여 사기 패턴과 유사한 행동을 검출한다. 또한 소셜 데이터 분석을 통해 범죄 네트워크를 만들고, 계좌, 주소, 전화번호, 납세자 간의 연관관계 분석을 통해 지능형 감시 시스템을 구축한다. 미국 국세청의 경우 통합형 탈세 및 사기방지 시스템을 통해 연간 3,450억 달러의 세금 누락 및 불필요한 환급을

방지하였다. 특히, 과학적인 데이터를 근거로 해서 탈세 조사를 수행함으로써 탈세자 수를 줄일 뿐 아니라 사전에 방지하는 효과를 거두고 있다. 이러한 빅데이터 기술은 의료보험이나 복지 등의 분야에도 그대로 적용할 수 있을 것이다.

1.2.4 과학기술 분야

IT 기술과 첨단연구 장비의 보급 확대로 방대한 양의 과학기술 빅데이터가 생산되고, 이를 토대로 연구환경이 크게 개선되고 있다. 실제로 IT 기술의 비약적인 발전과 관측·측정 장비의 정밀성으로 인해 이전에는 상상할 수 없었던 규모의 실험이 가능해 지고 다양한 분야에서 연구를 위해 실험결과 데이터 들이 공유되고 있다.

- 영국의 연구 데이터양은 1995년 400기가바이트 수준에서 2008년 수만 테라바이트로 성장하였고 제네바에 있는 CERN의 LHC는 매년 16페타바이트 정도의 데이터를 생산하고 있음
- 연구자의 연구 형태변화가 이론이나 컴퓨팅 자원 중심에서 데이터 중심의 연구로 변화되었으며, 데이터에 대한 연구자의 인식도 변화되었음
- 짐 그레이는 측정 장치에 의해 얻어진 데이터를 소프트웨어로 분석하여 새롭게 얻은 지식을 발표하는 방식으로 전환되었음을 주장[JIM2009]

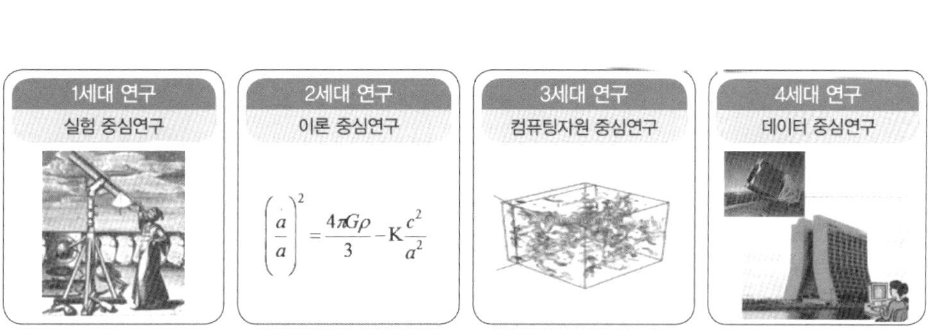

<그림 1-24> 연구 패러다임의 변화

과학기술 분야는 이미 다양한 형태의 빅데이터를 생성하여 분석하고 있다. 생명공학 분야에서는 유전체 분석기술 등의 발전으로 엄청난 데이터가 생성되고 있으며, 인간게놈 프로젝트를 계기로 바이오인포메틱스(Bioinformatics)라는 학문분야가 정립되어 있다. 실제로 현대 생명공학 분야의 발전은 IT 기술의 도움 없이는 불가능할 정도

로 인식되고 있다. 한 사람의 유전자 분석결과는 약 10GB로 알려져 있으며, 궁극적으로 사람 뿐 아니라 모든 생명체의 유전자가 분석되어 저장되고, 서로 비교되는 시대를 맞이하고 있기 때문이다.

에너지 및 전력 분야에서도 스마트 그리드 형태로 빅데이터 기술이 접목되어 에너지 효율성을 획기적으로 높이고 있다[ETN2014,LGC2013]. 스마트 그리드(지능형 전력망)는 전력망에 정보기술(IT)을 결합하여서 실시간으로 전력망을 관찰하고 통제하며 또한 공급자와 소비자의 양방향 통신을 통하여 전력을 효율적으로 소비할 수 있도록 하는 지능형 전력망입니다. 소비자는 저렴한 시간대에 전기를 사용함으로써 비용을 줄일 수 있고, 공급자도 실시간 관찰을 통하여 전력공급량을 실제 수요에 맞추어 탄력적으로 조절할 수 있게 된다.

한전은 최근 "전력 빅데이터TF" 조직을 신설하고 빅데이터 기반의 신규 비즈니스 모델을 발굴하고 있다. 한전의 스마트 그리드 종합 운영 시스템은 송변전, 배전, 영업 등 기존 14종의 업무 영역별 운영 시스템 정보를 통합하여 문제 해결형 서비스를 제공하는 것을 목표로 한다. 전압, 역률, 고장 등 계통운영 정보와 사용량, 수요관리, 정전민감 여부 등 고객정보, 빌딩이나 공장의 에너지 관리시스템, 전기저장장치, 전기자동차 등 분산자원 정보를 통합관리하고 이를 분석·예측해 전력계통 운영에 있어 최적의 방법을 제시하고 있다. 한전은 스마트그리드 종합운영시스템의 도입으로 선로부하 평준화, 손실최소화 등 계통운영 최적화를 통해 설비 이용률 10%, 업무효율 30%가 향상될 것으로 기대하고 있다.

천문우주 분야에서도 빅데이터의 생성과 활용은 예외가 아니다[강희중2013]. 천문우주 분야에서 사용하는 데이터량을 타 분야와 개략적으로 비교해 보면 다음과 같이 그 규모를 예상할 수 있다. 검색엔진의 대명사인 구글이 2008년 처리한 데이터양이 7,800PB로 압도적으로 많다. 페이스북의 2012년 사진 및 비디오 저장량도 100PB로 매우 많은 수준이고, 기초물리분야에서는 CERN의 대형 강입자 충돌기인 LHC(Large Hadron Collider)의 아카이브 저장용량이 100PB 수준이다. 천문분야에서는 SKA(Square Kilometre Array) 데이터 보유량이 130PB 수준이 될 것으로 보이며, 2014년 완성되는 LSST는 향후 10년간 100PB의 데이터를 구축할 것으로 추정되고, Pan-STARRS5) (The Panoramic Survey Telescope and Rapid Response System)는 약 40PB, SDSS는 40TB 수준이다. 한편, 우주분야 지구관측 위성들에 의한 데이터는 연간 1.5PB로 상대적으로 적지만 기후변화 및 기상관련 데이터는 350PB(2030년) 수준까지 크게 증가할 것으로 예상되고 있다. 이러한 천문우주 분야의 빅데이터는 타 분야의 빅데이터와 연계 및 통합되어 시너지 효과를 창출할 것이다.

1.2.5 교통분야

교통분야는 각종 첨단장비들이 도입되어 많은 데이터가 생성되고 있으며, 지자체에 따라 일부 데이터가 분석되어 활용되고 있는 상황이다. 여기서는 서울시와 청주시 대중교통과 단골택시[HEV2014] 사례를 통하여 교통분야 빅데이터 사례를 소개한다.

(1) 서울시 심야버스 노선개편[서울시2014]

서울시는 우리나라에서 빅데이터 활용에 가장 적극적인 지방정부이다. 교통, 공공시설, 주택과 민원, 복지 등 다양한 분야에서 빅데이터가 활용되어 공공행정의 경쟁력을 높이고 있다. 서울시는 '열린데이터 광장'을 통해 2-3년 전부터 공공 데이터를 오픈API 형태로 개방하고 있고, 최근에는 서울시 현안 문제를 빅데이터로 해결하려는 시도를 민간기업과 협력하여 수행하고 있다. 그 중에 가시적인 성과를 내고 있는 것이 심야버스 노선 결정에 빅데이터를 활용한 사례라고 할 수 있다.

서울시는 통신사와 공동으로 빅데이터 분석을 통하여 밤시간대 유동인구가 많은 구간을 묶어서 심야버스 노선을 만들었다. 유동인구가 많은 구간은 기존의 관행을 벗어나 신용카드 결제 데이터, 휴대전화 통화 이력 데이터, 택시 스마트카드 데이터 등을 통합 분석하여 심야 시간대의 유동인구 분포도를 그려낼 수 있었다. 사용된 데이터를 구체적으로 보면 대중교통데이터(시민들이 이용한 심야택시 승·하차 데이터 500만건), KT의 유동인구 데이터(KT 통화량 데이터 30억건), 한국에스리 지리정보시스템(GIS) 등이다.

<그림 1-25>는 서울시의 심야버스 노선결정 과정을 3단계로 구분하여 보여주고 있다. 먼저 통신사 등으로부터 수집된 데이터를 기반으로 유동인구를 지도상의 셀로 나타내고 있다. 다음 단계는 이를 기반으로 유동인구가 많은 지역을 지나는 노선을 정하고, 마지막으로 각 노선의 배차간격을 데이터 기반으로 조정하는 것이다.

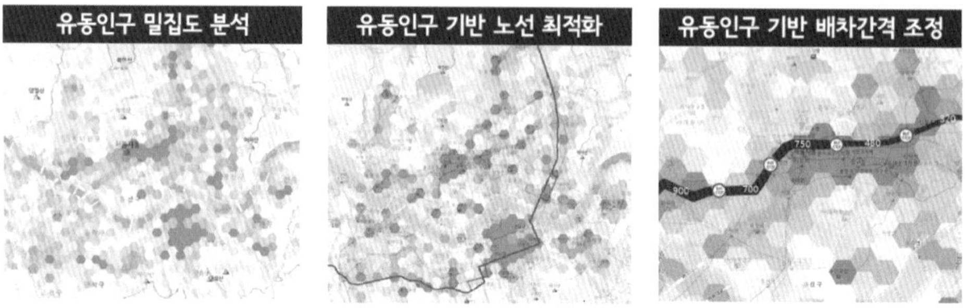

서울시 심야버스 노선 최적화

<그림 1-25> 빅데이터를 활용한 서울시 심야버스 노선결정

(2) 버스 운행기록 데이터 분석 [조완섭2014a]

IT 기반의 교통 기술 발달로 대부분의 국내 도시들은 첨단교통정보시스템을 구축하여 각종 교통 데이터를 수집하여 축적하고 있다. 예를들어 청주시의 경우 버스운행기록정보, 교통카드 정보, HiPass 차량 운행기록 정보 등이 365일*24시간 수집되어 축적되고 있다. 이러한 데이터는 단기적으로 도로 표지판에 지금현재 각 구간별로 소통상황을 지도형태로 보내주는데 활용되지만 장기간 축적된 데이터 분석은 빅데이터 기술을 도입하기 전까지는 불가능한 상황이었다. 청주시의 경우 이러한 교통정보를 분석하여 시민의 버스 환승패턴과 교통혼잡지도를 작성함으로써 과학적인 교통정책 수립에 기여하고 있다.

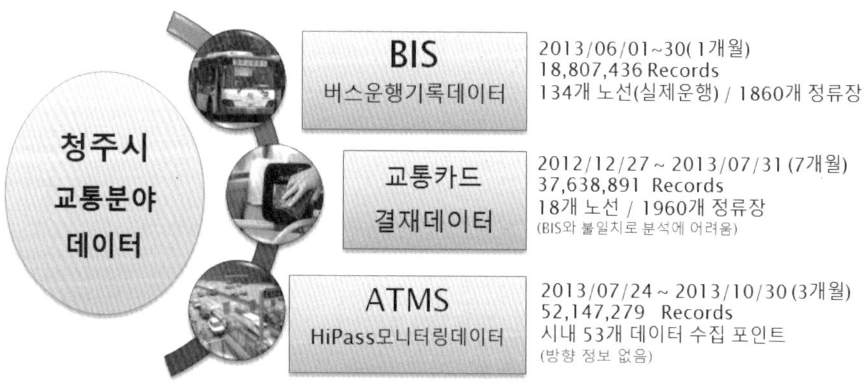

<그림 1-26> 분석에 사용된 데이터 현황

<그림 1-26>은 청주지 교통데이터 분석에 사용된 소스 데이터를 보여주고 있다. 버스 운행기록 데이터, 교통카드 결재 데이터, HiPass 모니터링 데이터(ATMS)를 통합하여 분석함으로써 다양한 유형의 통찰력을 얻을 수 있고, 이를 과학적인 교통정책 결정에 활용할 수 있다.

첫 번째 응용 분야가 환승패턴의 분석이다. 청주시에서 환승이 가장 많이 일어나는 곳 top-10과 같은 분석이 가능하며, 각 지점에서의 환승 패턴을 지도상에서 볼 수 있다(<그림 1-27>). 예를 들어 청주시에서 환승이 가장 많이 일어나는 곳은 '사창사거리'이며, 이곳을 세부적으로 보면(drill-down) 832번에서 502로 환승하는 사람이 가장 많음을 알 수 있다. 시청에서는 이와 같은 환승패턴을 고려하여 노선을 조정함으로써 환승 보조금을 줄일 수 있을 것이다.

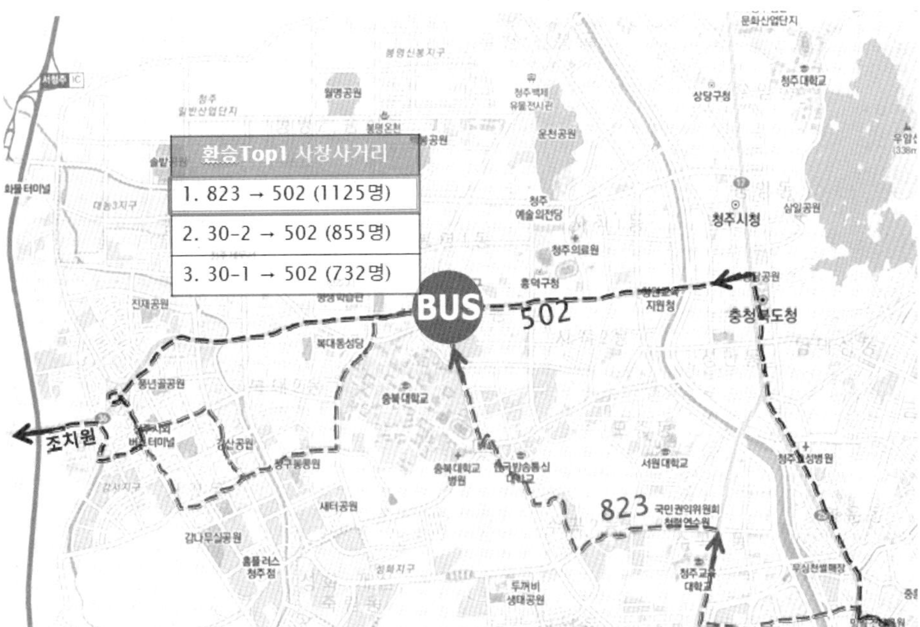

<그림 1-27> 청주시민들의 버스 환승패턴 (Top-10)

두 번째 응용 분야가 교통혼잡지도의 작성이다. 월별, 요일별, 시간대별, 날씨별 혹은 이벤트별 (야구경기나 행사 등)로 다양한 조건을 부과한 후 혼잡지도를 그려내는 것이다. 이를 바탕으로 시민들은 특정 조건에서 시내 교통혼잡 상황을 미리 예측하거

나 혹은 교통정책 결정에 활용할 수 있을 것이다. <그림 1-28>은 청주시의 교통혼잡 지도의 한 예를 보여주고 있다.

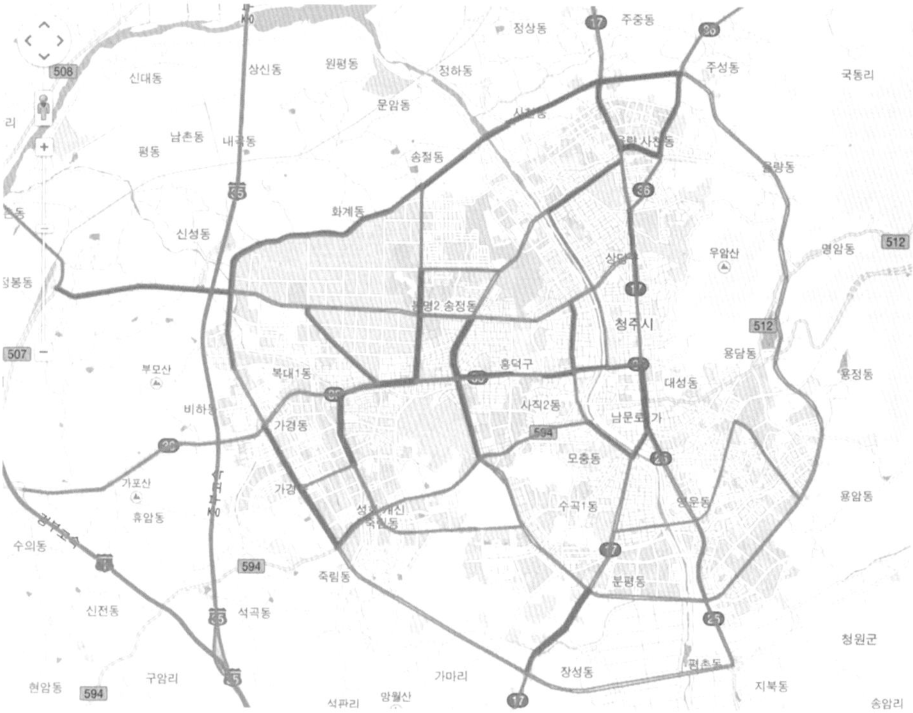

<그림 1-28> 청주시 교통혼잡지도

(3) 단골택시 사례 [HEV2014]

단골택시는 빅데이터와 스마트폰 위치기반 서비스를 이용해 승객과 기사를 관제센터 도움없이 직접 연결시켜주는 앱이다. 단골택시 서버는 회원으로 등록된 택시의 위치정보를 5초에 한번씩 체크하여 서버에 저장하고 있다가, 주변의 승객으로부터 택시 호출이 일어나면 즉시 연결될 수 있도록 지원한다. 택시나 승객회원수가 많아지면 그 위치정보를 저장하고 분석하기 위해 빅데이터 기술이 필요하다. <그림 1-29>는 단골택시의 개념도를 보여주고 있다. 기존 콜택시와는 달리 관제센터의 직원 없이 승객과 택시 기사가 직접 스마트폰 앱을 통하여 연결된다.

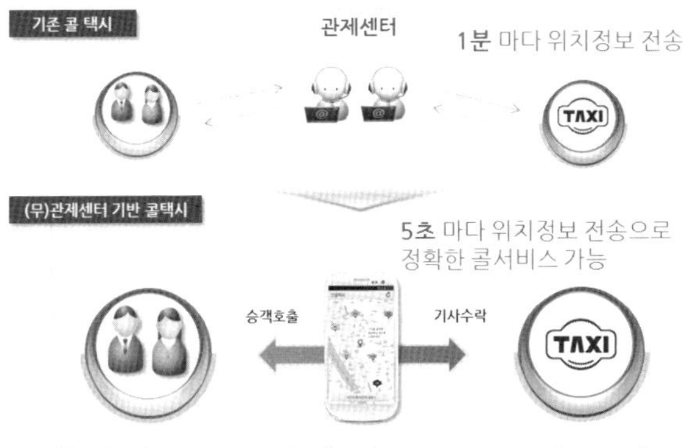

<그림 1-29> 단골택시 개념도

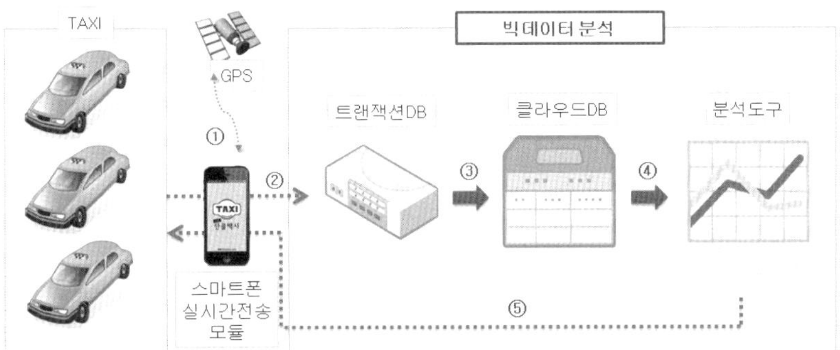

<그림1-30> 단골택시 서비스를 위한 빅데이터 분석 시스템 (Amazon Cloud)

단골택시에는 이와 같은 무관제 택시 호출기능 외에도 다양한 부가서비스를 제공한다. 인심기능이란 택시 승객이 탑승하는 순간 지정된 보호자에게 택시정보와 이동경로가 지도상에서 나타나도록 함으로써 안심기능을 강화한 것이다. 지역외 택시 매칭은 청주에서 서울택시를 선택하여 타고자 할 때 유용한 기능이다. 인근의 택시 중에서 서울에서 들어온 택시만 골라서 연결할 수 있기 때문이다(현재 기술적으로는 문제가 없으나 법적, 제도적 문제로 서비스하지는 않고 있음). 외국어 화면이 제공되어 외국인 관광객들이 쉽게 앱을 사용할 수 있도록 했으며, 특히 외국어가 가능한 기사와 매칭하는 서비스도 제공한다. 또한, 장애인 등 교통약자들을 지원하는 서비스 차량과의 연결도 가능하다. 이와 같이 다양한 서비스가 하나의 앱에서 통합되어 지원함으로써 기존의 기능별 별도의 장치나 소프트웨어가 필요한 제품보다는 차세대 기능을 제공한다.

- 무관제 콜택시 서비스
- 안심귀가서비스 강화
- 지역외 운행 택시 매칭 서비스
- 택시와 승객의 실시간 수요공급 분석
- 택시 경로분석 및 승객 서비스 평가로 택시 서비스 개선
- 외국어 화면 및 외국어 가능 기사 연계
- 교통약자 이동지원 서비스

이 밖에도 단골택시는 택시와 손님의 수요공급 상황을 분석하여 기사에게 제공함으로써 택시가 시 전역에 손님의 분포에 맞추어 배치되도록 유도하는 기능이 있다. <그림 1-31>은 서울시의 시간대별 택시 공급대비 수요 지도를 보여주고 있다. 그림은 SGIS(통계지리정보서비스)에서 제공한 도구를 이용한 것이다. 빨간색의 경우 택시가 승객에 비하여 많은 지역이고, 녹색은 반대의 경우를 의미한다. 빨간색 부분에 위치한 택시 기사는 녹색지역으로 이동할 것이므로 자연스럽게 택시의 수요공급이 전역에 골고루 분포하게 만드는 효과가 있다.

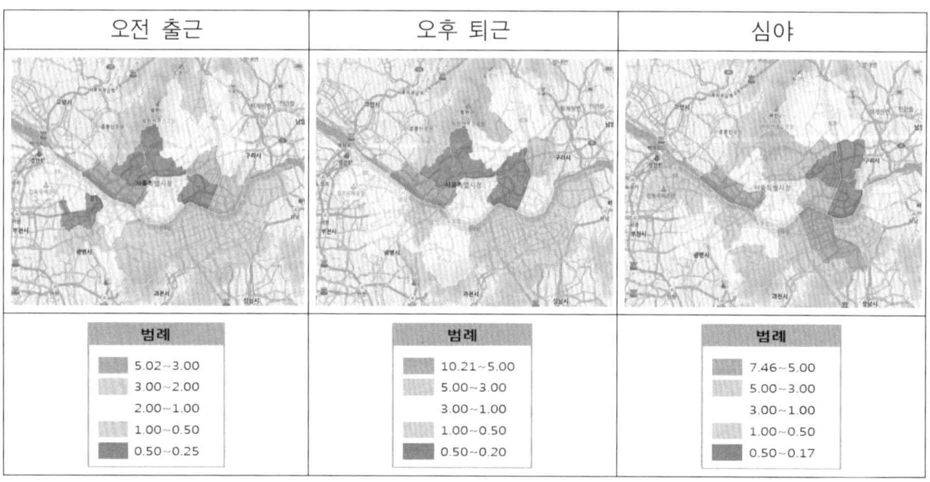

<그림 1-31> 서울시 구별 시간대별 공급 대비 수요

더 세부적으로 동별 분포도 알 수 있다. <그림 1-32>는 서울시의 동별 공급 대비 수요를 나타낸다. 값을 5단계로 구분하였으며, 색이 더 짙을수록 승객보다 택시가 많음을 의미한다.

오전 출근	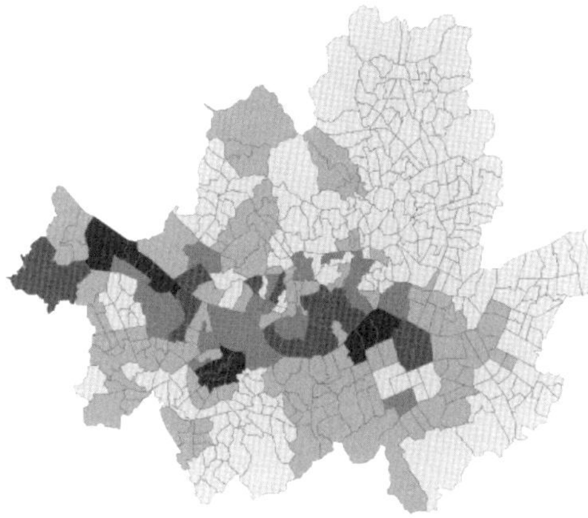	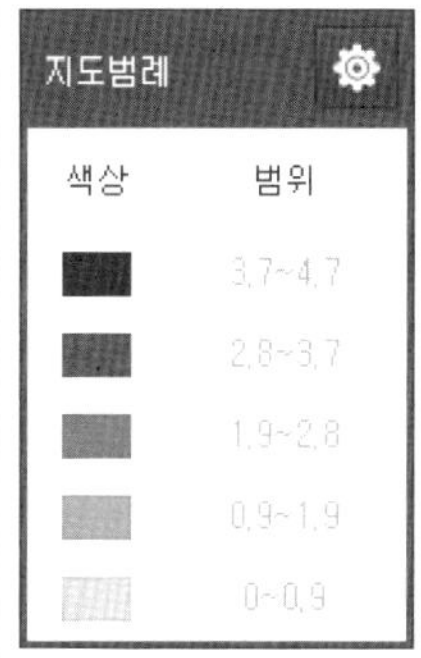
오후 퇴근	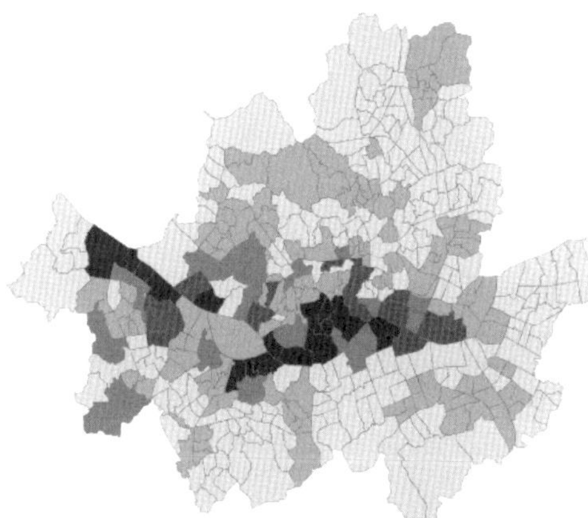	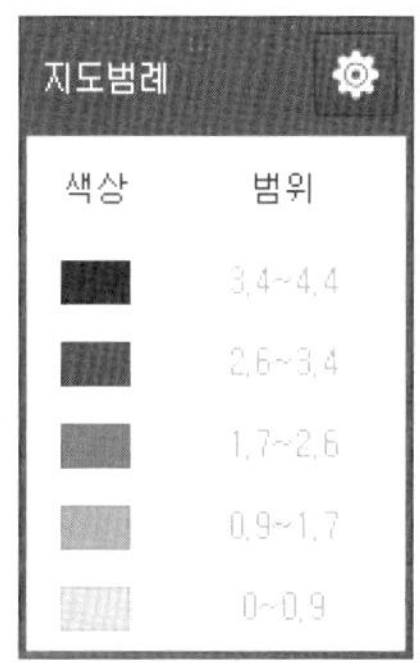
심야	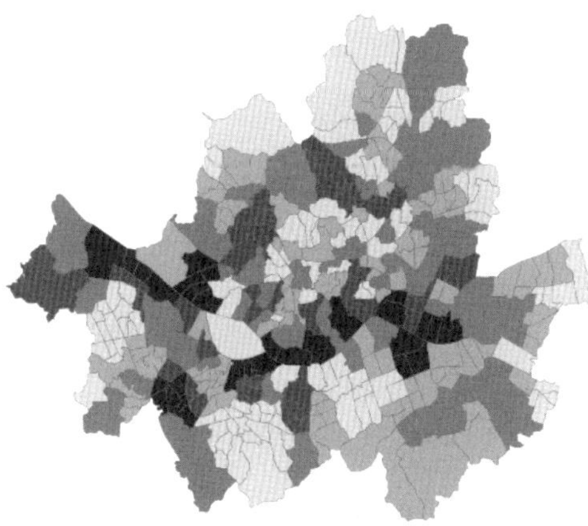	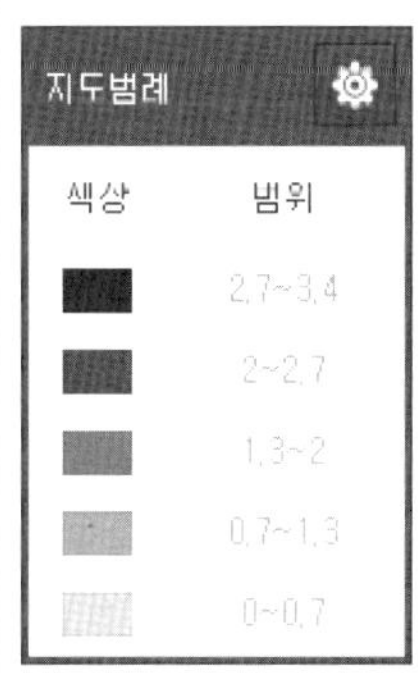

<그림 1-32> 서울시 동별 시간대별 공급 대비 수요

1.2.6 제조 및 자동차 산업

제조 및 자동차 산업에서도 빅데이터를 활용한 획기적인 변화가 예상되고 있다. 독일의 인더스터리4.0 사업과 한국의 제조업혁신3.0 사업이 범국가적으로 추진되고 있는 예이다. 독일과 한국은 자국의 제조업을 획기적으로 업그레이드하기 위하여 제조업 분야에 센서와 IoT(Internet of Things)를 추진하고, 빅데이터 분석을 통하여 획기적인 제조업 업그레이드를 추진하고 있다.

(1) 빅데이터 활용 제조업 혁신

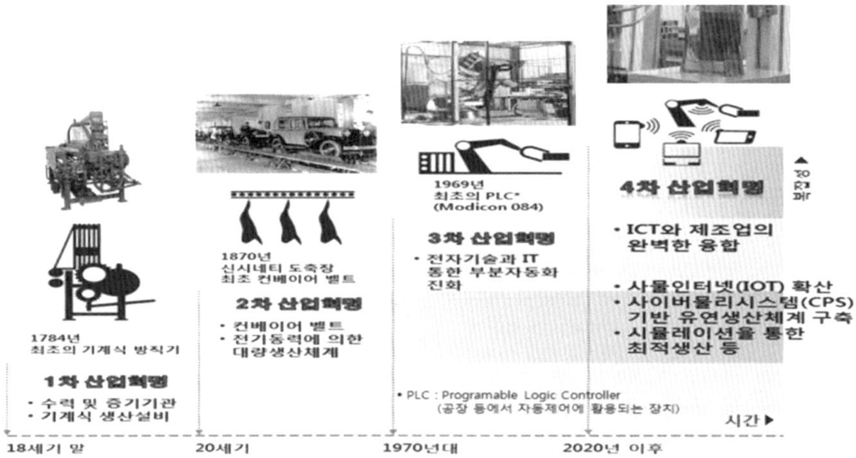

(참조) 독일 인공지능센터(DFKI), 2011. Industrie4.0 Working Group, 'Recommendations for implementing the strategic initiative INDUSTRIE 4.0'

〈 산업혁명 과정(제조업의 혁신 단계) 비교 〉

구분	1차 산업혁명	2차 산업혁명	3차 산업혁명	4차 산업혁명
시기	18세기 후반	20세기 초반	1970년 이후	2020년 이후
혁신부문	증기의 동력화	전력, 노동 분업	전자기기, ICT 혁명	ICT와 제조업 융합
커뮤니케이션 방식	책, 신문 등	전화기, TV 등	인터넷, SNS 등	사물인터넷, 서비스간 인터넷(IoT & IoS)
생산 방식	생산 기계화	대량생산	부분 자동화	시뮬레이션을 통한 자동 생산
생산 통제	사람	사람	사람	기계 스스로

자료 : 현대경제연구원

<그림 1-33> 기술발전과 제조업 산업혁명

제조업의 4차 산업혁명을 촉진하는 환경요인으로 "숙련공 고령화와 부족현상", "맞춤형 대량생산", "짧아진 제품 라이프싸이클" 등이 있으며, 센서, IoT 및 빅데이터 기술을 활용하여 이를 극복하고자 하는 것이다.

독일의 인더스트리 4.0은 다양한 기기·설비·작업자에게 센서를 부착해 정보를 중앙 컴퓨터에서 수집하고 분석하여 최적 관리하는 생산방식으로 제조 공정의 최적화 문제를 해결하기 위해 다음을 수행하고 있다.

- 설비 제어 : 실시간 설비 모니터링, 장비의 원격 제어, 제조일정 지연 통보 및 대응책 마련, 이상 징후 예측 및 대응방안 생성 등
- 에너지 효율화 : 에너지 소비량 파악, 환경오염도 파악 및 원격검침, 공장 환경 영향 평가 및 환경이상 원인 분석, 에너지 사용실적 집계 및 패턴 분석 등
- 물류 효율화 : RFID 기반 재고 수량 정보의 자동 전송, 공정별 재고품 진행사항 추적 및 적정 재고량 분석, 3D 디지털 맵 기반으로 최적 이동 경로 안내 등

국내 대형 제조업체들은 이미 빅데이터 분석을 통하여 제조업혁신 3.0을 자체적으로 추진하고 있다. 표 1-2는 국내 대기업들의 빅데이터 활용 사례를 보여주고 있다.

<표 1-2> 국내 대기업들의 빅데이터 활용 사례

	삼성전자	현대자동차	포스코
도입 (예정) 영역	- 사용자 로그 분석 - 웹 보안로그 분석 - 생산설비 로그 분석 - 소셜데이터 분석 - 콜센터 데이터 분석 - ERP 성능개선	- 생산로그 분석 - 운전 습관 및 주행 중 결함 분석 - 소비자의 취향 및 선호도 분석	- 텍스트 마이닝을 통한 니켈 가격 예측 - 철강 제품 제조 시 품질 결함 분석
기대 효과	- 제품 오류 발생 방지 - 지역별 이슈 파악 - 보안 위협 감지 - 공정과정 오류 발굴	- 품질 향상 - 매출 상승	- 품질 개선
도입 현황	- 전담부서 신설 - PoC 진행 완료 - 오라클의 '엑사데이터'를 빅데이터 표준 시스템으로 선정	- 빅데이터 플랫폼 TFT 및 전담부서 신설 - 연구소에 빅데이터 전문 인력 영입 - 빅데이터 표준플랫폼 선정 및 솔루션 구매 관련 PoC 진행 중 중단	- PoC 추진 계획 발표
향후 전망	- 신규 서비스 개발 및 비즈니스 모델을 발굴할 계획	- 자동차 데이터(VCRM) 저장, 처리와 마케팅 등 개별 이슈와 사업별로 도입 지속적으로 검토	- PoC 진행 예정

제조업에 빅데이터를 활용하면 세가지 측면에서 고도화를 이룰 수 있다.

- 센서 데이터 분석을 통한 생산 효율화
- 빅데이터 기반의 제조업 서비스화
- 빅데이터 기반의 제조업 첨단화

빅데이터 분석을 통한 생산 효율화는 <그림 1-34>에서 보여주고 있다. 상단에서는 기존의 제조 관련 데이터의 일부만 분석되어 제한적으로 활용되고 있으나 우측의 빅데이터 기술을 활용하면 전체 데이터를 수집하여 분석하고, M2M 시스템으로 직접 장비에 작업지시나 장비교체를 수행함으로써 정확도와 효율성으로 높일 수 있음을 보이고 있다. 하단에서는 제조관련 빅데이터의 활용 과정을 보여주고 있다. 데이터 수집을 주로 센서들로부터 한다는 점에서 특이점이 있으며, 방대한 데이터를 클라우드 기반의 고성능 컴퓨터로 해결하고 있다.

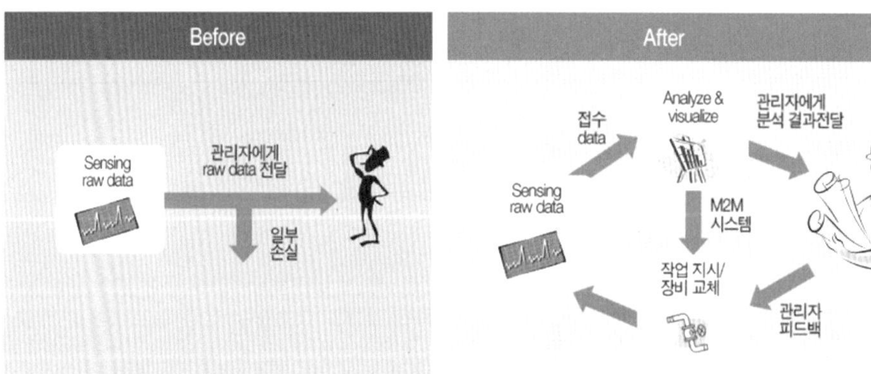

Before	After
· 선정된 데이터를 저장 및 처리하는 능력의 한계로 인해서 일부를 샘플링해서 전달 · **데이터는 raw data 형태로 전달되어 단순히 현재 상태를 확인하는데 그침**	· 선정된 데이터 전체를 저장 및 처리하여 분석 및 시각화해서 관리자에게 전달 · 관리자는 전달된 데이터를 보고 판단하여 불량률이 높아지기 전에 문제가 될 것 같은 생산 설비를 사전에 교체하여 수율을 높임

제조업 관련 Big data 기반 기술			
프로세스	수집	저장/관리	분석/활용
프로세스별 관련 기술	센서	클라우드	SW
설명	현재로서는 제조업 공정의 효율화, 미래에는 사물인터넷, 웨어러블 기기, 스마트카 등의 등장으로 인해 센서의 발달이 빅데이터 생성 및 수집에 있어 큰 역할을 담당	빅데이터와 같은 대용량의 자료 저장 및 관리를 위해서는 클라우드와의 결합이 필수적이며 특히 대기업의 경우 사내 클라우드 구축이 큰 이슈로 떠오름	빅데이터의 분석과 활용에 있어서 drag and drop으로 사용가능한 편리한 UI를 지닌 솔루션을 개발하기 위해서는 SW역량이 뒷받침되어야 함

출처 : 제조업 경쟁력 강화를 위한 빅데이터 활용 방안 (산업연구원)

<그림 1-34> 빅데이터를 활용한 제조업 변화와 관련 기술

빅데이터 기반의 제조업 서비스화는 제조업에서 서비스의 역할이 증대되어 점차 제조업과 서비스업의 구분이 모호해지는 현상을 의미한다. <그림 1-35>는 제조업의 서비스화를 보여주고 있다. 판매자가 제품을 고객에게 제공한 이후에도 지속적으로 제품의 센서 데이터나 로그 데이터 및 SNS 데이터를 분석하여 다양한 맞춤형 서비스를 제공함으로써 서비스 영역을 강화해 나가는 업체가 증가하고 있다.

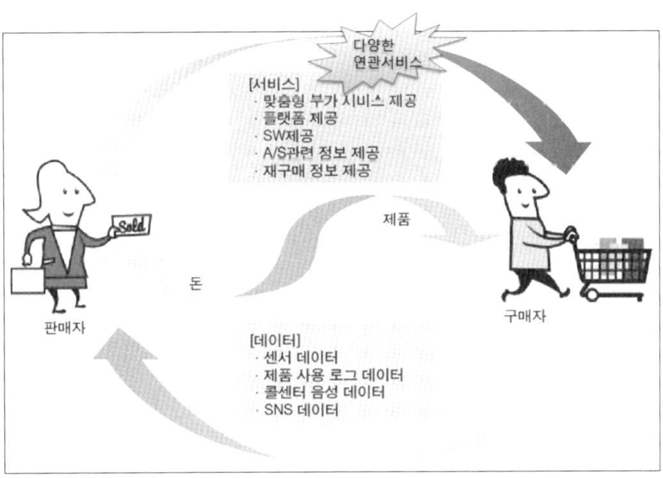

(출처) 제조업 경쟁력 강화를 위한 빅데이터 활용방안, KIET 산업연구원, 2013

<그림 1-35> 빅데이터 기반의 제조업 서비스화

마지막으로, 빅데이터 기반의 제조업 첨단화는 구글의 무인자동차나 빅데이터 활용 MES(Manufacturing Execution System: 제조실행시스템) 개선사례 및 글로벌 MES 프로젝트 등에서 볼 수 있다. 빅데이터 기술을 활용하여 기존 MES 시스템의 고비용 저효율 구조의 한계를 극복한 사례들이 발표되고 있으며[NEX2013], 빅데이터 기술을 활용하여 해외공장까지 통합하는 MES 시스템 구축이 글로벌 기업에서 이루어지고 있다.

(2) 빅데이터 활용 자동차 산업의 혁신

2020년까지 전세계 도로에 활성화될 연결차량 센서는 1억 5000만개가 될 것이며, 이들 센서는 차량의 진단, 위치추적, UX(User Experience) 데이터의 수집, 등을 수행할 것으로 보인다. 자동차는 이미 센서 덩어리로 시간당 수십 기가 데이터를 쏟아내고 있다. 이러한 환경에서 자동차는 이미 스마트카로 진입하고 있으며, 주요 자동차 메이커들은 이미 "연비"나 "친환경"에서 "IT화"로의 경쟁으로 넘어가고 있다.

<그림 1-36> 스마트폰과 스마트카의 출현

자동차가 스마트폰에 이어 나타날 "새로운 모바일 기기"로 발전하고 있으며, 이는 자동차 업계나 IT 업체에 새로운 기회이자 위기로 다가오고 있다. 빅데이터 기술을 활용하여 이러한 변화에 적응하지 못하면 도태되는 기업으로 전락할 것이 분명하기 때문이다. 휴대폰에서 스마트폰으로의 진화 과정에서 거대기업 노키아의 몰락을 이

러한 위기를 극명하게 보여주는 사례이기 때문이다.

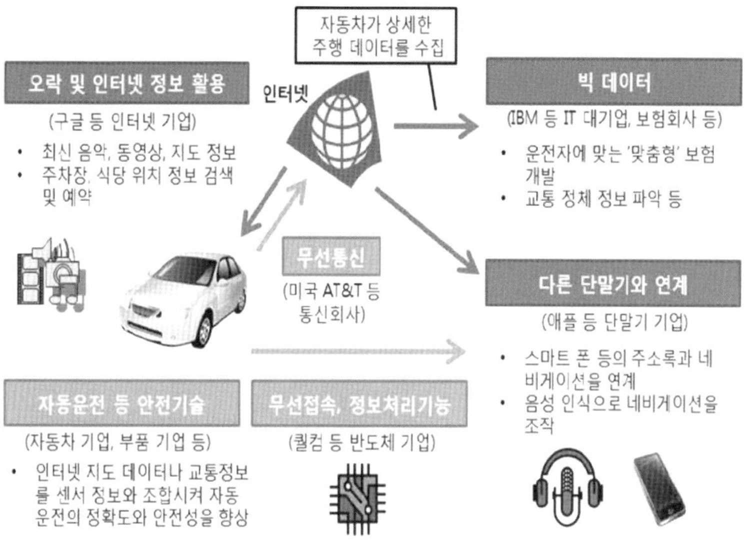

<그림 1-37> 빅데이터를 활용한 자동차 산업의 변화 [KJC]

자동차에서의 빅데이터 활용은 지금까지 성능개선과 결함 모니터링(볼보사), V2V(Vehicle to Vehicle) 및 V2I(Vehicle-to-Infrastructure) 기반 장애물, 충돌, 졸음탐지 및 조치 (벤츠 등), 사고발생시 지원 시스템 (BMW, GM 등)에 적용되고 있으나 자동차 산업의 전체 라이프 싸이클의 적용으로 확대되고 있다.

■ Conceptual Design
  - 자동차 life cycle 전반에서 생성되는 데이터를 분석하여 future conceptual design에 활용함
  - 수십억 마일을 달리면서 생성한 Real-world data를 수집하여 분석하면 safety, aerodynamics, performance, power algorithms, 기타 자동차의 기본 장치들을 개선하는데 유용할 것임

■ Drawing Board
  - 고객의 감성과 사용후기 정보 등은 new car design에 유용한 정보임

■ Procurement (조달)
  - 빅데이터로 최적화된 공급망 관리 덕분에 자동차 제조사는 조달 프로세스를 효율적으로 최적화해 나갈 수 있음

■ Manufacturing

- 조립라인 전반에 걸쳐 수집된 데이터는 기계성능 향상, 예방정비, 조립라인의 효율성 제고 등에 활용될 수 있음

■ Marketing
- SNS, 블로그 등에 나타난 고객 감성정보를 마케팅에 활용

■ Finance
- 빅데이터 분석으로 얻어진 고객 습관, 선호도, 구매력 등을 감안하여 가장 효과적인 financing program 개발

■ Performance
- 실제 운행중인 자동차 (혹은 운전자, 외부환경)로부터 얻어진 데이터는 장래 자동차 혹은 부품의 성능을 개선하는데 활용될 수 있음 : 볼보 사례

■ Service
- 서비스 센터 등에서 이루어진 기록 데이터는 자동차 제조 및 설계 분야로 feedback되고 분석되어 사전 예방정비나 대규모 리콜방지 등에 활용될 수 있음

■ Aftermarket
- Travel services, insurance, petroleum, maintenance, entertainment 등과 같은 서비스를 고객 위치 기반으로 제공함 (무궁무진한 응용분야)

참고문헌

[ERI2011] More Than 50 Billion Connected Devices, Ericsson White Paper, 2011.02

[ETN2014] 한전KDN, 스마트 그리드와 결합한 빅데이터 모델 발굴, 전자신문, 2014.3.27

[HEV2014] 똑똑한 콜택시 앱, '단골택시' 출시, chosun.com, 2013.06.11.

[IBM2011] From Novice to master: Understanding the Analytics Quotient Maturity Model, IBM, 2011.

[IBM2011-1] IBM Watson - An Overview and Opportunities for Your Business, IBM Presentation Material, 2011.

[IBM] ibm.com/watson, What Will You Do With Watson ?

[IBM-NY] NYPD changes the crime control equation by transforming the way it uses information, On Demand Business

[JIM2009] Jim Grey, The Fourth Paradigm, Data-Intensive Scientific Discovery, Microsoft Research, 2009.

[JIM2013] Jimeng Sun and Chandan K. Reddy, Big Data Analytics for Healthcare, Tutorial Presentation at the SIAM International Conference on Data Mining, Austin, TX, 2013.

[KBS2012] 빅데이터, 세상을 바꾸다(http://vimeo.com/37513263), KBS 시사기획창, 2012.02.10.

[KJC] 한일재단, 일본지식정보센터(www.kjc.or.kr)

[LGC2013] 스마트 그리드 시스템! 에너지 효율을 높여줄 신성장 동력, LG CNS Blog, IT Trend, 2013.09.09.

[MCK2011] James Manyika, Michael Chui, Brad Brown, Jacques Bughin, Richard Dobbs, Charles Roxburgh, Angela Hung Byers, Big data: The next frontier for innovation, competition, and productivity, McKinsey Global Institute, 2011.5.

[MAR2010] Marion Blount et al., "Real-Time Analysis for Intensive Care - Development and Deployment of the Artemis Analytic System," IEEE Engineering in Medicine and Biology Magazine, 2010.03.23.

[MAR2012] Martin S. Kohn, Putting IBM Watson to Work In Healthcare, PPT Slide, 2012.

[MIC2011] Michale Rappa, Master of Science in Analytics : Goals, Learning, and Outcomes, NC State University, Internal Report, 2011.06.

[MIT2011] Steve LaValle, et al., Big Data, Analytics and the Path From Insights to Value, MIT Sloan Management Review, Vol. 52, No. 2, 2011 Winter

[NIA2012] 선진국의 데이터기반 국가미래전략 추진현황과 시사점, IT & Future Strategy, 한국정보화진흥원(NIA) 제 2호 (2012.4.6.).

[NIA2012-1] Big Data 글로벌 10대 선진사례, 빅데이터로 세상을 리드하다 - 미국국립보건원, Pillbox 프로젝트를 통한 의료개혁, 한국정보화진흥원 빅데이터전략연구센터 보고서.

[NEX2013] NexR 발표자료, 전자부품 생산글로벌 기업사례, 2013.

[RTCC] 뉴욕경찰청 실시간범죄센터, http://www.nycpolicefoundation.org/programs/real-time-crime-center/

[WAT] http://en.wikipedia.org/wiki/Watson_(computer).

[WIKI] http://en.wikipedia.org/.

[강희종2013] 강희종, 천문우주분야의 빅데이터 활용, 과학기술정책연구 제 23권 3호,

2013.
[김진우2013] 김진우, 공공분야 빅데이터 사업 동향분석, 한국지역정보개발원 보고서, 2013.
[서울시2014] 심야전용 올빼미버스 9개 노선 출발, http://traffic.seoul.go.kr
[이지영2012] 이지영, 정유회사가 빅데이터를 품는 법, 블로터닷넷 (http://www.bloter.net), 2012.05.16.
[건보2014] 건보공단, 국민건강 주의 알람서비스 개시, 보도자료, 2014.5.16.
[조완섭2012] 조완섭, 관제 데이터 마이닝 시스템 개발, W사 용역과제, 2012.12.
[조완섭2013] 조완섭, 빅데이터 시대, 데이터 과학자 양성 방안, 과학기술정책, 과학기술정책연구원, 2013년 9월 (발간예정).
[조완섭2014] 조완섭 외, 빅데이터 거버넌스, 홍릉과학출판사, 2013.12, 번역출판예정(http://bigdatagov.cbnu.ac.kr, 원서: Big Data Governance - An Emerging Imperative, MC Press, Sunil Soares, 2012.10)
[조완섭2014a] 청주시 교통빅데이터 분석, KBS 청주방송 뉴스, (https://www.youtube.com/watch?v=FSOCM4zLy6M), 2014.
[주기동2012] 빅데이터 활용범위를 넓혀가는 헬스케어 IT, 주간기술동향, 2012.6.13.
[한경2013] 빅데이터 - 질병예측과 건강관리, 2013.04.08.

2 장

빅데이터와 경영학

2장 빅데이터와 경영학

2.1 빅데이터와 경영학

2.1.1 기업에서 바라보는 빅데이터

"빅 데이터(Big data)" 라는 용어는 기술 분야뿐 아니라 다양한 분야에서 여러 가지 의미로 사용되고 있다. 특히 근래에 비즈니스 분야의 주목을 받고 있는데, 이는 빅 데이터가 글로벌하게 통합된 환경에서 상거래에 막대한 영향을 미칠 수 있기 때문이다. 빅 데이터는 기업들이 오랫동안 고민해온 난제에 대한 해결책을 제공해 줄 뿐 아니라, 프로세스와 조직, 산업 전반, 심지어 사회 자체를 변화시킬 수 있는 새로운 방법까지 제시하고 있다. 그러나 매체들이 너무 요란하게 떠들어대다 보니 어디까지가 진실이고 어디까지가 과장인지 구분하기 어려운 면도 있다. 과연 실제로는 어떤 일이 벌어지고 있을까? 현재 기업들은 빅 데이터를 이용하여 고객 중심 성과를 추구하고, 내부 데이터를 활용하고, 바람직한 정보 생태계를 구축하고자 노력하고 있는 것으로 밝혀졌다.

"빅 데이터"라는 용어는 널리 알려져 있지만, 그 구체적인 개념은 아직 모호한 상태다. 빅 데이터에서 연상할 수 있는 개념으로는, 대량의 데이터, 소셜 미디어 분석, 차세대 데이터 관리 능력, 실시간 데이터 등 여러 가지가 있다 이 중 어떤 것을 빅 데이터의 개념으로 채택했든, 기업들은 이미 대량의 정보를 새로운 방식으로 처리, 분석하는 방법을 이해하고 탐색해 나가기 시작했다. 그 과정에서 일부 선도적인 기업들은 주목할 만한 비즈니스 성과를 끌어내고 있다.

전 세계 여러 산업 분야의 경영진들은 빅 데이터의 이용 방법을 제대로 배워야 할 필요를 느끼고 있다. 그러나 매체들의 관심이 집중되어 있음에도 불구하고, 기업들이 실제로 빅 데이터를 어떻게 활용하고 있는지 깊이 있게 분석한 정보는 찾아보기 어려운 것이 사실이다.

IBM 비즈니스 가치 연구소와 옥스퍼드 대학교 사이드 경영대학원 공동 2012 빅 데이터@워크연구(2012 Big Data @ Work Study)를 진행했다. 이 연구에 따르면 기업들이 빅 데이터를 어떤 식으로 이해하고 있으며, 현재 기업의 이익을 위해 빅 데이터를 어느 정도까지 이용하고 있는지 알 수 있다. IBM 기업 가치 연구소는 옥스퍼드 대학교의 사이드 경영대학원과 공동으로 총 95개 국가의 1,144개 기업 및 IT 전문가를 대상으로 설문 조사를 실시하고, 20명 이상의 학자와 관련 전문가, 기업 경영진 등과 인터뷰를 실시했다.

연구 결과, 전체의 거의 3분의 2에 해당하는 63%의 응답자가 (빅 데이터를 포함한) 정보 및 분석을 이용하는 것이 기업의 경쟁력 강화에 도움이 된다고 대답했다. 이 결과를 IBM이 2010년 실시한 뉴 인텔리전트 기업 글로벌 경영진 연구 조사(New Intelligent Enterprise Global Executive Study and Research Collaboration)의 결과와 비교해 보면 단 2년 만에 70%나 증가했다는 사실을 확인할 수 있다.

정보 및 분석 시장에서 중요한 부분을 차지하고 있는 빅 데이터는 그 영향력이 점차 확대되고 있다. 응답자 중 빅 데이터 파일럿 프로젝트나 구축 사업을 실시하고 있는 기업들은 전통적인 분석 방법에만 의존하고 있는 기업들에 비해 (빅 데이터를 포함한) 정보 및 분석이 확실한 경쟁우위가 있다고 대답한 경우가 15% 정도 더 높았다.

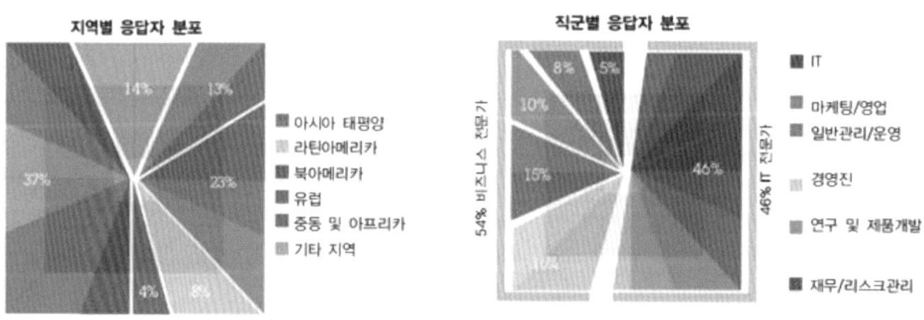

<그림 2-1> 설문조사 응답자 분포

한 가지 놀라운 결과는 소셜 미디어 데이터가 현재 빅 데이터 시장에 미치는 영향이 상대적으로 미미하다는 점이었다. 소셜 미디어가 고객 경험에 미치는 영향에 대한 대대적인 언론 보도 때문에 빅 데이터란 곧 소셜 미디어 데이터를 의미한다고 생각하기 쉽지만, 빅 데이터를 그런 식으로 정의한 응답자는 7%에 불과했다. 그리고 빅 데이터를 활용 중인 응답자 중 소셜 미디어 데이터를 수집 및 분석하고 있는 경우는 절반에도 못 미쳤다. 오히려 기존의 내부 데이터를 빅 데이터의 소스로 활용한다는

응답이 많았다.

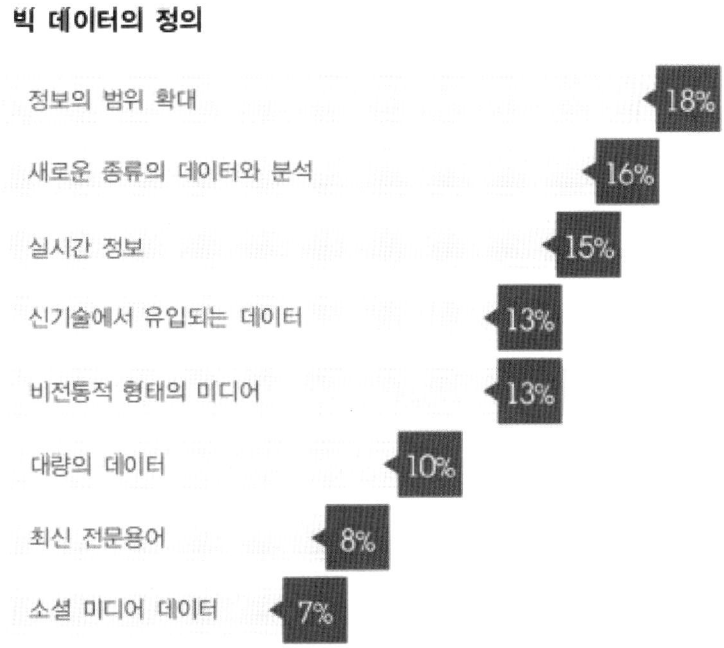

<그림 2-2> 빅데이터의 정의에 대한 응답

그렇다면 과거 대비 현재의 빅 데이터 활용에 변화를 가져온 것은 무엇일까? 일부 기업들은 이미 여러 해 동안 빅 데이터를 다뤄 왔다. 한 글로벌 통신 기업을 예로 들면, 최소 9개월 동안 120개의 서로 다른 시스템 및 저장 장치로부터 매일 수십억 긴의 상세한 통화 기록을 수집하고 있다. 한 원유 탐사 회사의 경우는 테라바이트(terabytes) 규모의 지질학 데이터를 분석하고 있으며, 주식 거래소는 매 분 수백만 건의 거래를 처리한다. 이런 기업들에게 빅 데이터라는 개념은 결코 새로운 것이 아니다.

빅데이터 활용을 선도하는 고객 분석

빅 데이터 활용을 통해 추구하는 가장 중요한 목표 3가지를 질문하자, 거의 절반 정도의 응답자가 고객 중심적 목표를 최우선 과제로 꼽았다. 기업들은 고객의 기호와 행동을 더 잘 이해하고 고객의 경험을 개선하기 위해 노력한다. 현대의 "권한이 강화된 소비자(empowered consumer)"를 이해하는 것은 2011년 IBM 글로벌 CMO 연구와 2012년 IBM 글로벌 CEO 연구에서도 우선 과제로 손꼽혔던 항목이다.

빅 데이터의 도입을 통해 기업이 추구하는 성과

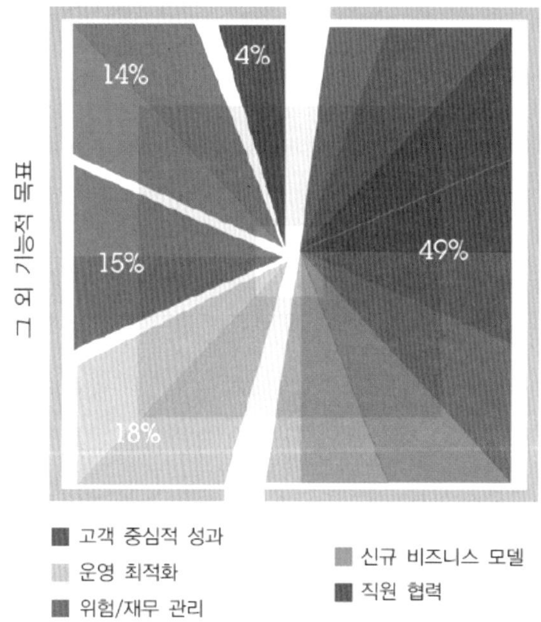

빅 데이터 도입을 통해 조직이 달성하고자 하는 목표
총 응답자 수 = 1,067 명

<그림 2-3> 빅데이터 도입을 통한 성과에 대한 응답 분포

기업들은 빅 데이터가 고객 행동에 대한 이해와 예측 능력을 높여주고, 이를 통해 고객 경험을 개선해 줄 것으로 확신하고 있다. 매매거래와 다채널 상호작용, 소셜 미디어, 멤버십 카드 같은 소스를 통해 입수한 신디케이트 데이터(syndicated data), 여타

고객 관련 정보들은 기업이 고객의 기호와 요구 사항을 완벽하게 파악하는데 도움을 주고 있다. 사실 이것은 수 십 년 동안 마케팅과 영업, 고객 서비스 분야의 최고 목표였다.

이와 같은 고객에 대한 깊은 이해를 바탕으로 모든 분야의 기업들이 기존 고객 및 잠재 고객과 상호작용할 수 있는 새로운 방법을 발견하고 있다. 이 원칙은 소매 분야에 적용되지만, 최종 소비자 및 일반 대중을 대상으로 하는 통신, 의료, 정부, 은행, 금융, 소비재 등의 분야는 물론이고, 비즈니스 파트너 및 공급업자 등과의 B2B 상호작용에도 적용된다.

빅 데이터 도입 초기: 내부의 기존 및 신규 데이터의 활용

빅 데이터 도입 초기에는 주로 내부 데이터를 수집하여 분석하는 데 집중한다. 응답자의 절반 이상이 내부 데이터가 기업 내 빅 데이터의 주요 원천이라고 밝혔다. 이런 현상은 기업들이 빅 데이터 도입에 실용적으로 접근하고 있다는 사실과, 각 기업의 내부 시스템 안에 아직 발견하지 못한 굉장한 가치가 내재되어 있다는 사실을 의미한다.

예측 가능한 일이지만, 내부 데이터야말로 기업들이 가장 잘 파악하고 있는 익숙한 데이터다. 내부 데이터란 수 년 동안의 전사적 자원관리와 MDM, BI 및 여타 관련 업무들을 통해 수집, 통합, 정형화 및 표준화된 데이터들인데, 고객과의 매매거래, 상호작용, 이벤트, 이메일 등에서 수집한 내부 정보들을 분석해 보면 가치 있는 통찰을 얻을 수 있다("아우토메르카도스 플라자(Automercados Plaza's): 통찰을 통한 수익 증대" 참조) 그러나 이제 기업들의 상세한 매매거래 정보나 작업 로그 데이터 같은 내부 데이터의 규모와 범위가 전통적인 시스템 내에서 관리하기에는 너무 크고 다양해졌다.

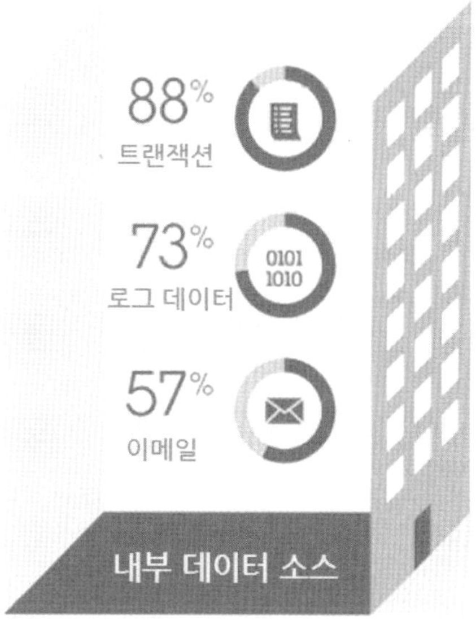

<그림 2-4> 내부데이터 유형

빅 데이터를 활용 중이라고 대답한 응답자 4명 중 3명이 로그 데이터를 분석하고 있었다. 로그 데이터란 비즈니스나 정보 시스템 내부에서 수행된 자동 기능을 자세히 기록하기 위하여 만들어진 "기계/센서가 생산한" 데이터로서, 전통적인 시스템의 저장 및 분석 능력을 초과하는 데이터다. 결국 이런 데이터의 상당 부분이 수집만 될 뿐 분석은 이루어지지 않고 있다.

강력한 분석 능력의 필요

빅 데이터가 진짜 가치를 창출하려면 중요한 비즈니스 과제 해결을 위해 사용되어야 한다. 이를 위해서는 더 다양한 데이터에 접근할 수 있어야 하고, 소프트웨어 도구와 그 도구의 활용 기술을 두루 갖춘 강력한 분석 능력이 필요하다.

빅 데이터를 활용 중인 기업들을 조사해 보면, 전부 처음부터 정형화된 데이터를 처리할 수 있는 강력한 핵심 분석 능력을 구비하고 있었다는 점을 알 수 있다. 그런 다음 기업으로 유입되는 반정형 데이터(표준 데이터 형식으로 전환될 수 있는 데이터) 및 비정형 데이터(비표준 형태의 데이터)까지 이용할 수 있는 고급 분석 역량을 갖추었다.

빅 데이터를 활용 중이라는 응답자의 75% 이상이 빅 데이터 분석을 위해 쿼리와 리포팅, 데이터 마이닝과 같은 핵심 분석 기능을 이용한다고 대답했다. 반면에 67% 이상이 예측 모델링을 이용한다고 대답했다. 그 이유는 빅 데이터의 해석과 분석을 시작하는데 이런 기본적인 분석 기능부터 시작하는 것이 실용적이고 특히 데이터가 관계형 데이터베이스에 저장되어 있을 때 더욱 효과적이기 때문이다.

<그림 2-5> 빅데이터의 다양한 유형

빅 데이터를 도입하면 고급 데이터 시각화 기능에 대한 요구가 늘어난다. 데이터베이스는 너무 방대해서 비즈니스 분석가나 데이터 분석가가 전통적인 리포팅 및 데이터 마이닝 툴을 이용해 관

찰하고 분석하기 곤란한 경우가 많다. 조사 결과 응답자들은 빅 데이터 활용의 71%를 데이터 시각화 기술에 의존하고 있다고 대답했다.

빅 데이터를 활용하는 기업들은 복잡한 데이터 속에서 패턴을 발견하기 위해 점점 더 고급 능력을 원하게 된다. 응답자들은 핵심 비즈니스 프로세스의 개선 방안을 파악하기 위하여 최적화 모델 및 고급 분석을 적용하고 있다. 또한 빅 데이터 안에서 만나게 되는 수많은 변수들을 분석하기 위해 시뮬레이션 기능도 사용하고 있다. 조사 결과 빅 데이터를 활용 중인 기업들의 50% 정도는 이런 고급 모델링 기능을 사용하고 있는 것으로 밝혀졌다.

현재 대부분의 기업들은 초기 빅 데이터 활용의 초점을 정형 데이터 분석에 맞추고 있다. 그러나 빅 데이터 활용을 위해서는 많은 기업들이 아직까지 전혀 접해보지 못한 유형을 포함한 여러 가지 다양한 데이터 유형을 분석해야 할 필요가 있다. 빅 데이터를 활용 중인 기업들 중 절반 이상이 콜 센터 상담과 같은 자연 상태의 텍스트를 분석할 수 있는 고급 기능을 이용하고 있다고 대답했다. 이런 분석에는 속어나 대화자의 감정, 의도 같은 미묘한 언어 요소들을 해석하고 이해할 수 있는 능력이 필요하다.

대부분의 기업들은 지리공간적 위치 데이터나 음성, 비디오와 같은 비정형 데이터나 스트리밍 데이터 등을 분석할 능력을 보유하기 위해 지속적인 노력을 기울이고 있다. 이런 분야의 하드웨어와 소프트웨어는 성숙 단계인 반면, 활용 기술은 많이 부족한 상황이다. 빅 데이터를 활용 중이라고 응답한 기업들 중 음성이나 비디오처럼 극도의 비정형 데이터를 분석하기 위해 필요한 능력을 구비하고 있다고 대답한 경우는 25%에도 미치지 못했다.

빅 데이터를 활용하기 위한 이런 고급 기술과 분석 기능을 취득, 발전시키는 것은 빅 데이터를 활용 중인 기업들의 가장 큰 과제가 되고 있다. 고급 분석 기술의 부재야말로 빅 데이터에서 가치를 끌어내는데 가장 큰 장애요인이기 때문이다.

2.1.2 데이터 중심 의사결정

현재 세계적인 각광을 받고 있는 IT기업들이 있다. 서비스 분야에서는 구글, 아마존, 페이스북, IBM 등을, 디바이스분야에서는 애플, 삼성전자 등을 꼽을 수 있다. 이 가운데 하드웨어에 집중하는 곳은 삼성전자뿐이고, 나머지 기업들은 거의 하나같이 미국기업으로 강력한 서비스 사업 역량과 거대한 사용자 플랫폼을 갖추고 있다. 아래 표 2-1에서 보듯, 매일 수억 명의 방문자가 들락거리는 구글은 검색 서비스를 기반으로 한 맞춤형 광고로 수익을 올리고 있다. 이 플랫폼 위에서 구글이 다루고 있는 데이터 또한 모든 생활 분야를 망라한다. 지리, 교통, 여행, 숙박 정보 등 검색을 통해 우리의 관심이 미치는 영역이라면 대부분 구글의 손이 뻗어 있다. 이미 연간 379억 달러에 달하는 매출에, 영업이익만이라도 116억 달러에 이르러 수익성도 탁월하다.

	핵심 데이터	매일 발생하는 데이터 양
구글	- 방문자의 검색어와 클릭한 광고나 링크 - 음식점 평가, 여행정보, 지도 데이터, 교통 정보 등 일상생활과 밀접한 각종 정보 - 안드로이드 디바이스를 통한 사용자 정보	- 6억 2,000만 명의 방문자 - 10억 건의 검색 - 72억 건의 페이지뷰
아마존	- 1억 2,000만 명의 고객 정보 - 고객의 검색어와 상품 탐색 및 구매내역 - 230만 종의 서적 데이터베이스	- 440만명의 방문자 - 900만 개의 상품주문 (2010년 크리스마스)
페이스북	- 20억 명의 회원, 1,000억건의 친구 관계 - 회원의 관심사, 소속, 결혼 여부, 심리 상태 등의 소셜 데이터	- 2억 5,000만 장의 사진 - 27억 건의 '좋아요'와 댓글

<표 2-1> 대표적인 빅데이터 기업들의 핵심 데이터 및 규모

마찬가지로 아마존도 애초에는 서적 유통에서 출발했지만, 이제는 미국 최대 온라인 마켓으로 성장하여 방대한 상품을 취급하고 있다. 특히 고객들이 어떤 물건을 찾고, 추가로 어떤 물건에 관심이 있는지 쇼핑과 관련된 막대한 데이터를 갖고 있다. 수익성이 절대적으로 좋다고 볼 수는 없으나, 480억 달러에 달하는 매출과 변치 않는 성장에 대해서는 낙관적인 전망이 대세이다.

세계 최대 SNS(Social Network Service)로 등극한 페이스북도 승승장구하기 마찬가지이다. 20억 명의 회원 및 1,000억 건의 친구 관계를 기반으로 각 회원들의 프로파일과 취향을 망라한 데이터를 갖고 있다. 물론 페이스북은 2012년 5월 상장된 이후 주가가 시초가를 밑도는 수준에서 맴돌면서 또 하나의 닷컴 버블이 아니냐는 의혹에 시달리고 비관론이 득세하기도 했다. 지적대로 아직 매출 등의 실적은 구글의 10분의 1밖에 안되는 상황에서 최근 페이스북에 쏟아진 관심이 과도한 감은 있다. 허나 그들이 아직도 업계의 기대주이며, 충분히 밝은 미래를 열어나갈 역량이 있다는 점에서는 큰 이견이 없다.

그렇다면 이와 같이 하드웨어 제조업체는 소수만이 살아남고 서비스 플랫폼 기업이 득세하는 오늘날의 현상, 이것이 시사하는 바는 과연 무엇일까?

기업 경쟁력의 무게중심이 옮겨가고 있다.

이는 IT업계에서 경쟁력을 결정하는 무게중심이 이동하고 있음을 보여준다. 2000년대 중반까지도 위세를 떨친 IT 업계의 대표적인 캐치프레이즈는 '인텔 인사이드(Intel Inside)'였다. 즉 인텔 CPU가 내장되어 있다는 뜻이다. 컴퓨터를 구분하는 데에는 486, 펜티엄, 센트리노 등으로 인텔 CPU 상품명이 쓰였고, 이에 따라 그 수준이 매겨졌다. 소비자들은 이런 하드웨어의 차이로 각 제품을 다르게 인지했던 것이다. 다시 말해, 당시에는 핵심 하드웨어 요소가 제품의 가치를 결정짓는 가늠자였다.

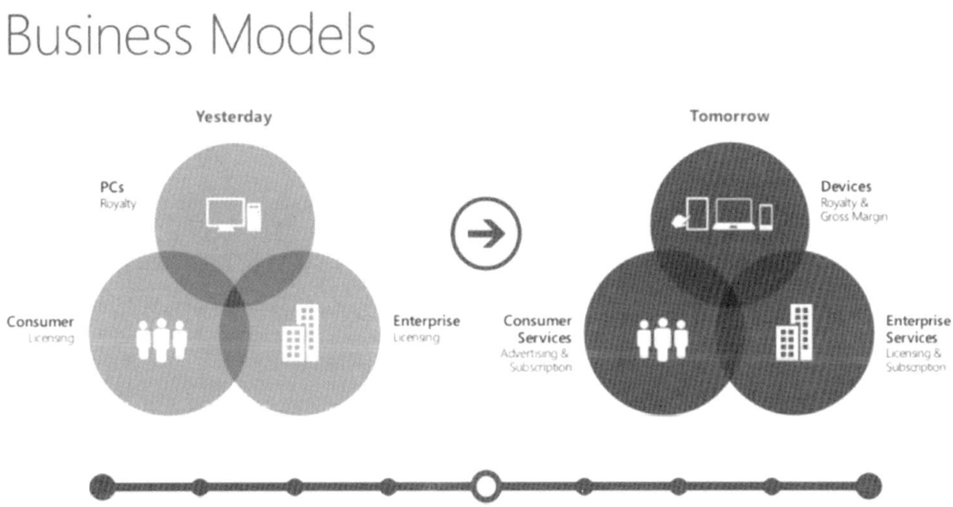

<그림 2-6> 비즈니스 모델 변화를 예고한 MS

반면 오늘은 어떠한가? 요즘도 PC마다 인텔 인사이드 스티커는 여전히 붙어 있지만 여기에 눈길을 주는 사람은 별로 없다. 스마트폰만 해도 마니아가 아닌 이상 그 안에 삼성 엑시노스 AP가 쓰였는지, 퀄컴의 스냅드래곤 AP가 쓰였는지, 텍사스인스트루먼트의 OMAP이 쓰였는지 큰 관심을 두지 않는다. 그 이면에는 IT 제품들이 고도로 모듈화되면서 범용품화(commodification)가 빠르게 진척되는 현상이 도사리고 있다. 순수하게 기술적인 측면을 따지면, 디지털 시대에는 경쟁자들이 모방하기 어려운 비밀을 담은 블랙박스라 할 만한 것이 별로 남아 있지 않다. 아날로그 시대에는 세밀

한 튜닝으로 상당한 품질의 차이를 만들어낼 수 있었기에, 역분해를 통해 겉보기에 똑같은 사양으로 제품을 만들어도 소비자의 체감 성능은 확 달랐다. 그러나 디지털 시대에 들어서는 대부분 기술이 표준화되고, 시장에서 조달 가능한 범용 칩에 다양한 기능이 내장되어 있다.

소프트웨어도 과연 영원한 경쟁력 결정 요소로 남을 수 있을까? 요즘 전개되는 흐름을 보면 이 또한 불안하기는 마찬가지이다. 이른바 오픈소스 소프트웨어가 광범위하게 등장하는 것만 봐도 알 수 있다. 초창기에는 단순히 프로그래머들의 심심풀이 결작업에 불과하던 시절도 있었지만, 오늘날의 오픈소스 소프트웨어들은 사용 소프트웨어 이상의 성능을 내고 업데이트도 활발히 이루어지는 경우가 많다. 당장 안드로이드 OS의 기반이 되는 리눅스도 오픈소스 프로젝트의 성과물이다. 빅데이터 관리 소프트웨어만 해도 '하둡(Hadoop)' 등 많은 부분이 오픈소스이다. 이런 오픈소스 소프트웨어가 활성화될수록, 예전처럼 소프트웨어를 상업적으로 개발하여 수익을 얻는 기업들 또한 대부분 치열한 경쟁과 낮아지는 이익률로 고전하게 된다. 하드웨어 분야에서 범용품화가 진척되며 야기된 업계의 변화는 소프트웨어 분야에서도 비슷하게 전개될 가능성이 높다.

이렇게 하드웨어와 소프트웨어의 차별화가 어려워지는 세상이 오면 데이터의 가치가 더욱 빛을 발할 것이라는 전망이 우세하다. 빅데이터는 그 특성상 범용품화되기가 매우 어렵다. 기업의 관심을 끄는 빅데이터의 많은 부분들이 복제나 모방이 어렵기 때문이다. 이는 단순히 기술적인 문제도 있겠지만, 대다수 빅데이터에는 기업의 업무 활동에서 얻게 되는 고객의 개인정보가 들어 있다는 점이 중요하다. 요즘도 뉴스를 보면 대형 포털사이트나 온라인 쇼핑몰 등에서 고객의 개인정보 해킹이나 내부자의 누출로 인해 대거 노출되어 사회적 파문으로 번지는 경우가 종종 발생한다. 이로 인해 국회와 정부에서는 기업의 데이터 수집과 유통에 엄격한 법적 규제를 부과하고 있다.

이러한 흐름과 관련하여 웹 2.0의 주창자이자, 저명한 IT 전문 출판사 오라일리 미디어의 최고경영자(CEO)의 팀 오라일라(Tim O'Reilly)는 다음과 같은 말을 남겼다.

데이터는 소프트웨어 인프라가 대부분 오픈소스화 또는 범용품화 되는 시스템이서 (가치의) 유일한 원천 요소이다.

오늘날 IT 업계에서 구글의 안드로이드 OS를 보면 공짜로 스마트폰 업체들에 제공하고 있다. 안드로이드 스마트폰을 제대로 쓰려면 구글 계정을 만들어야 하며, 결국 구글 플랫폼 위에서 다양한 서비스를 이용하고 부지불식중 구글의 광고를 건드릴 수밖에 없다. 구글은 안드로이드를 공짜로 제공하여 광고에서 웃돈을 챙기는 프리미엄 전략을 쓰는 것이다. 그런데 자세히 보면 이러한 공짜 미끼가 이제는 소프트웨어가 되고 있다. 메신저 서비스는 공짜로 제공하고 부대 광고나 소셜 게임 등으로 수익을 내려는 카카오톡처럼 말이다. 결국 미끼 소프트웨어는 전통적인 수익 모델에 의존하는 기존 업체들의 이익을 크게 잠식하고 있다. 이야말로 오라일 리가 말한 대로 하드웨어와 소프트웨어의 범용품화를 가속시킴으로써 빅데이터를 '유일하게 남을 가치의 원천 요소'로 만드는 전략의 현장이다.

빅데이터는 잠재 가치를 갖고 있다. 도래하는 미래 경쟁 환경은 이러한 잠재 가치를 더욱 모방하기 어렵고 독보적으로 만들어줄 것이다. 잠재 가치를 효과적으로 끌어내어 하드웨어와 소프트웨어의 무뎌진 차별성을 만회하는 기업이 미래 경쟁의 승자로 부상할 수 있다는 점, 이것이 바로 쟁쟁한 IT 기업들이 빅데이터로 몰려가고 있는 이유이다.

하버드 대학의 마이클 포터(Michael E.Porter) 교수가 일찍이 경쟁력의 원천으로 '남들보다 저렴한 비용, 남들이 무관심한 틈새시장, 그리고 남들이 쉽게 모방할 수 없는 차별성'을 거론했다. 인건비가 동일한 경우 원가 경쟁력을 결정하는 것은 바로 자동화와 정보기술이다.

최근에는 틈새시장도 영원하지 않고 유동적이며 미세하게 나타나기 일쑤여서 웬만큼 눈에 불을 켜고 주시하지 않는 한 진입하기가 쉽지 않다. 따라서 틈새시장도 데이터를 정밀하게 분석해야만 찾을 수 있게 되었다. 마지막으로 남과 다른 차별성도 결국 고객 데이터를 분석해 얻은 고객 통찰력에서 나온다. 이처럼 경쟁력을 결정짓는 데 데이터의 힘이 작용하고 있다는 것이 오늘날 경영 혁신의 기본 출발점이다. 요컨대 앞으로는 경쟁력의 원천이 점차 데이터로 귀결될 것이라는 전망에 많은 경영학자들이 동의하고 있다. 빅데이터는 경영학계의 학자들은 물론 경영 현장의 CEO들이 공통적으로 인식하는 미래 경쟁의 핵심 무기이며, 단순히 정보통신 같은 몇몇 산업만이 아닌 거의 모든 산업에 해당되는 현안이다.

2.1.3 기업에서 필요한 빅데이터

거래데이터와 빅데이터

빅데이터 활용은 데이터 수집으로부터 시작된다. 데이터를 축적하고 사실 확인에 힘쓰는 것이 최초 단계다. 고객이 산 상품, 금액, 트윗, 음성(전화), 혈압·체중 등의 건강 데이터, 의료 차트처럼 의식적으로 측정하는 데이터도 있지만, 거의 무의식중에 축적되는 라이프 로그 같은 데이터도 있다. 또한 인간의 데이터뿐만 아니라 서버의 로그나 스마트 계량기의 데이터(전력 사용 상황), 차에 설치된 센서에 의한 위치와 속도정보, 휴대전화·스마트폰의 위치정보, 비행기 출발·도착정보, 기상정보, 농장물의 발육 데이터처럼 M2M과 사물 인터넷이라는 키워드로 대표되는 사물이나 자연에서 발생하는 데이터도 있다. 또한 분석과 관계 없이 실시간으로 발생하는 많은 데이터를 감시함으로써 '이상 값을 발견하는 것' 자체가 목적일 때도 있다. 하지만 명백히 이상이라고 알 수 있을 때를 제외하고, 보통 '무엇을 이상 값으로 할 것인지' 사전에 정해둘 필요는 있다. 특히 빅데이터 활용에서 기대하는 것은 다음에서 설명할 대량의 데이터 속에서 어떠한 '패턴'을 발견하는 것이다.

대량으로 데이터를 축적한 다음에는, 데이터 마이닝과 기계학습 기술을 사용해 방대한 데이터의 바다에서 비즈니스에 영향을 주는 의미 있는 패턴(성공 사례, 실패 사례 등)을 발견해야 한다. 예를 들어 고객의 방대한 구매 데이터를 연관 분석해서 무엇과 무엇을 함께 사는지에 대한 경향, 즉'동시 구매 패턴'을 찾아 낼 수 있다면 추천 서비스를 구현해 효율적으로 혼합 판매 할 수 있다.

각 가정 회사에 설치한 스마트 계량기에서 수집·축적한 전력 소비 데이터와 계절과 기상정보 같은 외적 요인을 조합하면 '전력 수요가 공급의 95% 이상이 되는 패턴'을 파악할 수 있을 것이다. 콜센터에 걸려오는 고객의 전화 통화 내용과 트윗을 자연어 처리해 검정을 분석하거나, 다시 데이터 마이닝 해서 우량 고객이 다른 회사를 찾는 '변심 패턴'을 발견할 수 있다면, 일찌감치 대처함으로써 고객의 해지를 막을 수 있을지도 모른다. 혹은 자동차나 복사기에 장치된 센서 다수에서 데이터를 축적해 사용 빈도와 소모품의 열화 정도를 보면 '장애 발생 패턴'도 측정할 수 있을 것이다.

농업 분야에서도 흥미로운 시도가 이루어지고 있다. 일본 와카야마현 아리다시의 과수원에서는 농업 센서에 의해 기온, 습도, 토양 습도, 수분유지량 ,강우량 일조량, 일사량, 기압, 조도 등 20종류의 데이터를 수집·분석해 귤의 당도와 발육의 상관관계를 조사한다. 이는 오랫동안 농가의 감과 경험으로 대처해 온 귤 재배 방법을 재점검해서 '당도가 높은 귤의 발육 패턴'을 데이터에서 찾으려는 것이다.

이런 사례는 모두 빅데이터 분석을 통해 가능한 한 정확도가 높은 '승리 방정식'을 발견하려는 것이다.

성공하는 패턴이나 실패하는 패턴을 찾을 수 있다면, 나머지는 입력 데이터를 이런 패턴과 대조해서 예측하면 된다. 고전적인 예로 잘 알려진 '기저귀를 산 고객은 맥주를 살 확률이 높다'는 조금 전에 말한 '동시 구매 패턴'을 이용한 것이다. 이때 '○○ 속성이 있는 고객'이라는 개인 속성과 과거의 구매 이력을 조합 분석할 수 있다면, 이 고객이 다음에 살 물건을 한측 높은 정밀도로 예측 할 수 있다. 또한 콜센터에 걸려온 전화 내용과 트윗에 '변심 패턴'에 맞는 키워드가 포함되었다면, 해당 고객은 해지할 가능성이 크다고 판단할 수 있다.

혹은 당일 날씨, 기온, 습도 데이터와 스마트 계량기로 30분마다 측정한 각 가정과 회사의 전력 사용 상황 데이터가 있다면 '전력 수요가 공급의 95%이상 된다'고 높은 정밀도의 전력 수요 예측을 할 수 있게 될 것이다.

과거로부터 현재까지 축적된 많은 데이터 속에서 무엇인가 패턴을 발견하고 앞을 예측하는 것만이 빅데이터 활용의 끝은 아니다. 행동이 따르지 않는 '예측'만 으로는 그 가치가 반감된다. 즉, 예측한 결과를 바탕으로 한 '최적화'가 필요하다. '최적화'가 의미하는 바는 다양하다. 예를 들어 개인의 속성과 구매 이력, 또한 동시 구매 패턴으로부터 구매 확률이 높은 상품을 예측했다면 카탈리나 마케팅처럼 마지막에 한 번 더 '계산대에서 그 상품의 할인 쿠폰을 전달하는'것이 최적화다.

고객데이터를 활용한 가치평가

휴대전화 회사에서는 우량 고객이 떠나는 것을 예측할 수 있다면 '할인 행사', '포인트 2배 적립' 등 구체적인 혜택을 주어, 해지를 방지하는 것이 최적화의 한 형태이다. 이때 고객이 '행사에 반응하기 쉬운 고객인지', '포인트 획득에 열성인 고객인지' 사전에 분석해 둘 필요가 있다.

또한 전력 회사에서는 주간 전력 수요가 공급을 압박할 것으로 예측할 때 야간 전력 요금을 대폭 할인하는 '가변적 가격 책정'을 도입해 주간 수요를 야간으로 이동시키는 것이 최적화의 하나다. 이를 실행하면 빌딩에서 일부 실용화된 자동 수요 반응으로 연결된다. 전력 수요가 최고조에 달하면 자동으로 조명의 조도를 낮추고, 에어컨 설정 온도를 조절하고, 꼭 필요하지 않은 기기를 끄는 등의 조치를 실행하는 것이다.

업무기능별 빅데이터 활용

다른 관점에서는 각 가정이나 빌딩의 전기 사용 패턴을 분석해 효율적인 전기 사용 방법을 조언하는 것도 최적화다. 앞으로 보급될 것으로 예측하는 전기 자동차나 하이브리드카의 전기나 휘발유 소비를 줄이고자 급가속·급정지를 피하고 에어컨 설정 온도를 억제하는 '에코 운전'의 조언, U.S. 익스프레스처럼 상황에 따라 강제로 에어컨 설정 온도를 조정하는 것도 최적화 수단으로 고려할 수 있다. 결국 예측 결과를 적용하는 '최적화'의 구체적인 구현 방법은 생각하기 나름이다. 즉, 다른 회사와의 차별화로 이어지는 '최적화' 아이디어를 찾아낼 수 있는지가 진정한 성과로 이어진다. 다만 서비스에 따라서는 빅데이터 활용 목적이 반드시 최적화가 아닐 때도 있다.

지금까지 전형적인 빅데이터 활용 사례를 소개했다. 단순히 '추천', '부정 검출', '고객 이탈 분석' 이라고만 하면, 이전부터 하던 것과 뭐가 다른가?라는 의문이 생기는 것도 이상한 일은 아니다. '빅데이터만이 할 수 있는 플러스 알파'가 없다면 현재의 빅데이터 붐은 설명되지 않는다. 해답은 결국 빅데이터의 3V(데이터 양, 다양성, 발생 빈도)다. 3V 중 이용 가치가 높은 것은 다양성 측면이다.

예를 들어 단일 사이트에서의 행동 이력과 구매 이력을 바탕으로 한 상품 추천은 기존과 크게 다르지 않다. 하지만 외부 사이트, 가령 트윗이나 페이스북 프로필, 나아가 어떤 게시물에 대한 '좋아요'를 포함해 분석하면 고객의 취미 기호를 깊이 이해할 수 있고 추천 정밀도는 높아질 것이다.

외부 데이터 분석에 대한 진입 장벽이 높다면, 자사에서 운영하는 여러 사이트의 행동 이력 데이터를 통합해서 분석하는 형태로 활용하는 것만으로도 충분하다. 예를 들어 라쿠텐은 라쿠텐 시장, 라쿠텐 북스, 라쿠텐 여행사, 라쿠텐 은행, 라쿠텐 증권 등 그룹 계열사의 각 서비스 간 회원 ID를 공통화하고 속성정보와 구매 이력, 포인트나 쿠폰 이용정보 등 회원의 다양한 정보를 집약한 '라쿠텐 슈퍼 DB'를 구축하는 것으로 알려져 있다. 이 회사는 라쿠텐 슈퍼 DB에 축적한 서비스에 통합한 행동 이력 분석을 서비스의 개인화와 추천에 활용해 실적을 높여왔다.

휴대전화 사업자의 고객 이탈 분석에서는 '콜센터에 청구요금 문의가 있었다'는 사실에 더해 트위터에서 '전혀 연결이 안 된다', '너무 느리다'라는 트윗을 발견하면 해

약할 확률이 높다는 신호로 받아들일 수 있을 것이다. 고객의 생활권에 있는 휴대전화기지국의 설치 상황 데이터 검사는 위 트윗 내용은 증거가 될 수 있다. 사이가 좋은 페이스북 친구가 통신 사업자를 바꿨다고 한 내용까지 파악하면 한층 확률은 높아진다.

혹은 미국 프로그레시브 보험의 자동차보험처럼 나이, 차종, 연간주행거리 등 기존부터 의사결정의 자료였던 데이터에 '개인의 운전 특성' 이란 새로운 데이터를 추가하면 개인의 위험 수준에 상세하게 대응하는 보험료를 설정할 수 있다. 때에 따라서는 차종 때문에 '고위험'으로 판단해 계약을 해지했던 운전자를 새로운 고객으로 추가할 수 있을지도 모른다.

은행 예금은 트랜잭션 데이터를 일단 데이터베이스에 저장한 다음 처리하는 것이 아니라 실시간 처리 기술을 이용해, 유입되는 데이터를 모두 처리하면서 거의 실시간으로 부정 거래 사항을 찾아낼 수 있다. 예를 들면 하루에 몇만 건이나 발생하는 은행 예금의 트랜잭션을 분석해 단기간에 평소보다 큰 금액의 인출이 여러 번 있다면 경고를 보내는 규칙을 시스템에 구현해 두는 방법이다. 또한 신용 카드 부정 사용을 찾을 때, 30분 안에 이동할 수 없는 거리에 있는 두 점포에서 시간 간격 없이 트랜잭션이 발생하면 경고를 보내는 시스템을 구현하기도 한다. 이런 대량의 데이터 처리에 하둡을 사용하면 부정 검출 규칙의 모델화도 짧은 시간에 가능해진다.

하지만 이렇게 이미 존재하는 분석처리의 정확도를 높이거나 실시간성을 높이는 것만이 빅데이터의 가치는 아니다. 차량 정체 예측이나 전력 예측 등, 지금까지 얻을 수 없었던 데이터를 활용해 새로운 서비스를 만들어내는 것이야 말로 앞으로 펼쳐질 빅데이터 시대에 필요하다.

2.2 빅데이터와 비즈니스 혁신

2.2.1 빅데이터 서비스혁신 원칙1 - 기업내부에서 시작하라

프로세스 분석 기법은 빅데이터 시대를 맞아 새로운 변혁의 시기에 있다. 프로세스와 매끄럽게 동조화 되어 있는 디지털 세계의 발전으로 인해 업무 수행과 관련된 각종 정보가 BPM, ERP, CRM, SCM 등 다양한 기업의 업무 처리 시스템에서 이벤트

로그의 형태로 기록되고 있다. 프로세스 마이닝은 이처럼 기록되어 있는 이벤트 로그를 분석하여 의미 있는 정보를 찾아내는 것을 목적으로 하는 기술로 빅데이터 시대의 기업 경영 관리에 필수적이다. 프로세스 로그 분석은 프로세스에 대한 통찰, 병목점 식별 및 문제 예측, 업무 수행 규정 위반 검사 및 대책 권고, 프로세스 간소화 등 매우 다양한 목적으로 활용될 수 있다.

빅데이터 시대, 프로세스 분석 기법의 발전

기업 경영에 있어서 프로세스 관리는 중요한 이슈 중의 하나인데, 1990년대 초반, Hammer와 Davenport는 프로세스 지향성과 혁신의 중요성에 대해 역설하였다. 이러한 맥락에서, 많은 연구들이 BPR(Business Process Reengineering)을 통해서 경영의 초점을 개별 부서의 특화된 기능 수행에 대한 최적화에서 전체 비즈니스 프로세스를 구성하고 있는 업무들로 이동시킴으로서 정보기술을 통한 비즈니스 프로세스의 급격한 혁신을 독려하였다. 또, BPR 이외에도 프로세스 또는 조직의 성과 측정을 강조하는 기업 성과 관리(CPM: Corporate Performance Management), 지속적 프로세스 혁신(CPI: Continuous Process Improvement), 비즈니스 프로세스 혁신 (BPI: Business Process Improvement), 전사적 품질 경영(TQM: Total Quality Management), 그리고 식스 시그마(Six Sigma) 등의 다양한 경영 기법들이 프로세스 성과를 측정하고 개선하는데 활용되고 있다. 한편, 현재 프로세스에 관련된 경영 기법들, 특히 프로세스 분석 기법은 빅데이터 시대를 맞아 새로운 변혁의 시기에 있다. 인텔의 공동창업자인 고든 무어는 1965년, 반도체 칩에 저장되는 데이터의 양이 매년 두 배씩 늘어날 것이라고 예측하였는데, 무어의 예측에 비해 약간은 더딘 속도를 보였지만, 지난 50년간 데이터의 성장은 폭발적이었다. 이러한 성장은 '디지털 세계'의 괄목할 만한 발전을 초래하여, 현재 모든 데이터는 전자적으로 저장되고 교환되고 있으며, 디지털 세계와 실제 세계는 더욱 동조화(align)되고 있다. 또 업무 프로세스 관점에서도 프로세스와 매끄럽게 동조화 되어 있는 디지털 세계의 발전을 통해 업무 수행과 관련된 각종 정보가 이벤트 로그의 형태로 기록되고 있는데 예를 들어, ATM의 현금 인출, 의사의 CT/MRI 조작, 운전면허 시험 응시, 세금 신고, 여행자의 전자 항공권 수령 등의 거의 모든 작업들이 정보시스템에 이벤트 로그 형태로 기록되고 있다. 이러한 프로세스 수행 관련 이벤트 로그의 분석은, 프로세스에 대한 통찰, 병목점 식별 및 문제 예측, 업무 수행 규정 위반 검사 및 대책 권고, 프로세스 간소화 등에 매우 다양하게 활용될 수 있다.

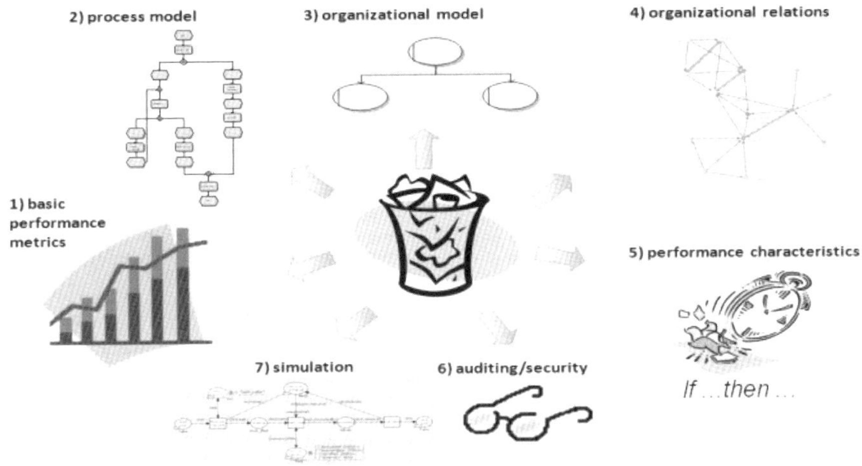

<그림 2-7> 프로세스 마이닝의 세부 연구분야

프로세스 마이닝은 BPM, ERP, CRM, SCM 등 다양한 기업의 업무 처리 시스템에서 기록되는 빅데이터의 이벤트 로그를 분석하여 "의미 있는 정보를 찾아내는 것"을 목적으로 한다. 위 그림 2-7은 프로세스 마이닝의 세부적인 연구 분야들을 나타낸 그림이며 프로세스 성과 측정, 프로세스 모델 도출, 조직 모델 도출, 시뮬레이션 분석 등이 프로세스 마이닝의 주된 연구 분야이다.

프로세스 마이닝 수행은 기법 관점에서 세 가지 타입으로 구분되는데, 프로세스 마이닝의 첫 번째 타입은 '도출(discovery)'이다. 도출 기법은 사전 정보 없이 이벤트 로그에서 모델을 생성하는 기법으로, 프로세스 분석에 가장 많이 활용되고 있는 중요한 기법이다. 현재 개발된 프로세스 마이닝 기법들은 프로세스에 대한 사전 정보 없이 이벤트 로그의 일부 케이스에서 실제 수행되고 있는 프로세스를 도출해 낼 수 있다. 프로세스 마이닝의 두 번째 타입은 '적합성 검사(conformance checking)'이다. 적합성 검사는 보통 기존의 프로세스 모델과 기존 모델에서 생성된 이벤트 로그를 비교하는 것인데, 적합성 검사는 로그에 기록된 현실이 모델에 일치하는지 (또는 모델이 현실에 일치하는지) 확인하는데 이용될 수 있다. 또, 적합성 검사는 프로세스 모델, 조직 모델, 선언적(declarative) 프로세스 모델, 비즈니스 규칙/정책, 법규 등 다양한 모델에 적용될 수 있다. 프로세스 마이닝의 세 번째 타입은 '향상(enhancement)'이다. 기본 아이디어는 이벤트 로그에 기록된 실제 프로세스에 관한 정보를 이용하여 기존의 프로세스 모델을 확장하고 향상시키는 것이다. 예를 들어, 이벤트 로그의 타임스탬프를 이용하여 기존 모델을 병목점, 서비스 레벨, 업무 처리 시간, 빈도 등을 보여주는 모델로 확장할 수 있다. 또, 아래 그림 2-8은 투입과 산출 관점에서 프로세스 마이닝의 세 가지 타입을 보여준다. 도출 기법들은 하나의 이벤트 로그를 입력받아 하나의 모델을 생성한다. 도출된 모델은 보통 Petri net, BPMN, EPC, UML activity diagram 등의 프로세스 모델

이 대부분이며, 소셜 네트워크와 같이 다른 관점의 모델도 도출할 수 있다. 적합도 검사 기법은 이벤트 로그와 모델을 필요로 하며, 그 결과는 모델과 로그의 공통점과 차이점을 보여주는 진단 결과 정보이다. 향상 기법도 이벤트 로그와 모델을 필요로 하며, 그 결과는 개선된 모델 또는 확장된 모델이다.

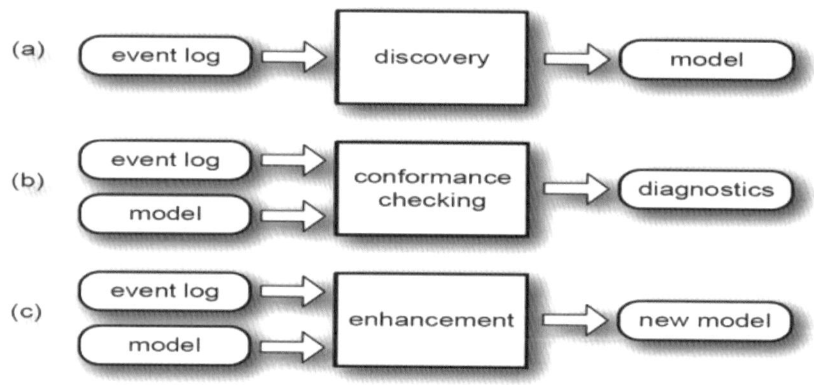

<그림 2-8> 프로세스 마이닝 분석 과정

프로세스 로그 기반 기초통계 분석

최근 기업에서는 다양한 정보기술을 활용하여 기업의 효율성 및 생산성 향상을 도모하고 있다. 이러한 노력들 중 하나인 비즈니스 프로세스 관리(BPM: Business Process Management)의 개념은 기업의 프로세스에 대한 관심을 높이게 되었다. 이러한 비즈니스 프로세스 관리는 다양한 정보시스템을 통해 관리 및 활용되고 있으며, 기업 내부의 프로세스 흐름을 관리하기 위한 워크플로우 관리 시스템(WfMS:Workflow Management System) 과도 연계되어 프로세스 모델을 생성하거나 관리하게 되었다. 기존의 워크플로우 관리 시스템은 미리 정의된 프로세스 내에서 발생되는 정보를 분석하는데 초점을 두었다고 할 수 있는데, 이는 기존 프로세스에 대한 문제점을 발견하

거나 분석하는데 용이하나 새로운 프로세스를 발견하거나 재설계하는 데에는 부족하다 할 수 있다. 이와 같은 프로세스 발견 및 재설계는 프로세스 마이닝(ProcessMining)이 적합하다.

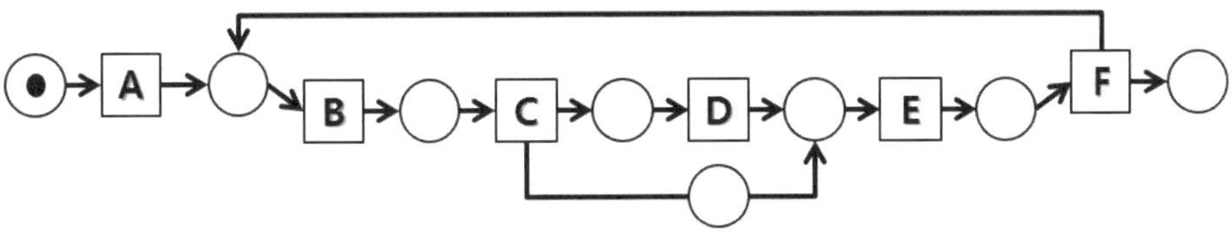

<A/S 프로세스>

<그림 2-9> 애프터서비스 처리 프로세스 흐름

그림 2-9는 TabletPC를 생산하여 서비스를 수행하고 있는 정보 통신업체의 A/S 프로세스이다. A/S 프로세스 분석에 사용된 이벤트 로그는 A/S 프로세스 이력 데이터로 해당 기업체에 저장되어 있던 데이터베이스에서 추출하였다.

해당 업체는 TabletPC를 생산하여 판매(A)한 후 고장이 난 제품들이 입고(B)되면 해당 제품 전문가가 고장현상을 파악(C)하고, 고장원인을 분석(D)한 후 해당 제품에 대한 적절한 조취(E)를 취하고,출고(F)를 하는 방식으로 A/S 프로세스를 진행한다.

이 같은 A/S 프로세스를 분석하여 Sub Process 패턴을 발견하고 이런 패턴중에 중요한 패턴 정보를 추출한다. 예를 들어 "제품 고장 시점 분석 결과 A제품은 계절적 요인이 작용하지 않는 부품 자체의 결함 가능성이 크다", "B제품의 경우 발열문제를 해결하기 위한 FAN 성능 향상이 필요하다", "C제품은 계절적 영향을 받을 가능성이 높다."라는 정보를 통해 고장 원인을 밝히고 품질을 향상하는 등 다양한 활용이 가능하다.

	B	C	D	E	F	G	H	I	J	K
	o.	상태	요청일자	구분	S/N	모델명	출고일자	고장현상	원인	조치
	1	출고완료	2009-12-22	Produc	P808SC0050	SmartCompact	2010-01-11	Battery 충전 안됨	접촉불량	부품교체
	2	출고완료	2009-12-22	Produc	P808SC0041	SmartCompact	2010-01-11	Battery 충전 안됨	접촉불량	부품교체
	3	출고완료	2009-12-22	Produc	P808SC0052	SmartCompact	2010-01-11	Battery 충전 안됨	접촉불량	부품교체
	4	출고완료	2009-12-22	Produc	P808SC0042	SmartCompact	2010-01-11	Battery 충전 안됨	접촉불량	부품교체
	1	출고완료	2009-12-04	Produc	P901SC0029	SmartCompact	2009-12-20	엑티브싱크 불량	오동작	부품교체
	1	출고완료	2009-11-18	Produc	P808SC0053	SmartCompact	2009-11-18	POWER 인가 안됨	파손	부품교체
	1	출고완료	2009-11-12	Produc	P810SC0035	SmartCompact	2009-11-12	고부버턴 손상 및파손	노후,수명	부품교체
9	1	출고완료	2009-11-10	Produc	P806SC0012	SmartCompact	2009-11-13	SoftWare 설치오류	점검요령	Ware UpG
10	2	출고완료	2009-11-10	Produc	P806SC0013	SmartCompact	2009-11-13	Touch Point 튐	가루,먼지	Ware UpG
11	1	출고완료	2009-11-03	Produc	P905SC0063	SmartCompact	2009-11-05	무선랜감도점검	접촉불량	재조립
12	1	출고완료	2009-10-28	Produc	P905SC0061	SmartCompact	2009-11-02	무선랜감도점검	점검요령	점검요령
13	1	출고완료	2009-10-20	Produc	P901SC0026	SmartCompact	2009-10-27	전원 ON 안됨	Fuse소손	부품교체
14	1	출고완료	2009-10-15	Produc	P903SC0029	SmartCompact	2009-10-27	화면 백화	오동작	부품교체
15	1	출고완료	2009-10-08	Produc	P710SC0033	SmartCompact	2009-10-15	부팅 안됨	오동작	부품교체
16	1	출고완료	2009-10-06	Produc	P609SC0014	SmartCompact	2009-10-06	H/W 옵션변경추가	옵션변경	부품교체
17	1	출고완료	2009-09-09	Produc	P709SC0019	SmartCompact	2009-09-13	H/W 옵션변경추가	옵션변경	부품교체
18	2	출고완료	2009-09-09	Produc	P905SC0093	SmartCompact	2009-09-13	H/W 옵션변경추가	옵션변경	부품교체
19	3	출고완료	2009-09-09	Produc	P905SC0094	SmartCompact	2009-09-13	H/W 옵션변경추가	옵션변경	부품교체
20	4	출고완료	2009-09-09	Produc	P905SC0074	SmartCompact	2009-09-13	H/W 옵션변경추가	옵션변경	부품교체

▲원본 데이터
(SmartCompact A/S Data)

<그림 2-10> 애프터서비스 처리 이벤트 로그 정보

앞서 언급했듯이 업무 수행과 관련된 각종 정보가 이벤트 로그의 형태로 기록되는데 위 그림 2-10은 A/S프로세스가 기록된 로그 데이터이다. 이벤트 로그의 분석은 프로세스에 대한 통찰, 병목점 식별 및 문제 예측, 업무 수행 규정 위반 검사 및 대책 권고, 프로세스 간소화 등 매우 다양한 활용을 할 수 있다. 활용 목적에 맞도록 중요성이 현저히 낮은 데이터를 과도하게 많이 포함한 경우 이들을 적절히 축소 조절하여 관리와 사용에 용이한 형태로 변경한다. 데이터에서 어떤 패턴을 찾아낼 때 비로소 '빅 데이터'에 활용 가치가 부여되는 것인데, 수많은 데이터들이 만들어내는 무질서한 흐름 속에서 숨겨진 패턴을 발견하기에 앞서 데이터로부터 인사이트를 찾아 전처리하는 일이야말로 빅데이터를 의미 있고 가치 있게 만드는 작업의 시작이다.

그림 2-11은 정제된 데이터를 통해 Dotted chartanalysis를 실시한 결과이다. 분석 후 몇 가지 시사점을 알아낼 수 있었다. 첫 째, 제품 통계에서 가장 많은 빈도수(877회)를 기록한 SmartCompact 제품의 경우 특별한 시사점이 발견되지는 않으나, 비슷한 통계 수치(765회)를 기록한 SmartTabletCeleron 제품과 비교해보면 계절적(온도, 습도, 먼지 등)요인이 작용하지 않는 부품 자체 결함의 가능성이 클 것으로 판단된다. 둘 째, SmartTabletCeleron with FAN 제품의 경우 여름, 초가을에 집중적으로 고장 현상이 발생되는 것으로 보아 발열문제를 해결하기 위한 FAN의 성능 향상이 필요할 것으로

판단된다. 셋 째, ComponentSmartTabletCrusoe의 경우 늦가을, 겨울에 집중적으로 고장 현상이 발생되는 것으로 보아 계절적 요인이 작용하는 제품으로 판단된다.

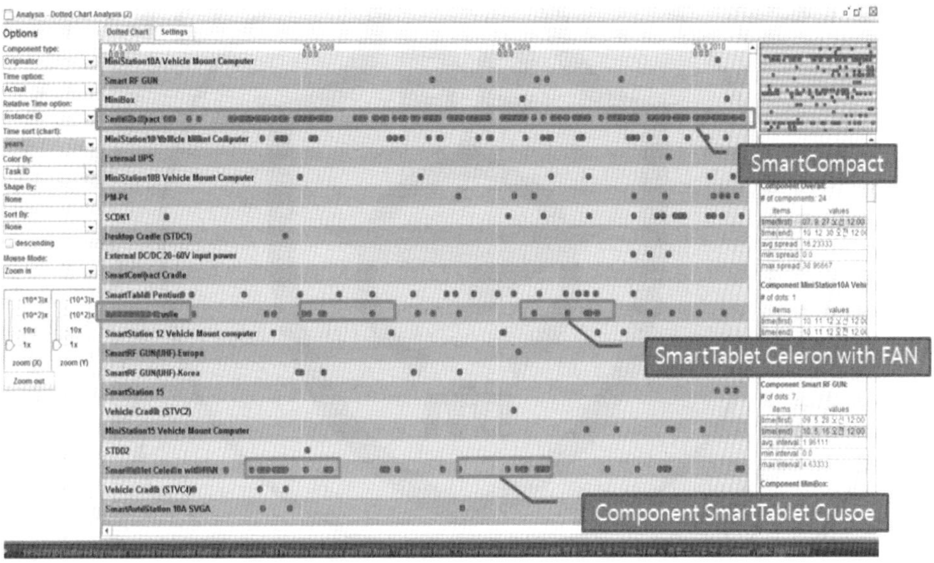

<그림 2-11> 애프터서비스 대상 제품의 수리시점

고장현상(MS)	비율
(MS) screen error	34.4%
(MS) booting error	13.5%
(MS) touch error	9.3%
(MS) battery error	8.0%
(MS) power error	6.4%
(MS) Unknown_general check	5.1%
(MS) LAN error	4.5%
(MS) LCD/LED error	3.9%
(MS) H/Woption change	3.2%
(MS) button error	2.3%
(MS) active sync error	1.9%

고장원인(CI)	비율
(CI) Contact error	23.3%
(CI) failure	13.9%
(CI) Operation error	13.5%
(CI) time-worn	12.8%
(CI) 'H/Woption change' checkup	12.0%
(CI) etc.	5.6%
(CI) 'S/Woption change' checkup	4.1%
(CI) Material defect	2.6%
(CI) cold soldering	2.3%
(CI) overvoltage	2.3%

조치(CI)	비율
(MR) Part change	47.3%
(MR) refix	10.3%
(MR) (null)	10.0%
(MR) Option change	7.7%
(MR) Education of equipment checking skill	6.4%
(MR) cleaning	4.8%
(MR) SoftWare UpGrade	4.5%
(MR) soldering	4.2%
(MR) etc.	2.3%
(MR) remove	1.6%
(MR) No Action	0.6%
(MR) correction	0.3%

<표 2-2> 애프터서비스 처리 프로세스 기초 통계 분석

앞에서 기술한 분석과정을 거쳐 프로세스 마이닝을 수행하기 이전에 기초통계량 조사가 필요하다. 분석 대상 데이터에 대한 대략적인 파악이 선행된다면 분석 방향을 설정하는데 도움이 될 뿐만 아니라, 프로세스 마이닝 분석 결과와 비교를 통해 또 다른 의미 있는 정보를 도출해 낼 수 있기 때문이다.

프로세스 로그 기반 흐름 패턴 분석

표 2-2의 첫 번째 표를 보면 터치 에러(Touch error)의 고장 현상을 자주 보이고, 고장원인은 작동 불량(Operation error)이 빈번하였으며 부품 교체(Partchange)를 가장 많이 수행 하였다. 이는 전체 A/S 프로세스 통계이고 가장 많은 고장을 일으킨 단일 제품 A에 대해서 통계 분석을 한 결과 스크린 에러(Screen)의 고장 현상을 자주 보이고, 고장원인은 접촉 불량(Contacterror)이 빈번하였으며 부품 교체(Partchange)를 가장 많이 수행 하였다.

이와 같이 통계수치 내에서도 전체 A/S 프로세스 관점에서의 수치와 각각의 제품별로 따로 추출해서 보는 관점에 따라 달라진다. 이후에 자세히 기술하겠지만, 미리 한 가지 결과를 언급 하자면 A제품의 경우 통계 수치와 패턴 분석의 결과 차이가 크다. 그러므로 통계수치 만으로는 부족하다고 할 수 있는 것이다.

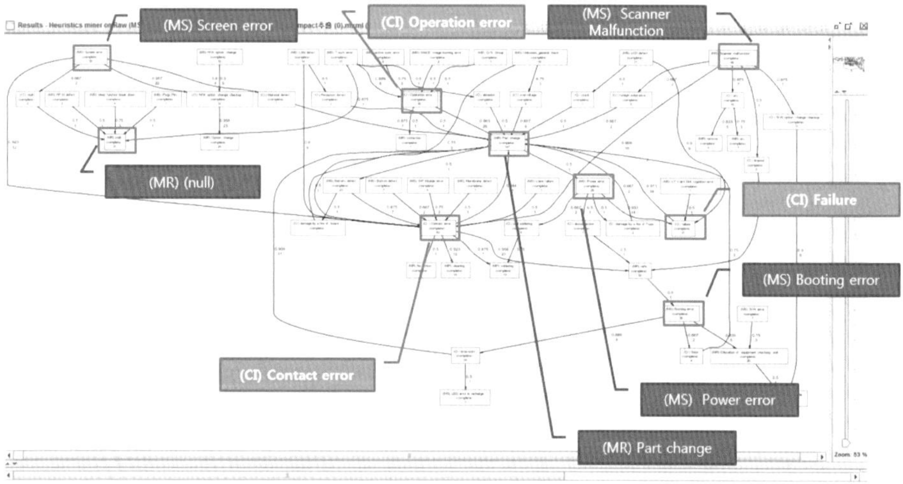

<그림 2-12> 애프터서비스 처리 프로세스에 대한 HeruisticMiner 수행 결과

HeruisticMiner와 PerformanceSequenceAnalysis를 이용하여 A 제품에 대한 고장 수리 프로세스를 파악하고 고장 패턴을 분석 하였다. 그림 2-12는 Heruistic의 수행 결과로 다양한 Activity들이 뒤얽혀 프로세스가 진행되고 있다는 것을 알 수 있다.

즉, 통계수치에서 최대 빈도를 기록하는 주요 활동들은 일관성 있는 주요 패턴으로 인한 결과가 아니라 매우 다양한 패턴들의 조합이 이뤄낸 최빈도 값이라는 것이다.

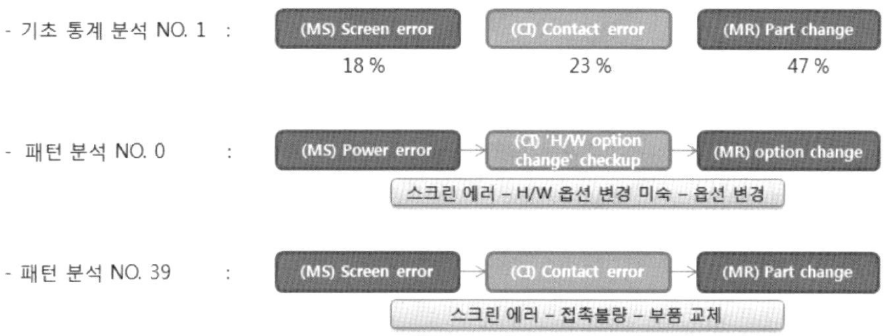

Fig 11. Main pattern of 'smartcompact'

<그림 2-13> 특정 제품의 수리 패턴

NO.	프로세스(MS-CI-MS)	빈도
0	(MS) screen error - (CI) 'H/W option change' checkup - (MR) option change	21
1	(MS) screen error - (MR) (null)	9
2	(MS) screen error - (CI) operation error - (MR) part change	8
3	(MS) power error - (CI) failure - (MR) part change	8
4	(MS) LCD/LED error - (CI) failure - (MR) part change	8
5	(MS) screen error - (CI) contact error - (MR) refix	8
6	(MS) touch error - (MR) (null)	7
7	(MS) screen error - (CI) contact error - (MR) part change	7
8	(MS) touch error - (CI) time-worn - (MR) part change	7
…	…	…
133	(MS) booting error- (MR)(null)	1

<표 2-3> 특정 제품의 고장수리 패턴 도출

이러한 수행 결과를 참고하여 Performance Sequence Analysis를 이용한 패턴 분석을 수행 하였다. 전체 제품에 대한 패턴 분석 결과와 다르게 다양한 패턴들이 발견 되었는데 시사점이 될 만한 것을 Fig11로 표현하였다. 기초 통계에서 최빈도를 기록한 Activity의 조합이 실제 A제품에서는 39번째의 순위를 기록했고, 전혀 예상하지 못했던 패턴이 1순위의 패턴으로 분석 되었다. 최대 빈도수를 기록한 Pattern 0은 스크린 에러(고장 현상)– 하드웨어 옵션 변경 점검 미숙(고장 원인)– 옵션 변경(조치)로 나타났고, 통계에서 최대 빈도수를 기록한 스크린 에러(고장 현상)– 접촉 불량(고장 원인)– 부품교체(조치)작업은 Pattern39로 나타났다.

기초통계와 전혀 다른 결과가 최빈도로 나타나는 이유는 하나의 고장 현상에 대해 다양한 원인으로 고장이 발생하거나, 하나의 원인에 대한 고장현상이 무척 다양하기 때문이라고 할 수 있다. 특히 로그 데이터와 같이 작업의 선후관계가 중요시 되는 패턴 분석의 경우에는 기본통계 자료로 나타나기에는 무리가 있다고 할 수 있는 것이다.

요약하자면, 기초 통계 결과와 패턴 분석의 최빈도가 극심한 차이를 보이는 이유는 A제품의 주요 부품이나 기능에 문제가 있는 것이 아니라, 제품 전반에 걸쳐 부품 조합의 실패나 setting의 실수로 인한 다양한 오류 발생 때문이다.

- 패턴별 A/S 사이클타임 분석

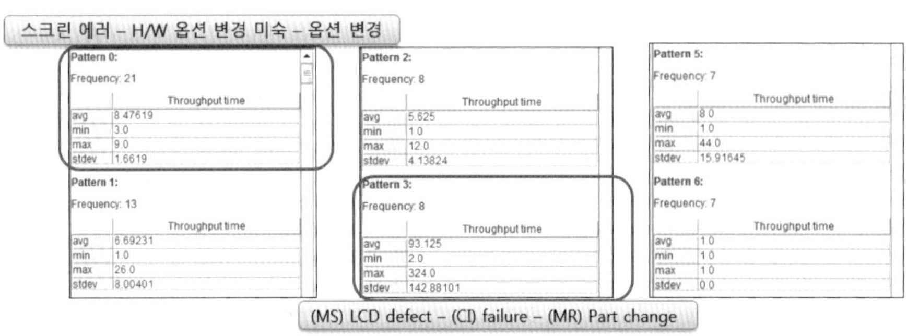

<그림 2-14> 고장 수리 패턴 통계분석

앞에서 도출한 패턴들에 대한 세부 분석으로 Cycletime분석을 수행한 결과이다. 위의 그림 2-14는 PerformanceSequenceAnalysis의 수행 결과로 패턴별로 Cycletime에 대한

정보를 제공한다.

최빈도 패턴 0은 평균 CycleTime이 8일로 타 작업들과 비교하여 평범한 수준이나, 표준편차 값이 1.6을 기록하는 것으로 보아 해당 패턴에 대한 수리 프로세스가 잘 정규화 되어 있는 것으로 판단된다.

패턴 3(LCD 이상 - 파손 - 부품교체)의 경우 표준편차가 타 패턴들에 비해 월등히 높은 것으로 나타나는데, 이는 LCD 부품 수리에 있어 어떠한 문제가 있는 것으로 예상된다.

2.2.1 절에서는 프로세스 로그 데이터를 이용한 분석에 대해서 소개했다. 많은 기업들이 지리적 위치나 산업 분야와 상관없이 빅 데이터에 실용적으로 접근하고 있다. 가장 효과적인 빅 데이터 솔루션은 비즈니스의 요구 사항을 먼저 파악한 다음, 그 비즈니스 기회를 지원할 수 있도록 인프라와 데이터 자원 및 분석을 최적화하는 방법이다. 이런 방법을 사용하는 기업들은 기존 및 새로 유입된 내부 정보에서 새로운 통찰력을 끌어내어 빅 데이터 기술 전략을 확정하고, 그에 맞춰 인프라를 지속적으로 업그레이드한다. 기업들은 기존 및 새로 유입된 내부 데이터 소스를 사용하여 파일럿 프로젝트 및 구축 사업을 시작하고 있다.

빅 데이터 분석을 유지해 나갈 수 있는 원동력과 전문 지식을 구축하면서도 단기적인 성과를 달성하려면 실용적인 접근이 필요하다. 새로운 통찰을 구할 수 있는 가장 논리적이고 비용 효율적인 원천은 바로 기업 내부에 있다.

내부에 주목하게 되면 기업은 기존 데이터와 소프트웨어, 기술 등을 활용하여 단기적인 비즈니스 가치와 중요한 경험을 함께 얻을 수 있다. 그러고 나면 기존 역량을 확대하여 더 다양한 원천에서 나온 더 복잡한 데이터도 처리할 수 있게 된다. 대부분의 기업들은 이런 과정을 통해 저상되어 있던 기존 정보를 이용하는 동시에 데이터웨어하우스를 확장하여 더 다양하고 규모가 큰 데이터를 나무러 할 것이다. 그리고 빅데이터를 통해 산업 내부 및 외부에서 경쟁 우위를 확보하고 있는 활용 케이스(use case)에 집중하여 지속적으로 지식을 확장시켜 나가려 할 것이다.

2.2.2 빅데이터 서비스혁신 원칙2 - 관련된 소셜데이터를 살펴보라

소셜 데이터는 사람 간의 관계에 의해 생성되는 비정형 데이터이다. 소셜 데이터 기반의 부석은 아직 사회 이슈나 트렌드 분석 위주이다. 한편 가트너가 내놓은 2011

년 10대 전략적 기술 중 하나가 소셜 분석(Social Analytics)이다. 가트너에 의하면, 소셜 분석은 '소셜웹상에 있는 사람들, 주제 브랜드 그리고 생각 등에 대한 상호 교류와 연합의 결과를 수집, 측정 분석하여 해석하는 프로세스'이다. 즉, 소셜데이터를 수집, 분석하여 일정 패턴과 의미를 찾아내는 일종의 데이터마이닝이다. 소셜 분석은 소셜 필터링(Social Filtering), 소셜 네트워크 분석(Social Network Analytics), 감성분석(Sentiment Analytics), 소셜 미디어 분석 기술 등 다양한 분석 툴을 포괄하는 상위의 개념으로 쓰이고 있다.

다시 정리하면, 이는 사람, 화제, 아이디어 간 상호작용과 연계 결과를 측정, 분석, 해석하는 과정 및 관련 기술이다. 이러한 상호작용은 기업 내·외부에서 접하는 커뮤니티에서 사용되는 소셜 소프트웨어 웹 또는 소셜 웹에서 발생한다.

<그림 2-15> 소셜 분석 프로세스

소셜 분석의 대표적 사례들을 찾아보면 대부분 트위터에 대한 분석이다. 트위터가 이처럼 각광을 받는 이유는 무엇보다도 대부분의 데이터와 API가 공개되어 있기 때문이다. 물론 페이스북도 오픈 API를 제공한다. 그런데 전 세계적으로 트위터보다 이용자가 더 많고 더 많은 정보가 쌓여 있는 페이스북 데이터가 잘 이용되지 않고 있는 이유는 올라온 내용(상태 업데이트, 링크 공유, 사진 등)이 주로 친구 공개로 작성된 경우가 많기 때문이다. 수집대상의 제한은 분석 결과의 편향성을 가져 올 수 있다. 페이스북도 API를 공개하므로 전체 공개로 작성된 데이터를 분석할 수는 있다. SNS에서 데이터를 수집하는 것은 용이하나, 활용은 또 다른 이슈이다. 트위터도 대도시, 젊은이 위주로 사용자가 편중되어 있다는 주장도 있다.

소셜 데이터 분석 동향

국내외적으로 검색엔진과 BI 업체를 비롯하여 많은 중소 업체들이 최근 소셜 분석 서비스를 우후죽순 내놓고 있다. 촉매 역할을 한 SNS 중에는 이미 소셜 분석 서비스를 제공하던 업체들이 많이 있다. 국내에서도 소셜 분석 구축 사례를 쉽게 찾을 수 있다. 특히 최근에 부쩍 공공기관 및 정당, 언론 등에서 소셜 분석을 통한 여론 파악의 필요성을 느끼고 있다. 지난 총선에서 트위터를 비롯한 SNS상에서 투표 독려 및 투표소 앞에서 투표했음을 알리는 인증샷을 공유하는 등 선거에서 새로운 바람을 일으켰으며, 서울시장 선거에서는 SNS의 중요성이 강조됐다. SAS코리아, 다음소프트, 그루터 등은 SNS 상의 정보를 취합해 선거 예측을 하는 서울시장 선거 특집을 다뤘고, 그 예측의 정확도가 매우 높아 기존 출구 조사 및 표본조사를 대처할 수 있는 새로운 통계조사의 표본으로 떠올랐다.

<컴퓨터월드>(2012.3)에 따르면 국내 소셜 분석 시장은 일반인 대상과 기업 대상으로 양분된다. 다음소프트는 일반인 대상으로 '소셜 매트릭스'를, 기업 대상으로 '소셜 매트릭스 Biz'를, 다이퀘스트는 기업 대상으로만 '브람스'와 '브람스 VOC'를 제공한다. 또한 와이즈넛의 '버즈 인사이트'는 기업 대상, '트윗 트렌드'는 일반인 대상이다. 이들 검색엔진 제공 업체 외에 최근에 BI 업체들도 이에 가세하였다. 시멘틱 웹 전문회사인 솔트룩스의 '트루스토리'(B2C, B2B 모두 제공), 코난테크놀로지의 '펄스(Pulse-K'(B2B)가 대표적이다.

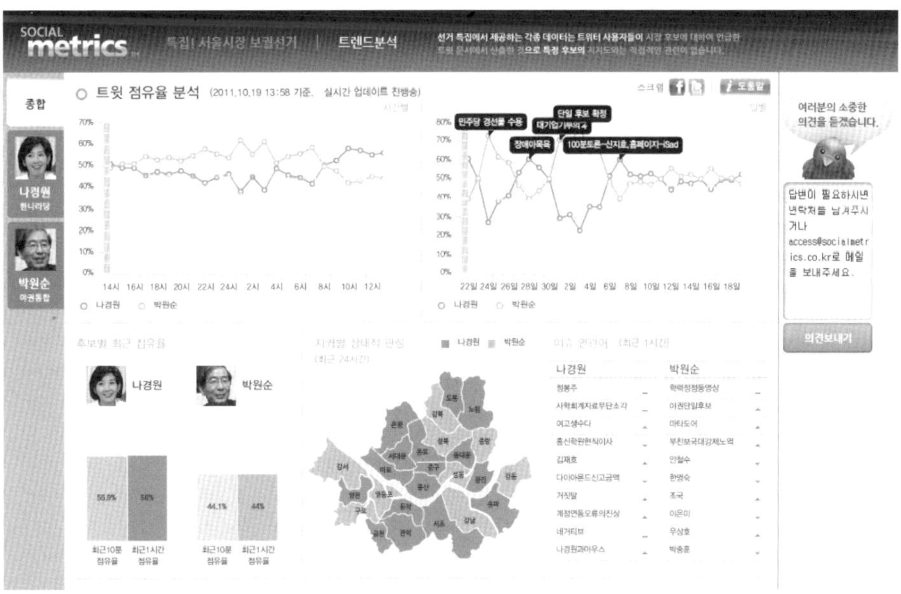

<그림 2-16> 트렌드 분석에 대한 특정 사이트 사례

이상의 검색엔진, BI 업체 외에 전문적인 소셜 분석 서비스 제공자들도 생겨나고 있다. 데이터스트림즈가 '소셜 큐브'와 '소셜 클라우드'를 선보였고, 지난해 서울시장 선거 때 소셜 분석 예측을 했던 그루터는 '씨날' 클로즈 베타 서비스를 시작했다. 크레아랩의 '토끼북', 디지털다임의 '소셜 다임', 엘에이치의 '소셜 보이스' 등이 선두적인 독립 소셜 분석 전문 업체들이다. 오라클의 2012년 자료 <Big Data 기술 동향과 활용 사례>에 의하면, 사용자 개인 관점에서 빅 데이터 분석 결과가 주는 의미는 시대 변화 방향을 미리 인지하고 이를 분석, 예측할 수 있는 인문학적 소양의 계발과 이를 통한 새로운 만남과 기회의 증대 가능성이다.

최근 이러한 니즈를 반영하듯, 국내에는 일반인 대상 B2C 소셜 분석 사례들이 많다. 먼저, 검색엔진이 모태인 다음소프트의 소셜 매트릭스가 있다. 다음소프트는 이 데이터 마이닝 분석 기술을 소셜 미디어 마이닝이라 칭한다. 그동안 검색이 찾아주는 역할에만 그쳤다면, 소셜 미디어 마이닝은 제시되는 조건과 상황에 따라 그에 맞는 제안을 내놓는다.

소셜 마이닝 서비스는 검색엔진에서 발전한 일종의 개인 맞춤형 '추천' 서비스이다. 예컨대 남자 친구와 헤어져 집에 들어와 음악을 듣고 싶을 때, 기분을 얘기하고 음악을 들려달라고 입력하면 적절한 음악이 추천되어 흘러나온다. 이는 개인 기호에 대한 정보를 축적해놓았다가 제시되는 조건에 맞게 데이터 마이닝하기 때문에 가능하다.

소셜 데이터가 가지는 독특한 '오피니언 데이터'라는 점이다. 리서치 기관인 TNS의 디지털 라이프 조사결과에 따르면, 한국인들은 온라인에서 자신의 감정을 더 잘 표현한다. 즉, 자신의 감정과 태도, 평가 등의 오피니언을 온라인 공간에 기록하는 것이다.

서울시장 보궐선거 소셜 데이터 분석

이런 관점에서 웹에서 쉽게 찾을 수 있는 소셜 메트릭스 서비스도 이런 류의 분석이다. 예컨대, 2011년 '서울시장 보궐선거' 특집 분석이 있다. 400만 트위터들의 트윗을 분석해 실시간 분석 결과를 내놓은 것인데, 나경원 후보와 박원순 후보의 팔로워 증감, 관련 키워드 순위가 실시간으로 사이트에 나타난다. 박근혜 전 대표가 나경원 후보를 지원하기로 했다는 뉴스가 뜬 그 시각에 나경원 후보 관련 키워드 순위에서 박근혜는 순식간에 1위로 올라왔다.

트윗믹스는 선거 열기가 절정에 오를 즈음 서울시장의 두 주요후보에 대한 선거 페이지를 만들어 운영했다. 2011년 10월 11일부터 선거운동이 마무리됐던 25일까지 보름동안 나경원 후보에 관한 트윗은 53만건, 박원순 후보에 관한 트윗은 45만건이 작성된 것을 확인했다.

언급횟수를 비율로 따져보면 '나경원 vs 박원순'이 '54% vs 46%'로 나타났다. 더 정확히는 나경원 후보 관련 트윗이 53.98%였고, 박원순 후보를 언급한 트윗이 46.02%였다. 실제 투표 결과에서는 이 숫자가 단순히 반대로 됐는데 최종 투표율은 '46.21% vs 53.40%' 정반대의 결과이긴 했지만 1% 미만까지 일치함으로서 흥미로운 결과를 볼 수 있다.

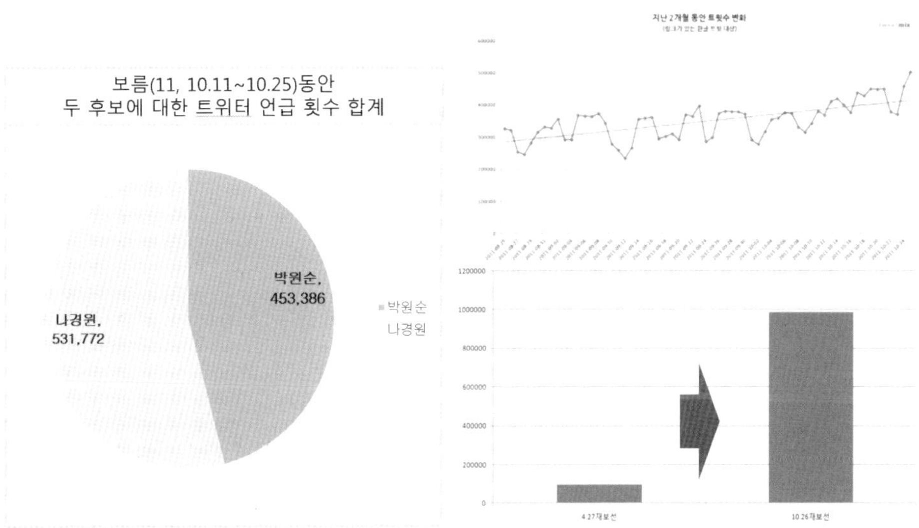

<그림 2-17> 서울시장 선거 관련 드위터 통계 1

선거 기간 트윗 메시지의 폭발적인 증가

위 그래프는 8월 25일부터 10월 25일까지 약 2달 동안의 트윗믹스 데이터 수집결과다. 트윗믹스는 링크 정보를 중심으로 정보를 수집/분석하는 서비스를 제공하고 있는데 두 달동안 트윗의 양은 꾸준히 증가해왔음을 알 수 있다.

실제 데이터를 살펴보면 8월 25일에 비해서 10월 25일에는 1.5배나 많은 트윗이 생산되었다. 선거가 치열해질수록 트위터도 더 뜨겁게 달궈졌다고 볼 수 있다. 선거라는 특성은 컨텐츠와 이슈가 더 빨리 전파되는 것을 요구했고, 이에 따라 훨씬 미디어

지향적이며, 메시지 유통이 쉬운 트위터가 페이스북보다는 선거에서 더 중요 변수로 자리잡았다고 볼 수 있다. 지난 선거와 트위터 변화량을 비교해보면 4.27 재보선에서 주요 후보 관련 트윗은 95,792개(중복 포함)였고, 이번 10.26 재보선에서는 서울시장의 두 후보 관련 트윗만 985,158개(중복포함)였다. 이런 폭발적인 트윗 증가의 중심에는 나경원, 박원순 후보가 있었다. 두 후보만 놓고 볼 때 최종적으로는 나경원 후보에 관한 트윗이 박원순 후보에 관한 트윗보다 많았다.

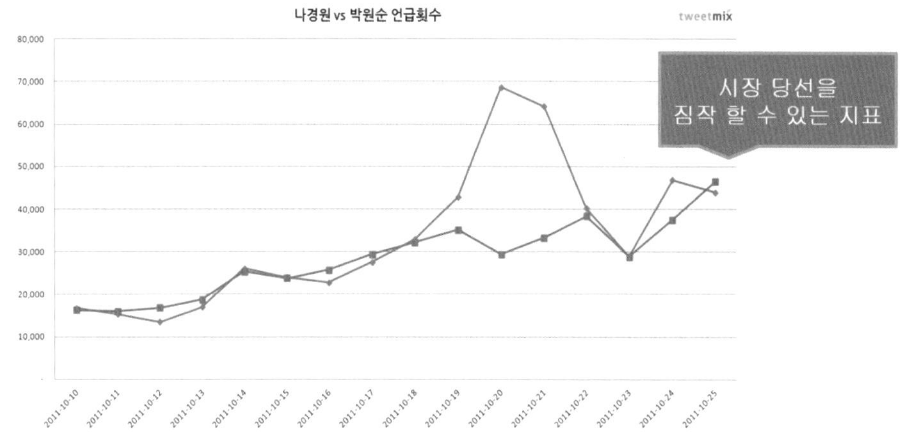

	2011-10-10	2011-10-11	2011-10-12	2011-10-13	2011-10-14	2011-10-15	2011-10-16	2011-10-17	2011-10-18	2011-10-19	2011-10-20	2011-10-21	2011-10-22	2011-10-23	2011-10-24	2011-10-25
나경원	16,669	15,276	13,464	16,987	26,146	23,968	22,792	27,613	32,964	42,841	68,725	64,218	40,219	28,996	46,891	44,003
박원순	16,193	15,995	16,763	18,769	25,354	23,811	25,775	29,391	32,211	35,103	29,410	33,347	38,345	28,879	37,528	46,512

<그림 2-18> 서울시장 선거 관련 트위터 통계 2

보름간의 "나경원" "박원순"이라는 키워드로 얼마나 많은 메시지들이 작성됐는지 위 그래프를 살펴보면 트윗수는 경쟁이 치열해질수록 더 많은 늘어나고, 특히 선거를 바로 코앞에 두고는 나경원이라는 키워드의 엄청나게 많이 작성된 것을 알 수 있다.

트윗 자체 뿐 아니라, 언급한 사용자(한 사용자가 여러번 트윗을 하였더라도 한 번으로만 계산하는 방식)에서도 유사한 결과(아래 그래프)가 나왔다. 보름동안 나경원 후보를 언급한 사용자의 숫자는 63,375명(중복 제외)이였고 계정 1인당 평균 8.39개의 트윗을, 박원순 후보를 언급한 사용자는 54,261명(중복 제외)이였으며 계정 1인당 평균 8.36개의 트윗을 남겼다.

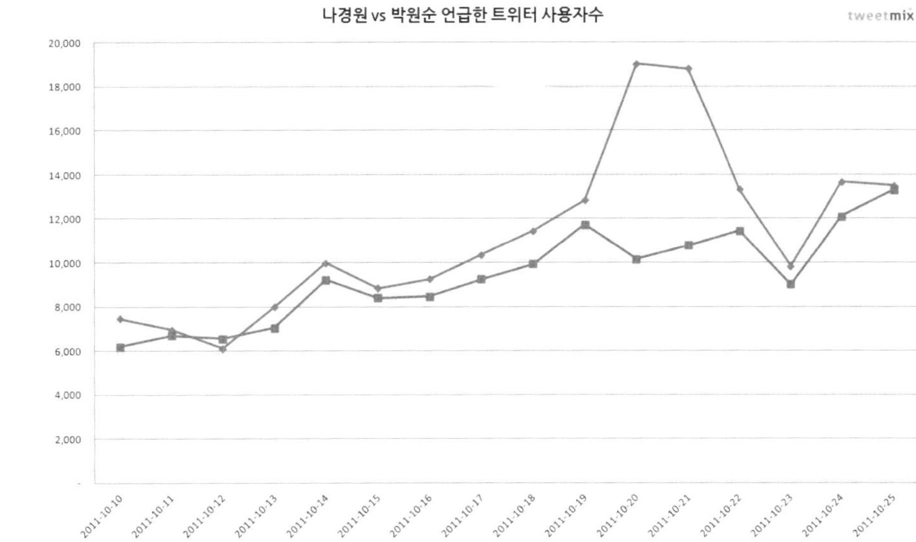

	2011-10-10	2011-10-11	2011-10-12	2011-10-13	2011-10-14	2011-10-15	2011-10-16	2011-10-17	2011-10-18	2011-10-19	2011-10-20	2011-10-21	2011-10-22	2011-10-23	2011-10-24	2011-10-25
나경원(user)	7,462	6,952	6,120	7,996	9,980	8,838	9,249	10,360	11,440	12,843	19,036	18,802	13,311	9,817	13,669	13,498
박원순(user)	6,197	6,700	6,553	7,051	9,224	8,391	8,445	9,232	9,922	11,717	10,148	10,773	11,450	8,999	12,094	13,293

<그림 2-19> 서울시장 선거 관련 트위터 통계 3

트윗 내용은 박원순 후보에게 긍정, 나경원 후보에게 부정적

트윗의 숫자가 아니라 내용을 살펴보면 열기가 가장 뜨거웠던 선거 전 일주일 동안 가장 많이 리트윗(RT)된 트윗의 내용을 분석해보면 트위터의 여론을 분명하게 알 수 있다. 나경원 후보와 관련되어 가장 많이 리트윗된 트윗 상위 10개는 모두 나경원 후보에게 부정적인 내용이였지만, 박원순 후보와 관련되어 가장 많이 리트윗된 트윗 상위 10개는 반대로 박원순 후보에게 긍정적인 내용이였다.

내용을 살펴보면 나경원 후보가 언급된 트윗 중에서 가장 많이 RT된 트윗은 '나경원 네거티브 실체 분석'라는 제목의 유튜브 영상이다. 대학생이 만든 이 영상은 3천번 이상 리트윗 되고 유튜브에서 27만 6천건이 넘는 조회수를 기록했다. 이후에도 나경원 후보의 전 보좌관이 쓴 나경원 후보에 대한 반대 게시물과 억대 피부클리닉 논란 등이 트위터에서 많이 리트윗되고 유통되었다.

박원순 후보의 경우는 안철수 원장이 박원순 후보에게 보낸 편지, 선관위의 박원순 후보 이력 정정 공문과 관련된 내용 등이 일주일 기준으로 가장 많이 리트윗 된 것으로 나타났는데 모두 후보에게 도움이 되는 트윗이였다. 이는 선거 직전 발생한 이슈를 짧은 시간동안 더 많이 알려서 박원순 후보를 돕고자했던 트위터 사용자들의 영향 판단된다. 박원순 후보 관련 주요 이슈 중에는 앞서 말한 것처럼 대부분 긍정적이였는데, 단순히 숫자만 놓고 보면 나경원 후보가 언급된 리트윗 횟수보다는 1/3수준으로 작았다. 부정적인 메시지가 더 잘 유통되는 것을 알 수 있다.

<그림 2-20> 서울시장 선거 관련 트위터 감성정보

테마 변화 파악을 위한 소셜 데이터 분석

그 외에 4년간 블로그에서 언급된 테마의 변화가 분석되기도 한다. 예컨대 건강에 대해서는 일일 평균 2500건이 지속적으로 언급되고 있다. 블로그에서 언급된 질환의 순위 변화 트렌드도 있다. 그림 2-21에서 보면, 2008년 3월 ~ 2010년 2월 기간 동안 관심도가 상승한 키워드는 신종플루, 안티에이징, 감기, 피로회복, 아토피이며, 하락한 키워드는 광우병, 장수, 조류인플루엔자, 위 건강, 신장 순이다. 건강을 위해 운동을 하는 사람들이 증가하고 있음도 확인되었다. 수영, 등산, 조깅처럼 복장과 준비물을 갖추고 지정된 장소에서 이뤄지는 운동 관심도는 하락한 반면, 스트레칭, 헬스, 줄넘기, 요가처럼 환경적 제약이 적은 운동 관심도가 상승하였다.

한편 소셜 분석 결과들을 제공하는 것에 머물지 않고, 이를 활용하여 비즈니스 모델화한 사례들도 있다. 최근 이러한 서비스들을 총칭하여 '소셜 큐레이션(Social Curation)'이라 부르기 시작했다. 이는 미디어 및 마케팅 플랫폼의 새로운 트렌드로 자리 잡고 있다.

The Ideal Content Curation Practice

SEEK	SENSE	SHARE
Define topics and organize sources	Product: Writing w/links, presentation,	Credit sources and answer questions
Scan more than you capture	Annotate, Archive , Apply	Feed your network a steady diet of good stuff
Don't capture unless high quality	Must add value to work or strategy	Comment on other people's stuff
Time: 15 minutes 2x Daily	Time: 30-60 minutes Daily	Time: 15 minutes 2x Daily

<그림 2-21> 블로그에서 언급된 질환의 순위변화

소셜 큐레이션이란 웹상의 수많은 콘텐츠를 특정 주제에 따라 분류한 후, 가치 있고 체계적인 형태로 정리하여 여러 사람이 공유할 수 있게 해주는 서비스이다. 이러한 서비스의 등장에 단초를 제공한 것은 소셜 분석 플랫폼과 마찬가지로 기존 정보 검색의 한계성 때문이다. SNS와 스마트 기기 확산으로 일방적인 정보습득 방식 대신, 이용자 자신이 원하는 개인화된 정보를 획득하려는 경향이 높아지면서, 이용자 목소리를 분석하고 예측해 적절한 가치를 주는 큐레이션이 필요하게 된다. 일부 소셜 분석 플랫폼들은 이러한 기능을 제공한다.

위 그림 2-21에서 알 수 있듯이, 소셜 큐레이션의 과정은 수많은 정보들 중에서 이용자에게 의미 있는 것만을 추출해서 필터링해주는 과정이다. 주제가 결정되면 해당 주제에 대한 양질의 정보가 선별되고, 선별된 정보가 체계적으로 정리되어 이용 목적에 맞는 가치가 부여되어 결과물로 생산되는 과정을 거친다. 또한 이를 공유할 경우에는 원천 정보의 출처를 표기하게 되어 있으며, 지속적인 정보의 추가 및 개선이 가능하다.

소셜 큐레이션이 비즈니스 모델로 된 대표적 사례는 핀터레스트(Pinterest)이다. 이는 페이스북, 트위터에 이어 미국 인기 SNS 3위에 올랐다. 유익한 정보만 뽑아서 쏙쏙 넣어주는 레퍼런스 사이트로 핀터레스트가 급부상하고 있다. 패션 등 일반 기업들은 페이스북보다 고객 유치 효과가 높은 핀터레스트를 소셜 마케팅에 활용하기 시작했다. 사실 기업들은 그동안의 SNS 마케팅 효과에 한계를 느끼기 시작했는데 이용자 기호나 취미에 따라 선호 제품이나 서비스가 텍스트 단위가 아닌 사진 단위로 자발적으로 분류되는 핀터레스트가 마케팅이나 광고에 매우 유용하다고 보았다.

이처럼 소셜 미디어 데이터 즉 기업 외부의 비전통적 소스의(복잡한 센서와 스마트 기기, 소셜 협업(social collaboration) 기술의 폭발적 발전으로 인해 텍스트, 웹 데이터, 트위터 메시지, 센서 데이터, 오디오, 비디오, 클릭 스트림, 로그 파일 등) 수많은 형태의 데이터가 생산되고 활용하고 있다. 기업들은 기업 내부와 외부의 전통적 및 비전통적 소스에서 유입되는 복잡한 데이터를 취합하고 분석해야 한다.

2.2.3 빅데이터 서비스혁신 원칙 3 - 외부의 정형적 데이터를 연결하라

앞서 2.1장과 2.2.2 장에서는 내부데이터와 외부데이터에 대해 언급했다. 많은 연구에서 '기업은 그간 축적된 자산 데이터(asset data)와 소셜 네트워크에 기반한 대규모 외부 데이터의 활용으로 혁신과 기회 포착해야 한다'고 말한다. 이 장에서는 외부의 정형적 데이터와 내부 데이터를 활용한 사례를 소개한다.

빅데이터 기반 주가 예측

주식시장은 특유의 복잡한 가격결정 메커니즘으로 인해 주가의 변동을 시장 펀더멘탈의 변화로 설명할 수 없는 경우가 자주 발생한다. 펀더멘탈의 뚜렷한 변화가 발생하지 않았음에도 불구하고 가격이 크게 변동하는 것의 뚜렷한 변화가 발생하지 않았음에도 불구하고 가격이 크게 변동하는 것을 발견할 수 있는데, 이때 새로운 뉴스의 출현이 가격변동의 중요한 원인으로 종종 작용하곤 한다. 뉴스는 현실세계에 일어나는 각종 현상에 대한 설명과 미래의 정치, 경제, 사회, 기업 등과 관련하여 앞으로 어떤 변화가 발생되고 진행되어 갈지 그에 대한 정보들을 포함하고 있기 때문이다. 그러므로 뉴스와 주가는 밀접한 관계를 갖고 있으며, 뉴스를 통해 시장 참가자들은 주식시장의 변동성을 일부나마 예측할 수 있게 된다.

<그림 2-22> 주가 관련 게시판

금융 시장은 수많은 요인들에 의해 영향을 받으며 그 결과 주가에는 시장 참여자들의 정보가 포함되어 있다. 최근에는 통신 기술이 발전함에 따라 개별 경제 주체들이 가지고 있는 정보는 손쉽게 확산되고 있으며 가계, 기업, 정부 등 광범위한 분야에 영향을 끼치는 실정이다. 이러한 인터넷과 사회적 네트워크 등을 통해 무수히 쏟아지는 엄청난 양의 빅데이터 (Big-data)를 효율적으로 관리, 분석함으로 인해서 인간의 행동까지 예측을 시도한다. 그렇다면 주식 시장은 어떠한가? 아직까지 국내에서는 빅데이터(Big-data), 특히 투자자의 감성과 관련된 빅데이터(Big-data)와 주식시장의 상관관계를 분석하는 연구는 미흡한 실정이다. 만약 빅데이터(Big-data)의 적절한 가공을 통해서 금융 시장의 흐름을 읽을 수 있다면 또 다른 하나의 지표로써 주가의 예측과 시장 변동 상황을 이해하는데 도움이 될 것이다.

주식시장은 특유의 복잡한 가격결정 메커니즘으로 인해 주가의 변동을 시장 펀더멘탈의 변화로 설명할 수 없는 경우가 자주 발생한다. 펀더멘탈의 뚜렷한 변화가 발생하지 않았음에도 불구하고 가격이 크게 변동하는 것의 뚜렷한 변화가 발생하지 않았음에도 불구하고 가격이 크게 변동하는 것을 발견할 수 있는데, 이때 새로운 뉴스의 출현이 가격변동의 중요한 원인으로 종종 작용하곤 한다. 뉴스는 현실세계에 일어나는 각종 현상에 대한 설명과 미래의 정치, 경제, 사회, 기업 등과 관련하여 앞으로 어떤 변화가 발생되고 진행되어 갈지 그에 대한 정보들을 포함하고 있기 때문이다. 그러므로 뉴스와 주가는 밀접한 관계를 갖고 있으며, 뉴스를 통해 시장 참가자들은 주식시장의 변동성을 일부나마 예측할 수 있게 된다.

<그림 2-23> 빅데이터 기반 주가 예측

기존의 외국 문헌들 중에 투자자의 감성과 주식시장과의 연관관계를 분석한 것으로는 인터넷과 네트워크 등의 빅데이터(Big-data)를 이용한 것들이 아니다. 주식 시장의 분석을 통한 예측은 경제 뿐 아니라 수학, 통계, 전산 분야에 이르기 까지 전 분야에 걸쳐 오랫동안 중요한 연구과제로 여겨져 왔다.

수 많은 금융투자 회사들이나 경제학자들이 사용하는 정량적 투자 전략은 수학적 방법에 의하여 수치화 된 미래가치의 예측을 통해 포트폴리오를 생성하고 이를 바탕으로 하여 매매와 같은 투자 의사를 결정하는 기법이다. 가장 대표적이라고 할 수 있는 수학적 모델로는 거래 가격의 범위를 제한한 채 매매주문에 대한 가격 변동을 연구하는 여과방법과 시계열 데이터의 움직임을 분석하여 데이터간 연관성 미래의 변동 예측에 활용하는 웨이블렛 변환 방법 등이 있다.

과거의 데이터를 분석하여 미래를 예측하는 것은 통계학 관점에서의 예측의 기본적인 접근법이다. 과거 주식시장 데이터 분석을 근거로 하여 미래를 예측하는 이 통계학적 접근법 역시 주가 예측에 널리 쓰이고 있다. 주요한 통계학적 예측 방법으로는 일정 기간 동안의 주가를 산술 평균한 값을 나누어 평균 주가로 이동평균 분석과 난수를 대량으로 발생시켜 알고자 하는 결과의 확률적 분포를 통계적으로 구하는 몬

테카를로 시뮬레이션을 들 수 있다.

최근에는 금융공학의 발달과 과학적 방법을 이용한 주가예측과 그 활용방법에 대한 연구가 활발히 진행되고 있다. 이러한 방법의 주가 예측 알고리즘은 크게 수학적, 통계학적, 인공 지능적 예측 등 3가지로 나눌 수 있는데, 최근에는 이러한 시스템들의 약점을 보완하기 위해 SNS나 뉴스의 텍스트 데이터를 분석하여 주가예측에 적용하기도 한다.

최근에 빅데이터(Big-data)를 통해서 주가의 움직임을 예측하려 했다. 약 1000만개의 트위터 감성을 심리학 도구를 사용하여 감성을 사용하여 미국 다우존스 지수와 비교한 결과 적중률 86.7%로 다우존스의 등락을 예측하였다. 빅데이터(Big-data)라는 도구를 통해 개인들이 가지고 있는 생각의 흐름이 금융시장의 미래에 어떠한 영향을 미치는지 분석에 성공 했다는 점에서 의의를 가지고 있다. 또 다른 연구로써 약 3억 4천만개의 트위터를 분석한 결과 특정 기업에 대해 언급이 많을수록 주가상승확률이 높아짐을 실증분석 하였다. 또한 기업의 신제품 출시 등의 정보가 해당 기업의 주식 거래량에 영향을 미침을 보였다. 그로써 빅데이터(Big-data)와 주식시장의 상관관계를 파악하려 했다는 점에 의의를 가지고 있다.

하지만 주가에 영향을 미치는 시장의 요인들은 너무나도 다양하고 복잡하며 이러한 요인들이 뉴스와 주가에 영향을 미치고 뉴스는 다시 주가에 영향을 미치는 식의 순환이 발생하기도 한다.

그동안 그 의도성을 파악하기 힘든 뉴스와 텍스트의 특성 때문에 연구 진행에 어려움이 따랐으나 최근 빅데이터 처리 기술의 발달과 오피니언 마이닝, 텍스트 마이닝 등을 이용한 문서 분류 기법들의 제안이 활발히 이루어지면서 뉴스를 통한 주가의 변동성 예측과 관련된 연구들도 활발히 진행되고 있나.

오피니언마이닝 개념

오피니언 마이닝은 비정형 데이터인 텍스트로부터 게재자의 의견과 감정이 나타나는 패턴을 이용하여 특정 대상에 대한 의견이 긍정, 부정, 또는 중립인지 찾아내는 기술이다.

데이터 마아닝과 자연 언어처리의 종류중 하나인 오피니언 마이닝은 수 많은 온라인상의 뉴스와 SNS의 코멘트, 사용자가 만들어 내는 콘텐츠들에서 내재돼 있는 의견을 도출하여 분류하고 이해한 뒤 자산화 하는 기술이며 온라인상의 수많은 텍스트

속의 감성과 개개인의 주관 및 여러 감정 상태를 분류하기 위해 감성분석이 사용되곤 한다.

텍스트 마이닝은 비정형 텍스트 데이터를 자연어처리 기술을 이용하여 유용한 정보를 추출하고 가공하는 것을 목적으로 하는 기술이다. 텍스트 마이닝 기술을 이용하면 방대한 양의 글 뭉치에서 의미 있는 정보를 추출해 내고, 이를 기반으로 하여 또 다른 정보와의 연계를 발견해 낼 수 있다. 또한 해당 텍스트가 포함되는 카테고리를 찾아내는 등, 단순한 정보 검색을 뛰어넘는 결과를 얻어낼 수 있다. 컴퓨터가 인간의 언어를 분석하고 그안에 내재돼 있는 의미를 찾아내기 위한 방대한 언어자원과 통계적, 규칙적 알고리즘이 사용되고 있다. 이러한 텍스트 마이닝의 응용분야로는 문서분류, 문서 군집, 정보 추출, 문서요약 등이 있다.

텍스트 마이닝의 관련 분야로는 오피니언 마이닝을 들 수 있다. 오피니언 마이닝은 온라인 상의 SNS 등의 정형/비정형 텍스트의 긍정, 부정, 중립의 감성적인 선호도를 추출해 내는 기술이다. 특정 서비스 나 상품에 대한 소비자의 반응, 호감도, 입소문 분석 등에 활용된다. 정확도 높은 오피니언 마이닝을 위해서는 전문가에 의한 선호도를 나타내는 표현/단어 자원의 축적이 필요하다.

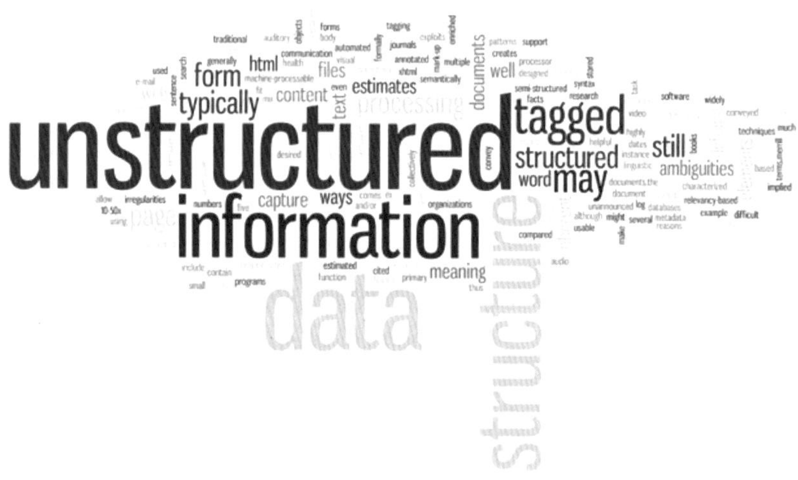

<그림 2-24> 워드클라우드

형태소 분석

자연어 처리 시스템은 영어, 일본어, 중국어, 한국어와 같은 자연어를 입력 받아 이를 분석하는 시스템을 의미한다. 이러한 자연어 처리 시스템은 크게 형대소분석, 구문분석, 의미분석 단계로 나뉘며, 이 단계에서는 각각 애매성이 발생하여 이를 처리하기 위한 과정을 자연어 처리라고 한다.

형태소 분석(Morphological analysis)은 자연어 처리 시스템의 첫 단계로서 '단어(word)'(한국어에서는 띄어쓰기 단위의 어절이라고 함)를 구성하는 각각의 형태소(morpheme)들을 인식하고 불규칙 활용이나 축약, 탈락 현상이 일어난 형태소는 원형을 복원하는 과정을 갖는다.

형태소란 일반적으로 다음과 같이 정의한다.

1. 의미가 있는 최소한의 단위(minimally meaningful unit)
2. 문법적, 관계적인 뜻을 나타내는 단어 또는 단어의 부분.

즉. 언어를 분석하기 위한 기본 단위로 의미를 가지는 요소로서는 더 이상 분석 할 수 없는 가장 작은 문법 단위를 형태소라고 정의하고 있다. 한국어를 예를 들어 설명하면 단순어(simple word)의 어근(stem), 단일 어미나 조사, 접두사(prefix), 접미사(suffix)들과 같이 더 이상 분석하게 되면 뜻을 잃어 버리는 언어의 최소 단위를 의미한다.

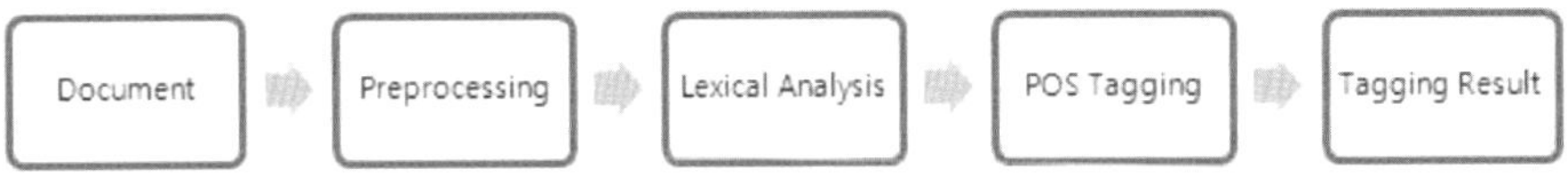

<그림 2-25> 형태소분석 프로세스

형태소 분석은 위 그림 2-25와 같은 각각의 과정을 통해서 이루어지며 언어적인 특정에 따라서 약간씩 틀려지기도 한다. 영어의 경우 각 단어의 품사를 결정하는 것이다. 영어에서 대부분의 명사는 동사로도 쓰일 수 있는 등 영어에서는 품사의 중의성(lexical ambiguity)이 매우 많다.

예를 들어, breakfast라는 단어는 '아침'이라는 명사만이 아니라, '아침을 먹다'라는 동사로도 쓸 수 있다. 일본어의 경우에는 단어를 띄어 쓰는 공백이라는 것이 존재하지 않으므로 단어에 대한 명확한 정의를 내리는 것이 어렵다. 한국어는 교착어로 문장 속에서 활용할 때 단어(어간)에 조사나 어미(어미)를 붙여 상황에 맞게 사용 하기 때문에 형태소의 품사에 대한 중의성이 매우 많다. 띄어쓰기의 오류가 있을 경우 더 중의성은 더 높아 지기 때문에 기계로 처리하기가 어렵다.

아래 그림 2-26은 '나는 학교에 간다.'를 형태소 분석한 결과다. 하나의 단어가 여러 품사를 갖는 모호성을 가질 수 있으며 이러한 품사의 모호성을 해소하는 과정을 품사 태깅(part-of-speech tagging)을 하고 이를 통해서 문장에 사용된 형태소들의 품사를 파악하고 문장의 구조를 파악할 수 있다.

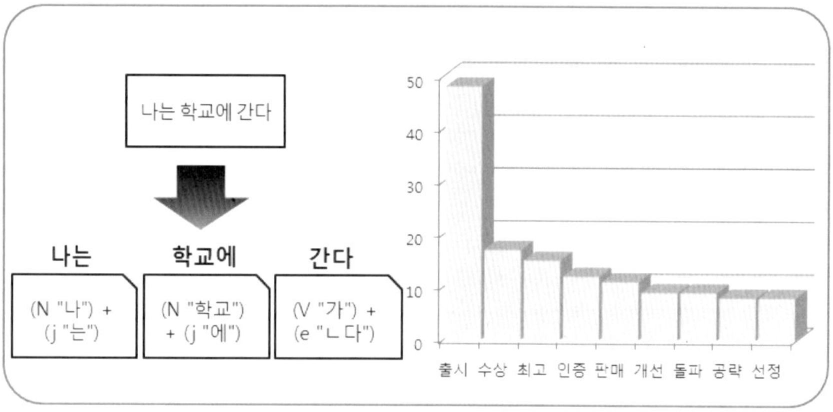

<그림 2-26> 형태소 분석

형태소로 분리된 텍스트 들은 형용사, 명사, 동사들로 나뉘어져 정리되고 분리 과정을 거친 뒤 문장에서의 긍정/부정 의견을 담아내거나 의견을 판단 할 수 있는 단어들을 추출하는 과정을 거친다. 각 품사별로 나뉜 단어들은 다시 긍정, 부정, 중립 등의 감성을 부여하여 빈도수를 기반으로 정리된다.

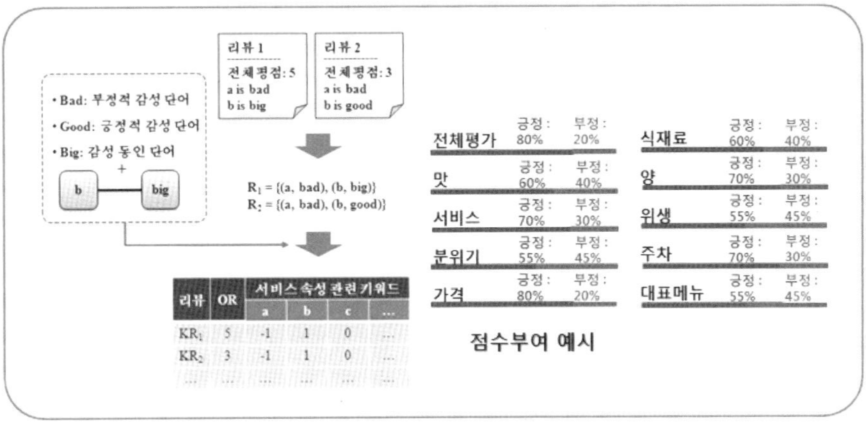

<그림 2-27> 텍스트 감성분석

다음은 KOSPI지수와 개별종목 지수간의 기초분석을 실행한 결과이다. 그 결과 종합 지수와 비슷한 움직임을 보이는 683개의 양의 상관 종목과 눈에 띄게 반대의 움직임을 보이는 79개의 음의 상관 종목으로 나뉘었다.

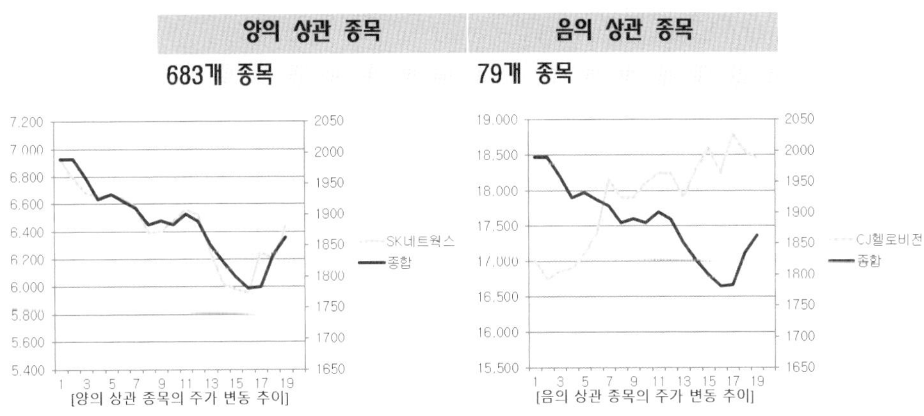

<그림 2-28> 주식 종목과 종합 주가지수와의 변동 추이

그림 2-28의 왼쪽은 KOSPI 지수와 SK네트웍스의 6월 한 달간의 주가 변동추이를 비교한 것이고 오른쪽 그림은 KOSPI 지수와 CJ헬로비전의 동기간의 주가 변동 추이를 비교한 그래프이다. SK네트웍스와 CJ헬로비전은 각각 KOSPI와의 강한 양의 상관관계와 상한 음의 상관관계를 가지는 종목들로 그래프에서 확인할 수 있듯이 양의

상관관계를 띄는 SK네트웍스의 경우 주가의 변동 추이가 비슷하게 진행이 되었고 음의 상관관계를 띄는 CJ헬로비전의 경우 눈에 띄게 KOSPI 지수와는 반대의 변동추이를 보이는 것을 알 수 있다.

주가지수 기초 분석

양의 상관관계를 가지는 종목들과 음의 상관관계를 가지는 종목들의 특징을 도출해 내기 위하여 개별종목들 중 상관계수 0.9 이상의 강한 상관관계를 보이는 192개 종목과 -0.4 이하의 약한 상관관계를 보이는 34개 종목에 대해 추가 분석을 수행했다.

추가 분석은 상관계수 범위 별 분포 종목 세부 정보를 통해 이루어 졌으며 업종, 거래량, 주가 등락 폭 등을 통해 이루어졌다. 종목들의 업종 분류 같은 경우 상장공시 시스템의 경우 45개의 세부 분류로 이루어졌다. 종목들의 업종 분류별 특징이나 패턴을 포착하기에 용이하지 않을 것이라고 판단하여 22개의 분류를 제공하는 종합 거래소의 분류를 따랐다.

업종(대분류)	기업 수	총 기업 수	상관계수 평균
금융업	25	51(14)	0.952182039
제조업	3	446(39)	0.944741867
전기전자	20	57	0.944497276
기계	8	41	0.94331814
서비스업	24	133	0.943120554
종이목재	11	23	0.942545463
유통업	13	58	0.938555829
섬유의복	6	26	0.937988662
운수장비	13	49	0.936943991
화학	27	105	0.936192348
철강금속	17	44	0.931488438
음식료품	8	36	0.927109893
어업	1	6	0.922094167
건설업	6	33	0.921836712
비금속광물	2	21	0.921252064
운수창고업	8	21	0.917470895
계	192	1150(706)	0.938814333

업종(대분류)	기업 수	총 기업 수	상관계수 평균
금융업	1	51(14)	-0.783696288
비금속광물	1	21	-0.764990854
의료정밀	1	5	-0.724446854
서비스업	6	133	-0.703560107
기계	3	41	-0.665648504
전기전자	4	57	-0.647714534
화학	2	105	-0.631941764
운수창고업	3	21	-0.63066857
운수장비	2	47	-0.610649743
제조업	4	446(39)	-0.606905909
유통업	4	58	-0.502316263
섬유의복	1	26	-0.485741414
건설업	2	33	-0.419496284
계	34	1044(600)	-0.624150285

<표 2-4> 업종별 주가와 종합지수 간 상관관계

그리하여 양의 상관관계에 있는 192개의 종목과 음의 상관관계에 있는 34개의 종목들의 업종 분류별 분포와 평균 상관계수 등의 정보를 이용하여 분석을 진행했다.

아래 표 2-4에서 첫 번째 표는 양의 상관관계에 있는 종목들의 업종별 분포 및 평균 상관계수를 나타낸 것이고 두 번째 표는 음의 상관관계에 있는 종목들의 업종별 분포 및 평균 상관계수를 나타낸 것이다.

그 결과 양의 상관관계에 있는 종목들 중 눈에 띄게 높은 비율을 차지하고 상당히 높은 평균 상관계수를 가지고 있는 업종이 금융업인 것을 확인 할 수 있었다. 금융업의 경우 총 57개의 종목 중 25개의 종목이 분포하면서 상관관계 역시 눈에 띄게 높은 곳으로 보아 KOSPI 지수의 변동에 따라 등락이 이루어진다기보다는 KOSPI 지수의 등락을 주도하는 것으로 판단된다.

빅데이터 감성분석을 통한 주가지수 예측 방법 - 뉴스 키워드 감성 도출

날짜	기사 타이틀
2013-06-05	토비스, LG전자 향 물량 증가와 G2 기대감
2013-06-05	뉴욕 타임광장 전광판...LG전자, UN에 무상대여
2013-06-05	LG전자, 유엔환경계획 캠페인 위해 대형 전광판 무상 대여
2013-06-05	[기업 브리핑]LG 2013년형 전자레인지 12종 출시 外
2013-06-05	美 컨슈머리포트 극찬...LG 전자동 세탁기 1위

[2013.06.05 발행 기사 일부]

	06.04			06.05		
	긍정	부정	중립	긍정	부정	중립
동사	0	0	10/15	0	3/5	2/5
형용사	1/3	1/3	1/3	1/3	1/3	1/3
명사	0	0	15/15	6/25	4/25	15/25

[극성별 상대빈도 테이블]

명사			
앞장	급락	무료	
증가	부담	메세지	홍보

[2013.06.05 발생 단어 중 일부]

		06.04	06.05
LG	지수	80,300	77,600
	등락률		-3.36
KOSPI	지수	1,989.51	1,959.19
	등락률		-1.52
NASDAQ	지수	3,445.26	3,401.48
	등락률		-43.78

[6월5일 주가지수의 변화]

<표 2-5> 특정 종목 주가와 감성단어간 관계

표 2-5를 보면 키워드 'LG전자'로 수집된 뉴스기사 타이틀들을 확인 할 수 있다. 뉴스 데이터를 통한 긍정/부정 분석을 위해 가장 먼저 뉴스 텍스트에 형태소 분석 과정을 거치게 된다. 이는 모든 텍스트 들을 형태소 분리하여 원형을 복원하고 이를 다시 품사를 태깅하는 과정이다.

수집 기간 동안 발생한 데이터들을 정리하여 기입한 표에서 품사별 감성 키워드의 발생 빈도를 확인 할 수 있다.

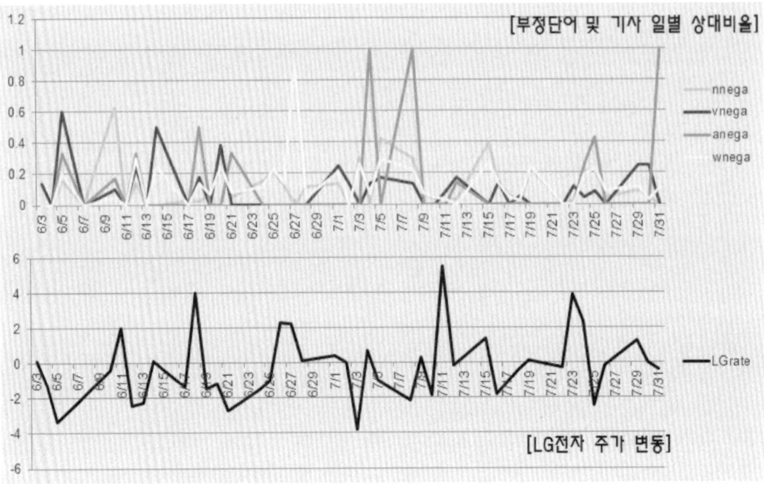

<그림 2-29> 품사별 부정 어휘들의 발생 빈도 추이와 LG전자 주가 변동

품사별 부정 어휘들의 발생 빈도 추이 그래프를 보면 부정 어휘들의 시간에 따른 변동을 쉽게 확인 할 수 있다. LG의 주가 등락률 변동 추이 그래프와 비교해 보면 부정 어휘의 발생 빈도가 높은 날짜에 대응되는 LG 주가 등락률 변동 그래프는 그 낙폭이 다른 날에 비해 큰 것을 알 수 있었다. 부정 어휘 및 기사의 경우 주가에 영향을 미치는데 이 글에서는 언급하지 않았지만 긍정, 중립 기사에 비해 영향력이 높은 것을 확인했다.

nnega : 명사 부정 어휘
vnega : 동사 부정 어휘
anega : 형용사 부정 어휘
wnega : 부정 기사

2.3 빅데이터로 바꾸는 공공행정

2.3.1 빅데이터 기반 공공행정 서비스 개발

다양한 정보 채널의 등장과 이로 인한 정보의 생산, 유통, 보유량의 증가로 데이터가 기하급수적으로 증가하는데 새롭게 발생하는 데이터 중에 상당수는 비정형 데이터로서 기존의 기법으로는 분석에 한계가 있다. M2M, IoT(Internet of Things), NFC 등의 활성화를 통해 다량의 데이터를 이용자가 생성하는 것이 아닌 인프라 자체가 직접 데이터를 생성하기 때문에 빅데이터는 기존 데이터베이스 관리 도구의 데이터 수집, 저장, 관리, 분석하는 역량을 넘어서는 데이터 집합이다.

빅데이터에서 의미 있는 정보를 실시간으로 도출하여 트렌드 분석, 마케팅, 의사결정 등 다양한 분야에서 활용가능 하다. 센서 데이터, 웹 로그 데이터, 소셜 데이터 등 새로운 데이터가 생성됨에 따라 정형 데이터에서 비정형데이터로 분석 요구가 변화하고 소비자 취향과 행동 등 다양한 변화 감지, 사람을 통하지 않는 신속한 의사 결정을 지원하여 산업 구조와 경쟁 양상을 변화시켰다.

영국의 싱크탱크인 Policy Exchange는 공공서비스 혁신에 빅데이터 활용의 중요성을 강조하였다. 거시적 관점에서 정부 운영의 전반적 효율 개선, 부정 및 오류 감소를 위한 노력 가소화, 이론상 부과할 세금과 실제 거둬들이는 세금 간의 차이 문제 등을 해소할 수 있으며 미시적 관점에서 보건, 에너지 등 대국민 서비스 분야에 맞춤화된 공공서비스를 개발할 수 있다고 지적하였다.

공공분야의 빅데이터 전략은 빅데이터 플랫폼을 통한 내부의 데이터와의 연결, 내부와 외부 데이터와의 결합 등 2가지 방향으로 접근해야 한다. 정부 및 공공기관의 내부 간 혁신과 공공 부분과 민간 부분과의 결합을 통한 혁신 등 크게 두가지 방향을 고려해야 한다. (한국정보화진흥원, 2012)

빅데이터 분석을 통해 현재 상황 파악 및 가까운 미래를 예측할 수 있는 의미 있는 정보를 창출 빅데이터는 수집·가공 후 추출하는 과정이 중요하지만, 추출된 데이터에서 가치를 찾는 것이 더 중요하다. 다양한 사업, 이용자 행태분석 등에 이용할 수 있는 의미를 도출해 낼 수 있어야 한다. 현재 기업 비즈니스, 공공 시비스 지원에서 빅데이터를 활용한 서비스들은 일부 개발되었으나 실제 개인의 삶에 직접적으로 적용되는 생활형 서비스에 대한 연구가 미흡하다.

스마트 라이프 케어 서비스

충북대학교 ITRC 센터는 스마트 공간에서 대용량의 이종 데이터를 분산 저장 관리하고 이를 통한 분석 및 시각화를 수행하여 생활형 서비스 개발을 수행하여 스마트 공간에서 발생한 실시간/비실시간 빅데이터 분석을 위한 원천 기술 및 응용 기술 개발을 진행하고 있다.

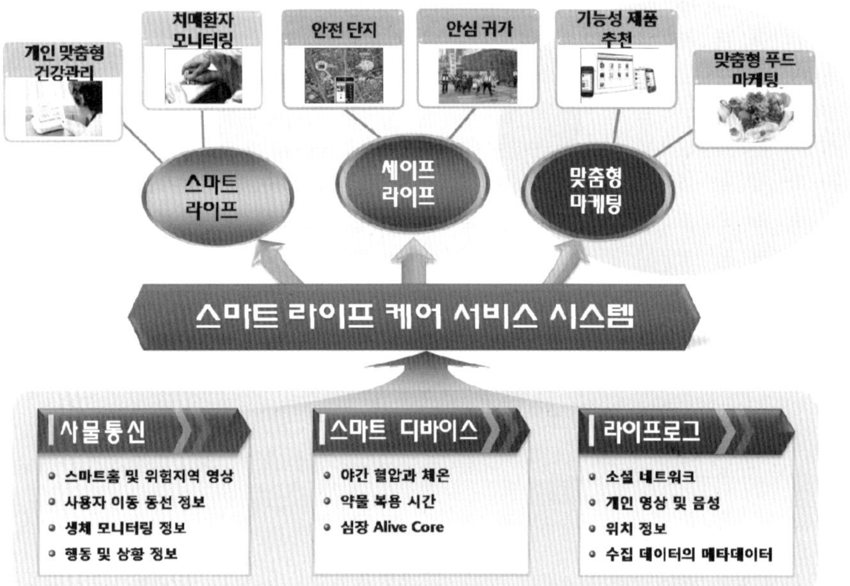

<그림 2-30> 스마트 라이프 케어 서비스

스마트 공간에서 수집한 이종의 빅데이터를 활용하여 참여 기업체와 공동으로 빅데이터 기반의 스마트 라이프 케어 서비스를 개발하고 검증하여 스마트 공간에서 수집한 다양한 유형의 데이터를 융합하고 분석하여 삶의 질 향상(smart life), 안전한 삶(safe life), 맞춤형 마케팅(tailored marketing)을 제공할 수 있는 스마트 라이프 케어 서비스를 개발 중이다.

스마트 라이프 케어 서비스는 다음과 같이 3개의 서비스를 진행하고 있다. 스마트 라이프(smart life)는 스마트 장치, 사물 통신을 통해 수집한 정보를 통합하고 분석하여 사용자에게 보다 향상된 편의성을 제공하고자 하고 세이프 라이프(safe life)는 CCTV, 라이프로그 등의 정보를 이용하여 안전하고 건전한 일상생활을 수행할 수 있도록 서비스를 제공한다. 마지막으로 맞춤형 마케팅(tailored marketing)는 사용자 선호도 및 특성에 적합한 정보 제공을 위해 기업 비즈니스 환경 구축 및 차별화된 제품·서비스를 제공한다.

스마트 라이프 케어 서비스는 참여 기업 및 청주시에 대한 수요 조사를 통해 요구

사항을 도출하여 핵심 서비스를 선정하고 참여 기업과 파일럿 서비스 개발을 협업하고 있다. 청주시에서 스마트 라이프 케어 서비스 시범 운용 공간을 지원하기로 센터와 MOU를 체결했고 개발된 원천 기술 및 서비스 기술을 사업화하기 위해 노인 재활병원과 청주시에 시범 서비스를 운영하고 검증하고 청주시 문화산업진흥재단에 산학연관 사물지능 융합 연구관을 만들어 사물지능 통신 연구시설을 집적화를 진행하고 있다.

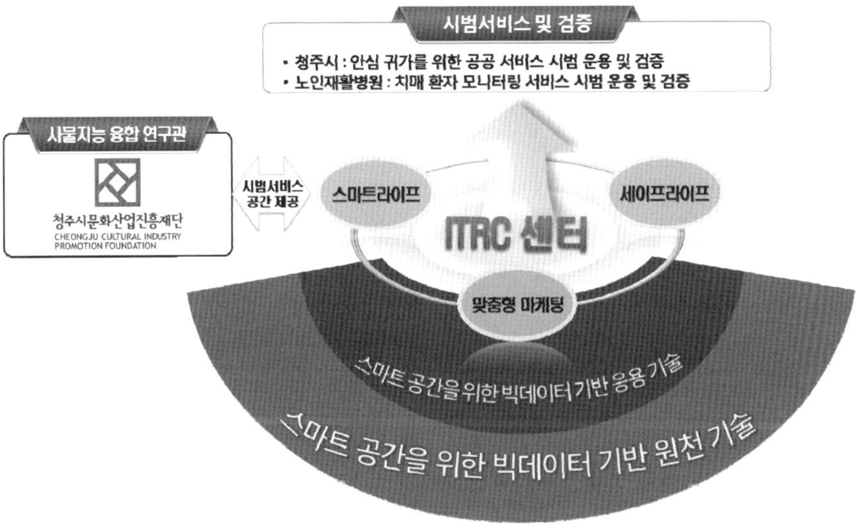

<그림 2-31> 시범서비스를 위한 기반 구조

▸ 스마트 라이프

서비스 및 콘텐츠 전달을 위한 개인화된 상황인지 서비스 플랫폼을 구축하고, 초대용량 실시간 컨텍스트 저장, 관리, 질의와 추론이 가능한 분산 프레임워크로 활용한다. 스마트 지능형 공간에서 활동한 생활패턴을 기록해 라이프로그 데이터의 생성 및 라이프 로그 데이터와 높은 진화성을 가지는 소셜 데이터 등과 연계하여 특정 패턴을 분석하고, 특정 상황에서의 사용자 별로 개인화 서비스 제공을 통한 삶의 질 개선한다. 수집된 데이터의 과거의 장소, 시간, 요일, 행동의 시퀀스로부터 사용자의 행동 예측 모델링 및 사용자 상황 인식 수행. 이를 통해 타켓팅 광고와 추천 서비스 제공 가능할 것으로 기대 된다.

▸ **세이프 라이프**

과거에 범죄가 발생했던 지역과 유형을 세밀하게 분석하고, 실시간 생성되는 대용량 데이터 수집, 분석을 통해 후속 범죄 가능성을 예측함으로써 범죄의 사전 예고 시스템 구축하고 과거 발생한 범죄 패턴의 분석을 통한 범죄 발생 지역 및 시각을 예측하여 필요한 곳에 공권력을 배치하여 범죄 예방 환경 확보한다. 또한, 범죄자 및 범죄 유형을 소셜네트워크 등을 통해 지속적으로 관찰함으로써 그와 관련된 조직 및 범죄에 대한 예방을 한다. 과거 데이터에서 단순한 통계 정보를 제공하는 것에서 한 차원 진화하여 범죄자 행동을 분석하여 사건 예방을 위한 새로운 범죄 가능성 정보를 제공한다.

▸ **맞춤형 마케팅**

실시간으로 수집되는 방대한 양의 스마트 정보를 검색하고 분석 및 기존 데이터와 융합하여 재사용 할 수 있는 자동화된 도구 도입하여 실시간 생성되는 대용량 데이터 수집, 분석을 통해 방대한 데이터 안에 숨겨진 소비자의 감성을 파악할 수 있는 환경 확보한다. 스마트폰 및 센서와 같은 스마트 디바이스를 통해 수행되는 다양한 행동 패턴과 소셜 데이터 등의 웹 미디어에 남긴 데이터 및 기업 데이터를 융합 분석하여 개인의 생활 패턴 및 소비 성향 등을 예측하여 소비자가 원하는 것에 대한 예측 및 광고 시스템 구축한다. 또한, 변화하는 소비자의 패턴을 분석하여 적재적소에 필요한 물품을 빠르게 제공함으로써 불필요한 재고 낭비 방지, 고객이 원하는 물품을 충분히 공급하므로 점포당 고객 만족도를 향상시킨다.

기업의 회계시스템에서 일-단위 혹은 월-단위 상품 및 서비스의 원가율 등과 같은 정보를 추출 및 단일 상품 및 서비스 별 변동 추이를 분석하여 이익이 많이 발생하는 상품 및 서비스에 대한 주력 마케팅 정책 수립에 기반 자료로 활용하고 소셜 데이터를 분석하여, 영향력이 큰 소비자를 분석한 후, 이탈 징후를 보이는 소비자에게 맞춤형 추가 혜택을 제공하여 해당 소비자 및 지인의 동반 이탈을 방지하는 Lock-in 유도한다.

스마트 케어 서비스 플랫폼

스마트 공간을 위한 스마트 라이프 케어 서비스를 제공하기 위해 다음과 같이 그림2-32의 구조로 구성된다. 스마트 공간에서 발생한 대용량의 빅데이터를 수집, 분산저장 관리 및 분석을 위한 기반 플랫폼 기술 개발하고 스마트 공간 서비스 구현을 위한 빅데이터 분석 및 시각화 기술을 개발하고 컴포넌트화, 플랫폼 및 핵심 서비스 컴포넌트는 오픈 소스를 활용하여 개발된 기술과 연계한다. 이를 통해 스마트 공간에서 발생한 이종 빅데이터 처리 및 분석을 통한 스마트 라이프 케어 서비스를 개발한다.

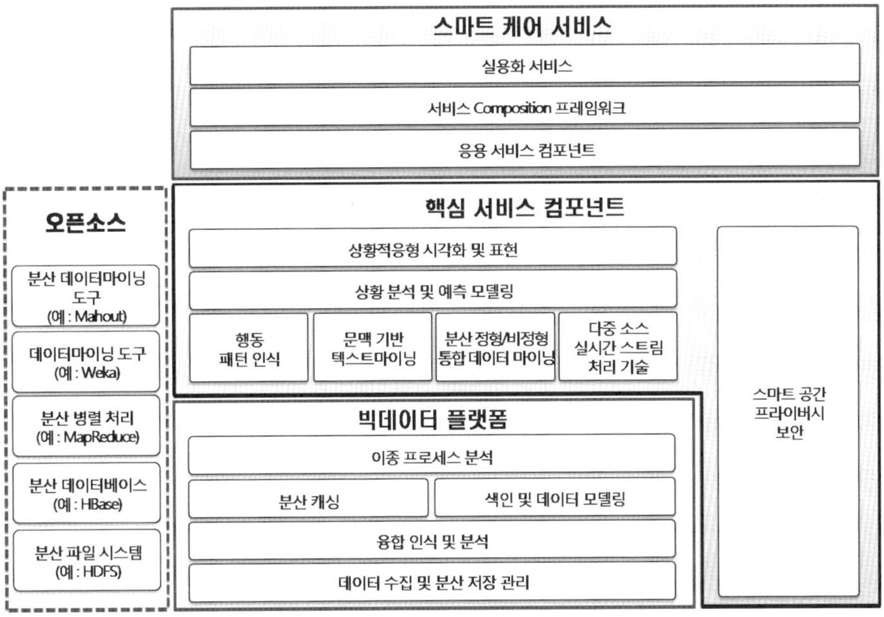

<그림 2-32> 스마트 케어 서비스 플랫폼

맞춤형건강관리 서비스 개발

최근 우리나라도 다른 선진국들처럼 고령화 사회로 접어들면서 노인인구의 증가 폭만큼이나 치매 등 노인성 질환 환자수도 급증하고 있다. 치매노인에게서 관찰되는 배회는 치매노인을 돌보는데 있어 가장 어려움을 주는 치매 관련 행동 증상들 중 하나이다. 치매노인의 배회를 탐지하고 또한 이뿐 아니라 건강 적신호에 대한 모니터링 같은 일반적인 도시에서 사용하는 미래생활의 수요기준을 적용하여 안전한 삶(safe life), 편리.윤택한 삶(smart life), 맞춤형 마케팅(tailored marketing) 서비스 도출한다.

라이프로그 데이터는 개인이 온/오프라인 생활 중 수행한 행동 이력에 대해 스마트 모바일 기기, 센서, 소셜 데이터 등을 통해 수집·기록된 텍스트, 스트림, 음성, 동영상 정보 등 이다. 시간 변화에 따른 라이프로그 이벤트를 감지·분석 하여 적시에 서비스를 지원하는 시스템을 개발하여 라이프로그 수집을 통한 구매패턴, 행동패턴 등 전반적인 생활양식 파악을 통한 생활형 맞춤형 서비스를 제공하도록 한다.

단순한 기술 중심의 비즈니스 서비스 설계는 사용자의 요구사항을 반영하기 어려우므로 사용자의 요구사항을 최대한 반영할 수 있는 생활형 응용 서비스의 요구가 많다. 그렇기 때문에 스마트 공간에서 사람을 중심에 두고 '필요한 것'을 제공해 주는 것이 아닌, '원하는 것'들을 파악하여 빅데이터와 서비스가 함께 진화하는 방향성이 필요하다.

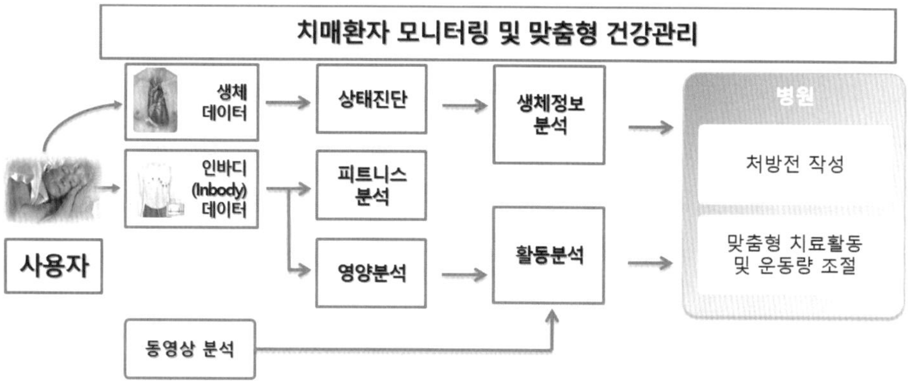

<그림 2-33> 치매환자를 위한 빅데이터 기반 서비스 흐름

그림 2-33은 치매환자 모니터링 및 맞춤형 건강관리에 대한 프로세스이다. 사용자 행위적 흐름에 따른 스마트 라이프 서비스를 개발하기 위하여 식이 이력 및 영양 상태 관련 라이프로그 정보에 대한 실시간 분석을 한다. 사용자 행동 및 식이 기호 등의 라이프로그 분석을 통한 식당 및 메뉴 실시간 추천 제공 스마트라이프, 세이프라이프 서비스와 연계된 실시간 맞춤형 푸드 마케팅이 가능하다.

치매환자 모니터링를 위해 환자 개인별 행위적 흐름에 대한 실시간 분석, 실시간 생체 스트림 정보를 이용한 패턴 분석 기반의 치매환자 모니터링 라이프로그의 패턴 분석을 통한 상황 및 연령대에 따른 라이프 플랜을 지원한다.

맞춤형 건강관리 서비스를 개발하기 위해 사물지능 통신 정보 분석 및 활용 기술은 매우 중요하다. 인간과 사물 간 의사소통에서 사물과 사물 간 의사소통까지 확장함에 따라 지능사물이 공간정보를 이용하고 스마트 공간 내에 존재하는 수많은 스마트 사물들에서 무한히 발생하는 빅데이터를 실시간으로 분석한다. 각종 센서 및 스마트 기기들의 사물 간 통신을 통해 발생하는 데이터와 축적된 데이터를 분석한다.

스마트 기기에서 나온 생체정보(체온, 맥박, 혈압, 혈당 등)에 대한 실시간 트렌드 분석결과 이상 징후 포착 시 스마트 홈 공간에 있는 영상 센서를 작동시켜 사용자에 대한 상태진단 모니터링을 실시 생체 정보 및 모니터링 정보를 바탕으로 사용자의 상태 패턴을 분석하고 분석된 결과를 바탕으로 상태 진단 정보 및 맞춤형 진단 등을 하고 이를 시각화하여 제공한다.

2.3.2 빅데이터 기반 서비스 개발을 위한 방법론

빅데이터의 효과적인 활용을 위한 도입 초기 단계에서 핵심이 되는 것은 기존의 데이터를 우선적으로 활용하여 단기적인 성과를 추구하는데 있다. 즉, 전체적인 청사진은 수립하되, 복잡하고 큰 규모의 빅데이터 접근에 앞서 우선순위를 선정하여 역량에 맞는 범위에서 기존 데이터부터 활용해야 한다. 이 단계에서 빅데이터를 효과적으로 업무에 활용할 수 있는 사례를 도출해 낸 다음, 그 사례를 근거로 반정형, 비정형 데이터 및 외부 데이터로 확대해 나가야 한다. 이 같은 단기간의 실용적 접근을 통한 성공 사례 도출은 점점 복잡하고 다양해지는 데이터 처리 및 분석의 역량을 쌓을 수 있는 과정이 되며 빅데이터 활용의 실용성에 대한 논리적 근거를 확실하게 제시하게 된다.

빅데이터 서비스 모델 도출 Framework

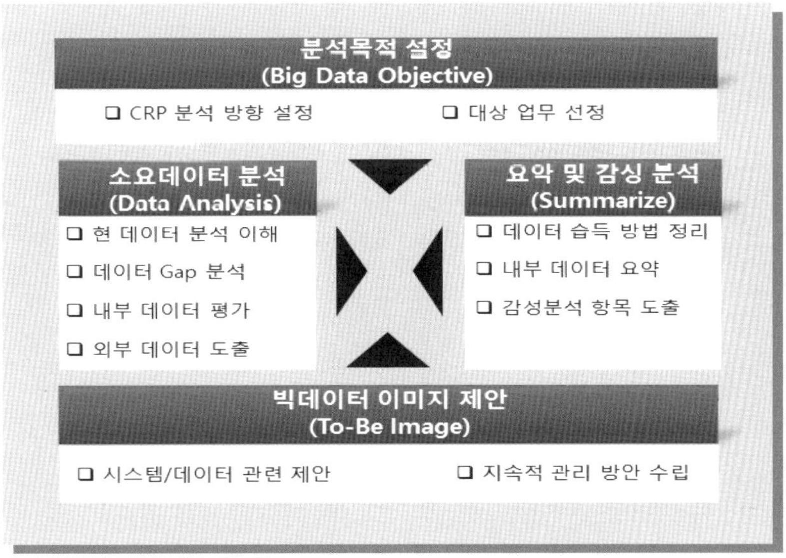

<그림 2 34> 빅데이터 서비스 모델 도출 방법론

Activity-1 : CRP 분석방향 설정

Corporate 이미지, Customer Royalty, Product 평가 측면 중 빅데이터 서비스 모델을 적용하기 위한 방향 설정

- ❑ Corporate 이미지, Customer 로열티, Product 평가에 대한 전반적/세부적 평가 여부 결정
- ❑ 평가 항목과 세부 수준에 따라 필요로 하는 Big & Small Data 유형이 달라짐

<그림 2-35> 빅데이터서비스 모델 도출을 위한 방향 설정

이와 같은 논리를 근거로 빅데이터의 활용 방안을 아래와 같은 과정으로 진행한다.

첫 번째, 현재 활용하고 있는 데이터 현황을 파악하는 것이다. 이 단계에서는 어떠한 의사결정을 할 때 선택의 기준이 되는 판단지표와 의사결정의 결과를 측정할 수 있는 성과지표에 연결선을 찾는 과정이 포함되어 있다.

두 번째, 보유 데이터 중 특정 의사결정의 판단지표로 활용할 수 있거나 그 동안 활용하지 않았던 지표를 찾아내어 새로운 판단지표로 설정한 다음, 기존 사업과 연결하는 과정이다. 이는 기존 데이터를 이용하여 단기적 성과를 추구하기 위한 과정이라고 할 수 있다.

세 번째는 특정 의사를 결정할 때 중요한 영향을 줄 것으로 판단되지만 지표로 개발되지 않았던 정형 또는 비정형데이터 그리고 타 공공기관 및 기업 등 다양한 외부 데이터를 발굴하는 과정이다. 이 단계에서는 해당 업무에 대한 숙련된 지식을 바탕으로 한 직관이 중요하다.

비록 복잡하고 광대하여 시간과 예산 등이 투여되는 고난도 작업이 될 수 있지만 해당 부서의 모든 업무에 대해 이 같은 과정을 거쳐야 한다. 어떤 내부 데이터를 쓸 것이며, 외부의 데이터로는 어떤 데이터를 추가할 것인지에 대한 판단은 빅데이터 활용의 준비단계에서 중요한 핵심 과정 중 하나인 만큼 간과해서는 안 될 대목이다. 이 같은 과정 전체를 이해하고 확보 및 통합할 데이터를 확인할 수 있는 내부 전문가가 필요하다.

효과적인 빅데이터를 활용을 위해서는 사업의 우선순위를 먼저 결정해야 한다. 사업의 우선순위 결정은 빅데이터의 특징을 반영하였을 때 효과의 효율성을 높일 수 있는 요인을 기준으로 해야 한다. 효율성은 한마디로 정의하자면 적은 비용으로 높은 성과를 얻는 것이라고 할 수 있다. 따라서 투입 예산 및 인력 대비 정책의 최종 성과를 기준으로 빅데이터 분석의 우선순위를 결정할 수 있다.

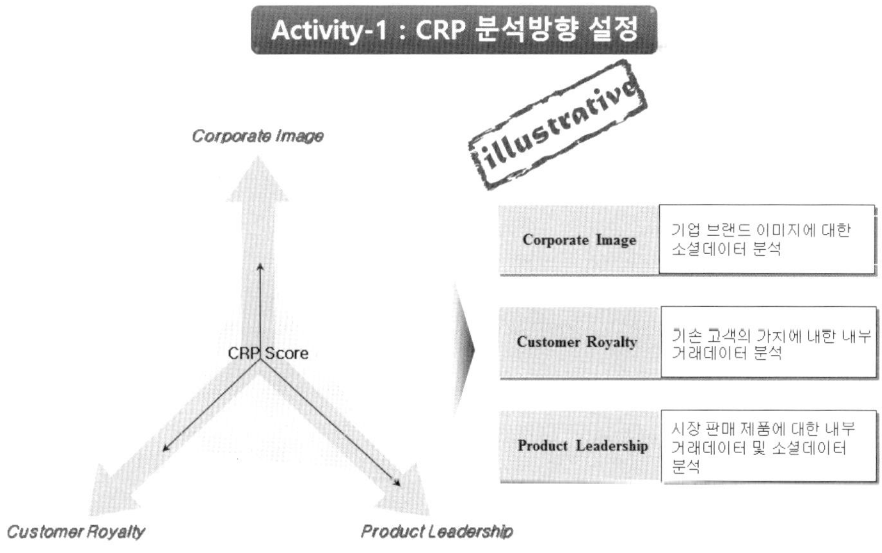

<그림 2-36> 빅데이터 분석 필요 영역 도출 방법론

마지막으로 빅데이터 활용 방안 결과를 정리 또는 발굴된 판단지표와 성과지표를 통합한 모델을 만들어 상관관계 등의 분석 솔루션을 구축하는 과정이다. 구축한 분석 솔루션으로 새롭게 도입하고자 하는 사업의 성과를 즉시 예측하고 정책의 성과를 높이기 위한 방법을 곧 바로 확인할 수 있다.

이와 같이 빅데이터 활용은 순차적으로 진행되지만 모든 단계를 완벽하게 구축해야만 빅데이터 활용의 성과를 얻을 수 있는 것은 아니다. 즉, 첫 번째 단계만으로도 데이터 활용의 효율성을 얻을 수 있다. 기존의 판단지표와 성과지표 간의 상관관계를 분석하여 판단지표 중에서 성과지표를 높일 수 있는 결과와 더 밀접한 관계에 있는 것의 가중치를 높게 두어 결정한다면 정책시행의 결과는 더 효율적으로 나타날 수 있다. 두 번째 또는 세 번째 단계의 과정을 마쳤을 경우에는 판단지표의 수가 늘어나서 빅데이터를 활용한 사업의 정확성과 효율성을 더 높일 수 있을 것이다. 마지막까지 마무리되었을 경우에는 새로운 실시간 예측 및 적용이 가능하게 될 것이다.

참고문헌

[시로타 마코토2013] 한빛미디어, 빅데이터의 충격, 2013.02.01

[박순서 2013] 레디셋고, 빅 데이터 세상을 이해하는 새로운 방법, 2013.01.31.

[함유근 2012] 삼성경제연구소, 빅데이터, 경영을 바꾸다 데이터는 답을 알고있다!, 2012.08.30.

[이수동 2013] 길벗, 인포그래픽: 기획과 실전 전략, 2013.05.01.

[송민정 2012] 한스미디어, 빅 데이터가 만드는 비즈니스 미래지도 미래 경제를 움직이는 거대한 데이터 혁명, 2012.08.23.

[임건훈 2012] 임건훈, 고장이력 데이터 기반 A/S 프로세스 분석, 2012.02

[김성태 2013] 한국정보화진흥원, 새로운 미래를 여는 빅데이터 시대, 2013.02

[Korea Communications Agency 2014] 한국방송통신전파진흥원, 빅데이터 분석을 위한 프로세스 마이닝 기술 동향, 2014.03.03.

[다음소프트 2014] Social metrics, www.daumsoft.com.

3 장

빅데이터 분석

3장 빅데이터 분석

3.1 개요

이 장에서는 빅데이터의 통계분석에 대해 다룬다. 다루어질 내용은 기존의 데이터 마이닝(data mining) 분야에서 중요하게 다루어진 내용을 중심으로 소개한다. 다만 각 분석법 마다 이론적 접근을 지양하고, 이 분야의 비전공자들도 이해될 수 있도록 기술하였다. 분석 도구로는 R(www.r-project.org)을 이용하였으며, 각 분석법마다 실재 자료를 이용한 예제를 들어 분석 절차와 그 결과를 설명하였다. 각 분석법의 목적을 제대로 이해하고, 분석 결과에 대한 의미 있는 해석을 통해 통계분석에 대한 동기부여가 되었으면 한다.

3.2 데이터탐색

데이터 탐색(data exploration)은 데이터에 대한 직관적 이해를 위해 자료분석에서 가장 선행되어야 할 내용이다. 이 장에서는 데이터에 대한 시각화 방법과 이상치 자료에 대한 분석을 다룬다.

3.2.1 데이터시각화

데이터 시각화(data visualization)는 원 자료 또는 분석 결과를 쉽게 이해할 수 있도록 정리하는 것을 말하며, 도표 또는 그림과 같은 수단을 통해 정보를 명확하고 효과적으로 전달하는 것이 목적이다. R에서는 데이터의 종류, 구조, 크기 등을 파악할 수 있는 함수와 데이터를 도표, 그림으로 작성할 수 있는 다양한 함수를 제공한다. 데이터의 구조와 크기는 dim(), str(), attributes(), head(), tail(), summary() 함수를 이용하여 파악할 수 있다.

[예제 1] R 기본적으로 제공하는 iris 데이터를 이용하여 시각화 분석을 수행한다.

```
> data(iris)
> dim(iris)
[1] 150   5
```

dim() 함수는 데이터의 차원을 보여준다. 위의 예는 iris 데이터가 2차원으로, 150행 5열로 이루어졌음을 의미한다.

```
> str(iris)
'data.frame':        150 obs. of  5 variables:
 $ Sepal.Length:  num  5.1 4.9 4.7 4.6 5 5.4 4.6 5 4.4 4.9 ...
 $ Sepal.Width :  num  3.5 3 3.2 3.1 3.6 3.9 3.4 3.4 2.9 3.1 ...
 $ Petal.Length:  num  1.4 1.4 1.3 1.5 1.4 1.7 1.4 1.5 1.4 1.5 ...
 $ Petal.Width :  num  0.2 0.2 0.2 0.2 0.2 0.4 0.3 0.2 0.2 0.1 ...
 $ Species :      Factor w/ 3 levels "setosa","versicolor",..: 1 1 1 1 1 1 1 1 1 1 ...
```

str() 함수는 iris 데이터의 형식을 보여준다. 위의 예는 iris 데이터는 data.frame 객체(object)로, 5개 변수에 대한 150개의 관측치로 구성되어 있음을 의미하고, 각 변수에 대한 형식과 데이터의 일부를 보여준다.

```
> attributes(iris)
$names
[1] "Sepal.Length" "Sepal.Width"  "Petal.Length" "Petal.Width"  "Species"

$row.names
  [1]   1   2   3   4   5   6   7   8   9  10  11  12  13  14  15  16  17  18
 [19]  19  20  21  22  23  24  25  26  27  28  29  30  31  32  33  34  35  36
 [37]  37  38  39  40  41  42  43  44  45  46  47  48  49  50  51  52  53  54
 [55]  55  56  57  58  59  60  61  62  63  64  65  66  67  68  69  70  71  72
```

```
 [73]  73  74  75  76  77  78  79  80  81  82  83  84  85  86  87  88  89  90
 [91]  91  92  93  94  95  96  97  98  99 100 101 102 103 104 105 106 107 108
[109] 109 110 111 112 113 114 115 116 117 118 119 120 121 122 123 124 125 126
[127] 127 128 129 130 131 132 133 134 135 136 137 138 139 140 141 142 143 144
[145] 145 146 147 148 149 150

$class
[1] "data.frame"
```

attributes() 함수는 데이터가 가진 속성 값에 대한 설명을 보여준다. $names는 iris 데이터의 열 이름, $row.names는 행 이름, $class는 iris 데이터의 객체 형식을 나타낸다.

```
> head(iris)
  Sepal.Length Sepal.Width Petal.Length Petal.Width Species
1          5.1         3.5          1.4         0.2  setosa
2          4.9         3.0          1.4         0.2  setosa
3          4.7         3.2          1.3         0.2  setosa
4          4.6         3.1          1.5         0.2  setosa
5          5.0         3.6          1.4         0.2  setosa
6          5.4         3.9          1.7         0.4  setosa

> tail(iris)
    Sepal.Length Sepal.Width Petal.Length Petal.Width   Species
145          6.7         3.3          5.7         2.5 virginica
146          6.7         3.0          5.2         2.3 virginica
147          6.3         2.5          5.0         1.9 virginica
148          6.5         3.0          5.2         2.0 virginica
149          6.2         3.4          5.4         2.3 virginica
150          5.9         3.0          5.1         1.8 virginica
```

head() 와 tail() 함수는 데이터의 양이 많은 경우 데이터의 시작과 끝 부분을 쉽게 확인한다. n 옵션을 통해 데이터의 수를 지정할 수 있다.

```
> summary(iris)
  Sepal.Length    Sepal.Width     Petal.Length    Petal.Width          Species
 Min.   :4.300   Min.   :2.000   Min.   :1.000   Min.   :0.100   setosa     :50
 1st Qu.:5.100   1st Qu.:2.800   1st Qu.:1.600   1st Qu.:0.300   versicolor :50
 Median :5.800   Median :3.000   Median :4.350   Median :1.300   virginica  :50
 Mean   :5.843   Mean   :3.057   Mean   :3.758   Mean   :1.199
 3rd Qu.:6.400   3rd Qu.:3.300   3rd Qu.:5.100   3rd Qu.:1.800
 Max.   :7.900   Max.   :4.400   Max.   :6.900   Max.   :2.500
```

summary() 함수는 데이터의 변수별 요약 정보를 제공한다. 각 변수별 최솟값, 1사분위수, 중위수, 평균, 3사분위수, 최댓값을 보여준다. 요인(factor) 객체인 Species에 대해서는 범주별 빈도값을 제시한다.

hist(), plot() 함수는 데이터의 분포를 시각적으로 나나낸다.

```
> hist(iris$Sepal.Length)
```

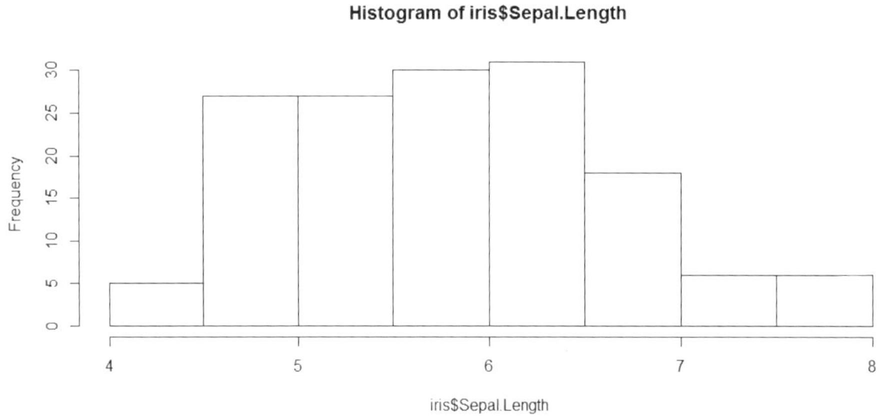

```
> plot(iris$Sepal.Length)
```

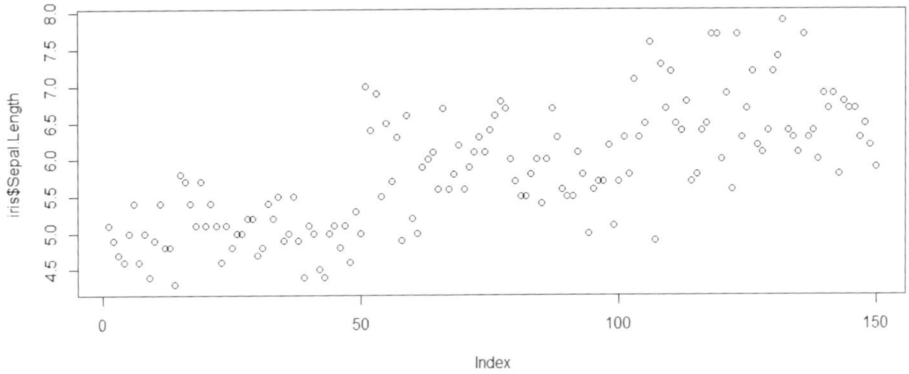


```
> plot(density(iris$Sepal.Length))
```

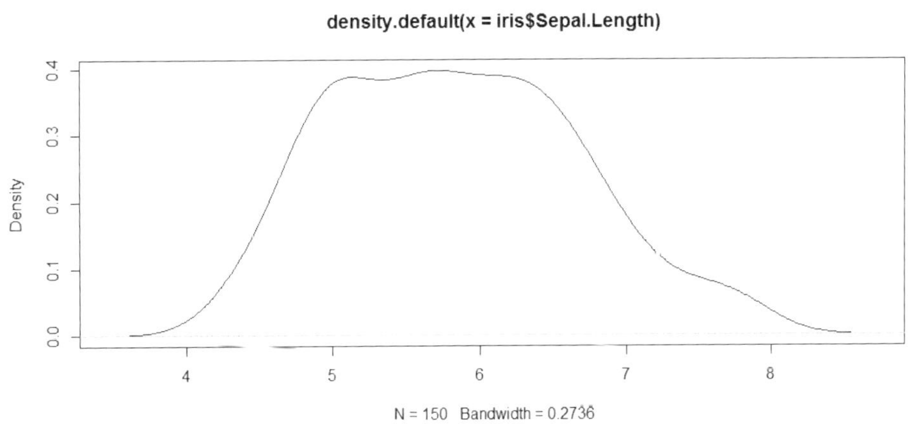

위의 plot() 함수는 density() 함수를 적용하여 데이터로부터 밀도함수를 추정하고, 그 결과를 plot() 함수를 이용하여 그린 것이다.

참고로 밀도함수의 추정은 히스토그램 보다 발전된 방법으로, 추정 방법에는 커널, 스플라인, 웨이블렛, 서포트벡터 등 다양한 방법이 있다.

```
> boxplot(iris$Sepal.Length~iris$Species)
```

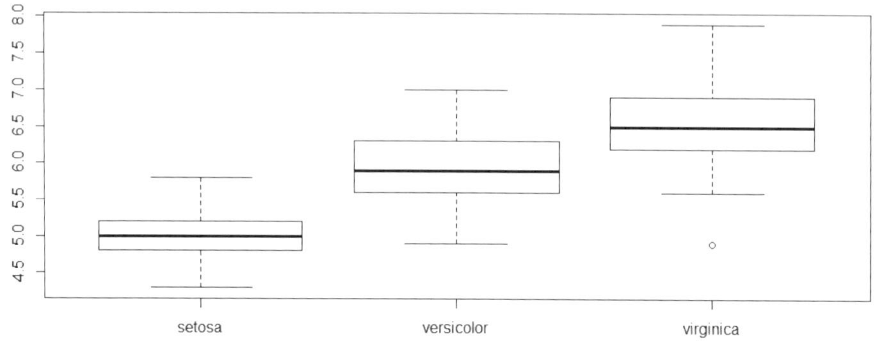

boxplot() 함수는 상자 그림을 그리기 위한 함수이다. 위 예는 Species에 따른 Sepal.Length의 상자 그림이다. 상자그림은 데이터의 분포된 형태와 그룹 간 비교를 쉽게 수행할 뿐 아니라, 다음 절에서 다루는 이상치 탐색에도 유용하다.

3.2.2 이상치 탐색

이상치(outlier)는 다른 관측치들로부터 멀리 떨어져 있는 관측치를 말한다. 이상치는 측정에서 변동(variability)에 기인하거나 실험 오차(experimental error)로부터 발생하기도 한다. 후자의 경우에는 종종 데이터 집합에서 제거되는 것이 바람직하다. 이상치는 어떤 분포에서도 우연히 발생될 수 있지만 그들은 종종 측정 오차(measurement error) 또는 모집단이 두꺼운 꼬리(heavy tail)를 가지는 것을 암시한다. 전자의 경우에는 이상치를 제거하거나 이상치에 둔감한(robust) 통계분석을 실시하는 것이 바람직하며, 후자의 경우에는 분포가 높은 첨도를 가지는 것을 암시하며 따라서 정규분포를 가정하는 분석기법의 사용에 주의를 기울여야 한다.

[예제 1] 정규분포로부터 가상의 자료를 발생하여 이상치 탐색을 수행한다.

```
> set.seed(3147)
> x <- rnorm(100)
> y <- rnorm(100)
```

```
> data <- data.frame(x, y)
> head(data)
            x          y
1 -3.31539150  0.7619774
2 -0.04765067 -0.6404403
3  0.69720806  0.7645655
4  0.35979073  0.3131930
5  0.18644193  0.1709528
6  0.27493834 -0.8441813

> tail(data)
             x          y
95  0.95647060 -0.8630221
96  0.02889637  0.9057060
97  1.69591685  0.3705346
98  0.40739398  0.7887290
99  0.01328870 -0.9505123
100 0.98984656 -1.3595977
```

rnorm() 함수를 통해 정규분포로부터의 데이터를 생성할 수 있다. 생성된 자료 100개의 자료에 대해 이상치 존재여부는 boxplot() 함수를 통해 확인할 수 있다.

```
> boxplot(data)
```

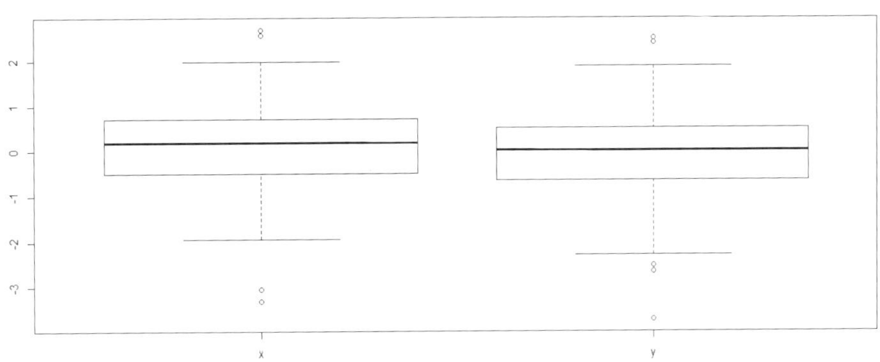

위의 상자그림으로부터 x, y는 각각 4, 5개의 이상치를 가지고 있다. 이를 which() 함수를 통해 이상치에 해당하는 값들을 따로 저장할 수 있다.

```
> x.out <- which(x %in% boxplot.stats(x)$out)
> x.out
[1]  1 33 64 74

> y.out <- which(y %in% boxplot.stats(y)$out)
> y.out
[1] 24 25 49 64 74

> outlier_intersect <- intersect(x.out, y.out)
> outlier_intersect
[1] 64 74

> outlier_union <- union(x.out, y.out)
> outlier_union
[1]  1 33 64 74 24 25 49
```

x, y의 교집합 또는 합집합을 이용하여 해당하는 이상치를 찾아낼 수 있다. 찾아낸 이상치는 아래와 같이 plot() 함수에 points() 함수를 이용하여 산점도 상에서 쉽게 나타낼 수 있다.

```
> plot(data)
> points(data[outlier_intersect,], col="red", pch="0", cex=2)
```

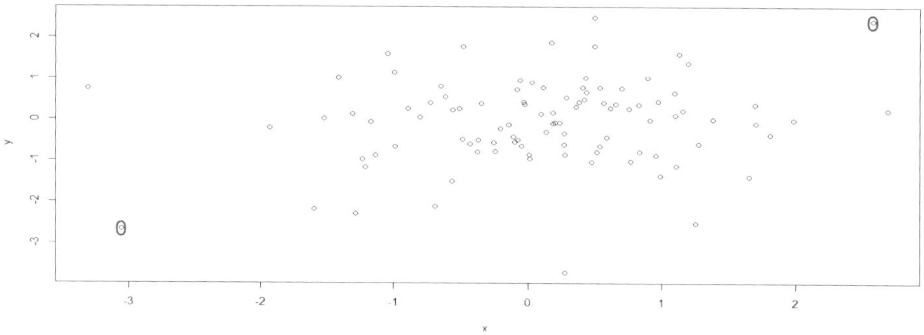

```
> plot(data)
> points(data[outlier_union,], col="blue", pch="0", cex=2)
```

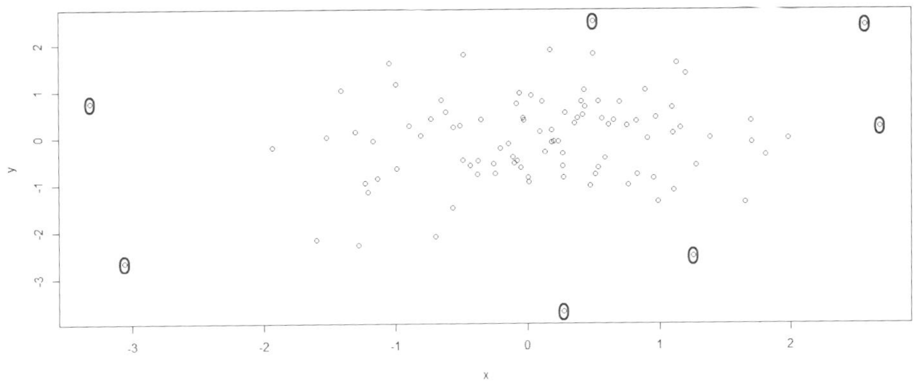

R 패키지 {outliers}를 이용할 경우, 쉽게 이상치를 대체할 수 있다. 패키지에 포함된 outlier() 함수는 벡터 상에서 평균으로부터 가장 멀리 떨어져 있는 값을 이상치로 가정한다. 따라서 데이터 프레임 또는 행렬 구조에서 이상치 값을 제거하거나, rm.outlier() 함수를 통해 중위수나 평균으로 대체를 할 수 있다. iris 데이터는 4개의 숫자형 변수와 1개의 문자형 변수를 가지고 있으므로, 문자형 변수 Species를 제거한 뒤 이상치 탐색을 적용해 볼 수 있다.

[예제 2] iris 자료에 대해 이상지 분식을 수행한다.

```
> library(outliers)
> new_irls <- iris[,1:4]
> (outliers <- outlier(new_iris))
Sepal.Length   Sepal.Width      Petal.Length      Petal.Width
         7.9           4.4               6.9              2.5

> new_iris2 <- rm.outlier(new_iris, fill = TRUE, median = FALSE, opposite = FALSE)
```

rm.outlier() 함수는 fill = TRUE 옵션을 적용할 경우, 중위수나 평균으로 이상치를 대체하며, median = TRUE이면 중위수, FALSE이면 평균으로 대체하게 된다. 아래의 함수로 연속적으로 이상치를 제거할 경우 평균에서 가장 멀리 떨어진 관측치를 하나씩 제거하게 된다.

```
> par(mfrow=c(3,1))
> for(i in 1:3){
+ new_iris <- rm.outlier(new_iris, fill = TRUE, median = FALSE, opposite = FALSE)
+ plot(density(new_iris[,1]))
+ }
> par(mfrow=c(1,1))
```

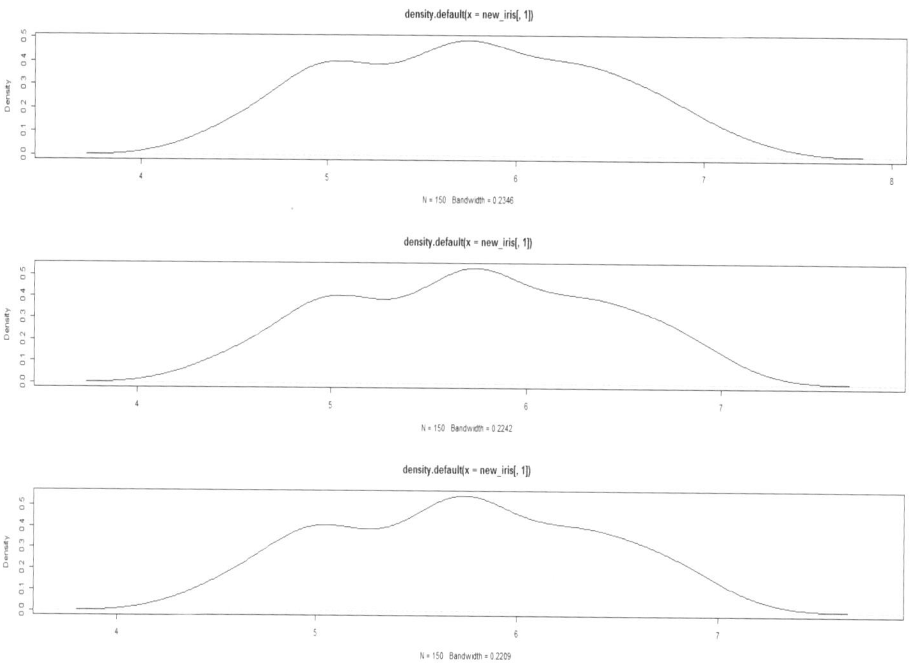

밀도 기반(density-based) 이상치 탐색 알고리즘인 LOF(Local Outlier Factor)를 이용한 이상치탐색도 가능하다. 지역 이상치(local outliers)는 전역 데이터 분포가 대신 지역 이웃(local neighborhoods) 점들에 비해 밀집도가 낮은 점을 희박한 지역에 포함되는 것으로 보고 이상치로 간주하는 방식이다. 아래 그림에서 O_1과 O_2는 C_1에 대해 지역 이상치이지만 O_4는 이상치가 아니다. 그러나 근접도-기반(proximity-based)의 군집에서는 O_1과 O_2가 이상치라는 사실을 발견하지 못한다(예를 들어, O_4와 비교했을 때). 이와 같이 밀도-기반의 이상치 탐색은, 직관적으로, 이상치 자료 주변의 밀도가 주변 자료 점들의 밀도와 유의하게 다른 점을 찾는 것이다.

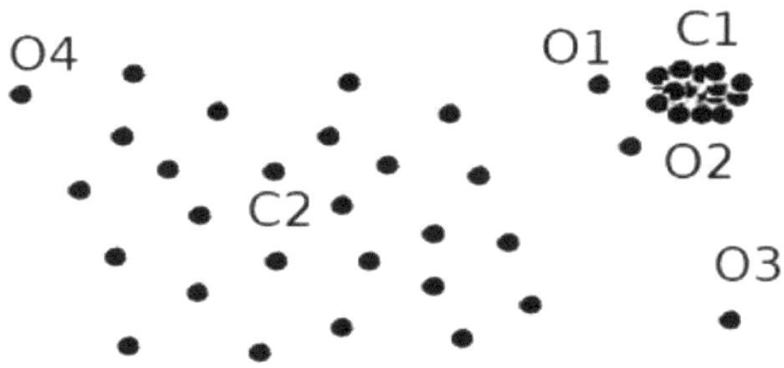

각 자료에 대해 구해지는 LOF는 그 값이 클수록 지역 이상치(local outliers)임을 의미하며, 숫자형 데이터에만 적용 가능하다. LOF를 이용한 이상치 탐색은 비유사성(또는 거리)이 정의되는 어떠한 자료에 대해서도 적용이 가능하며 그 결과가 경쟁 알고리즘에 비해 매우 우수한 것으로 알려져 있다.

다음의 [예제 3]은 R 패키지 {DMwR}의 lofactor() 함수를 이용하여 지역 이상치를 탐색한다.

[예제 3] iris 자료에 대해 LOF 값을 구하여 지역 이상치를 탐색한다.

```
> library(DMwR)
> new_iris <- iris[,1:4]
> iris_lof <- lofactor(new_iris, k=10)
> outliers <- order(iris_lof, decreasing=T)[1:5]
> outliers
[1]  42 107  23  16  99
```

위의 예는 LOF를 내림차순으로 정렬했을 때, 상위 다섯 개를 이상치로 가정한 것이다. 이를 biplot() 함수와 plot() 함수를 이용하여 그림으로 나타내면 아래와 같이 이상치의 위치를 확인할 수 있다.

```
> pch <- rep(".", 150)
> pch[outliers] <- "+"
> biplot(prcomp(new_iris), cex=1.5, xlabs=pch)
```

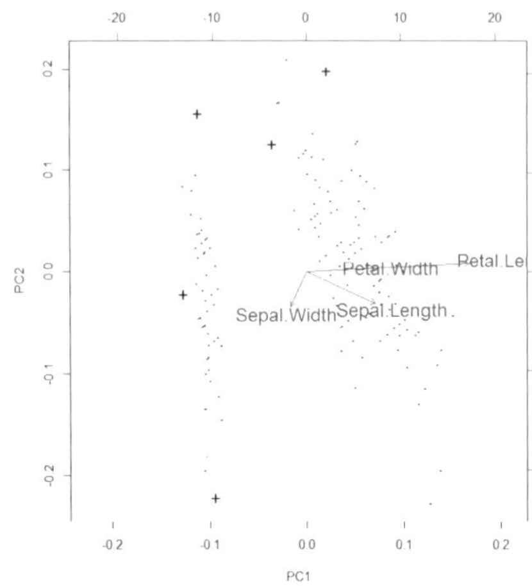

위의 biplot() 함수는 prcomp() 함수를 이용하여 주성분분석(principal component analysis)을 수행하고, 데이터의 제1, 2주성분 값을 이차원 공간에 그린 것이다. 그림에서 화살표는 원 변수(original variables)를, +는 이상치를 나타낸다.

참고로 주성분은 데이터의 변동을 가장 잘 설명하는 새로운 축(제1, 2 주성분)을 의미하며, 독립변수(4개 변수)들의 선형결합으로 표현된다. 위 예제에서와 같이 고차원 자료(4차원)를 저차원(2차원)의 공간상에 표현하는데 유용하다.

```
> plot(new_iris, pch=pch)
```

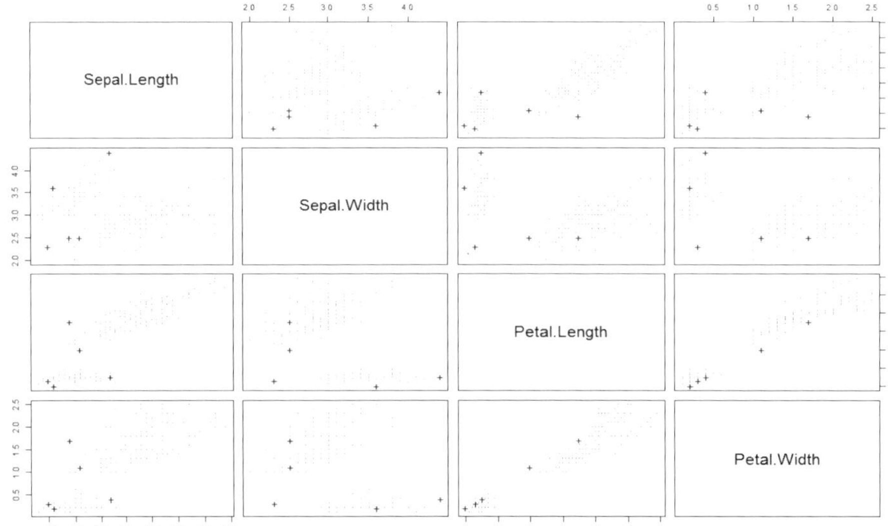

3.3 분류분석

분류분석(classification analysis)은 과거 데이터로부터 모형을 수립하고, 이 모형에 근거하여 새로운 데이터를 특정 집단으로 분류하는 분석 기법이다. 모형수립을 위해서는 소속 집단의 정보를 포함하는 과거 데이터가 필요하다. 분류분석에 사용되는 모형으로는 베이즈분류, 로지스틱 회귀, 의사결정나무, 인접이웃분류, 신경망, 지지벡터기계, 규칙기반분류 및 이들을 결합한 여러 가지 앙상블모형 등이 있다.

3.3.1 단순베이즈분류

단순베이즈분류(naive Bayes classification) 모형은, 베이즈정리에 기반한 방법으로, 사후확률(일종의 조건부 결합확률)의 계산시 조건부 독립을 가정하여 계산을 단순화한 방법이다. 사후 확률이 큰 집단으로 새로운 데이터를 분류하게 된다. 조건부 독립의 가정이 비현실적인 측면이 있으나 계산이 간편하여 널리 이용되고 있다.

단순베이즈분류기는 연속형 또는 이산형에 관계없이 임의 크기의 예측변수를 다룰 수 있다. 데이터가 $x=(x_1, x_2, \cdots, x_d)$으로 주어질 때, 이 데이터가 C_j 집단으로부터 나왔을 사후확률은, 베이즈 정리로부터, 다음과 같다.

$$p(C_j|x) = \frac{p(C_j)p(x\,|\,C_j)}{p(x)}, \quad j=1,2,\cdots,K$$

일반적인 베이즈분류에서는 위의 사후확률이 가장 큰 집단으로 개체에 대한 분류를 수행한다. 단순베이즈분류는 위의 사후확률의 계산을 좀 더 편하게 할 수 있도록 예측변수들 간의 독립을 가정한다. 즉,

$$p(x\,|\,C_j) = p(x_1\,|\,C_j)\,p(x_2\,|\,C_j)\cdots p(x_d\,|\,C_j)$$

을 이용하여 사후확률의 분자를 계산하고, 그 결과를 이용하여 분류를 수행한다. 이 방법은 계산을 크게 단순화 시켜주며, 예측변수의 수가 많은 경우에도 적용이 편리하다.

단순베이즈분류는 문서분류(spam 또는 legitimate, sports 또는 politics 등), 의료진단 등에 많이 사용된다. 적절한 전처리 과정을 거친 단순베이즈분류는 지지벡터기계를 포함한 보다 발전된 기법과도 경쟁된다.

단순베이즈분류에 대한 이해를 위해 두 가지 예를 들어본다.

첫 번째 예는 문서분류와 관련된 예제로 다음과 같은 5개의 학습문서가 있다고 하자.

문서번호	주요단어	문서분류
1	fun, couple, love, love	comedy
2	fast, furious, shoot	action
3	couple, fly, fast, fun, fun	comedy
4	furious, shoot, shoot, fun	action
5	fly, fast, shoot, love	action

입력문서가 {fast, furious, fun}을 주요단어로 가질 때, 이 문서는 어떤 문서로 분류되는가를 알아보자. 데이터가 주어질 때, 사후확률은 다음과 같이 계산된다.

$$p(comedy|x) = p(comedy) \cdot p(fast|comedy) \cdot p(furious|comedy) \cdot p(fun|comedy)$$
$$= \frac{2}{5} \cdot \frac{1}{9} \cdot \frac{0}{9} \cdot \frac{3}{9} = 0$$

$$p(action|x) = p(action) \cdot p(fast|action) \cdot p(furious|action) \cdot p(fun|action)$$
$$= \frac{3}{5} \cdot \frac{2}{11} \cdot \frac{2}{11} \cdot \frac{1}{11} = 0.0018$$

따라서 입력문서는 사후확률이 보다 큰 action으로 분류된다.

단순베이즈분류에서 “low-frequency problem"에 주의할 필요가 있다. 예를 들어, 위의 예에서 comedy 문서에서는 furious 단어의 빈도가 0이므로, furious 단어를 포함하는 새로운 자료에 대한 사후확률은 항상 0이 되어 버린다. 이러한 문제점을 해결하기위해 모든 속성값-군집 조합에 대한 빈도에 작은 수를 더해주어 계산을 수행한다.

두 번째 예제는 여러 개의 연속형 예측변수를 가지는 경우이다. 총 8명에 대해 키, 몸무게, 발 크기를 측정한 훈련자료가 다음과 같다.

성별	키(feet)	몸무게(lbs)	발 크기(inches)
남성	6	180	12
남성	5.92	190	11
남성	5.58	170	12
남성	5.92	165	10
여성	5	100	6
여성	5.5	150	8
여성	5.42	130	7
여성	5.75	150	9

세 변수가 모두 독립이며, 정규분포를 따른다고 가정하자. 이 때, 모집단의 평균과 분산은 자료로부터 다음과 같이 추정되었다.

성별	키		몸무게		발 크기	
	평균	분산	평균	분산	평균	분산
남성	5.855	3.5033e-02	176.26	1.2292e+02	11.25	9.1667e-01
여성	5.4175	9.7225e-02	132.5	5.5833e+02	7.5	1.6667e+00

남성과 여성그룹에 속할 사전확률을 $p(\text{남성}) = p(\text{여성}) = 0.5$라고 하자. 이 확률은 큰 모집단에서의 빈도에 기초하거나 훈련자료에 기초하여 주어질 수 있다.

이제 다음과 같이 주어진 새로운 자료가 남자인지 여자인지를 분류해 보자.

성별	키	몸무게	발 크기
표본(x)	6	130	8

주어진 자료(x)에 대해 사후확률은 다음과 같다.

$$p(남성|x) = p(남성) \cdot p(키|남성) \cdot p(몸무게|남성) \cdot p(발크기|남성) \\ \approx 6.1984 \cdot 10^{-9}.$$

$$p(여성|x) = p(여성) \cdot p(키|여성) \cdot p(몸무게|여성) \cdot p(발크기|여성) \\ \approx 5.3778 \cdot 10^{-4}.$$

따라서 주어진 자료는 사후확률이 보다 큰 여성으로 예측된다. 위의 사후확률의 계산에는 다음 계산과 유사한 과정이 사용되었다.

$$p(키|남성) = \phi(6; 5.855, 3.5033e-02) \approx 1.5789.$$

[예제 1] iris 자료에 대해 단순베이즈 분류를 수행한다.

```
> data(iris)
> head(iris)
  Sepal.Length Sepal.Width Petal.Length Petal.Width Species
1          5.1         3.5          1.4         0.2  setosa
2          4.9         3.0          1.4         0.2  setosa
3          4.7         3.2          1.3         0.2  setosa
4          4.6         3.1          1.5         0.2  setosa
5          5.0         3.6          1.4         0.2  setosa
6          5.4         3.9          1.7         0.4  setosa
```

R 패키지 {e1071}의 naiveBayes() 함수를 이용하여 단순베이즈 분류를 수행한다.

```
> m <- naiveBayes(Species ~ ., data = iris)
> m
Naive Bayes Classifier for Discrete Predictors

Call:
naiveBayes.default(x = X, y = Y, laplace = laplace)

A-priori probabilities:
```

```
Y
    setosa   versicolor   virginica
 0.3333333    0.3333333   0.3333333

Conditional probabilities:
            Sepal.Length
     Y           [,1]        [,2]
  setosa         5.006     0.3524897
  versicolor     5.936     0.5161711
  virginica      6.588     0.6358796

            Sepal.Width
     Y           [,1]        [,2]
  setosa         3.428     0.3790644
  versicolor     2.770     0.3137983
  virginica      2.974     0.3224966

            Petal.Length
     Y           [,1]        [,2]
  setosa         1.462     0.1736640
  versicolor     4.260     0.4699110
  virginica      5.552     0.5518947

            Petal.Width
     Y           [,1]        [,2]
  setosa         0.246     0.1053856
  versicolor     1.326     0.1977527
  virginica      2.026     0.2746501
```

predict() 함수를 이용하여 예측을 실시하고, 그 결과를 정오분류표로 나타낸다.

```
> table(predict(m, iris), iris[,5])

             setosa    versicolor    virginica
 setosa         50          0            0
 versicolor      0         47            3
 virginica       0          3           47
```

3.3.2 로지스틱 회귀분석 모형

로지스틱회귀(logistic regression) 모형은 반응변수가 범주형인 경우에 적용되는 회귀분석 모형이다. 이 방법은 새로운 설명변수(또는 예측변수)의 값이 주어질 때 반응변수의 각 범주(또는 집단)에 속할 확률이 얼마인지를 추정해 주며(예측 모형), 추정 확률을 기준치에 따라 분류하는 목적으로 사용될 수도 있다(분류 모형). 이 때, 모형의 적합을 통해 추정된 확률을 사후확률(posterior probability)이라 부르기도 한다.

이항 반응변수 Y에 대해, 다중(multiple) 로지스틱회귀모형의 일반적 형태는 다음과 같다.

$$\log\left(\frac{\pi(x)}{1-\pi(x)}\right) = \alpha+\beta_1 x_1+\cdots+\beta_k x_k.$$

위 식에서 $\pi(x) = P(Y=1\,|\,x)$, $x=(x_1,\cdots,x_k)$을 나타낸다.

로지스틱회귀모형은 오즈(odds)의 관점에서 해석될 수 있다는 장점을 가진다. 예를 들어, $\exp(\beta_1)$의 의미는 나머지 변수($x_2,\cdots,x_k$)가 주어질 때 x_1이 한 단위 증가할 때 마다 성공($Y=1$)의 오즈가 몇 배 증가하는지를 나타내는 값이다.

위 모형은 다음과 같이 $\pi(x)$에 관한 식으로 재표현 될 수 있다.

$$\begin{aligned}\pi(x) &= \frac{\exp(\alpha+\beta_1 x_1+\cdots+\beta_k x_k)}{1+\exp(\alpha+\beta_1 x_1+\cdots+\beta_k x_k)} \\ &= \frac{1}{1+\exp\{-(\alpha+\beta_1 x_1+\cdots+\beta_k x_k)\}}\end{aligned}$$

위 식에 대한 의미를 두 가지 관점에서 해석해 보자.

첫째, 위 식의 형태는 소위 다중로지스틱함수에 해당되며, 그래프의 형태는 설명변수가 한 개(x_1)인 경우 해당 회귀계수 β_1의 부호에 따라 S자 모양($\beta_1 > 0$) 또는 역 S자 모양($\beta_1 < 0$)을 가진다.

둘째, 위 식은 표준로지스틱 분포의 누적분포함수(c.d.f.)를 $F(x)$라 할 때

$$\pi(x) = F(\alpha + \beta_1 x_1 + \cdots + \beta_k x_k)$$

과 동일한 표현이며, 그 의미는 표준로지스틱 분포의 누적분포함수로 성공의 확률을 설명(또는 추정)한다는 의미이다.

로지스틱회귀모형과 유사한 프로빗(probit) 모형은 위식에서 $F(\cdot)$ 대신 표준정규분포의 누적함수 $\Phi(\cdot)$로 성공의 확률을 모형화한 것이다. 즉, 프로빗 모형은 다음과 같이

$$\Phi^{-1}(\pi(x)) = \alpha + \beta_1 x_1 + \cdots + \beta_k x_k$$

으로 표현된다.

로지스틱회귀가 분류의 목적으로 사용될 경우에는 $\pi(x)$가 기준값(예를 들어, 1/2)보다 크면 $Y=1$인 집단으로, 작으면 $Y=0$인 집단으로 분류하게 된다. 분류기준값의 결정은 사전정보 또는 손실함수를 이용하거나 (정분류율, 민감도, 특이도)를 동시에 고려하는 등의 다양한 방법이 사용된다.

[예제 1] iris 자료에 대해 로지스틱 회귀분석을 수행한다.

반응변수의 범주가 2개인 로지스틱 회귀를 적용하기위해 iris 자료의 일부분만 이용하기로 한다. Species가 setosa와 versicolor인 100개의 자료만을 이용한다.

```
> data(iris)
> a <- subset(iris, Species == "setosa" | Species == "versicolor")
> a$Species <- factor(a$Species )
> str(a)
'data.frame':     100 obs. of  5 variables:
 $ Sepal.Length: num  5.1 4.9 4.7 4.6 5 5.4 4.6 5 4.4 4.9 ...
 $ Sepal.Width : num  3.5 3 3.2 3.1 3.6 3.9 3.4 3.4 2.9 3.1 ...
 $ Petal.Length: num  1.4 1.4 1.3 1.5 1.4 1.7 1.4 1.5 1.4 1.5 ...
 $ Petal.Width : num  0.2 0.2 0.2 0.2 0.2 0.4 0.3 0.2 0.2 0.1 ...
 $ Species :      Factor w/ 2 levels "setosa","versicolor": 1 1 1 1 1 1 1 1 1 1 ...
```

glm() 함수를 이용하여 로지스틱 회귀모형을 적합한다. 이때 family= binomial 옵션을 사용한다.

```
> b <- glm(Species ~. , data=a , family=binomial)
> b
Call:  glm(formula = Species ~ ., family = binomial, data = b)

Coefficients:
 (Intercept)  Sepal.Length  Sepal.Width  Petal.Length  Petal.Width
     6.556        -9.879       -7.418       19.054        25.033

Degrees of Freedom: 99 Total (i.e. Null); 95 Residual
Null Deviance: 138.6
Residual Deviance: 1.317e-09 AIC: 10
```

fitted() 함수를 통해 적합 결과를 확인할 수 있다.

```
> fitted(b)[c(1:5, 96:100)]
           1            2            3            4            5
2.220446e-16 2.220446e-16 2.220446e-16 5.151938e-13 2.220446e-16
          96           97           98           99          100
1.000000e+00 1.000000e+00 1.000000e+00 1.000000e+00 1.000000e+00
```

predict() 함수를 이용하여 새로운 자료에 대한 예측을 수행한다. 여기서는 편의상 모형구축에 사용된 자료를 다시 사용한다.

```
> predict(b, newdata=a [c(1, 50, 51, 100), ], type="response" )
            1            50            51           100
2.220446e-16  2.220446e-16  1.000000e+00  1.000000e+00
```

3.3.3 의사결정나무 모형

의사결정나무(decision tree) 또는 나무(tree) 모형은 의사결정 규칙을 나무 구조로 나타내어 전체 자료를 몇 개의 소집단으로 분류(classification)하거나 예측(prediction)을 수행하는 분석방법이다. 상위 노드로부터 하위노드로 트리구조를 형성하는 매 단계마다 분류변수와 분류기준값의 선택이 중요하다. 상위노드에서의 (분류변수, 분류기준값)은 이 기준에 의해 분기되는 하위노드에서 노드(집단) 내에서는 동질성이, 노드(집단) 간에는 이질성이 가장 커지도록 선택된다. 나무 모형의 크기는 과대적합(또는 과소적합) 되지 않도록 합리적 기준에 의해 적당히 조절되어야 한다.

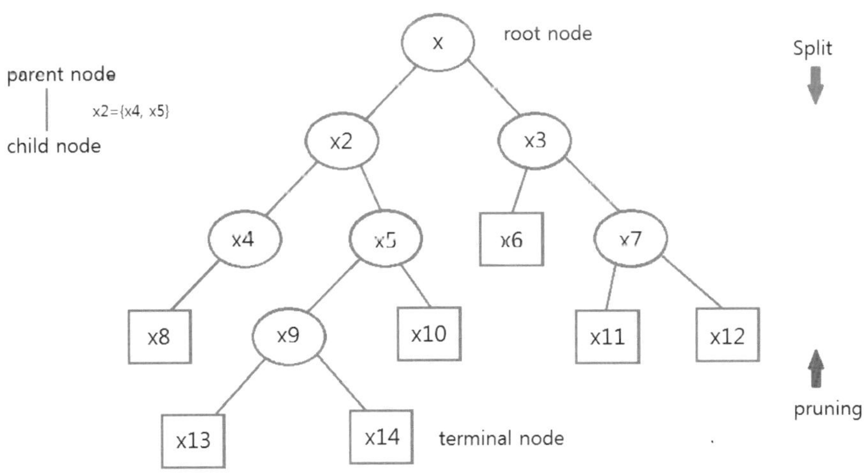

의사결정나무의 구조는 다음과 같다. 맨 위의 마디를 뿌리마디(root node)라 하며, 이는 분류(또는 예측) 대상이 되는 모든 자료집단을 포함한다. 상위의 마디가 하위 마디로 분기될 때, 상위 마디를 부모마디(parent node)라 하고, 하위 마디를 자식마디(child node)라 하며, 더 이상 분기되지 않는 마디를 최종마디(terminal node)라고 부른다. 가지분할(split)은 나무의 가지를 생성하는 과정을, 가지치기(pruning)는 생성된 가지를 잘라내어 모형을 단순화하는 과정을 말한다.

의사결정나무는 목표변수가 이산형인 경우의 분류나무(classification tree)와 목표변수가 연속형인 경우의 회귀나무(regression tree)로 구분된다.

목표변수가 이산형인 분류나무의 경우 상위노드에서 가지분할을 수행할 때, 분류(기준)변수와 분류기준값의 선택 방법으로 카이제곱 통계량(Chi-square statistic)의 p-값, 지니 지수(Gini index), 엔트로피 지수(entropy index) 등이 사용된다. 선택된 기준에 의해 분할이 일어날 때, 카이제곱통계량의 p-값은 그 값이 작을수록 자식 노드내의 불확실성(이질성)이 큼을 나타내며, 자식노드에서의 지니 지수나 엔트로피 지수 역시 그 값이 클수록 자식노드 내의 이질성이 큼을 의미한다. 따라서 이 값들이 가장 작아지는 방향으로 가지분할을 수행하게 된다. 예를 들어, 아래의 그림에서 두 노드(집단)에 대한 지니 지수는 다음과 같이 계산된다. 지니 지수의 값이 클수록 이질적이며 순수도(purity)가 낮다고 할 수 있다.

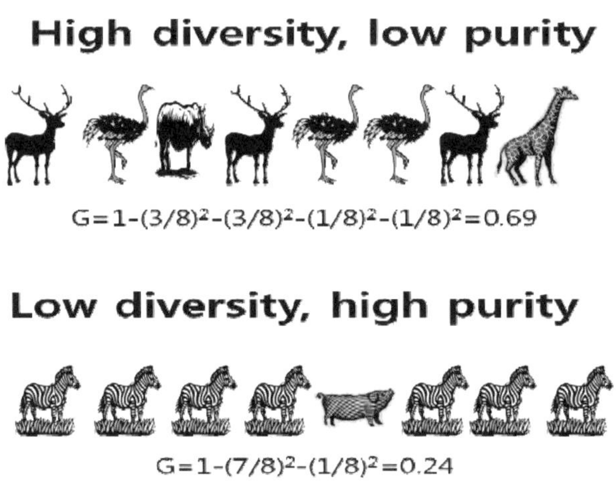

불확실성 측도(uncertainty measure)인 지니 지수와 엔트로피 지수에 대한 정의는 다음과 같다. 두 지수의 값의 범위는 다르나, 해석은 그 크기에 따라 유사하다.

- 지니 지수: $G = 1 - \sum_{i}^{c} p_i^2$, $0 \leq G \leq 1/2$

- 엔트로피 지수: $E = -\sum_{i}^{c} p_i \log_2 p_i$, $0 \leq E \leq 1$

위 식에서 c는 목표변수의 범주의 수이다.

목표변수가 연속형인 회귀나무의 경우에는 분류변수와 분류기준값의 선택방법으로 F-통계량의 p-값, 분산의 감소량 등이 사용된다. F-통계량은 일원배치법에서의 검정통계량으로 그 값이 클수록 오차의 변동에 비해 처리(treatment)의 변동이 크다는 것을 의미하며, 이는 자식노드(처리들) 간이 이질적임을 의미하므로 이 값이 커지는 (p-값은 작아지는) 방향으로 가지분할을 수행(자식 노드를 생성)하게 된다. 분산의 감소량(variance reduction)도 이 값이 최대화 되는 방향으로 가지분할을 수행하게 된다.

의사결정나무의 분석과정은 다음과 같다.

단계1. 목표변수와 관계가 있는 설명변수들의 선택
단계2. 분석목적과 자료의 구조에 따라 적절한 분리기준과 정지규칙[1]을 정하여 의사결정 나무의 생성
단계3. 부적절한 나뭇가지는 제거: 가지치기[2]
단계4. 이익(gain), 위험(risk), 비용(cost) 등을 고려하여 모형평가
단계5. 분류(classification) 및 예측(prediction) 수행

의사결정나무분석을 위한 알고리즘에는 CHAID(Kass, 1980), CART(Breiman 등, 1984), ID3(Quinlan, 1986), C4.5(Quinlan, 1993), C5.0(Quinlan, 1998) 등과 이들의 장점을 결합한 다양한 알고리즘이 있다. 주요 알고리즘과 분류 기준변수의 선택법을 요약하면 다음과 같다.

---

1) **정지규칙**이란 더 이상 분리가 일어나지 않고 현재의 마디가 끝마디가 되도록 하는 여러 가지 규칙으로 최대 나무의 깊이, 자식마디의 최소 관측치 수, 카이제곱 통계량, 지니 지수, 엔트로피 지수 등이 있다.

2) **가지치기**란 끝마디가 너무 많으면 모형이 과대 적합된 상태로 현실문제에 적용할 수 있는 적절한 규칙이 나오지 않게 된다. 따라서 분류된 관측치의 비율 또는 MSE(Mean Squared Error) 등을 고려하여 수준의 가지치기 규칙을 제공해야 한다.

	이산형 목표변수	연속형 목표변수
CHAID(다지분할)	카이제곱 통계량	ANOVA F-통계량
CART(이진분할)	지니지수	분산감소량
C4.5	엔트로피지수	·

[예제 1] R 패키지 {rpart}의 rpart() 함수를 이용하여 iris 자료에 대한 의사결정나무 분석을 수행한다.

```
> library(rpart)
> c <- rpart(Species ~., data=iris)
> c
n= 150

node), split, n, loss, yval, (yprob)
      * denotes terminal node

1) root 150 100 setosa (0.33333333 0.33333333 0.33333333)
2) Petal.Length< 2.45 50   0 setosa (1.00000000 0.00000000 0.00000000) *
3) Petal.Length>=2.45 100  50 versicolor (0.00000000 0.50000000 0.50000000)
6) Petal.Width< 1.75 54   5 versicolor (0.00000000 0.90740741 0.09259259) *
7) Petal.Width>=1.75 46   1 virginica (0.00000000 0.02173913 0.97826087) *
```

모델을 시각화 하기위해 plot()을 사용해 트리를 그려보자. 옵션 중 compress=T는 나무를 좀 더 조밀하게 그려주며, margin은 여백, cex는 글자의 크기를 뜻한다.

```
> plot(c, compress=T, margin=0.3)
> text(c, cex=1.5)
```

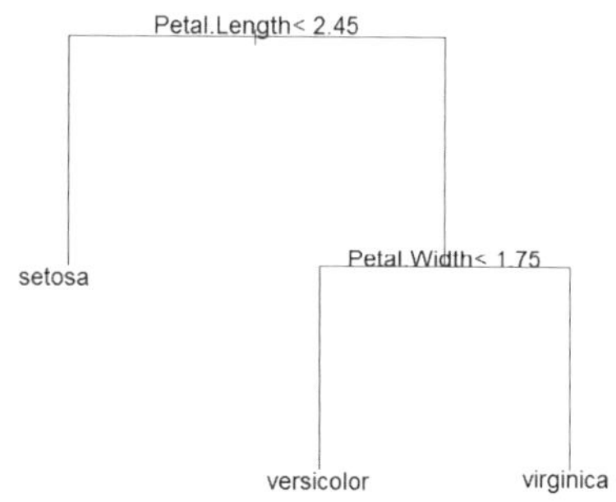

predict() 함수를 이용하여 새로운 자료에 대해 예측을 수행한다. 여기서는 편의상 모형구축에 사용된 자료를 다시 사용한다.

```
> head(predict(c, newdata=iris, type="class"))
     1        2        3        4        5        6
setosa   setosa   setosa   setosa   setosa   setosa
Levels: setosa versicolor virginica

> tail(predict(c, newdata=iris, type="class"))
     145         146         147         148         149         150
virginica   virginica   virginica   virginica   virginica   virginica
Levels: setosa versicolor virginica
```

예측 결과를 보면 iris 데이터 중 1~6번 행은 setosa로 예측되었고, 145~150번 행은 virginica로 예측 되었으며, 실제 데이터와 비교하면 일치함을 알 수 있다.

R 패키지 {rpart.plot}을 이용하여 적합된 의사결정나무 모형을 여러 방식으로 시각화 할 수 있다.

```
> library(rpart.plot)
> prp(d, type=4, extra =2)
```

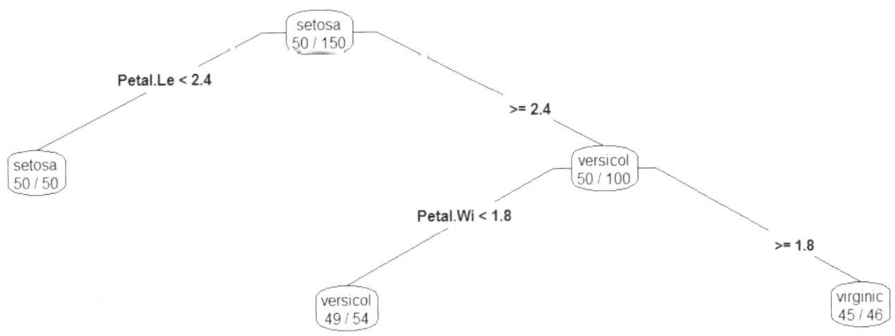

최종 노드(terminal node)에 대한 해석으로 49/54는 두 조건(Petal.Length>=2.4 와 Petal.Width<1.8)을 만족하는 개체가 54개이며 이 가운데 versicolor가 49이며, 따라서 이

노드는 versicolor로 분류한다. versicolor의 50개 가운데 1개는 다른 최종 노드로 (오)분류가 되었음을 알 수 있다.

3.3.4 k-인접이웃분류 모형

k-인접이웃(k-nearest neighbor, 이하 k-NN)분류 모형은 새로운 데이터(설명변수값)에 대해 이와 가장 유사한(거리가 가까운) k-개의 과거 자료(설명변수값)의 결과(반응변수: 집단)를 이용하여 다수결(majority vote)로 분류한다. 과거자료를 이용하여 미리 분류모형을 수립하는 것이 아니라, 과거 데이터를 저장만 해두고 필요시 비교를 수행하는 방식이다. k 값의 선택에 따라 새로운 데이터에 대한 분류결과가 달라짐에 유의하여야 한다. 또한 k-NN은 반응변수가 범주형인 경우에는 분류(classification)의 목적으로, 반응변수가 연속형인 경우에는 회귀(regression)의 목적으로 사용될 수 있다.

k-NN은 기계학습분야에서 가장 단순한 알고리즘이다. 이 알고리즘은 지역 정보만으로 근사되며, 모든 계산이 이루어진 후에 분류가 이루어지는 특징으로 인해 사례-기반 학습(instance-based learning) 또는 게으른 학습(lazy learning)의 한 유형으로 볼 수 있다. 사례-기반 학습은 메모리에 저장되어 있는 과거 훈련자료(training data)로부터 직접 결과가 도출되므로(분류가 수행되므로) 메모리-기반 학습(memory-based learning)으로 불리기도 한다.

k-NN 분류의 예는 다음 그림과 같다. 검증용 자료(중앙의 원)는 푸른색 사각형의 1그룹 또는 붉은색 삼각형의 2그룹으로 분류된다. 만약 $k=3$(실선의 원)이면 이 자료는 2그룹으로 분류되며, $k=5$(점선의 원)이면 1그룹으로 분류된다.

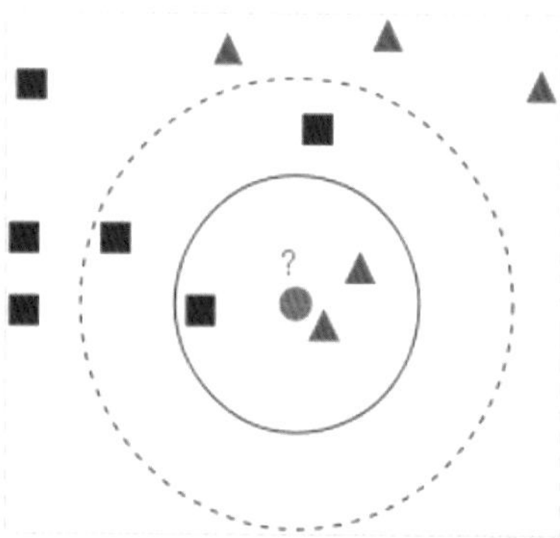

k-NN은, 분류와 회귀 모두에서, 주변값들의 기여도에 가중(weight)을 부여할 수 있다. 더 가까운 주변일수록 더 큰 가중을 부여한다. 예를 들어, 각 주변점에 대해 새로운 점과의 거리의 역수(1/d)를 주변점의 가중치로 하는 방법이다. k-NN의 단점으로는 데이터의 지역 구조(local structure)에 민감한 점을 들 수 있다.

다음의 [예제 1]은 R 패키지 {class}의 knn() 함수를 이용하여 k-NN 분류를 수행한다.

[예제 1] 자료 iris3을 이용하여 분석을 수행한다.

```
> data(iris3)
> train <- rbind(iris3[1:25,,1], iris3[1:25,,2], iris3[1:25,,3])
> test <- rbind(iris3[26:50,,1], iris3[26:50,,2], iris3[26:50,,3])
> cl <- factor(c(rep("s",25), rep("c",25), rep("v",25)))
> knn(train, test, cl, k = 3, prob=TRUE)
 [1] s s s s s s s s s s s s s s s s s s s s s s s s s c c v c c c c c v c c c c
[39] c c c c c c c c c c c c v c c v v v v v v v v v v c v v v v v v v v v v v
attr(,"prob")
 [1] 1.0000000 1.0000000 1.0000000 1.0000000 1.0000000 1.0000000 1.0000000
 [8] 1.0000000 1.0000000 1.0000000 1.0000000 1.0000000 1.0000000 1.0000000
[15] 1.0000000 1.0000000 1.0000000 1.0000000 1.0000000 1.0000000 1.0000000
[22] 1.0000000 1.0000000 1.0000000 1.0000000 1.0000000 1.0000000 0.6666667
[29] 1.0000000 1.0000000 1.0000000 1.0000000 1.0000000 0.6666667 1.0000000
[36] 1.0000000 1.0000000 1.0000000 1.0000000 1.0000000 1.0000000 1.0000000
[43] 1.0000000 1.0000000 1.0000000 1.0000000 1.0000000 1.0000000 1.0000000
[50] 1.0000000 1.0000000 0.6666667 0.7500000 1.0000000 1.0000000 1.0000000
[57] 1.0000000 1.0000000 0.5000000 1.0000000 1.0000000 1.0000000 1.0000000
[64] 0.6666667 1.0000000 1.0000000 1.0000000 1.0000000 1.0000000 1.0000000
[71] 1.0000000 0.6666667 1.0000000 1.0000000 0.6666667
Levels: c s v
```

다음의 [예제 2]는 R 패키지 {DMwR}의 kNN() 함수를 이용하여 k-근접이웃분류를 수행한다. kNN() 함수는 knn{class} 함수와 유사하나, 모형식 기반으로 수행되는 차이점이 있으며 자료에 대한 정규화 옵션(norm=)을 제공한다.

[예제 2] iris 자료를 이용하여 k-NN 분류분석을 수행한다.

```
> data(iris)
> idxs <- sample(1:nrow(iris), as.integer(0.7*nrow(iris)))
```

```
> trainIris <- iris[idxs,]
> testIris <- iris[-idxs,]
```

kNN() 함수를 통해 k=3인 인접이웃분류를 수행한 결과는 다음과 같다. norm=FALSE 옵션은 자료에 대한 정규화를 수행한 뒤 분석을 수행한다. 디폴트는 TRUE 이다.

```
> nn3 <- kNN(Species ~ ., trainIris, testIris, norm=FALSE, k=3)
> table(testIris[,'Species'],nn3)
             nn3

              setosa    versicolor    virginica
  setosa        19          0             0
  versicolor     0          7             1
  virginica      0          1            17
```

kNN() 함수를 통해 k=3인 인접이웃분류를 수행한 결과는 다음과 같다.

```
> nn5 <- kNN(Species ~ ., trainIris, testIris, norm=TRUE, k=5)
             nn5

              setosa    versicolor    virginica
  setosa        19          0             0
  versicolor     0          8             0
  virginica      0          1            17
```

다음의 [예제 3]은 R 패키지 {kknn}의 kknn() 함수를 이용하여 k-근접이웃분류를 수행한다. kknn() 함수는 가중(weighted) k-NN 분류를 제공한다.

[예제 3] iris 자료에 대해 k-NN 분류 분석을 수행한다.

```
> library(kknn)
> data(iris)
```

```
> m <- dim(iris)[1]
> val <- sample(1:m, size=round(m/3), replace=FALSE, prob=rep(1/m, m))
> iris.learn <- iris[-val,]
> iris.valid <- iris[val,]
```

kknn() 함수를 이용하여 k-NN 분류 분석을 수행한다. knnn() 함수는 검증용 자료의 각 열에 대해 k-인접이웃을 민코우스키 거리에 기반하여 구한다. 아래에서 distance= 옵션은 민코우스키 거리의 모수(parameter)를 의미하며, distance=2는 유클리드거리에 해당한다. kernel= 옵션은 이웃점들의 가중치를 부여하는 방법을 지정한다. kernel= 옵션에는 "rectangular"(이는 가중을 고려하지 않은 표준 k-NN과 동일), "triangular", "epanechnikov"(또는 beta(2,2)), "biweight"(또는 beta(3,3)), "triweight"(또는 beta(4,4)), "cos", "inv", "gaussian", "rank" 와 "optimal"이 있다. 가중 k-NN 분류는 커널밀도함수의 합이 최대인 군집으로 분류를 수행한다.

```
> iris.kknn <- kknn(Species~., iris.learn, iris.valid, distance=1, kernel="triangular")
> summary(iris.kknn)
Call:
kknn(formula=Species~.,train=iris.learn,test=iris.valid, distance=1, kernel="triangular")

Response: "nominal"
           fit    prob.setosa   prob.versicolor   prob.virginica
 1   virginica              0        0.01512849       0.98487151
 2      setosa              1        0.00000000       0.00000000
 3      setosa              1        0.00000000       0.00000000
 4      setosa              1        0.00000000       0.00000000
 5  versicolor              0        1.00000000       0.00000000
 6  versicolor              0        1.00000000       0.00000000
 7      setosa              1        0.00000000       0.00000000
 8  versicolor              0        1.00000000       0.00000000
 9      setosa              1        0.00000000       0.00000000
10   virginica              0        0.00000000       1.00000000
11      setosa              1        0.00000000       0.00000000
12  versicolor              0        0.91691617       0.08308383
```

```
13  versicolor   0   0.94798173   0.05201827
14  setosa       1   0.00000000   0.00000000
15  setosa       1   0.00000000   0.00000000
16  versicolor   0   0.79248141   0.20751859
17  virginica    0   0.03880015   0.96119985
18  setosa       1   0.00000000   0.00000000
19  versicolor   0   0.79152283   0.20847717
20  versicolor   0   1.00000000   0.00000000
(이하 생략)

> fit <- fitted(iris.kknn)
> table(iris.valid$Species, fit)
            fit

             setosa   versicolor   virginica
 setosa        21         0            0
 versicolor     0        17            2
 virginica      0         1            9

> pcol <- as.character(as.numeric(iris.valid$Species))
> pairs(iris.valid[1:4], pch=pcol, col=c("green3", "red")[(iris.valid$Species != fit)+1])
```

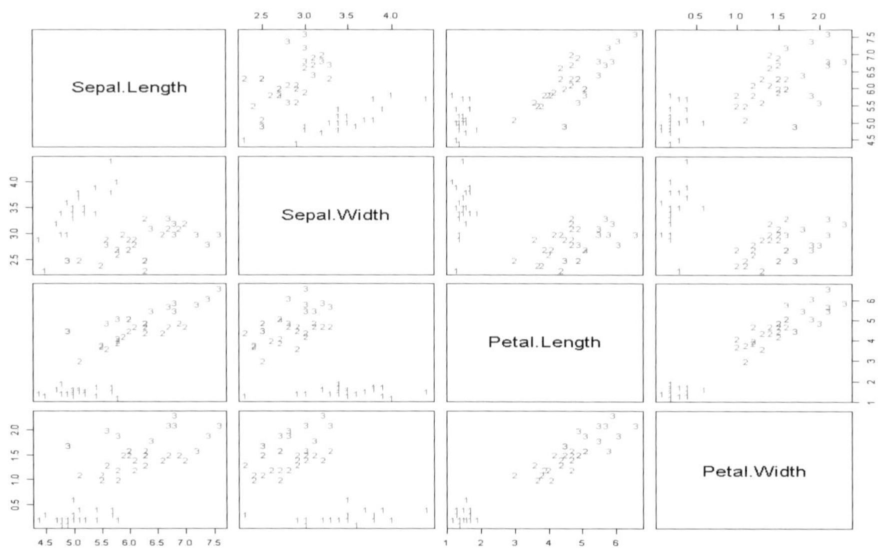

3.4 군집분석

군집분석(cluster analysis)은 각 개체에 대해 관측된 여러 개의 변수 $(x_1, x_2, \cdots, x_p)$ 값들로부터 n개의 개체를 유사한 성격을 가지는 몇 개의 군집으로 집단화하고, 형성된 군집들의 특성을 파악하여 군집들 사이의 관계를 분석하는 다변량분석 기법이다. 군집분석에 이용되는 다변량 자료는 별도의 반응변수가 요구되지 않으며, 오로지 개체들 간의 유사성(similarity)에만 기초하여 군집을 형성한다. 군집분석은 이상치탐지에도 사용되며, 심리학, 사회학, 경영학, 생물학 등 다양한 분야에 이용되고 있다.

군집화의 방법에는 계층적군집, 분리(partitioning)군집, 밀도-기반군집, 모형-기반군집, 격자-기반군집, 커널-기반군집, 코호넨군집, 고차원데이터를 위한 방법 등이 있다.

3.4.1 계층적군집

계층적군집(hierarchical clustering)은 가장 유사한 개체를 묶어 나가는 과정을 반복하여 원하는 갯수의 군집을 형성하는 방법이다. 보통 계통도 또는 덴드로그램(dendrogram)의 형태로 결과가 주어지며 각 개체는 하나의 군집에만 속하게 된다. 개체간의 유사성(또는 거리)에 대한 다양한 정의가 가능하며, 군집간의 연결법(최단연결법, 최장연결법, 평균연결법, 중심연결법, 와드연결법)에 따라 군집의 결과가 달라질 수 있다.

계층적군집을 형성하는 방법에는 작은 군집으로부터 출발하여 군집을 병합해 나가는 병합적(agglomerative) 방법과, 큰 군집으로부터 출발하여 군집을 분리해 나가는 분할적(divisive) 방법이 있다. 다음 그림은 병합적 방법으로 계층적군집을 형성해 나가는 과정을 보여준다. 한 개의 항목으로 시작하여 군집을 형성해 나가는 매 단계 마다 모든 그룹 쌍 간의 거리를 계산하여 가까운 순으로 병합을 수행한다. 이 과정을 한 개 그룹만 남을 때 까지 혹은 종료의 조건이 될 때 까지 반복한다. 여기에서 그룹 혹은 항목 간의 상대적 거리가 가까울수록 유사성(similarity)이 높다고 말할 수 있다.

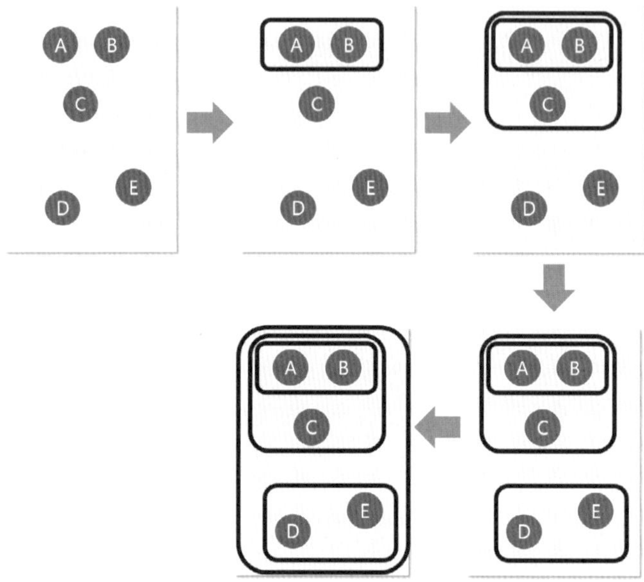

계층적 군집의 결과는 다음과 같이 덴드로그램(dendrogram)의 형태로 표현된다. 이 그림을 통해 군집들 간의 구조적 관계를 쉽게 살펴볼 수 있다. 이 구조를 통해서 항목간의 거리, 군집간의 거리를 알 수 있고 군집 내의 항목 간 유사정도를 파악함으로써 군집의 견고성을 해석할 수 있다.

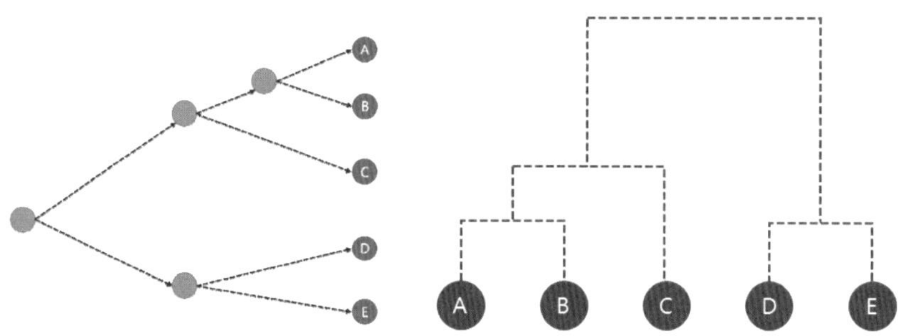

계층적군집을 수행할 때 두 군집간의 거리를 측정하는 방법에 따라 병합방법이 달라진다. 거리측정(또는 병합) 방법에는 최단연결법, 최장연결법, 중심연결법, 평균연결법, 와드연결법이 있다.

최단연결법 또는 단일연결법(single linkage method)은 두 군집 사이의 거리를 각 군집에서 하나씩 관측 값을 뽑았을 때 나타날 수 있는 거리의 최솟값으로 측정한다. 최단거리를 사용할 때 사슬 모양으로 생길 수 있으며, 고립된 군집을 찾는데 중점을 둔 방법이다.

최장연결법 또는 완전연결법(complete linkage method)은 두 군집 사이의 거리를 각 군집에서 하나씩 관측 값을 뽑았을 때 나타날 수 있는 거리의 최댓값으로 측정한다. 같은 군집에 속하는 관측치는 알려진 최대 거리보다 짧으며, 군집들의 내부 응집성에 중점을 둔 방법이다.

중심연결법(centroid linkage)은 두 군집의 중심 간의 거리를 측정한다. 두 군집이 결합될 때 새로운 군집의 평균은 가중평균을 통해 구해진다.

평균연결법(average linkage)은 모든 항목에 대한 거리 평균을 구하면서 군집화를 하기 때문에 계산양이 불필요하게 많아질 수 있다.

마지막으로 와드연결법(Ward linkage)은 군집간의 거리에 기반하는 다른 연결법과는 달리 군집내의 오차제곱합(error sum of square)에 기초하여 군집을 수행한다. 보통 두 군집이 합해지면 병합된 군집의 오차제곱합은 병합 이전 각 군집의 오차제곱합의 합 보다 커지게 되는데, 그 증가량이 가장 작아지는 방향으로 군집을 형성해 나가는 방법이다. 와드연결법은 크기가 비슷한 군집끼리 병합하는 경향이 있다.

이상에서 언급한 여러 가지 연결법들을 그림으로 나타내면 다음과 같다.

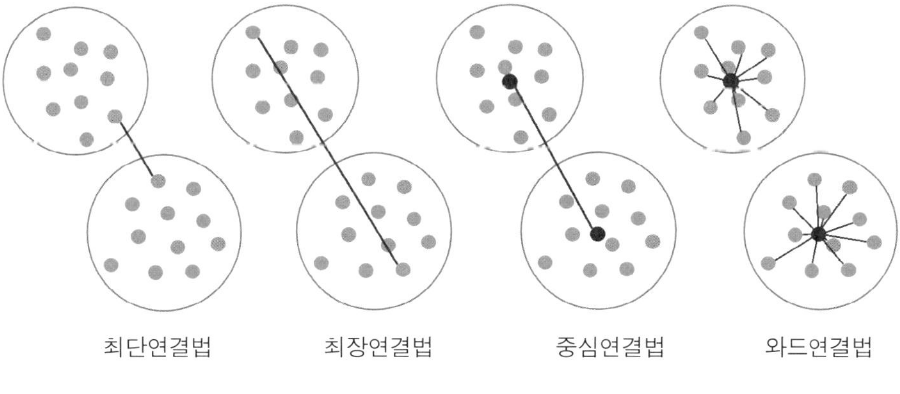

계층적군집은 두 개체(또는 군집) 간의 거리(또는 비유사성)에 기반하여 군집을 형성해 나가므로 거리에 대한 정의가 필요하다.

모든 변수가 연속형인 경우에는 다음과 같은 다양한 거리가 사용될 수 있다.

- 유클리드(Euclidian) 거리:

$$d(i,\ j) = \sqrt{\sum_{f=1}^{p} (x_{\mathrm{if}} - x_{jf})^2}$$

- 맨하튼(Manhattan) 또는 시가(city-block) 거리:

$$d(i,\ j) = \sum_{f=1}^{p} |x_{\mathrm{if}} - x_{jf}|$$

- 민코우스키(Minkowski) 거리:

$$d(i,\ j) = \left[\sum_{f=1}^{p} (x_{\mathrm{if}} - x_{jf})^m \right]^{1/m}$$

- 표준화(standardized) 거리:

$$d(i,\ j) = \sqrt{(x_i - x_j)'\ D^{-1}\ (x_i - x_j)},\ D = Diag(S_{11}, \cdots, S_{pp}) :$$

표본분산 (대각)행렬

- 마할라노비스(Mahalanobis) 거리:

$$d(i,\ j) = \sqrt{(x_i - x_j)'\ S^{-1}\ (x_i - x_j)}, \quad S = (S_{ij})_{p \times p}$$ 표본 공분산 행렬

이 가운데 유클리드 거리, 맨하튼 거리, 민코우스키 거리는 수학적 거리로 생각할 수 있으며, 표준화 거리와 마할라노비스 거리는 통계적 거리로 생각할 수 있다. 표준화거리는 변수의 측정단위를 표준화한 거리이며, 마할라노비스 거리는 변수의 표준화와 함께 변수 간의 상관성(분포 형태)을 동시에 고려한 통계적 거리로 생각할 수 있다. 이 외에도 체비세프(Chebychev) 거리, 켄버라(Canberra) 거리가 있으며, 유사성 측도인 코사인(cosine) 거리, 상관계수(correlation coefficient) 등을 이용하여 거리를 정의할 수도 있다.

모든 변수가 명목형인 경우에는 개체 i와 j간의 거리는 다음과 같이 정의될 수 있다.

$d(i,\ j) =$(개체 i와 j에서 다른 값을 가지는 변수의 수)/(총변수의 수)

이 외에도 명목형 자료에 대한 거리에는 유사성 측도인 단순 일치 계수(Simple Matching Coefficient), 자카드(Jaccard) 계수 등을 이용하거나, 순서형 자료의 경우에는 순위 상관 계수(rank correlation coefficient)를 이용하여 거리를 정의할 수 있다. 유사성(similarity)과 거리(distance)는 반대의 개념임에 유의하여 사용하기 바란다.

R에서 계층적군집을 수행할 때, 병합적 방법을 사용하는 함수에는 hclust{stats}와 {cluster} 패키지의 agnes(), mclust() 함수가 있으며, 분할적 방법을 사용하는 함수에는 {cluster} 패키지의 diana(), mona() 함수가 있다.

[예제 1] USArrests 자료에 대해 계층적 군집분석을 수행한다.

```
> data(USArrests)
> str(USArrests)
'data.frame':  50 obs. of  4 variables:
 $ Murder  :   num  13.2 10 8.1 8.8 9 7.9 3.3 5.9 15.4 17.4 ...
 $ Assault :   int  236 263 294 190 276 204 110 238 335 211 ...
 $ UrbanPop:   int  58 48 80 50 91 78 77 72 80 60 ...
 $ Rape    :   num  21.2 44.5 31 19.5 40.6 38.7 11.1 15.8 31.9 25.8 ...
```

USArrests는 미국 50개 주에서 1973년에 발생한 폭행, 살인, 강간 범죄를 주민 100,000명 당 체포된 사람의 통계 자료이다. 전체 인구에 대한 도시의 인구 비율을 제공하였다.

```
> d <- dist(USArrests, method="euclidean")
> fit <- hclust(d, method="ave")
```

dist()는 거리(또는 비유사성)행렬을 제공하는 함수로 method 옵션을 통해 다양한 방식으로 거리를 정의할 수 있다. dist() 함수의 method 옵션에는 “euclidean”, “maximum", "manhattan", "binary", "minkowski" 등이 있다. hclust() 함수는 계층적 군집분석을 수행하는 함수로 method 옵션을 통해 병합(또는 연결) 방법을 지정할 수 있다. hclust() 함수의 method 옵션에는 "ward", "single", "complete", "average", "centroid" 등이 있다.

```
> par(mfrow=c(1,2))
> plot(fit)
> plot(fit, hang = -1)
> par(mfrow=c(1,1))
```

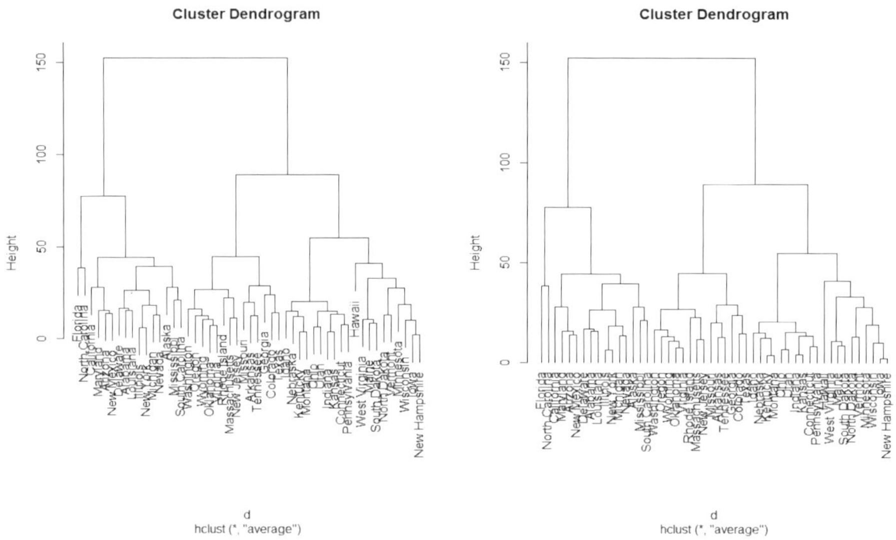

계층적군집 분석의 결과는 plot() 함수를 통해 덴드로그램(dendrogram)으로 시각화 할 수 있다.

```
> groups <- cutree(fit, k=6)
> groups
```

```
      Alabama        Alaska       Arizona      Arkansas    California
            1             1             1             2             1
     Colorado   Connecticut      Delaware       Florida       Georgia
            2             3             1             4             2
       Hawaii         Idaho      Illinois       Indiana          Iowa
            5             3             1             3             5
       Kansas      Kentucky     Louisiana         Maine      Maryland
            3             3             1             5             1
Massachusetts      Michigan     Minnesota   Mississippi      Missouri
            6             1             5             1             2
```

```
       Montana      Nebraska        Nevada   New Hampshire  New Jersey
             3             3             1               5           6
    New Mexico New York North      Carolina    North Dakota        Ohio
             1             1             4               5           3
      Oklahoma        Oregon  Pennsylvania Rhode Island South   Carolina
             6             6             3               6           1
  South Dakota     Tennessee         Texas            Utah     Vermont
             5             2             2               3           5
      Virginia    Washington West Virginia       Wisconsin     Wyoming
             6             6             5               5           6
```

cutree()는 계층적군집의 결과를 이용하여 tree의 높이(h)나 그룹의 수(k)를 옵션으로 지정하여 원하는 수의 그룹으로 나눌 수 있다.

```
> plot(fit)
> rect.hclust(fit, k=6, border="red")
```

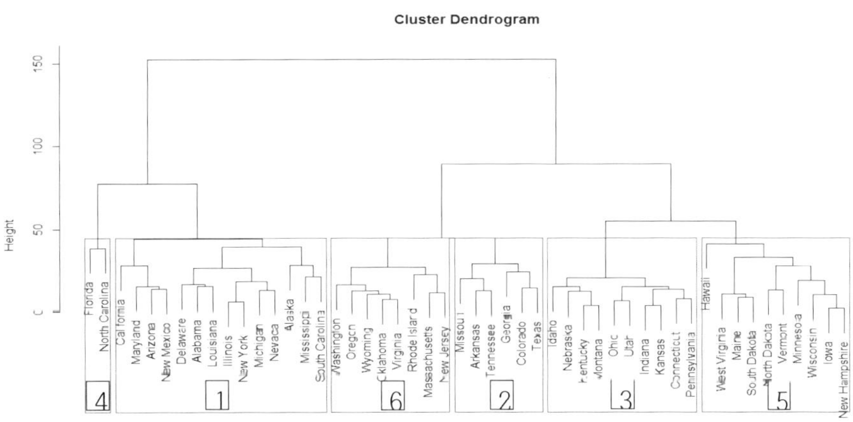

plot()함수를 이용해 그린 덴드로그램은 rect.hclust() 함수를 이용하여 그룹을 사각형으로 구분지어 나타낼 수 있다. 위에서 cutree() 함수로 나누어진 그룹과 동일하게 표시되었음을 확인 할 수 있다.

```
> hca <- hclust(dist(USArrests))
> plot(hca)
```

```
> rect.hclust(hca, k = 3, border = "red")
> rect.hclust(hca, h = 50, which = c(2,7), border = 3:4)
```

rect.hclust() 함수는 그룹수(k)를 이용하여 그룹을 시각화 할 뿐 아니라, tree의 높이(h)와 위치(which)를 이용하여 그룹의 전체 또는 일부를 나타낼 수 있다.

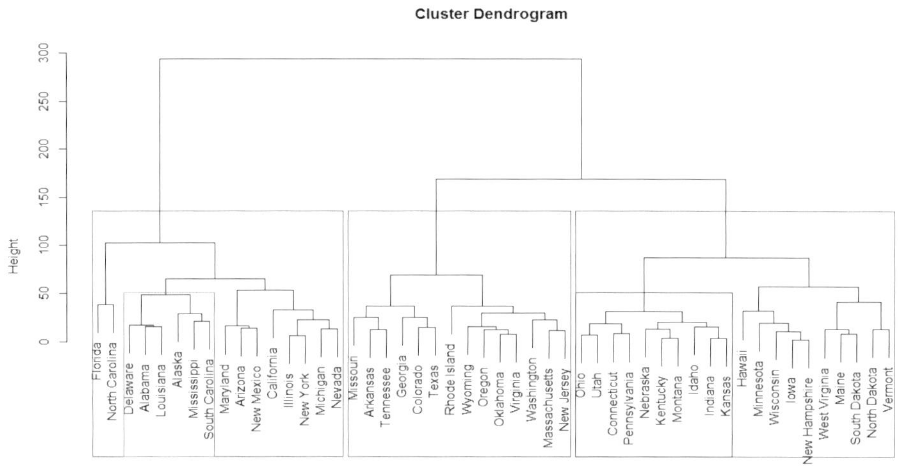


```
> library(cluster)
> agn1 <- agnes(USArrests, metric="manhattan", stand=TRUE)
> agn1
> par(mfrow=c(1,2))
> plot(agn1)
```

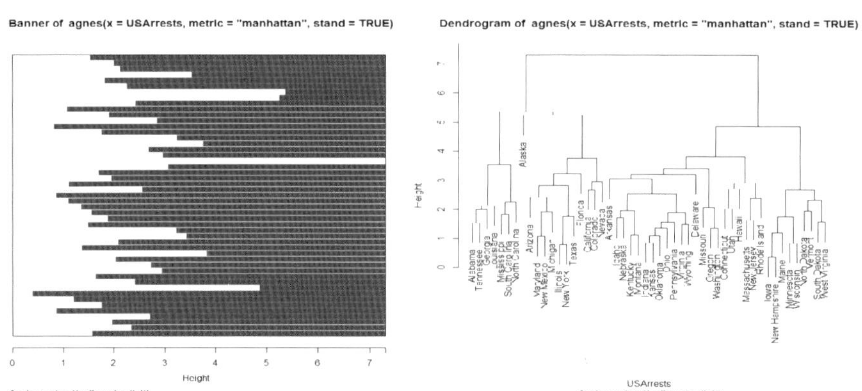

```
> agn2 <- agnes(daisy(USArrests), diss=TRUE, method="complete")
> plot(agn2)
```

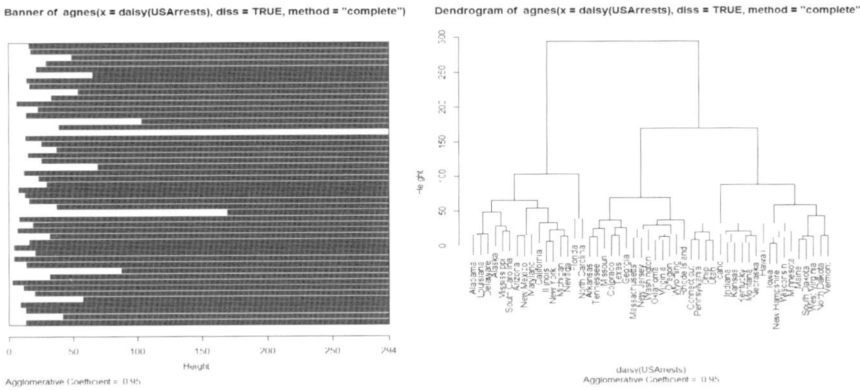


```
> agn3 <- agnes(USArrests, method ="flexible", par.meth=0.6)
> plot(agn3)
> par(mfrow=c(1,1))
```

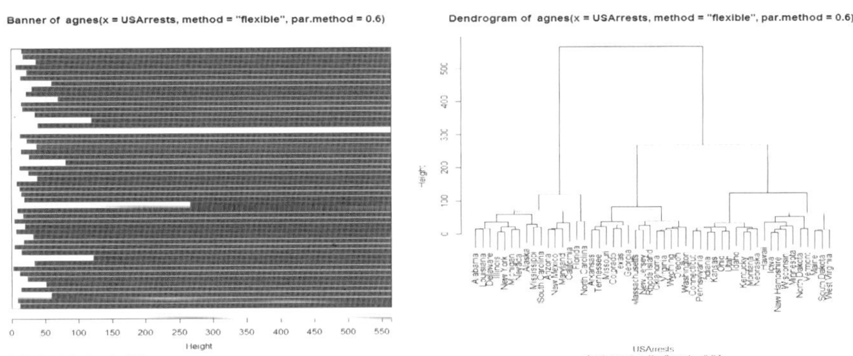

R 패키지 {cluster}의 agnes() 함수는 계층적 군집방법 중 응집형 방법을 이용하여 분석한다. 여기서 metric 옵션을 통해 "euclidean", "manhattan" 등의 거리를 지정할 수 있으며, method 옵션을 통해 병합(또는 연결) 방법을 지정할 수 있다. metric 옵션을 이용하지 않고 daisy() 함수를 이용하여 거리를 계산할 수도 있다. daisy() 함수는 데이터 관측치 사이의 거리를 계산해 주며, 자료의 형태가 수치형일 필요가 없다는 점에서 앞서 소개한 dist() 함수보다 유연하다. daisy() 함수의 옵션에는 "euclidean", "manhattan", "gower" 등이 있다.

3.4.2 k-평균군집

k-평균군집(k-means clustering)은 원하는 군집 수만큼(k개) 초기값을 지정하고, 각 개체(데이터)를 가까운 초기값에 할당하여 군집을 형성한 뒤, 각 군집의 평균을 재계산하여 초기값을 갱신한다. 갱신된 값에 대해 위의 할당과정을 반복하여 k개의 최종군집을 형성한다.

k-평균군집의 절차(알고리즘)는 다음과 같다.

단계1. 초기 (군집의) 중심으로 k개의 객체를 임의로 선택한다.

단계2. 각 자료를 가장 가까운 군집 중심에 할당한다.

단계3. 각 군집 내의 자료들의 평균을 계산하여 군집의 중심을 갱신(update)한다.

단계4. 군집 중심의 변화가 거의 없을 때(또는 최대 반복수)까지 단계2와 단계3를 반복한다.

위의 단계2는 자료들의 군집의 중심점(평균)으로부터의 오차제곱합

$$E = \sum_{i=1}^{k} \sum_{x \in C_i} (x - \bar{x}_i)^2, \quad \bar{x}_i = \frac{1}{n} \sum_{x \in C_i} x$$

이 최소가 되도록 각 자료를 할당하는 과정이다.

아래의 그림은 k-평균군집의 절차를 나타낸 것이다.

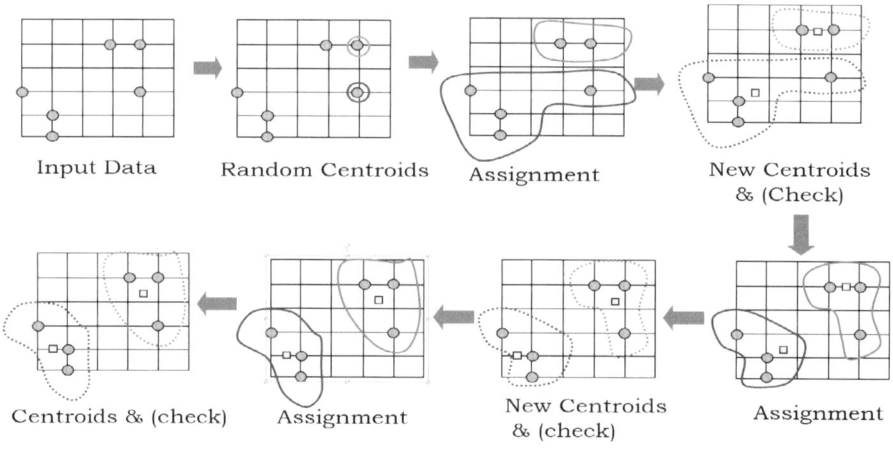

k-평균군집에서 군집의 수(k)는 미리 정해 주어야 하며, k-개의 초기 중심값은 임의로 선택될 수 있으나, 자료값 중에서 무작위로 선택하는 것이 보다 편리할 것이다. 다만 초기 중심점들은 서로 멀리 떨어져 있는 것이 바람직하며, 초기값에 따라 군집 결과가 크게 달라질 수 있다. 또한 k-평균군집은 군집의 매 단계마다 군집 중심으로부터의 오차제곱합을 최소화하는 방향으로 군집을 형성해나가는(부분 최적화를 수행하는) 탐욕적(greedy) 알고리즘으로 간주될 수 있으며, 안정된 군집은 보장하나 전체적으로 최적이라는 것은 보장하지 못한다.

k-평균군집은 알고리즘이 단순하며, 빠르게 수행되며 계층적 군집보다 많은 양의 자료를 다룰 수 있으며, 평균 등 거리 계산에 기반하므로 모든 변수가 연속적이어야 한다. 단점으로는 잡음이나 이상점에 영향을 많이 받으며(군집의 중심을 계산하는 과정에서), 볼록한 형태가 아닌(non-convex) 군집(예를 들어, U-형태의 군집)이 존재할 경우에는 성능이 떨어진다.

아래의 그림은 k-평균군집이 이상치 자료에 대해 민감하게 반응하는 과정을 보여준다.

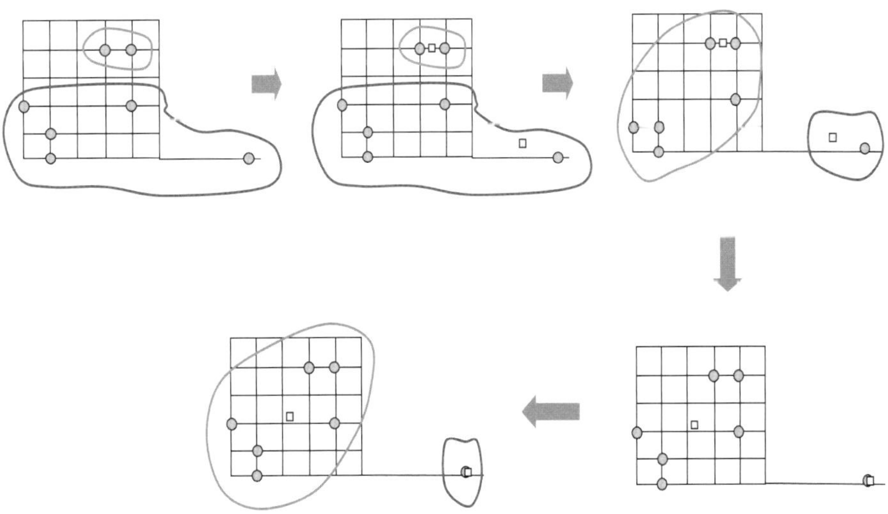

이상치 자료에 민감한 k-평균군집의 단점을 보완하기 위해 군집을 형성하는 매 단계 마다 평균 대신 중앙값을 사용하는 k-중앙값(k-medoids)군집을 사용할 수 있다(R에서 k-중앙값군집은 pam() 함수를 이용한다). k-평균군집을 수행하기 전 탐색적 자료분

석을 통해 이상치를 미리 제거하는 것도 좋은 방법이다.

R에서 kmeans() 함수는 k-평균군집을 수행한다. 이 때, 임의로 선택되는 초기값에 따라 결과가 달라지는 것을 없애기 위해서는 set.seed()를 사용한다. 또한 nstart= 옵션은 다중(multiple)의 초기값에 대해 k-평균군집을 수행하고 그 가운데 최적의 결과를 제시해 준다(종종 nstart=25를 추천한다).

계층적 군집과는 달리 k-평균군집은 군집의 수를 미리 정해주어야 한다. 패키지 {Nbclust}를 통해 적절한 군집의 수에 대한 정보를 얻을 수 있다. 군집 수에 따른 집단 내 제곱합(within-groups sum of squares)의 그래프를 그려보는 것도 군집 수를 정하는데 도움이 된다. 이 그래프는 아래의 함수를 이용하여 그릴 수 있다.

```
> wssplot <- function(data, nc=15, seed=1234){
                wss <- (nrow(data)-1)*sum(apply(data,2,var))
                for (i in 2:nc){
                     set.seed(seed)
                     wss[i] <- sum(kmeans(data, centers=i)$withinss)}
                 plot(1:nc, wss, type="b", xlab="Number of Clusters",
                      ylab="Within groups sum of squares")}
```

위 함수에서 data는 수치형의 자료이며, nc는 고려할 군집의 최대 수, seed는 난수 발생 초기값이다.

아래의 [예제 1]은 kmeans() 함수를 이용하여 k-평균군집을 수행한다.

[예제 1] 분석에 사용되는 자료는 패키지 {rattle}에서 제공하는 178개 이탈리안 와인에 대해 13가지의 화학적 성분을 측정한 자료이다.

```
> data(wine, package="rattle")
> head(wine)
```

	Type	Alcohol	Malic	Ash	Alcalinity	Magnesium	Phenols	Flavanoids	Nonflavanoids
1	1	14.23	1.71	2.43	15.6	127	2.80	3.06	0.28
2	1	13.20	1.78	2.14	11.2	100	2.65	2.76	0.26
3	1	13.16	2.36	2.67	18.6	101	2.80	3.24	0.30
4	1	14.37	1.95	2.50	16.8	113	3.85	3.49	0.24
5	1	13.24	2.59	2.87	21.0	118	2.80	2.69	0.39
6	1	14.20	1.76	2.45	15.2	112	3.27	3.39	0.34

	Proanthocyanins	Color	Hue	Dilution	Proline
1	2.29	5.64	1.04	3.92	1065
2	1.28	4.38	1.05	3.40	1050
3	2.81	5.68	1.03	3.17	1185
4	2.18	7.80	0.86	3.45	1480
5	1.82	4.32	1.04	2.93	735
6	1.97	6.75	1.05	2.85	1450

변수의 측정 단위(또는 범위)가 매우 다르므로 군집분석을 수행하기 전에 scale() 함수를 이용하여 표준화를 수행하고, 적절한 군집 수를 정하기 위해 앞서 소개된 wssplot() 함수를 수행한다.

```
> df <- scale(wine[-1])
> wssplot(df)
```

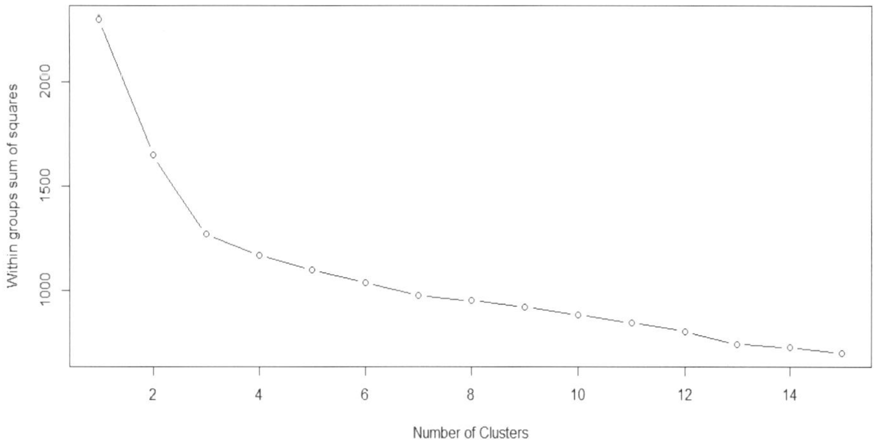

군집수 3에서 오차제곱합이 크게 감소되었음을 확인할 수 있다. 군집수의 결정은 아래와 같이 Nbclust{Nbclust}를 이용할 수도 있다.

```
> library(NbClust)
> set.seed(1234)
> nc <- NbClust(df, min.nc=2, max.nc=15, method="kmeans")
> table(nc$Best.n[1,])
 0  1  2  3 10 12 14 15
 2  1  4 15  1  1  1  1

> barplot(table(nc$Best.n[1,]),
        xlab="Numer of Clusters", ylab="Number of Criteria",
        main="Number of Clusters Chosen by 26 Criteria")
```

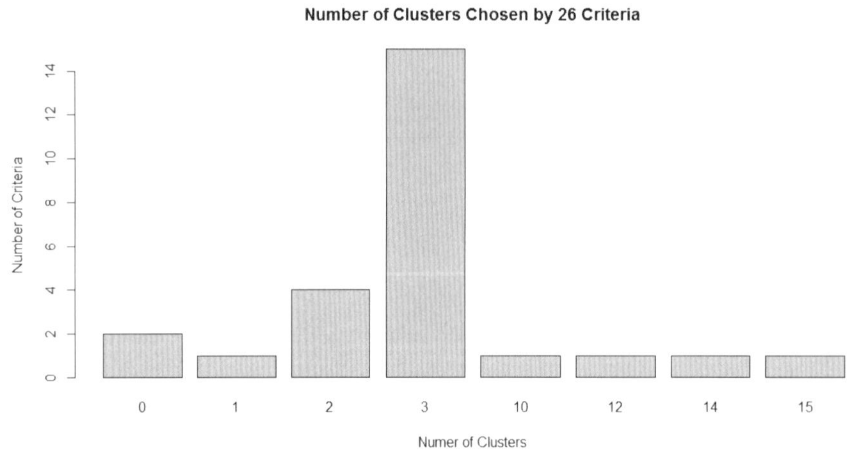

최적의 군집수를 정하기 위해 사용되는 지수(총 30개 중 여기서는 26개의 지수가 계산됨) 가운데 15개의 지수가 3을 최적의 군집수로 투표(majority voting)한 결과를 보여준다.

군집의 수(k)를 3으로 하여 kmeans()를 수행한 결과는 다음과 같다. 각 군집의 크기와 중심값을 보여준다. 군집 결과의 시각화는 plot() 함수를 이용한다.

```
> set.seed(1234)
> fit.km <- kmeans(df, 3, nstart=25)
```

```
> fit.km$size
[1] 62 65 51

> fit.km$centers

   Alcohol  Malic   Ash  Alcalinity Magnesium Phenols Flavanoids Nonflavanoids
1    0.83  -0.30  0.36   -0.61      0.576    0.883     0.975        -0.561
2   -0.92  -0.39 -0.49    0.17     -0.490   -0.076     0.021        -0.033
3    0.16   0.87  0.19    0.52     -0.075   -0.977    -1.212         0.724

   Proanthocyanins   Color    Hue   Dilution   Proline
1       0.579         0.17    0.47     0.78      1.12
2       0.058        -0.90    0.46     0.27     -0.75
3      -0.778         0.94   -1.16    -1.29     -0.41

> plot(df, col=fit.km$cluster)
> points(fit.km$center, col=1:3, pch=8, cex=1.5)
```

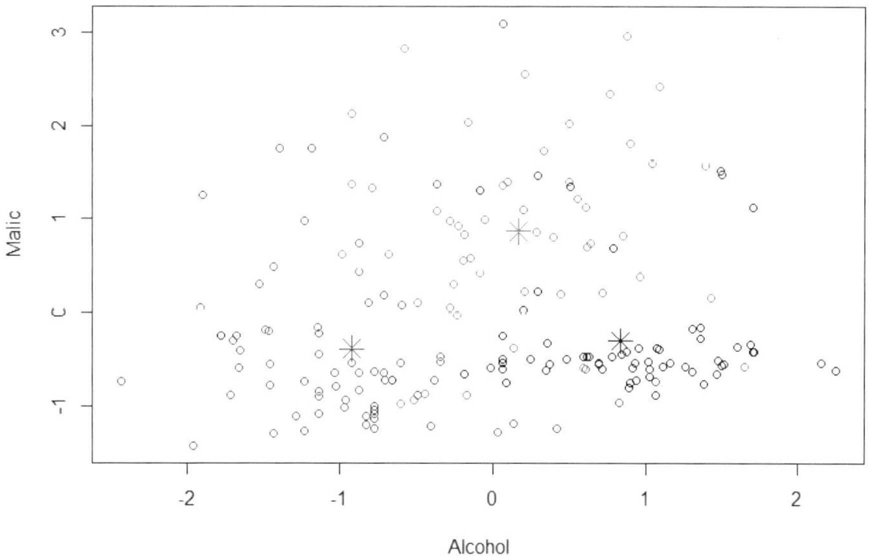

각 군집별로 변수의 요약값을 측정단위의 척도로 나타내면 다음과 같다.

```
> aggregate(wine[-1], by=list(cluster=fit.km$cluster), mean)
   cluster  Alcohol  Malic  Ash  Alcalinity  Magnesium  Phenols  Flavanoids
1    1        14      1.8   2.4     17          106       2.8       3.0
2    2        12      1.6   2.2     20           88       2.2       2.0
3    3        13      3.3   2.4     21           97       1.6       0.7

   Nonflavanoids   Proanthocyanins   Color   Hue    Dilution   Proline
1      0.29             1.9           5.4    1.07     3.2       1072
2      0.35             1.6           2.9    1.04     2.8        495
3      0.47             1.1           7.3    0.67     1.7        620
```

다음은 k-평균군집의 결과에 대한 정오분류표를 제시한다.

```
> ct.km <- table(wine$Type, fit.km$cluster)
> ct.km
      1    2    3
 1   59    0    0
 2    3   65    3
 3    0    0   48
```

패키지 {flexclust}의 randIndex() 함수를 이용하면 실제 와인의 종류(Type)와 군집간의 일치도(agreement)를 나타내는 수정된 순위 지수(adjusted rank index)를 구할 수 있다. 여기서 수정된의 의미는 우연에 의해 발생되는 경우를 고려한 값이다. 이 지수는 -1(no agreement)과 1(perfect agreement) 사이의 값을 가진다.

```
> library(flexclust)
> randIndex(ct.km)
     ARI
0.897495
```

다음 [예제 2]는 패키지 {flexclust}의 kcca() 함수를 이용하여 k-평균군집을 수행한다. 패키지 {flexclust}는 다양한 시각화 기능을 제공한다.

[예제 2] Nclus는 {flexclust} 패키지에서 제공하는 데이터로써, 서로 다른 4개의 이변량 정규분포로부터 발생된 난수로 구성된 자료이다.

```
> library(flexclust)
> data("Nclus")
> plot(Nclus)
```

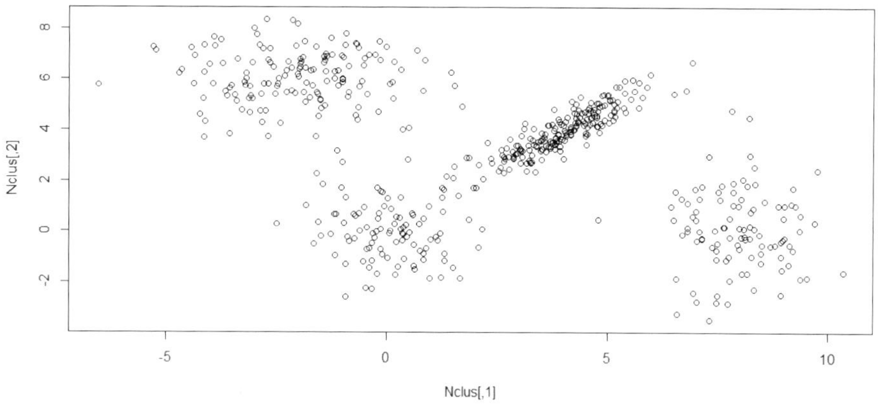


```
> cl <- kcca(Nclus, k=4, family=kccaFamily("kmeans"))
> image(cl)
> points(Nclus)
```

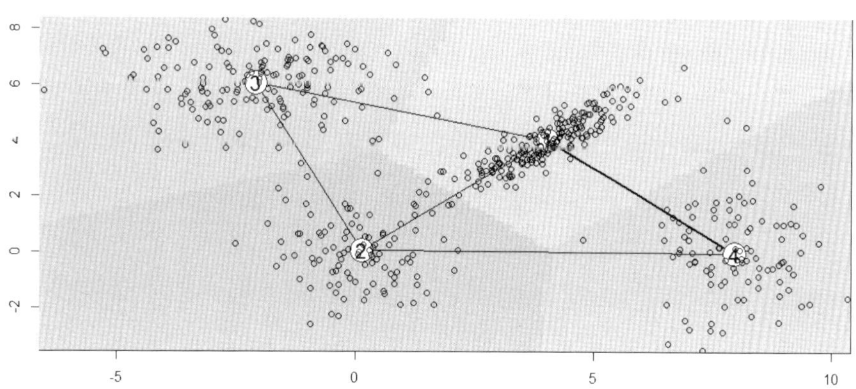

```
> barplot(cl)
```

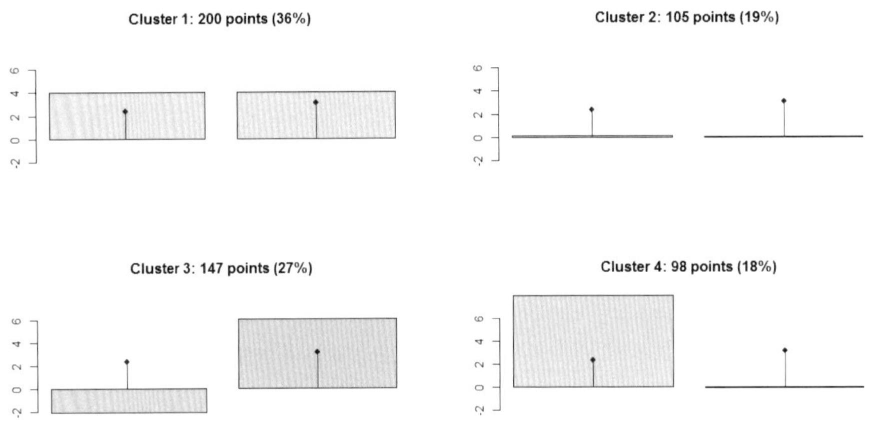

위 그림은 각 군집의 (변수별) 중심이 전체 군집의 중심(상자 안의 막대)으로부터 얼마나 벗어나 있는지를 나타낸다.

```
> stripes(cl)
```

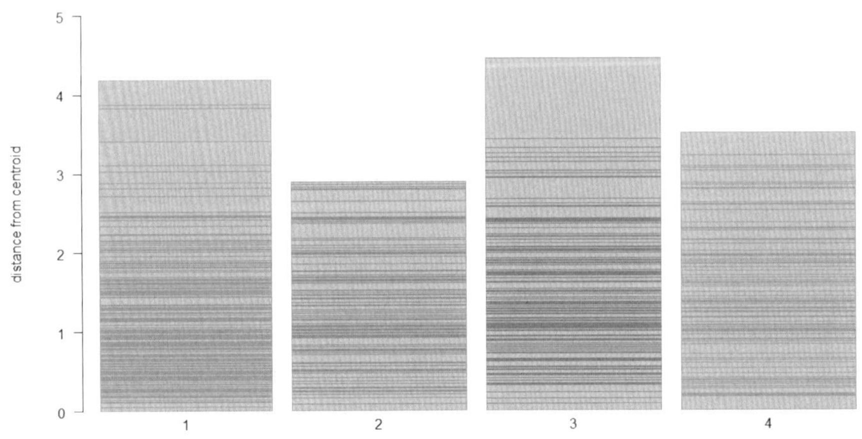

위 그림은 줄무늬를 이용하여 각 군집내의 자료들이 해당 군집의 평균으로부터 얼마나 떨어져 있는지를 나타낸다.

R 패키지 {flexclust}의 kcca() 함수는 k-중심군집(k-centroids clustering)을 수행한다. family= 옵션을 이용하여 “kmeans", "kmedians", "angle", "jaccard" 또는 ”ejaccard" 방법을 이용할 수 있으며, 여기서는 kmeans 옵션을 사용하였다. kcca() 함수의 적용 결과는 image{graphics}, barplot{graphics}, barchart{lattice}, stripes{flexclust} 함수 등을 통해 시각화 될 수 있다.

3.4.3 밀도기반군집

밀도기반군집(density-based clustering)은 주변 밀도가 높은 각 데이터가 서로 가까이 위치하면 동일한 군집으로 묶이게 되는 방식을 사용한다. 보통 거리기반의 군집 방법들은 보통 구형의 군집만을 찾기 때문에 임의의 형태의 군집을 찾는데 어려움이 있으나, 밀도기반군집은 임의의 형태의 군집을 찾는데 장점을 가진다.

DBSCAN(Density-Based Spatial Clustering of Applications with Noise)은 밀도기반군집의 대표적인 알고리즘이다. 이 방법은 잡음을 포함한 공간 데이터를 다루는데 적합하며, 아래의 그림과 같이 어떤 특이한 형태의 군집을 찾는데 유리하다.

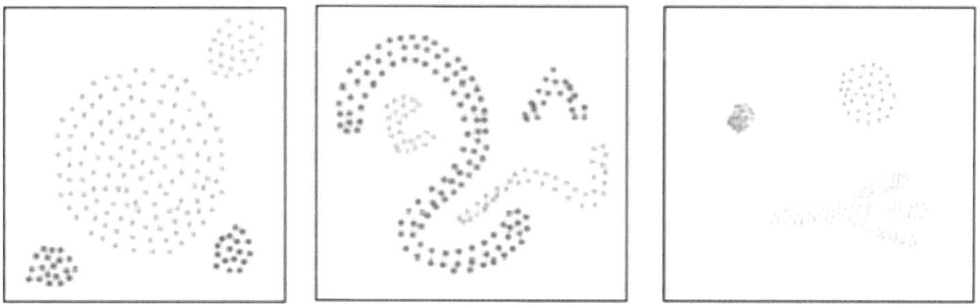

DBSCAN은 두 개의 파라미터를 요구한다. ϵ(eps)과 조밀영역(dense region)을 구성하는데 필요한 개체의 최소 수(minPts)를 요구한다. 이 알고리즘은 임의의 초기값에서 출발한다. 이 점에서 ϵ-반경 내에 충분히 많은 점들이 포함되어 있으면 군집이 시작되며, 그렇지 않으면 잡음(noise)로 간주된다.

알고리즘이 수행될 때 각 자료점은 먼저 코어점(core point), 경계점(border point), 잡음점(noise point)으로 나누어진다. 한 점의 ϵ-반경 내에 minPts 보다 많은 개체가 포함되면 그 점을 코어점이라 한다. 경계점은 ϵ-반경 내에 minPts와 동일한 개체를 포함하는 점이며, 잡음점은 ϵ-반경 내에 minPts 보다 작은 수의 개체를 포함하는 점이다. 다음 그림은 $\epsilon = 1$이고 minPts=4인 경우에 각 점을 나타낸 것이다.

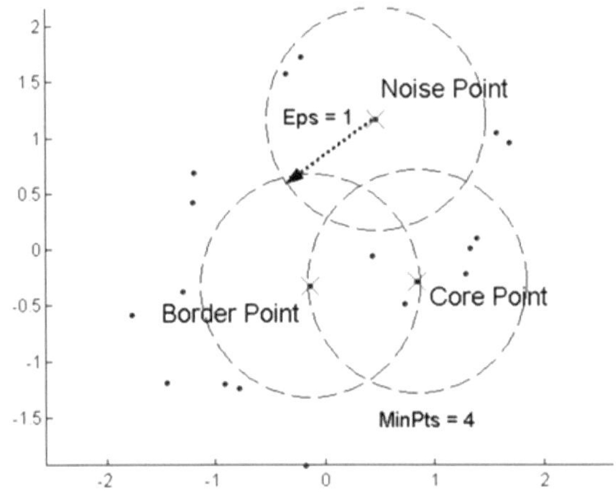

DBSCAN 알고리즘의 수행 규칙은 다음의 그림과 같다. 그림(a)에서와 같이 만약 점 p로부터 ϵ-반경 내에 위치하는 점 q는 p로부터 직접밀도-도달가능(directly density-reachable) 관계에 있다고 한다. 그림(b)에서와 같이 p와 q 사이에 $p_1, p_2, \cdots, p_n$, $p_1 = p$, $p_n = q$ 점들의 체인(chain)이 있어 그들 간에 p_{i+1}이 p_i로부터 직접밀도-도달관계에 있다면, q는 p로부터 밀도-도달가능(density-reachable) 관계라 한다. 그림(c)에서와 같이 점 o가 있어 두 점 p, q가 모두 점 o로부터 밀도-도달가능 관계일 경우, 두 포인트 p와 q는 점 o에 의해 서로 밀도-연결된(density-connected) 관계라 한다. 세 경우((a)~(c)) 모두에서 점 p, q가 (minPt 조건을 만족하는) 모두 코어점이면 동일한 군집에 포함시킨다. DBSCAN은 주어진 자료에 대해 밀도-연결된(density-connected) 군집이 완전히 발견될 때 까지 계속한다.

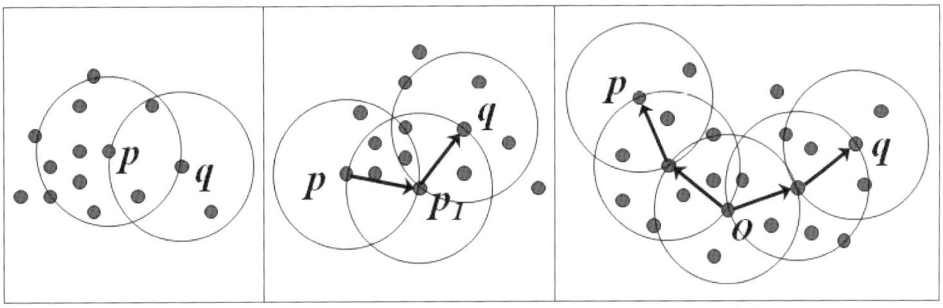

(a) (b) (c)

DBSCAN 알고리즘을 요약하면 다음과 같다. 이 알고리즘은 모든 코어점이 어느 한 군집에는 속하도록 군집을 형성한다.

단계1. ϵ(eps)과 minPts를 설정하여 점들을 구분
단계2. 잡음점을 군집에서 제외
단계3. ϵ-반경 안에 있는 코어점들을 서로 연결
단계4. 연결된 코어점들을 하나의 군집으로 형성
단계5. 경계점은 관련된 코어점을 포함하는 군집 중 하나에 할당

[예제 1] ruspani 자료에 대해 밀도기반군집을 수행한다. ruspini{cluster}는 4개의 그룹 내의 75개의 점으로 구성된 자료이다.

```
> data(ruspini)
> ruspini <- ruspini[sample(1:nrow(ruspini)),] # shuffle rows
> str(ruspini)
'data.frame': 75 obs. of  2 variables:
 $ x: int  117 5 47 31 4 22 78 55 34 64 ...
 $ y: int  115 63 149 60 53 74 16 155 141 30 ...
```

ruspini의 산점도는 아래와 같다.

```
> plot(ruspini)
```

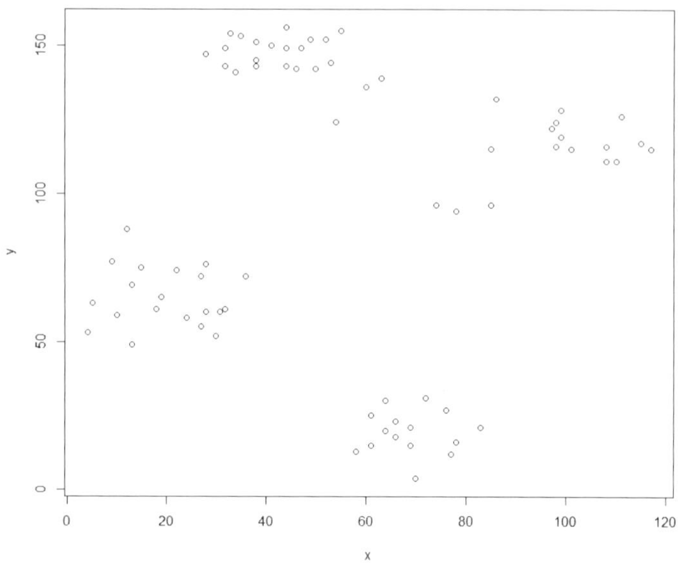


```
> library(fpc)
> ds <- dbscan(ruspini, 20)
> ds
dbscan Pts=75 MinPts=5 eps=20
           0    1    2    3    4
border     2    1    0    0    0
seed       0   14   20   23   15
total      2   15   20   23   15
```

R 패키지 {fpc}의 dbscan()은 밀도기반군집을 수행하는 함수이다. 연결 가능성 거리(reachability distance) 또는 ε-반경을 이용하여 군집화하며, 여기서 그 거리(eps옵션)는 20으로 한다.

```
> str(ds)
List of 4
 $ cluster: num [1:75] 1 2 3 2 2 2 4 3 3 4 ...
 $ eps    : num 20
 $ MinPts : num 5
 $ isseed : logi [1:75] TRUE TRUE TRUE TRUE TRUE TRUE ...
 - attr(*, "class")= chr "dbscan"
```

```
> plot(ruspini, col=ds$cluster+1)
```

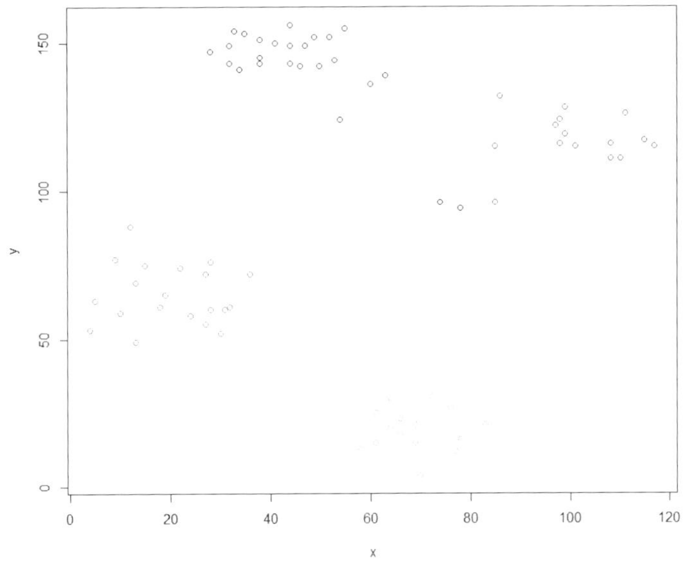

밀도기반군집의 결과로써 이상치의 경우 군집에서 제외되었음을 확인 할 수 있다. 이상치의 결과는 ds$cluster의 값이 0으로 제공된다. 따라서 산점도의 색깔에 관한 옵션인 col에서 +1을 해준 것은 이상치를 표현하기 위해서다.

3.4.4 혼합분포군집

혼합분포군집(mixture distribution clustering)은, 모형 기반(model-based)의 군집 방법으로, 데이터가 k개의 모수적 모형(흔히 정규분포 또는 다변량 정규분포를 가정함)의 가중합으로 표현되는 모집단 모형으로부터 나왔다는 가정하에서 모수와 함께 가중치를 자료로부터 추정하는 방법을 사용한다. k개의 각 모형은 군집을 의미하며, 각 데이터는 추정된 k개의 모형 중 어느 모형으로부터 나왔을 확률이 높은지에 따라 군집의 분류가 이루어진다. 흔히 혼합모형에서의 모수와 가중치의 추정(최대가능도추정)에는 EM 알고리즘이 사용된다.

아래의 그림은 혼합분포모형을 통해 설명될 수 있는 데이터의 형태를 나타낸다. 아래 그림의 (a)는 자료의 분포형태가 다봉형의 형태를 띠므로 단일 분포로의 적합은 적절하지 않으며, 대략 3개 정도의 정규분포의 결합을 통해 설명될 수 있을 것으로 생각할 수 있다. (b)의 경우에도 여러 개의 이변량 정규분포의 결합을 통해 설명될 수 있을 것이다. 두 경우 모두 반드시 정규분포로 제한할 필요는 없다.

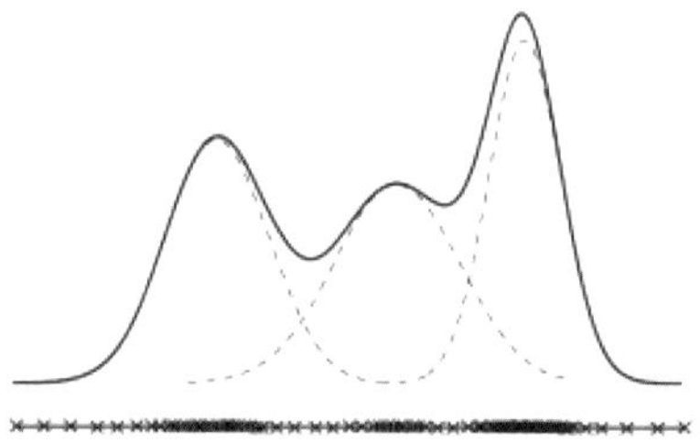

(a)

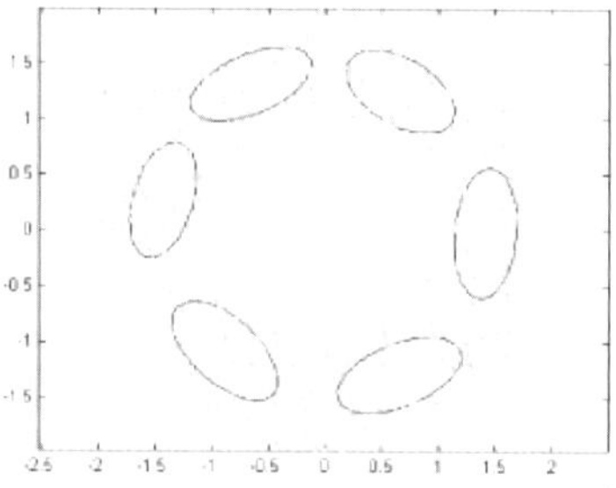

(b)

실제의 자료분석에서 매우 복잡한 형태의 자료에 대해서도 충분한 개수의 정규분포를 고려하면 모집단 분포를 잘 근사해 낼 수 있다.

일반적으로 M개 분포(성분)의 가중합으로 표현되는 혼합모형(mixture model)은 다음과 같이 정의된다.

$$p(x|\theta) = \sum_{i=1}^{M} p(x|C_i, \theta_i) p(C_i)$$

위 식에서

- $p(x \mid C_i, \theta_i)$: 혼합 모델을 이루는 단일 확률밀도함수
- θ_i : i번째 분포의 모수 벡터
- C_i : i번째 군집(클래스)
- $p(C_i)$: i번째 군집이 혼합모형에서 차지하는 중요도 또는 가중치(α_i)

이다.

이제 자료로부터 혼합모형의 모수를 추정하는 문제를 생각해 보자. 일반적으로 혼합분포에서의 모수 추정은 단일 분포의 경우와는 달리 가능도함수에 기초한 최대가능도추정이 쉽지 않다. 그 이유는 가능도함수(또는 로그-가능도 함수)의 표현식이 복

잡하여 미분을 통한 이론적 전개가 쉽지 않기 때문이다. 따라서 혼합분포에 대한 최대가능도추정을 위해 EM 알고리즘 등을 이용한다.

EM 알고리즘을 설명하면 다음과 같다. 편의상 모집단을 구성하는 각 집단의 분포는 정규분포를 따른다고 하다. 먼저, 아래 그림에서와 같이 각 자료가 M개 중 어느 집단(클래스)으로부터 나온 것인지를 안다면 해당 모수의 추정이 어렵지 않을 것이다.

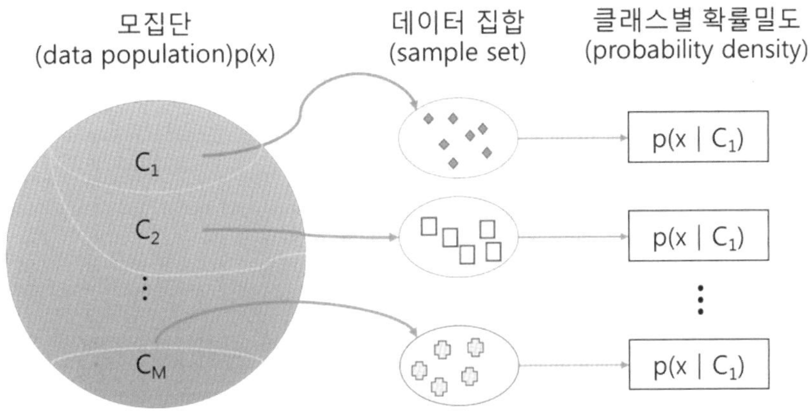

그러나 우리는 각 데이터가 어느 집단으로부터 나온 것인지를 모르므로, 이 정보만을 자료로부터 추정할 수 있다면 최대가능도 추정의 문제는 쉽게 해결될 것이다. 따라서 각 자료가 어느 집단에 속하는지에 대한 정보를 가지는 잠재변수(latent variable)를 도입하자. 잠재변수를 Z라 할 때, 모수에 대한 초기값이 주어져 있다면(즉, 초기 분포를 안다면) 각 자료가 어느 집단으로부터 나올 확률이 높은지에 대해 추정이 가능하다(E-단계). (만약 집단이 2개이고, 모든 자료에 대해 1집단에 속할 확률이 극단적으로 0 또는 1로만 추정되었다면, 이는 각 자료가 어느 집단에 속하는지를 아는 것과 마찬가지이므로 모수에 대한 추정이 쉽게 이루어진다.) 즉, 각 자료에 대해 Z의 조건부분포(어느 집단에 속할 지에 대한)로부터 조건부 기댓값을 구할 수 있다. 관측변수 X와 잠재변수 Z를 포함하는 (X, Z)에 대한 로그-가능도함수(이를 보정된(augmented) 로그-가능도함수라 함)에 Z 대신 상수값인 Z의 조건부 기댓값을 대입하면, 로그-가능도함수를 최대로 하는 모수를 쉽게 찾을 수 있다(M-단계). 갱신된 모수 추정치에 대해 위 과정을 반복한다면 수렴하는 값을 얻게 되고, 이는 최대가능도추정치로 사용될 수 있다. 이 과정은 그림으로 나타내면 다음과 같다.

(1) E-단계 : 잠재변수 Z의 기대치 계산
(2) M-단계 : 잠재변수 Z의 기대치를 이용하여 파라미터를 추정

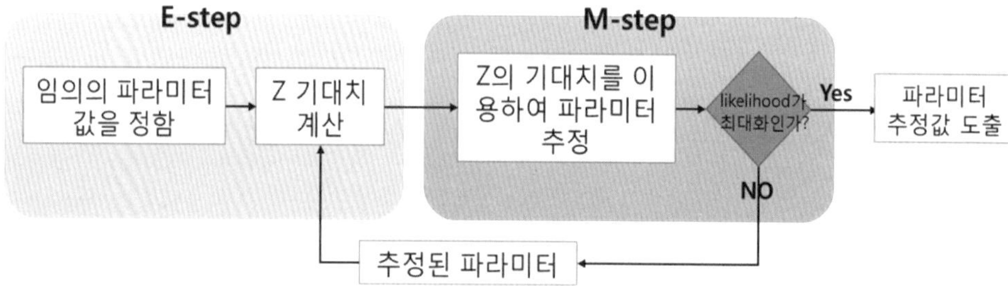

아래의 그림은 EM 알고리즘의 반복수행에 따른 모수의 추정과정을 보여준다. 이 그림에서 L은 반복 횟수를 의미한다.

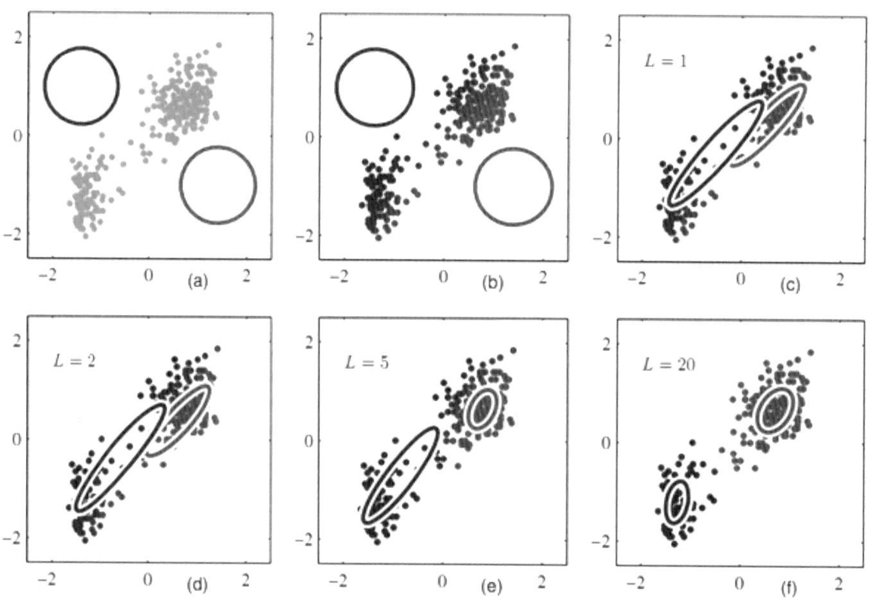

[예제 1] faithful 자료에 대해 혼합분포군집을 수행한다. faithful 자료는 미국의 올드

페이스풀 간헐천의 분출 간의 시간 자료이다.

```
> library(mixtools)
> data(faithful)
> attach(faithful)
```

faithful 자료에 대한 히스토그램은 다음과 같다.

```
> hist(waiting, main="Time between Old Faithful eruptions", xlab="Minutes", ylab="",
  cex.main=1.5, cex.lab=1.5, cex.axis=1.4)
```

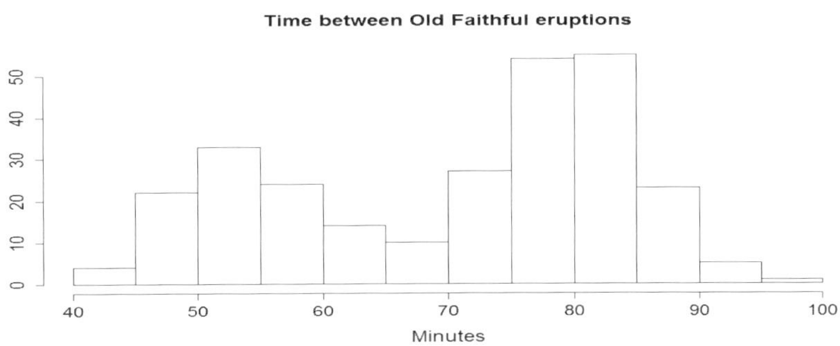

EM 알고리즘을 이용한 정규혼합분포의 추정결과는 다음과 같다.

```
> wait1 <- normalmixEM(waiting, lambda = .5, mu = c(55, 80), sigma = 5)
number of iterations= 9

> summary(wait1)
summary of normalmixEM object:
          comp 1      comp 2
lambda    0.36085     0.63915
mu        54.61364    80.09031
sigma     5.86909     5.86909
loglik at estimate:  -1034.002
```

추정된 정규혼합분포를 시각화하면 다음과 같다.

```
> plot(wait1, density=TRUE, cex.axis=1.4, cex.lab=1.4, cex.main=1.8,
+ main2="Time between Old Faithful eruptions", xlab2="Minutes")
```

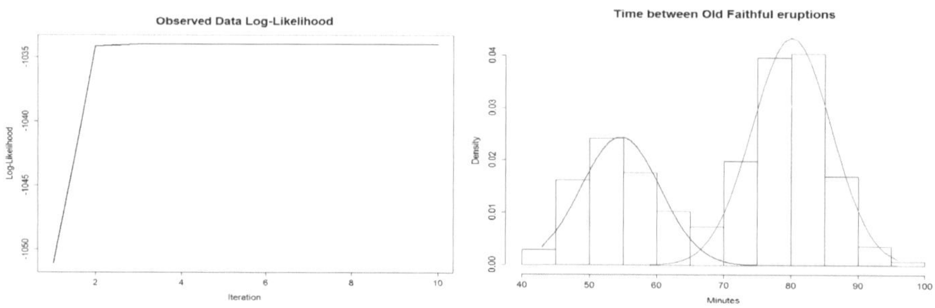

EM 알고리즘을 통해 모수를 추정하는 과정에서 반복횟수 2회 만에 로그-가능도 함수가 최대가 됨을 알 수 있다.

3.5 기타분석

3.5.1 연관분석

연관분석(association analysis)은 대형마트에서 고객이 구매한 품목을 분석하여 의미있는 연관규칙을 찾는 방법으로 이해하면 편리하다. 흔히 장바구니분석(market basket analysis)으로 불리는 이 방법은 분석의 목적이 불분명한 상황에서도 의미있는 정보(연관규칙)를 제공해주며, 내부적으로 많은 항목간의 비교가 수행되어야하므로 apriori 알고리즘 등의 효율적 알고리즘이 개발되어 있다.

연관규칙은 X ⇒ Y로 표시한다. 예를 들어, 판매 제품 간의 연관규칙이 {onion, potato} ⇒ {meat}이면, {onion, potato}를 구매하면 meat도 구매하는 규칙으로 해석할 수 있다. 의미있는 연관규칙의 선택을 위해 다음의 측도가 유용하게 사용된다. 상품에 대한 연관규칙 X ⇒ Y에 대해, 지지도, 신뢰도, 향상도는 다음과 같이 정의된다.

지지도(support)는 전체 구매 건수 가운데 상품 X와 Y를 동시에 구매한 비율을 의미하며 $P(X \cup Y)$으로 나타낸다. 신뢰도(confidence)는 상품 X를 구매한 건수 가운데 Y도 같이 구매한 비율을 의미하며 조건부 확률 $P(Y|X)$로 나타낸다. 향상도(lift)는 전체에서 상품 Y를 구매한 비율에 비해 X를 구매한 고객이 Y를 구매한 비율이 몇 배인가를 나타내며 $P(Y|X)/P(Y)$로 나타낸다. 이를 정리하면 다음과 같다.

- 지지도(support) = $P(X \cup Y)$
- 신뢰도(confidence) = $P(Y|X) = \frac{P(X \cup Y)}{P(X)} = \frac{support}{P(X)}$
- 향상도(lift) = $\frac{P(Y|X)}{P(Y)} = \frac{P(X \cup Y)}{P(X)P(Y)} = \frac{confidence}{P(Y)}$

[예제 1] Titanic 자료에 대해 연관분석을 수행한다. 이 자료는 승객 2201명에 대한 객실 등급, 성별, 연령, 생존 여부를 포함한다.

```
(http://www.cs.toronto.edu/~delve/data/titanic/desc.html)
> titanic <- read.table("Dataset.data")
> names(titanic) <- c("Class", "Age", "Sex", "Survived")
> head(titanic)
     Class   Age     Sex     Survived
1    1st     adult   male    yes
2    1st     adult   male    yes
3    1st     adult   male    yes
4    1st     adult   male    yes
5    1st     adult   male    yes
6    1st     adult   male    yes
```

R 패키지 {arules}의 apriori() 함수를 이용해서 연관분석을 수행하고, inspect() 함수로 생성된 규칙을 확인할 수 있다.

```
> library(arules)
> rules <- apriori(titanic)
```

```
> inspect(rules)
   lhs              rhs              support    confidence lift
1  {}            => {Age=adult}      0.9504771  0.9504771  1.0000000
2  {Class=2nd}   => {Age=adult}      0.1185825  0.9157895  0.9635051
3  {Class=1st}   => {Age=adult}      0.1449341  0.9815385  1.0326798
4  {Sex=female}  => {Age=adult}      0.1930940  0.9042553  0.9513700
5  {Class=3rd}   => {Age=adult}      0.2848705  0.8881020  0.9343750
6  {Survived=yes} => {Age=adult}     0.2971377  0.9198312  0.9677574
7  {Class=crew}  => {Sex=male}       0.3916402  0.9740113  1.2384742
8  {Class=crew}  => {Age=adult}      0.4020900  1.0000000  1.0521033
9  {Survived=no} => {Sex=male}       0.6197183  0.9154362  1.1639949
10 {Survived=no} => {Age=adult}      0.6533394  0.9651007  1.0153856
11 {Sex=male}    => {Age=adult}      0.7573830  0.9630272  1.0132040
12 {Sex=female,
   Survived=yes} => {Age=adult}      0.1435711  0.9186047  0.9664669
13 {Class=3rd,
   Sex=male}     => {Survived=no}    0.1917310  0.8274510  1.2222950
14 {Class=3rd,
   Survived=no}  => {Age=adult}      0.2162653  0.9015152  0.9484870
15 {Class=3rd,
   Sex=male}     => {Age=adult}      0.2099046  0.9058824  0.9530818
16 {Sex=male,
   Survived=yes} => {Age=adult}      0.1535666  0.9209809  0.9689670
17 {Class=crew,
   Survived=no}  => {Sex=male}       0.3044071  0.9955423  1.2658514
18 {Class=crew,
   Survived=no}  => {Age=adult}      0.3057701  1.0000000  1.0521033
19 {Class=crew,
   Sex=male}     => {Age=adult}      0.3916402  1.0000000  1.0521033
20 {Class=crew,
   Age=adult}    => {Sex=male}       0.3916402  0.9740113  1.2384742
21 {Sex=male,
   Survived=no}  => {Age=adult}      0.6038164  0.9743402  1.0251065
```

```
22 {Age=adult,
    Survived=no}      => {Sex=male}      0.6038164   0.9242003   1.1751385
23 {Class=3rd,
    Sex=male,
    Survived=no}      => {Age=adult}     0.1758292   0.9170616   0.9648435
24 {Class=3rd,
    Age=adult,
    Survived=no}      => {Sex=male}      0.1758292   0.8130252   1.0337773
25 {Class=3rd,
    Age=adult,
    Sex=male}         => {Survived=no}   0.1758292   0.8376623   1.2373791
26 {Class=crew,
    Sex=male,
    Survived=no}      => {Age=adult}     0.3044071   1.0000000   1.0521033
27 {Class=crew,
    Age=adult,
    Survived=no}      => {Sex=male}      0.3044071   0.9955423   1.2658514
```

apriori() 함수를 옵션없이 사용할 경우, 너무 많은 숫자의 규칙이 생성되므로 옵션을 통해서 제한할 필요가 있다. 예를 들어, 생존 여부에만 관심이 있을 경우 다음과 같이 수행한다.

```
> rules <- apriori(titanic, parameter = list(minlen=2, supp=0.005, conf=0.8),
appearance = list(rhs=c("Survived=no", "Survived=yes"), default="lhs"))
parameter specification:
 confidence minval smax arem  aval originalSupport support minlen maxlen target
        0.8    0.1    1 none FALSE            TRUE   0.005      2     10  rules
   ext
 FALSE

algorithmic control:
 filter tree heap memopt load sort verbose
    0.1 TRUE TRUE  FALSE TRUE    2    TRUE
```

```
apriori - find association rules with the apriori algorithm
version 4.21 (2004.05.09)          (c) 1996-2004   Christian Borgelt
set item appearances ...[2 item(s)] done [0.00s].
set transactions ...[10 item(s), 2201 transaction(s)] done [0.00s].
sorting and recoding items ... [10 item(s)] done [0.00s].
creating transaction tree ... done [0.00s].
checking subsets of size 1 2 3 4 done [0.00s].
writing ... [12 rule(s)] done [0.00s].
creating S4 object  ... done [0.00s].

> quality(rules) <- round(quality(rules), digits=3)
> quality(rules)
     support   confidence   lift
 1    0.011      1.000      3.096
 2    0.042      0.877      2.716
 3    0.070      0.860      1.271
 4    0.064      0.972      3.010
 5    0.009      0.870      2.692
 6    0.192      0.827      1.222
 7    0.006      1.000      3.096
 8    0.036      0.860      2.663
 9    0.070      0.917      1.354
10    0.064      0.972      3.010
11    0.009      0.870      2.692
12    0.176      0.838      1.237

> rules.sorted <- sort(rules, by="lift")
> inspect(rules.sorted)
   lhs            rhs                support   confidence  lift
1  {Class=2nd,
    Age=child}    => {Survived=yes}   0.011     1.000       3.096
2  {Class=2nd,
    Age=child,
    Sex=female}   => {Survived=yes}   0.006     1.000       3.096
```

```
3   {Class=1st,
     Sex=female}  => {Survived=yes}    0.064       0.972        3.010
4   {Class=1st,
     Age=adult,
     Sex=female}  => {Survived=yes}    0.064       0.972        3.010
5   {Class=2nd,
     Sex=female}  => {Survived=yes}    0.042       0.877        2.716
6   {Class=crew,
     Sex=female}  => {Survived=yes}    0.009       0.870        2.692
7   {Class=crew,
     Age=adult,
     Sex=female}  => {Survived=yes}    0.009       0.870        2.692
8   {Class=2nd,
     Age=adult,
     Sex=female}  => {Survived=yes}    0.036       0.860        2.663
9   {Class=2nd,
     Age=adult,
     Sex=male}    => {Survived=no}     0.070       0.917        1.354
10  {Class=2nd,
     Sex=male}    => {Survived=no}     0.070       0.860        1.271
11  {Class=3rd,
     Age=adult,
     Sex=male}    => {Survived=no}     0.176       0.838        1.237
12  {Class=3rd,
     Sex=male}    => {Survived=no}     0.192       0.827        1.222
```

또한, 조건들의 포함관계로 인한 불필요한 규칙(redundency)들을 제거할 수 있다. 예를 들어, 2번 규칙은 1번 규칙에 포함되며 동일한 lift 값을 가진다. 중복된 규칙의 제거에는 부분집합의 여부를 확인하는 함수 is.subset()을 이용한다.

```
> subset.matrix <- is.subset(rules.sorted, rules.sorted)
> subset.matrix[lower.tri(subset.matrix, diag=T)] <- NA
> redundant <- colSums(subset.matrix, na.rm=T) >= 1
```

```
> which(redundant)
[1] 2 4 7 8

> rules.pruned <- rules.sorted[!redundant]
> inspect(rules.pruned)
    lhs             rhs                 support    confidence   lift
1   {Class=2nd,
    Age=child}   => {Survived=yes}      0.011      1.000        3.096
2   {Class=1st,
    Sex=female}  => {Survived=yes}      0.064      0.972        3.010
3   {Class=2nd,
    Sex=female}  => {Survived=yes}      0.042      0.877        2.716
4   {Class=crew,
    Sex=female}  => {Survived=yes}      0.009      0.870        2.692
5   {Class=2nd,
    Age=adult,
    Sex=male}    => {Survived=no}       0.070      0.917        1.354
6   {Class=2nd,
    Sex=male}    => {Survived=no}       0.070      0.860        1.271
7   {Class=3rd,
    Age=adult,
    Sex=male}    => {Survived=no}       0.176      0.838        1.237
8   {Class=3rd,
    Sex=male}    => {Survived=no}       0.192      0.827        1.222
```

연관규칙에 대한 시각화는 {arulesViz} 패키지에서 제공하는 plot() 함수를 이용한다. plot(aruleViz} 함수는 연관규칙과 항목을 다양한 방법으로 시각화 한다.

```
> plot(rules.pruned)
```

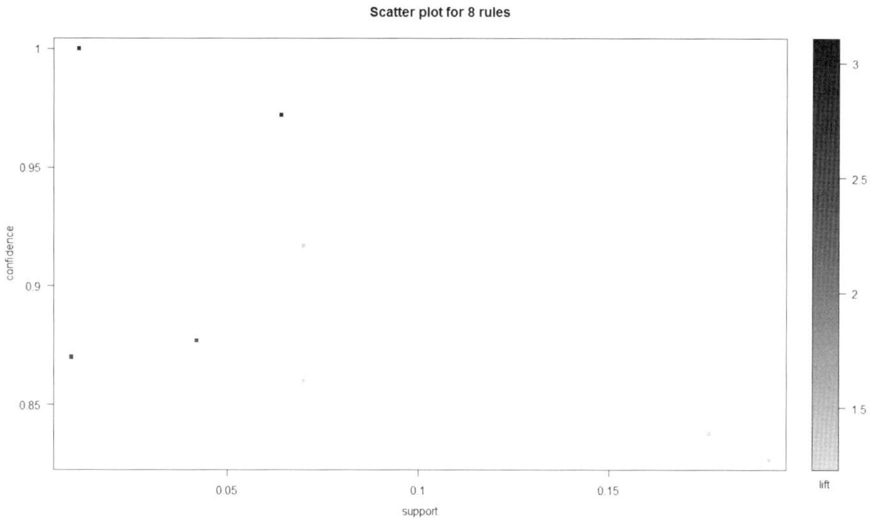


```
> plot(rules.pruned, method="grouped")
```

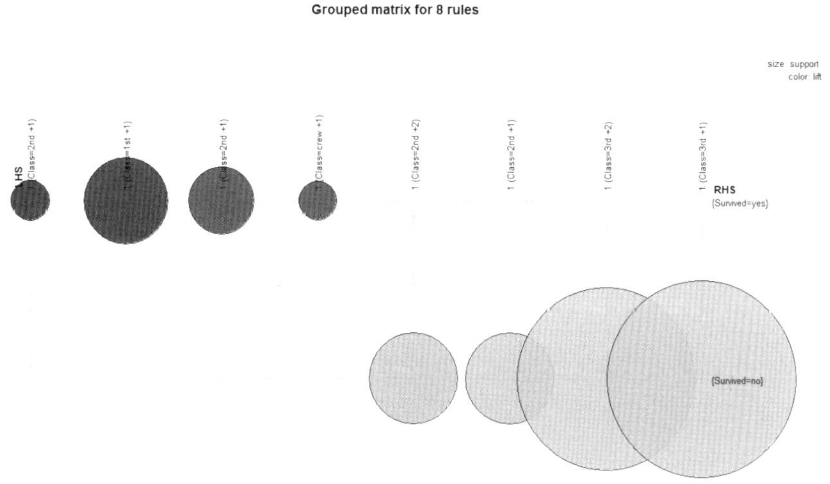

```
> plot(rules.pruned, method="graph")
```

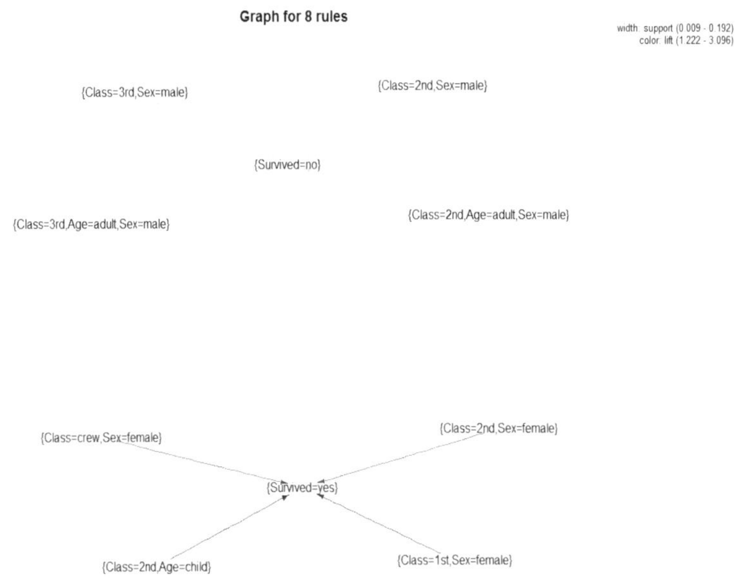


```
> plot(rules.pruned, method="graph", control=list(type="items"))
```

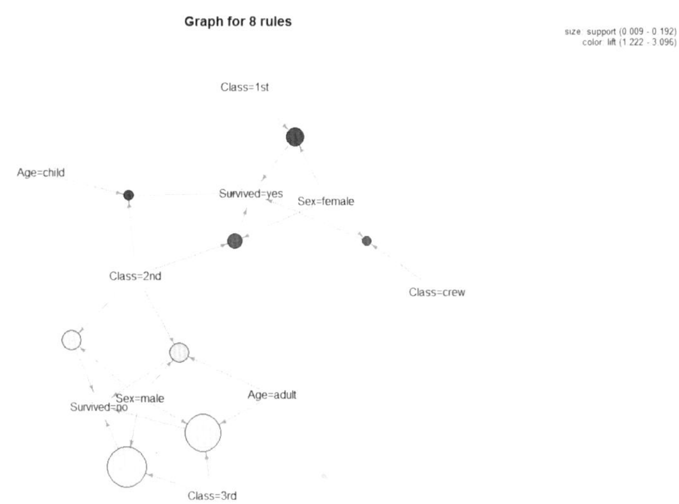

3.5.2 시계열예측

시계열예측(time series forecasting)은 주가와 같이 시간의 흐름에 따라 변하는 자료

(이를 시계열 자료라고 함)의 경우 미래시점에서의 예측을 목적으로 하는 분석 방법이다. 시계열 자료는 흔히 추세성(trend)과 계절성(seasonality)에 랜덤성분(random component)이 더해져 나타나게 된다. 미래시점에서의 예측을 위한 시계열모형에는 ARIMA, GARCH 등 다양한 모형이 있다.

시계열예측을 위한 예제 데이터는 R에서 기본으로 제공하는 AirPassengers를 사용한다. 이 데이터는 1949년부터 1960년까지 미연방 항공청이 조사한 월별 국제선 승객 예약 수이다. (단위: 천)

[예제 1] AirPassengers 자료에 대해 시계열 예측을 수행한다.

```
> AirPassengers
     Jan Feb Mar Apr May Jun Jul Aug Sep Oct Nov Dec
1949 112 118 132 129 121 135 148 148 136 119 104 118
1950 115 126 141 135 125 149 170 170 158 133 114 140
1951 145 150 178 163 172 178 199 199 184 162 146 166
1952 171 180 193 181 183 218 230 242 209 191 172 194
1953 196 196 236 235 229 243 264 272 237 211 180 201
1954 204 188 235 227 234 264 302 293 259 229 203 229
1955 242 233 267 269 270 315 364 347 312 274 237 278
1956 284 277 317 313 318 374 413 405 355 306 271 306
1957 315 301 356 348 355 422 465 467 404 347 305 336
1958 340 318 362 348 363 435 491 505 404 359 310 337
1959 360 342 406 396 420 472 548 559 463 407 362 405
1960 417 391 419 461 472 535 622 606 508 461 390 432

> class(AirPassengers)
[1] "ts"
> start(AirPassengers)
[1] 1949    1
> end(AirPassengers)
[1] 1960   12
> frequency(AirPassengers)
[1] 12
```

AirPassengers 데이터를 class() 함수를 통해 확인해 보면 시계열 데이터("ts")임을 확인할 수 있다. 시계열 데이터는 start(), end() 함수를 통해 데이터의 초기 시간과 마지막 시간을 알 수 있다. frequency() 함수는 데이터가 가진 주기를 보여주며, AirPassengers 데이터는 주기가 12로 월별 데이터임을 확인할 수 있다. 일반적으로 월별 데이터는 12, 일별 데이터는 30, 분기별 데이터는 4의 주기를 가진다.

```
> plot(AirPassengers)
```

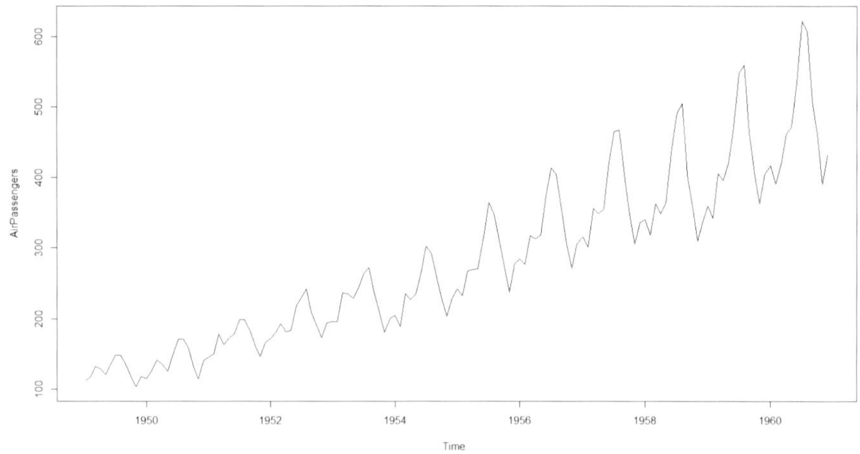


```
> AP.decom <- decompose(AirPassengers)
> str(AP.decom)
List of 6
 $ x        : Time-Series [1:144] from 1949 to 1961: 112 118 132 129 121 135 148 148 136 119 ...
 $ seasonal: Time-Series [1:144] from 1949 to 1961: -24.75 -36.19 -2.24 -8.04 -4.51 ...
 $ trend   : Time-Series [1:144] from 1949 to 1961: NA NA NA NA NA ...
 $ random  : Time-Series [1:144] from 1949 to 1961: NA NA NA NA NA ...
 $ figure  : num [1:12] -24.75 -36.19 -2.24 -8.04 -4.51 ...
 $ type     : chr "additive"
 - attr(*, "class")= chr "decomposed.ts"

> plot(AP.decom)
```

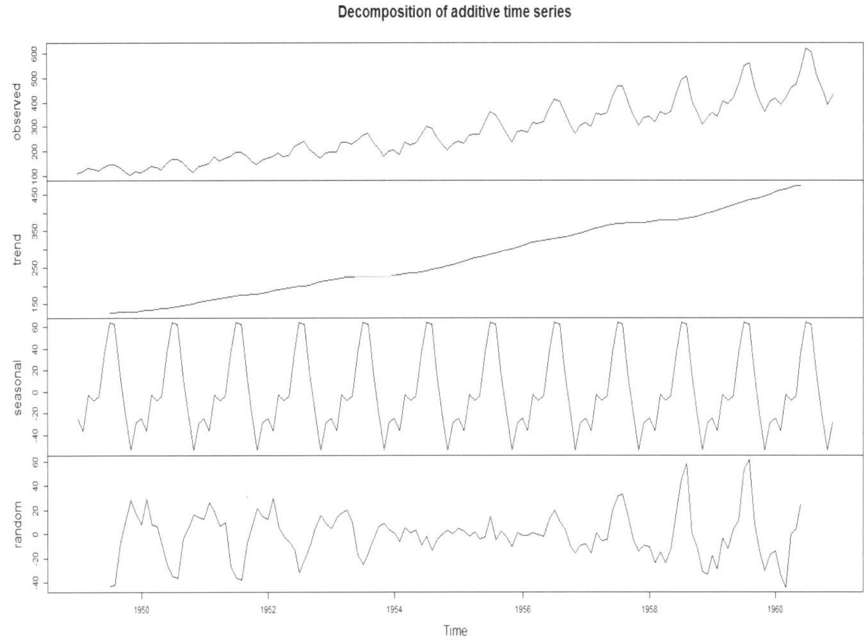

일반적인 시계열 데이터는 추세성(trend)과 계절성(seasonality)에 랜덤성분(random component)으로 분해가 가능하며, R의 decompose() 함수를 이용하여 분해할 수 있다. decompose() 함수는 시계열 데이터를 seasonal, trend, random로 분해하고, 비반복적 계절 효과를 별도의 figure 변수로 제공한다. plot() 함수를 통해 이를 확인할 수 있다. 월별 자료에 대한 탐색적 분석은 이용한 boxplot()내에 cycle() 함수를 적용하여 편리하게 수행할 수 있다.

```
> par(mfrow=c(4,1))
> plot(AP.decom$seasonal)
> plot(AP.decom$trend)
> plot(AP.decom$random)
> plot(AP.decom$figure, type="l", xlab="month")
> axis(1, at=1:12)
> par(mfrow=c(1,1))
```

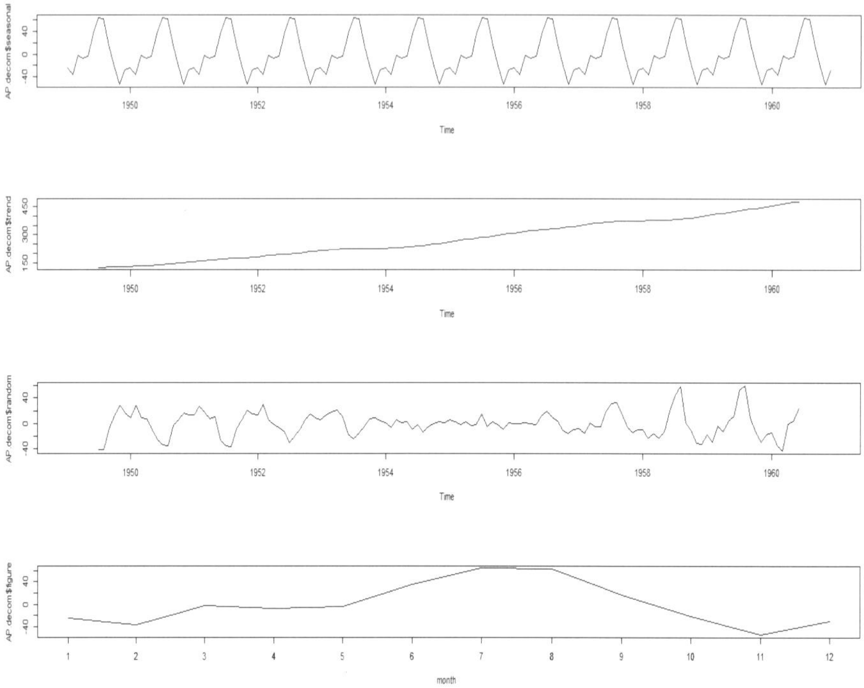


```
> boxplot(AirPassengers ~ cycle(AirPassengers))
```

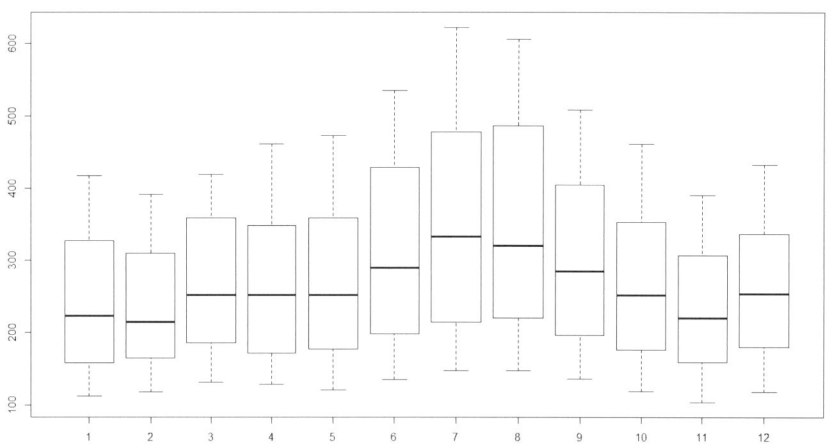

시계열예측은 과거 시점에서 현재 시점까지의 시계열 데이터에 기반하여 미래 시점에 관측될 값을 통계적 방법을 이용하여 예측하는 것이다. ARIMA 모형은 여러 분야에서 시계열예측에 사용되는 모형으로 잘 알려져 있다. R 패키지 {forecast}의

auto.arima() 함수를 이용하면 AIC를 최소로 가진 모델을 자동으로 계산할 수 있으며, arima() 함수를 통해 ARIMA 모형을 직접 적합할 수도 있다.

```
> library(forecast)
> AP.auto.arima <- auto.arima(AirPassengers, max.order=2)
> AP.auto.arima
Series: AirPassengers
ARIMA(0,1,1)(0,1,0)[12]

Coefficients:
          ma1
      -0.3184
s.e.   0.0877

sigma^2 estimated as 137.3:  log likelihood=-508.32
AIC=1020.64   AICc=1020.73   BIC=1026.39

> AP.arima <- arima(AirPassengers, order=c(0,1,1), list(order=c(0,1,0), period=12))
> AP.arima
Series: AirPassengers
ARIMA(0,1,1)(0,1,0)[12]

Coefficients:
          ma1
      -0.3184
s.e.   0.0877

sigma^2 estimated as 137.3:  log likelihood=-508.32
AIC=1020.64   AICc=1020.73   BIC=1026.39
```

auto.arima() 함수의 경우, max.order 옵션을 통해 최대 AR, MA 변수를 제한할 수 있다. arima() 함수의 경우, order 옵션을 통해 ARIMA 모형을 적합할 수 있다. 적합된 ARIMA 모형은 predict() 함수를 통해 예측에 사용될 수 있으며, n.ahead 옵션을 통해 예측 수를 조정할 수 있다.

```
> arima.pred <- predict(AP.arima, n.ahead=12)
> str(arima.pred)
List of 2
 $ pred: Time-Series [1:12] from 1961 to 1962: 445 419 451 485 497 ...
 $ se  : Time-Series [1:12] from 1961 to 1962: 12 16.5 19.6 22.1 24.1 ...
```

predict() 함수를 이용한 예측 결과는 pred와 se값을 제공하며, 이를 이용하여 예측값과 신뢰구간을 정할 수 있다.

```
> conf.upper <- arima.pred$pred + 2*arima.pred$se
> conf.upper
          Jan      Feb      Mar      Apr      May      Jun      Jul
1961 469.0025 451.5606 490.6020 529.2609 545.1433 606.8530 695.4102
          Aug      Sep      Oct      Nov      Dec
1961 683.8117 587.2786 538.7603 471.9739 515.7074

> conf.lower <- arima.pred$pred - 2*arima.pred$se
> conf.lower
          Jan      Feb      Mar      Apr      May      Jun      Jul
1961 421.1519 385.6966 412.0491 440.8870 448.8284 503.9521 586.9558
          Aug      Sep      Oct      Nov      Dec
1961 570.6198 470.0105 417.9621 348.1029 389.1506
```

시계열 데이터의 시각화는 ts.plot() 함수를 이용하여 원자료와 예측값, 신뢰구간 등을 동시에 나타낼 수 있다.

```
> ts.plot(AirPassengers, arima.pred$pred, conf.upper, conf.lower, col=c("black",
"red","blue", "blue"), lty=c(1,2,3,3))
```

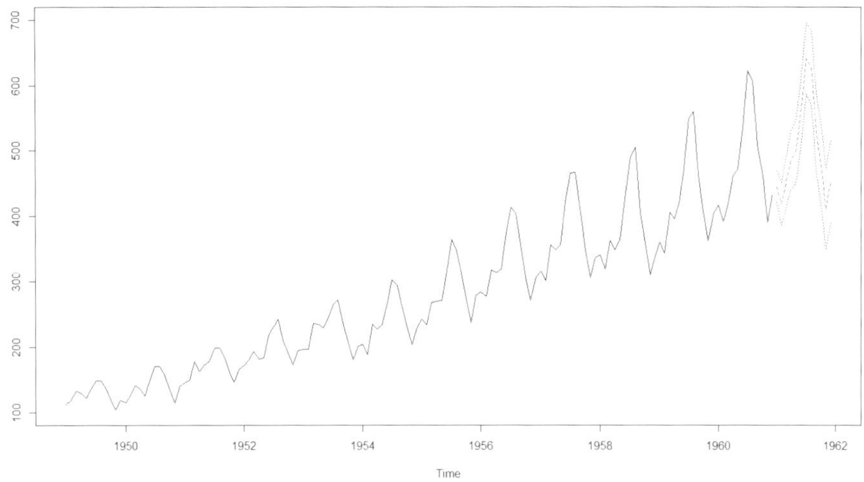

3.5.3 사회연결망분석

사회연결망분석(social network analysis)은 개체들 간의 연결 관계를 파악하기 위한 분석으로, 표출되지 않는 내재적 관계를 이해하는데 유용하다. 개체는 점(point)으로, 관계는 선(line)으로 나타내어 시각적으로 쉽게 이해할 수 있으며, 정보수집, 방첩활동, 법률집행 등 다양한 분야에 응용되고 있다. 여기서 점(point)은 노드(node), 선(line)은 연결선(link)으로 혼용하여 사용하기로 한다.

사회연결망분석에서 중요한 개념인 중심성(centrality)에 대해 소개한다. 사회연결망에서 특정 노드가 차지하는 비중을 의미하는 중심성에는 근접중심성, 중개중심성, 고유벡터중심성, 연결선수 등이 있다.

근접중심성(closeness centrality)은 특정 노드에서 다른 노드들까지의 (a)최단 거리의 평균의 역수, 또는 (b)최단거리의 역수의 평균으로 정의된다. 여기서 거리는 수학적 거리(거쳐 가는 경로의 길이)뿐 아니라 상관계수를 통해 정의될 수도 있다. 참고로 정의(b)는 정의(a)보다 로버스트(robust)한 성질을 가진다. {sna} 패키지의 closeness() 함수를 통해 계산된다.

중개중심성(betweenness centrality)은 노드 사이의 연결성의 관점에서 중요하게 취급되는 측도이다. 이는 특정노드가 이를 제외한 모든 두 개 노드 간의 최단 경로에 놓이게 되는 비율로 정의된다. 중개중심성은 노드 사이를 연결하는 허브(hub) 노드를 찾는 데 유용하다. {sna} 패키지의 betweenness() 함수를 통해 계산된다.

고유벡터 중심성(eigenvector centrality)은 중요한 노드에 많이 연결된 노드가 중심노드라 여기는 방법으로 네트워크 행렬에 대한 고유값 분해를 이용하여 계산한다. {sna} 패키지의 evcent() 함수를 통해 계산된다.

연결선 수(degree)는 특정 노드에 직접 연결되는 선의 수로 정의된다. 연결선의 수는 들어오는 선(입선)과 나가는 선(출선)의 수를 합하거나 나누어 계산될 수 있다. 많은 수의 연결선을 가지는 노드를 중심 노드로 여기는 방법이다. sna 패키지의 degree() 함수를 통해 계산된다.

[예제 1] 사회연결망분석은 Hanneman et al. (2005)의 Knoke 정보교류 네트워크 자료를 이용한다. 이 자료는 미국의 한 중서부 도시의 사회복지 기관 간 정보의 흐름을 나타낸다.

```
> knoke <- matrix(c(0,1,0,0,1,0,1,0,1,0,
+                   1,0,1,1,1,0,1,1,1,0,
+                   0,1,0,1,1,1,1,0,0,1,
+                   1,1,0,0,1,0,1,0,0,0,
+                   1,1,1,1,0,0,1,1,1,1,
+                   0,0,1,0,0,0,1,0,1,0,
+                   0,1,0,1,1,0,0,0,0,0,
+                   1,1,0,1,1,0,1,0,1,0,
+                   0,1,0,0,1,0,1,0,0,0,
+                   1,1,1,0,1,0,1,0,0,0), 10, 10, byrow=T)
> rownames(knoke) <- colnames(knoke) <- c("Coun","Comm", "Educ", "Indu",
"Mayor", "WRO", "News", "UWay", "Welfare", "West")
> knoke
```

	Coun	Comm	Educ	Indu	Mayor	WRO	News	UWay	Welfare	West
Coun	0	1	0	0	1	0	1	0	1	0
Comm	1	0	1	1	1	0	1	1	1	0
Educ	0	1	0	1	1	1	1	0	0	1
Indu	1	1	0	0	1	0	1	0	0	0
Mayor	1	1	1	1	0	0	1	1	1	1
WRO	0	0	1	0	0	0	1	0	1	0

News	0	1	0	1	1	0	0	0	0	0
UWay	1	1	0	1	1	0	1	0	1	0
Welfare0	1	0	0	1	0	1	0	0	0	
West	1	1	1	0	1	0	1	0	0	0

사회연결망분석은 R 패키지 {sna}는 gplot() 함수로 네트워크의 시각화가 가능하고, closeness(), betweeness() 함수로 중심성 계산이 가능하다.

```
> gplot(knoke, displaylabels=T, vertex.cex=2, boxed.labels=F, arrowhead.cex=0.5,
edge.col="blue")
```

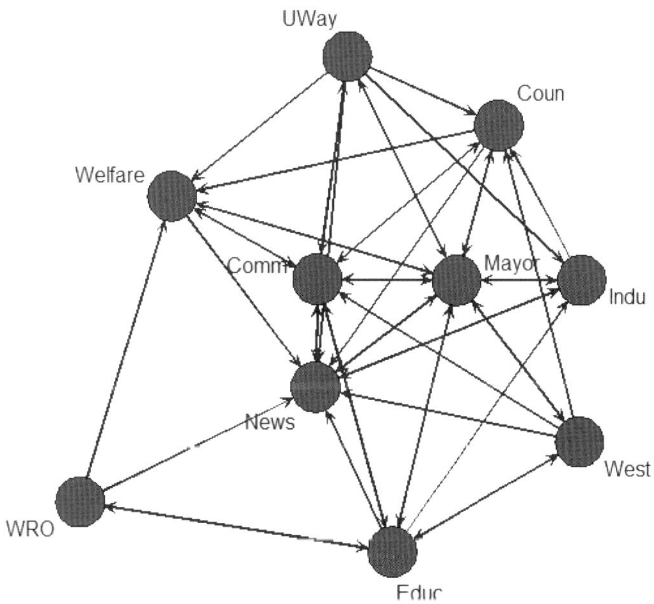


```
> (knoke.closeness <- closeness(knoke, cmode="directed"))
 [1] 0.6000000 0.8181818 0.7500000 0.6000000 0.9000000 0.5294118
 [7] 0.5625000 0.6923077 0.5625000 0.6923077

> which(knoke.closeness %in% max(knoke.closeness))
 [1] 5

> (knoke.betweenness <- betweenness(knoke, cmode="directed"))
```

```
[1]  0.6666667 12.3333333 11.6944444  0.8055556 17.8333333
[6]  0.3333333  2.7500000  0.0000000  1.2222222  0.3611111

> which(knoke.betweenness %in% max(knoke.betweenness))
[1] 5
```

which() 함수를 통해 가장 높은 중심성을 가진 노드를 확인하였을 때, 5번째 노드가 가장 높은 근접중심성과 중개중심성을 가졌다. 즉, Mayor 노드가 knoke 네트워크의 중심 노드이다.

```
> (knoke.outeigenvec <- evcent(knoke))
[1] 0.2540102 0.4119659 0.3573877 0.2619953 0.4657175 0.1532203
[7] 0.2207745 0.3539690 0.2127894 0.3312272

> which(knoke.outeigenvec %in% max(knoke.outeigenvec))
[1] 5

> (knoke.ineigenvec <- evcent(t(knoke)))
[1] 0.30079980 0.45427590 0.20871299 0.33979870 0.45427590
[6] 0.04043114 0.46083708 0.17600145 0.27619788 0.12843187

> which(knoke.ineigenvec %in% max(knoke.ineigenvec))
[1] 7

> (knoke.outdegree <- degree(knoke, cmode="outdegree"))
[1] 4 7 6 4 8 3 3 6 3 5

> which(knoke.outdegree %in% max(knoke.outdegree))
[1] 5

> (knoke.indegree <- degree(knoke, cmode="indegree"))
[1] 5 8 4 5 8 1 9 2 5 2
```

```
> which(knoke.indegree %in% max(knoke.indegree))
 [1] 7
```

고유벡터 중심성과 연결선 수는 들어오는 방향과 나가는 방향에 따라 중심노드가 다르게 나타나므로 이를 고려해야 한다. 고유벡터 중심성은 나가는 방향 행렬을 전치할 경우 들어오는 방향으로 변하게 되고, 연결선 수는 cmode 옵션을 이용하여 들어오는 방향과 나가는 방향을 결정할 수 있다.

참고문헌

[강현철2006] 강현철, 한상태, 최종후, 이성건, 김은식, 엄익현, 김미경, 고객관계관리(CRM)를 위한 데이터마이닝 방법론, 자유아카데미, 2006.

[김재희2011] R 다변량 통계분석, 교우사, 2011.

[박창이2011] 박창이, 김용대, 김진석, 송종우, 최호식, R을 이용한 데이터마이닝, 교우사, 2011.

[이정진2011] 이정진, R, SAS, MS-SQL을 활용한 데이터마이닝, 자유아카데미, 2011

[허명회2012] 허명회, R을 활용한 사회네트워크분석 입문, 자유아카데미, 2012.

[Breiman1984] Breiman, L., Friedman, J. H., Olshen, R.A. and Stone, C. J., Classification and Regression Trees, Chapman & Hall, 1984.

[Cowpertwait2009] Cowpertwait, P. S. P. and Metcalfe, A. V., Introductory Time Series with R, Springer, 2009.

[Hanneman] Hanneman, R. A. and Riddle, M., Introduction to Social Network Methods, Available at http:// www. faculty. ucr.edu/~hanneman/nettext/, 2005.

[Hastie2001] Hastie, T., Tibshirani, R. and Friedman, J., The Elements of Statistical Learning, Springer, 2001.

[Torgo2011] Torgo, L., Data Mining with R, CRC Press, 2011.

[Zhao2011] Zhao, Y., R and Data Mining: Examples and Case Studies, Academic Press, 2011.

빅데이터 이해와 활용

4 장

빅데이터 가시화

4장 빅데이터 가시화

4.1 개요

ICT 기술의 발전에 따라 IT장비 그 자체뿐만 아니라 IT장비의 사용자가 많은 양의 데이터를 생성하고 있다. ICT 발전을 하드웨어 측면에서 살펴보면 1970년대는 메인프레임컴퓨터 시대, 1990년대는 PC 시대, 2000년대는 인터넷/모바일 시대라고 할 수 있으며, 2010년 이후에는 사물인터넷 시대이다. 앞으로 본격적으로 다가올 사물인터넷시대에서는 거의 모든 곳에서 IT 장비가 사용될 예정이며, 이로부터 정보가 생산될 것이다. 생산될 정보의 양은 1.8조 기가바이트(Giga byte)인 제타바이트(Zeta byte)로 커질 것이며, 실제 생성되는 데이터는 실시간에 매우 다양한 형태의 빅데이터(big data)가 될 것이다. 이러한 빅데이터가 의미있게 활용되기 위해서는 <그림 4.1>과 같이 빅데이터를 처리하는 대표적인 세 과정인 빅데이터 수집 과정, 모아진 빅데이터를 분석하는 과정 그리고 분석된 결과의 가시화 과정을 거친다.

<그림 4.1> 빅데이터 처리 과정

빅데이터 수집은 다양한 정보 근원을 통해서 이루어진다. 그 근원으로는 사물인터넷기기로부터 얻어지는 실시간 및 비실시간 데이터, SNS(Social Network Service), 인터넷에 연결된 데이터(신문, 홈쇼핑, 등), 스마트디바이스로부터 얻어지는 실시간 및 비

실시간 데이터, 그이외 미리 제공되는 정형데이터 등이다. 수집된 빅데이터는 원하는 목적으로 가지고 분석되고 그 이후 분석된 결과를 매우 유용하게 볼 수 있게 하는 빅데이터 가시화 과정을 거쳐 빅데이터가 꽃으로 탄생된다.

일반적으로 빅데이터 가시화(Big Data Visualization)는 3V(Volume, Variety, Velocity) 특징을 갖는 빅데이터를 특정한 목적에 따라 분석한 의미있는 결과를 보다 쉽게 이해할 수 있도록 시각적으로 표현하고 전달하는 과정을 말한다[NAT2012, NAT2013, NAVER2014]. 이러한 가시화는 백문이 불여인견(百聞-不如一見)이라는 말이 있듯이 인간은 시각적으로 보는 것이 무엇을 이해하는데 매우 유익한 도구로 사용된다. 따라서 빅데이터의 가시화는 그림이라는 수단을 통해 전달하고자 하는 정보를 보다 명확하고 효과적으로 전달하는 것을 목적으로 하고 있다. <그림 4.2>가 빅데이터 분석 결과 가시화의 대표적인 사례인 영국 정부의 예산 사용 내역을 가시화하여 보여주고 있다[ENG2014]. 영국 정부의 총 예산을 가운데에 표시하고, 그 주변에는 세부 사용 분야, 즉 복지예산, 건강예산, 국방예산 등을 상세히 보여주고 있다. 이처럼 가시화된 데이터는 사용자에게 보다 쉽고 편리하게 이해할 수 있도록 해준다.

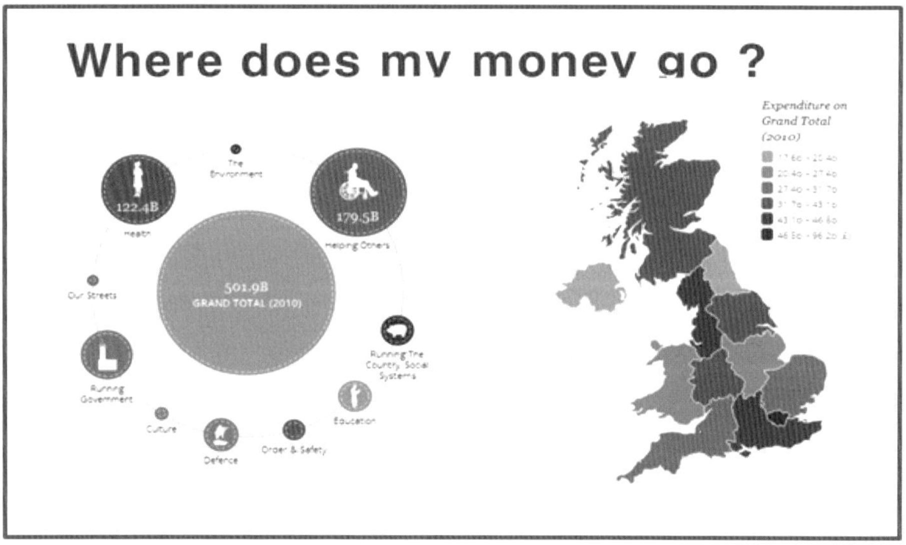

<그림 4.2> 빅데이터 가시화를 통한 정보의 빠른 이해의 예

구체적으로 왜 빅데이터의 가시화가 필요한가?를 살펴보자. 만약 많은 양의 정형 및 비정형 빅데이터를 가시화 하지 않는다면 데이터 속에 숨은 패턴(pattern)을 볼 수

없다. 그러나 실제 빅데이터 안에는 많은 패턴이 숨어있다. 따라서 숨어있는 패턴을 찾기 위한 가장 빠른 방법은 데이터를 시각화하여 파악하는 방법이다. <그림 4-3>에서 X축을 제품 출시 후 경과된 월을 표시하고 Y축을 제품 판매량이라 한다면 데이터 가시화 결과에서 보는 바와 같이 월별 제품 판매량이 지속적으로 증가하고 있는 패턴을 찾을 수 있다.

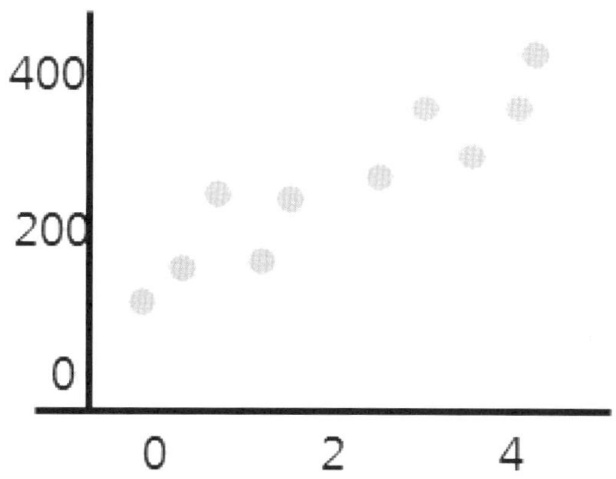

<그림 4-3> 빅데이터 가시화를 통한 패턴 찾기

이러한 이유로 인해 빅데이터의 가시화가 매우 중요한 의미를 갖는다. 미국의 경제학지 프리드만(Fricdman)은 데이터 의미를 효과적으로 전달하기 위해서는 심미적인 형태와 기능적인 요소가 조화를 통해 데이터의 가시화가 이루어져야 한다고 강조하고 있다. 빅데이터의 출현으로 빅데이터의 가시화가 중요하게 부각되고 있지만 그 이전에 정보 가시화(information visualization), 과학적 가시화(scientific visualization), 시각디자인(visual design), 정보 그래픽(information graphics) 등의 개념이 사용되고 있었다[FRI2014, EVEL2012].

정보 가시화는 정보를 조작하고 저장하는 소프트웨어나 데이터베이스 등에서 관리하는 대규모 비수량 정보를 가시적으로 표현하는 것을 의미하며, 과학적 가시화는 건축학, 기상학, 의학, 생물학 등의 분야에서 매우 복잡한 과학적 데이터 및 수식을 시간의 흐름에 따른 데이터의 변화를 입체적으로 표현하는 것을 말한다. 빅데이터와 가장 유사한 개념을 갖는 정보 그래픽은 인포그래픽(infographic)이라고도 하며, 정보와 데이터, 지식을 시각적으로 표현하는 것을 말한다[MAT2013]. 이들 개념의 공통적인 사항은 주어진 데이터를 보다 쉽고 빠르게 이해할 수 있고 주요 특징을 찾을 수 있도록 하고자 한다.

그럼 데이터를 가시화하기 위한 주요 특징은 무엇일까? 우선적으로 데이터의 명확한 가시화를 통해 원래의 데이터를 쉽게 해석하는 것이다. 단순한 데이터뿐만 아니라 복잡한 데이터셋일지라도 데이터의 가시화를 통해 얻을 수 없는 유용한 정보를 제공할 수 있다면 의미 있는 작업이라고 할 수 있다.

다음으로 사람마다 데이터를 보는 관점이 다르다. 주어진 데이터를 빠르고 정확하게 전달하기 위해 빅데이터를 가시화하지만 그 가시화 결과를 보는 사람마다 데이터의 해석을 달리 할 수 도 있다. 즉, 어떤 상황에서는 가시화 결과가 도움이 되질 않지만 다른 상황에서는 그 결과가 매우 도움이 될 수 있기 때문에, 데이터를 가시화할 때 단순하면서도 다양한 의미를 전달할 수 있도록 행해져야 한다.

앞에서도 언급한 바와 같이 대규모 데이터를 탐색하거나 이해할 때 가장 좋은 방법은 데이터의 가시화를 통해 이 데이터에 나타나는 패턴을 인지하게 만드는 것이다. 이러한 방법은 통계 분석 기법으로 나타나지 않는 이해할 수 없는 정보를 좀 더 명확하게 의미를 전달해 준다. 따라서 주어진 정보 자체를 정확하게 가시화하는게 매우 의미있다.

대다수의 사람들은 스마트기기와 함께 하루를 보내고 있다. 자기의 일상 생활이 데이터로 변환되어 고스란히 스마트기기에 기록되고 있다. 이러한 데이터를 수집하여 보면 자기 자신의 하루, 일주일, 한달 더 나아가서는 일년 동안의 생활 패턴을 알 수 있을 뿐만아니라 자기 삶의 스토리를 알 수 있을 것이다. 즉 데이터를 통해 삶의 스토리텔링을 할 수 있다는 것이고 이러한 데이터는 정적인 데이터를 넘어서 동적으로 지속적으로 변할 수 있다는 것이다. 따라서 동적인 데이터가 충분히 잘 이해 될 수 있도록 가시화하는게 매우 중요하다.

다음 절에서는 이러한 특징을 반영하여 활용되고 있는 가시화 기법에 대해 논의하고, 전 세계적으로 연구 개발된 빅데이터 가시화 사례 등을 소개한다.

4.2 가시화 기법

빅데이터 가시화는 정보 활용자의 원하는 목적에 부합하는 빅데이터를 수집하고 이를 분석한 결과를 다양한 방식으로 그려내는 과정이다. 따라서 데이터 가시화는 데이터의 분석 방법에 매우 의존적이어서, 지금까지 널리 사용되는 가시화 기법으로는 <표 4.1>과 같이 데이터 분석 형태와 유사하게 크게 다섯 가지 유형, 즉 시간가시화, 분포가시화, 관계가시화, 비교가시화와 공간가시화 등이다.

<표 4.1> 빅데이터 가시화 기법

빅데이터 가시화 기법	설명
시간 가시화	시간에 관련된 데이터를 시계열 데이터라고 하며, 시계열 데이터를 쉽고 빠르게 이해할 수 있도록 그려주는 과정을 의미한다. 이 가시화의 가장 큰 특징은 데이터의 경향성을 보여주고 있다.
분포 가시화	데이터에서 최대, 최소 및 전체적인 분포를 가시화하는 방법으로 데이터가 전체적으로 어떻게 구성되어 있는지를 보여주고 있다.
관계 가시화	데이터들간의 관계를 가시화하기 위한 방법으로 데이터간의 상관 관계, 관계 분포와 관계 비교를 전체적으로 보여주고 있다.
비교 가시화	다양한 기준으로 데이터 집단을 구분해서 찾아내어 이들 집단간을 비교할 수 있도록 가시화하는 방법이다.
공간 가시화	공간상에 나타나는 정보를 가시화하기 위해 지도상에 위도 경도를 이용하여 데이터를 표시하는 방법이다.

4.2.1 시간 가시화

우리에게 가장 널리 사용되는 데이터가 시간에 따라 변화하는 시계열 데이터(time series data)이다. 시간에 따라 우리나라의 인구는 계속 변화하고 있고, 사람들의 생각도 바뀌고, 제품의 생산량도 변하고, 제품 판매량도 바뀐다. 시간에 따라 지속적으로 변화하는 데이터를 측정하여 기록하면 바로 그 데이터가 시계열 데이터가 된다. 이러한 시계열 데이터를 그림으로 표시하는 기법을 시간 가시화라고 한다. 데이터에 대한 시간 가시화를 통해 사용자에게 무엇을 제공할 수 있을까? 생각해 보자. 시간에 따른 인구 분포를 가시화했을 때 사람들은 인구의 추이를 알 수 있을 것이다. 다시 말해 인구 데이터의 흐름, 즉 인구 트랜드, 경향을 파악할 수 있다는 것이다. 또 다른 예로,

월별에 따른 닭고기와 돼지고기의 판매량을 가시화하여 보면 그 결과에 따라 향후 닭과 돼지를 수급 량을 예측할 수 있을 것이다. 이처럼 데이터를 전체적으로 볼 수 있는 시간 가시화를 통해 데이터에 나타나는 주요 패턴을 찾을 수 있고, 이 패턴을 이용하여 전후 관계를 예측할 수 도 있어 데이터 값의 의미를 더 분명하게 이해할 수 있다. 더욱이 데이터를 더 잘 이해하면 할수록 향후 일어날 많은 일들을 좀 더 정확히 예측할 수 있다.

시간가시화의 대표적인 예로는 <그림 4-4>의 차트에서 보는 바와 같은 2008년 1월부터 2010년 12월까지 미국에서의 고용율의 변화를 보여주고 있다[MAT2012]. 그림 <4-4>에서 보는 바와 같이 부시 행정부가 끝나는 2008년 12월 시점에서 실직율이 급격히 늘어났다가, 오바마 행정부가 집권한 후 6개월만에 실직율이 급격히 줄어드는 현상을 볼 수 있다.

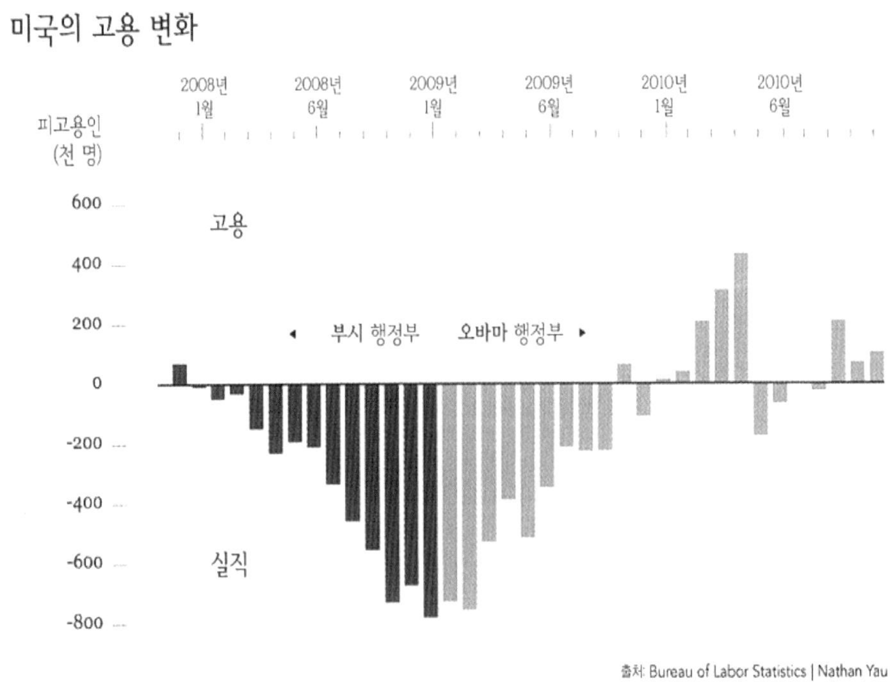

<그림 4-4> 오바마 집권 이후의 고용률 변화[MAT2012]

부시 행정부 이후 오바마 행정부의 집권 후에 차트만을 보면 오바마 행정부의 정책으로 인해 고용상태가 확실히 좋아졌음을 알 수 있으나 기간을 늘려 2001년부터 2011년까지의 미국 고용율 변화를 살펴보면 <그림 4-5>에서 보는 바와 같이 시간의 흐름에 따른 고용율의 변화 흐름을 볼 수 있어 오바마 행정부의 정책으로만 좋아졌다고 보기는 그렇고 시간의 흐름에 따른 고용율의 변화임도 파악할 수 있다.

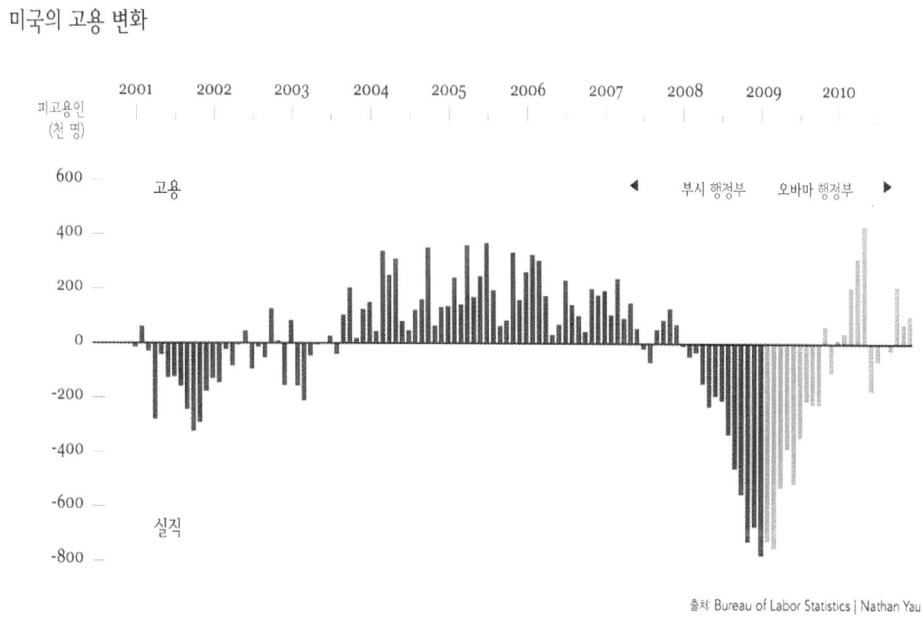

<그림 4-5> 2001년부터 2010년까지의 고용률 변화[MAT2012]

이제 시간 가시화를 위한 대표적인 방법을 생각해 보자. 시간 가시화 방법에는 크게 분절형과 연속형이 있다. 분절형 시간 가시화 방법으로는 점 그래프 표시 방법, 막대 그래프 혹은 누적 막대 그래프 표시 방법이 있으며. 연속형 시간 가시화 방법으로는 시계열 그래프, 계단식 그래프, 곡선으로 표시하는 방법이 있다.

먼저 분절형 시간 가시화 방법으로 널리 사용되고 있는 기법들을 설명하고 다음으로 연속형 시간 가시화 방법에 대해 설명한다.

점 그래프 표시 방법

점 그래프 표시 방법은 <그림 4-6>과 같이 시간에 따른 이벤트를 점으로 표시하는 방법이며, 스캐터 플롯(scatterplot)를 사용하여 표시된다. 아래 그림에서 보는 바와 세로축은 시간을 표시하고 가로축은 해당 시간에 대한 값을 표시한다. 그 값들을 하나의 값들로 표시할 수도 있으며, <그림 4-6>과 같이 서로 다른 색깔(파란색, 빨간색)로 두 개 이상의 정보를 표시할 수 도 있다.

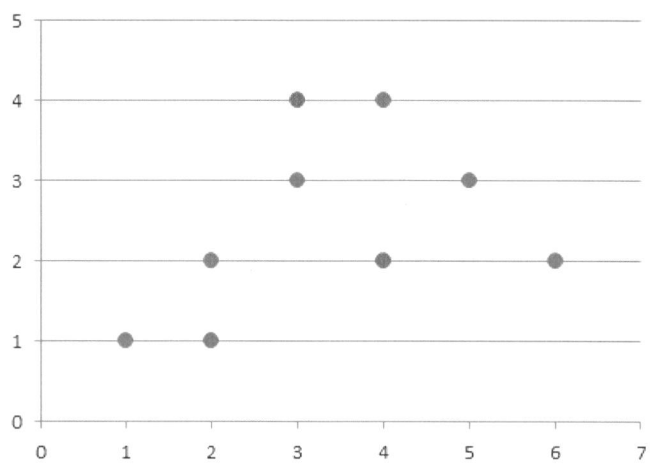

<그림 4-6> 점 그래프 표시 기법

막대 그래프 표시 방법

시간 가시화를 위한 막대그래프 표시 기법에서 막대의 폭과 막대의 간격은 시간의 변화 정도를 나타내기 위해 표시되며, 막대의 높이는 특정 시간에 해당되는 값을 의미한다. <그림 4-6>이 시간 가시화를 위한 막대그래프의 기본적인 구조를 설명하고 있으며, 일반적으로 시간 축(가로축, X축)은 시간 순서대로 정렬된 시간의 특정 시점을 나타내며, Y 축인 세로축은 해당 시간에 대해 얻어진 값을 의미한다. <그림 4-6>에서의 시간 축은 1월에서 6월까지를 나타내고 있지만, 연도, 날짜, 그 외의 다양한 시간 단위를 나타낼 수도 있다. 그리고 그 그림에서 세로 축의 막대의 높이는 매월에 얻어진 데이터 양을 의미한다. 예를 들어 <그림 4-7>은 1월에서 6월까지 특정 제품의 판매금액(단위: 10,000원)을 나타낸다고 할 때, 1월 제품 판매금액은 100,000원이고, 2월 판매금액은 200,000원, 4월 판매금액은 400,000원을 나타낸다.

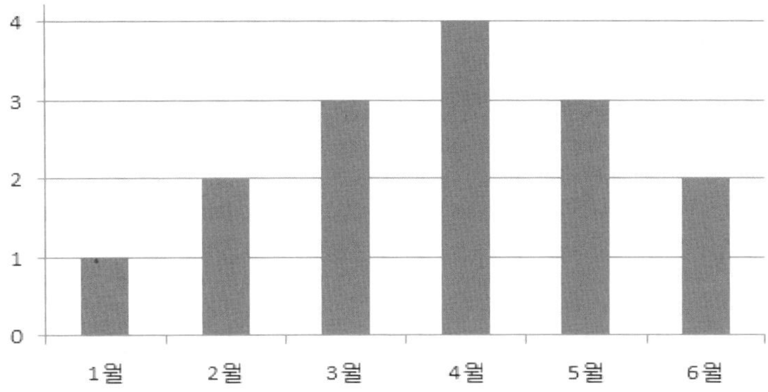

<그림 4-7> 막대그래프 표시 기법

누적막대 그래프 표시 방법

누적 막대그래프 표시 방법은 막대그래프 표시 기법을 확장하여 나타내는 기법으로 동일한 시간 대에 하나 이상의 세부 항목을 동시에 표기하기 위해 사용되는 방법이다. 예를 들어, <그림 4-8>의 가로 축과 세로 축이 <그림 4-7>에서와 같은 의미를 갖는다고 가정할 때, 누적 막대 그래프에서 막대의 높이는 판매 금액을 의미하며, 특정 막대를 구성하는 파란색과 빨간 색의 의미는 각각 1일부터 14일까지의 판매금액과 15일부터 월말까지의 판매금액을 각각 표시할 수 있다. 이처럼 전체적 의미 측면에서는 누적 막대그래프 표시 기법과 막대그래프 표시 기법이 같게 사용될 수 있으나, 누적막대그래프 표시 기법이 얻어진 값의 의미를 좀 더 구체적이고 상세하게 설명할 수 있다.

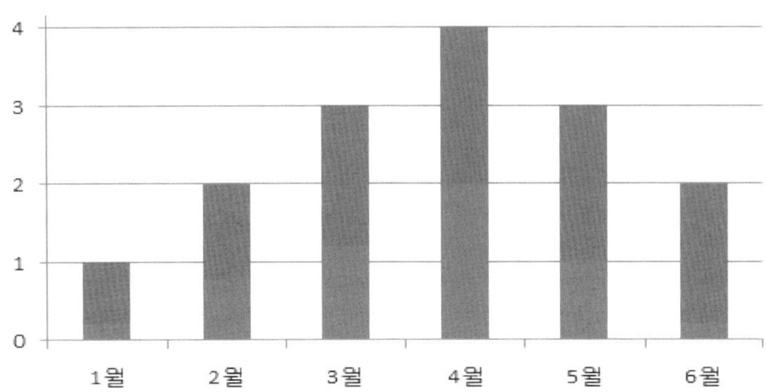

<그림 4-8> 누적 막대그래프 표시 기법

시계열 선 그래프 표시 기법

분절형 시간 가시화 기법은 특정 시간에 대해 얻어진 값을 표시하기 위해 사용되는 방법이다. 그러나 시간은 지속적으로 변화되고 있어 변화되는 시간에 따른 흐름을 알 수 있는 데이터 표시 기법이 필요하다. 예를 들어 대표적인 분절형 점 그래프 표시 기법에서 점들의 집합으로 데이터를 표시하고 있다. 추가적으로 시간의 연속적인 개념에서 이들 점을 연결한 다각선으로 나타내면 사용자들은 시간에 따른 이들 값들이 어떻게 흘러가는지를 이해할 수 있다. <그림 4-9>가 그 예를 보여주고 있다. 이러한 가시화 기법을 우리는 시계열선 그래프 표시 기법이라고 한다.

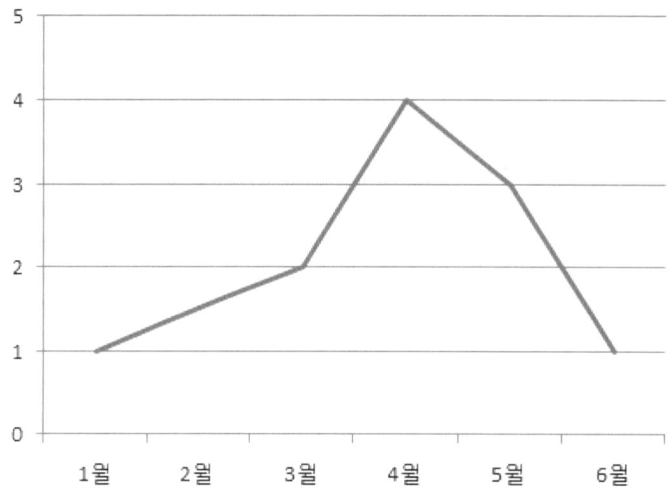

<그림 4-9> 시계열 선 그래프 표시 기법

시계열 단계 그래프 표시 기법

일반적인 시계열 선 그래프 표시 기법은 특정 시점에서 다음 시점간에 표시가 두 시점에서 얻어진 값들을 단순한 선으로 연결하여 표시한다는 것이다. 그러나 인구 증가 통계 같은 수치에는 이런 변화가 적합하지만, 잘 변하지 않다가 급격하게 증가하거나 감소하는 수치를 표시해야 할 때는 적합하지 않다. 예를 들어, 시중에 적용되는 금리를 생각해 보자. 금리의 변화는 <그림 4-10>과 같이 금리가 일정하게 유지되고 있다가 특정한 시점에서 등락이 이루어진다. 따라서 이러한 정보를 자연스럽게 표시하기 기법을 우리는 시계열 단계 그래프 표시 기법이라고 한다.

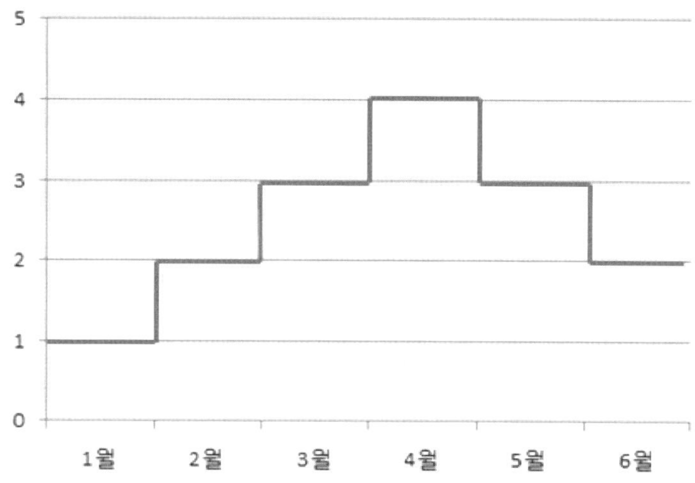

<그림 4-10> 시계열 계단식 그래프 표시 기법

시계열 커브 그래프 표시 기법

시계열 선 그래프 표시 기법에서 특정 시점에서 다음 시점간에 표시가 두 시점에서 얻어진 값들을 단순한 선으로 표시하지 않고, <그림 4-11>과 같이 커브로 표시하는 기법이 시계열 커브 그래프 표시 기법이다. 이 기법은 데이터의 흐름이 단순한 선형 보간이 아닌 2차 혹은 3차 커브형으로 나타나는데 사용될 수 있다.

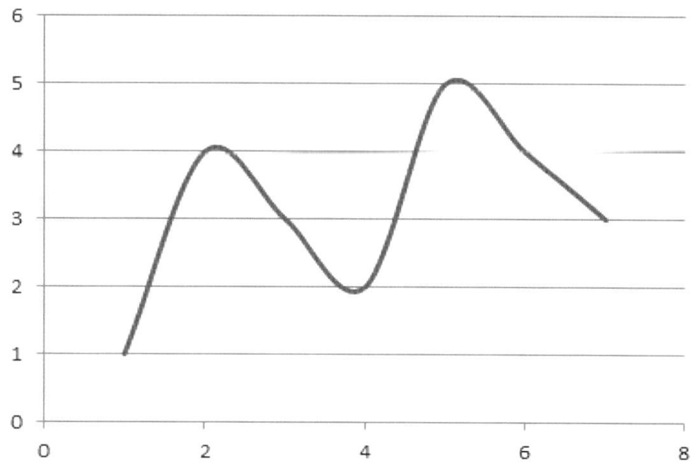

<그림 4-11> 시계열 커브 그래프 표시 기법

지금까지 언급한 바와 같이 시간 가시화 기법은 시간에 따른 데이터의 흐름을 잘 보여주고 있으며, 이 흐름을 통해 사용자는 데이터의 패턴을 찾을 수 있다. 그러나 위에서 언급한 방법이 시간 가시화의 전부는 아니며, 또 다른 다양한 가시화 방법이 있을 수 있으니 다양한 문헌을 참조하기 바란다.

4.2.2 분포 가시화

분포 가시화를 위한 매우 특징적인 사항은 데이터가 갖고 있는 최대(maximum), 최소(minimum), 전체 분포(overall distribution)가 어떻게 되는가이다. 일반적으로 최소와 최대는 데이터의 처음과 끝을 의미하며, 전체 분포는 주어진 데이터가 어떻게 분포되어 있는지를 나타낸다. 예를 들어, 다섯 가지 항목에 대한 가장 좋아하는 한 항목만을 선택하는 설문조사 결과를 생각해 보자. 분명 가장 적게 선택된 항목이 있을 것이고 가장 많이 선택된 항목이 있을 것이다. 이들 항목을 각각 최소와 최대로 나타낸다. 그 이외 선택된 다른 항목을 전체 분포로 나타낸다. 이러한 분포 상황을 가장 적합하게 가시화할 수 있는 기법이 분포가시화이며, 대표적으로 사용되는 기법으로는 파이차트(Pie Chart), 도넛 차트(Donut chart), 트리맵(tree map), 누적막대그래프와 연속막대 그래프 기법 등이 있다.

파이차트(Pie Chart) 표시 기법

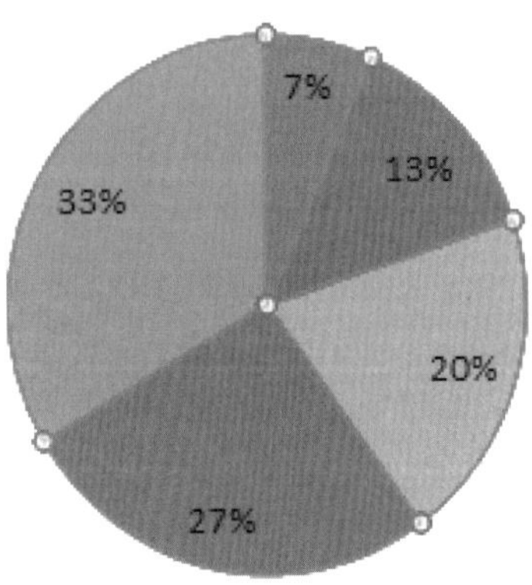

<그림 4-12> 파이 차트 표시 기법

William Playfair에 의해 1901년 최초로 제시된 파이 차트는 데이터의 전체를 100%로 보았을 때 특정 데이터가 얼마를 차지하고 있는지를 나타내는 방법이다. <그림 4-12>에서와 같이 전체 데이터 100%를 원 전체로 가시화하고, 각 항목별로 해당된 %를 원을 잘라 가시화하는 기법을 의미한다. 예를 들어, 1에서 5까지의 항목에 대한 선호도 조사결과, 첫 번째 항목에서 다섯 번째 항목까지의 선호도가 각각 7%, 33%, 20%, 27%와 33%라 가정할 때, 이를 파이

차트를 이용하여 표기 하면 <그림 4-12>와 같다.

<그림 4-13>는 2012년 7월 27일에서 8월 1일까지 오바마 행정부에서 수행한 각 분야별 정책 지지율 데이터를 여러 개의 파이차트로 표현한 것이다[MAT2012]. 그림에서 보는 바와 같이 13개 정책(인종 정책, 교육, 테러대응, 에너지정책, 외교, 환경, 이라크대응, 세금, 보건정책, 경제, 아프카니스탄대응, 연방예산적자, 이민)에 대한 파이차트는 각 정책에 대한 찬성, 반대와 무응답을 %로 나타낸다.

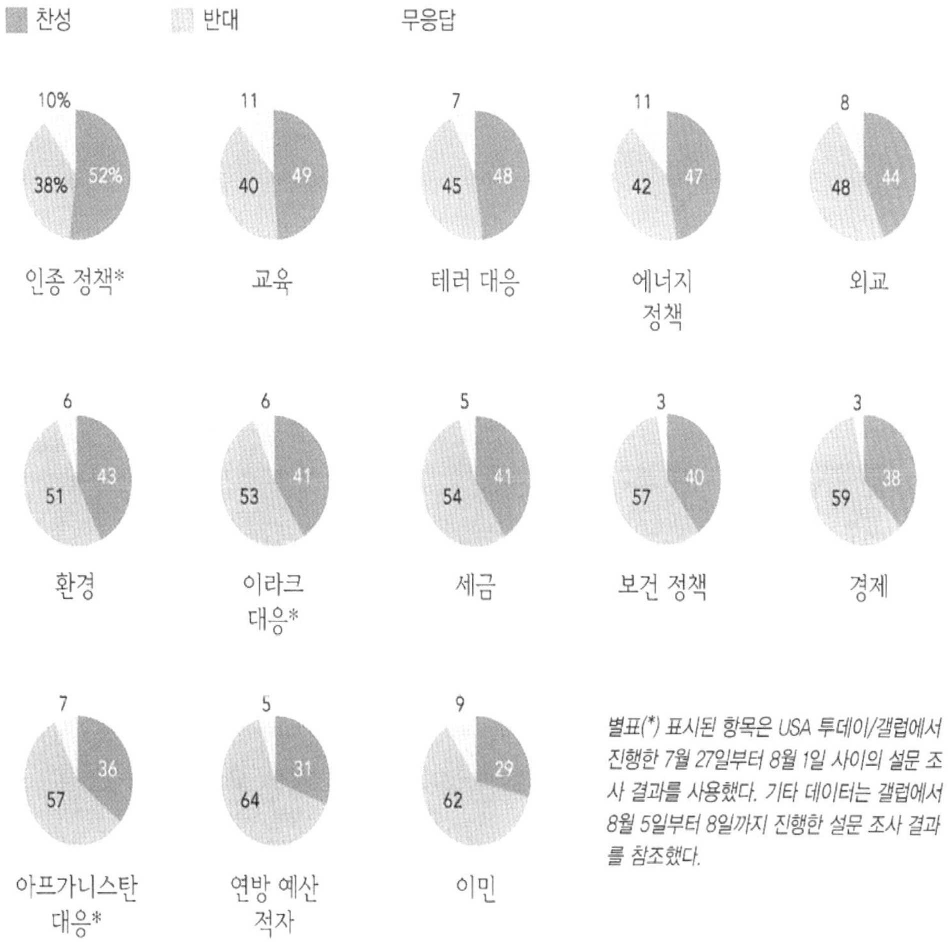

<그림 4-13> 파이 차트 모음[MAT2012]

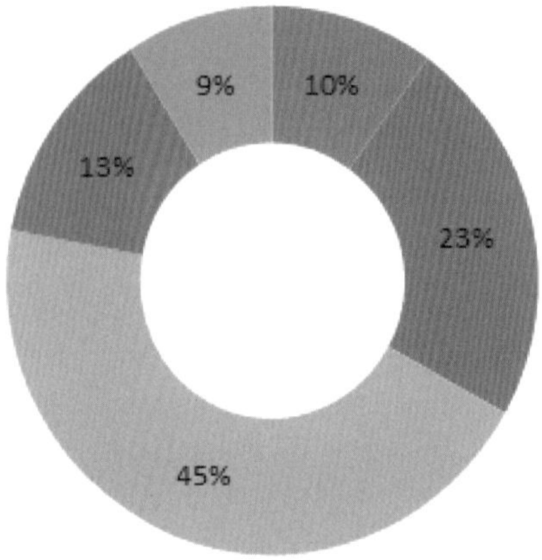

<그림 4-14> 도넛 차트 표시 기법

도넛차트 표시 기법

도넛차트 표시 기법은 파이차트 표시 기법을 도넛처럼 변경하여 표시하는 방법이다. 의미 및 표시 방법은 파이차트와 같으나 파이차트와 달리 중심부를 잘라내서 도넛 모양으로 보인다는 점이 다르다. 일반적으로 <그림 4-14>와 같이 도넛차트는 중심에 구멍이 뚫려 있기 때문에 각도보단 길이로 값의 차이를 인식하기 위해 사용될 수 있다.

트리맵(Tree Map) 표시 기법

메릴랜드 주립대학의 Ben Shneiderman은 1990년 하드디스크 사용량에 대한 가시화를 위해 트리 다이아그램을 사용하였다. 그러나 그는 디렉토리 구조를 기반으로 저장되어 있는 컴퓨터 파일의 특성을 가장 잘 반영하는 그림을 그리고 싶어했으며, 최종적으로 하드디스크 사용량을 가장 잘 표현하는 구조로 트리맵(Tree Map)을 제시했다. 트리맵은 <그림 4-15>와 같이 영역 기반의 가시화 방법으로 각 사각형의 크기는 수치를 나타내며, 위계 구조의 데이터를 영역 기반의 트리구조로 나타내기 위해 한 사각형을 포함하고 있는 바깥의 영역은 그 사각형이 포함된 대분류를, 내부의 사각형은 내부적인 세부 분류를 나타내도록 하였다.

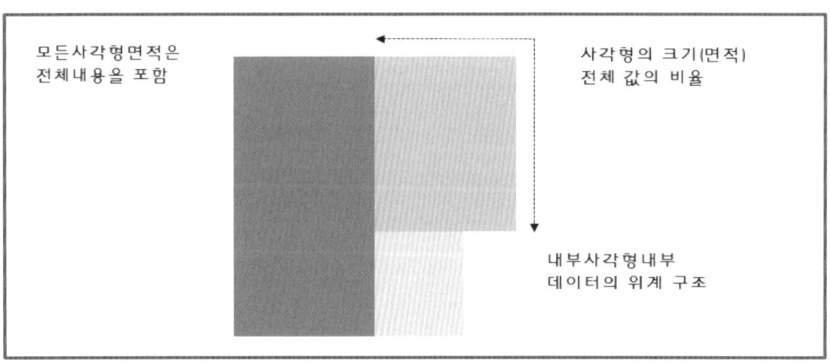

<그림 4-15> 트리맵 표시 기법[MAT2014]

누적막대 분포 그래프 표시 기법

누적 막대 그래프 표시 기법은 시계열 데이터를 표현하기 위해 사용될 수도 있지만, <그림 4-12>에 표시된 오바마 행정부의 각각의 정책에 대한 응답 결과를 표시하고 있는 파이차트를 누적막대 분포 그래프로 표시할 수 있다. <그림 4-16>에서와 같이 가로 축에 표시된 설문조사한 각 정책 정보를 나타내고 있고, 각 정책에 대한 세로축은 설문조사의 응답 결과의 분포를 표시하고 있다. 예를 들어, 오바마 행정부의 교육 정책의 선호도를 조사한 결과 찬성은 49%, 반대는 40%, 무응답은 11%임을 보여주고 있다. 이처럼 누적 막대 분포 그래프를 사용하면 가로 축의 특정 정보에 해당되는 세로축의 값을 분포 정보로 나누어 가시화할 수 있다.

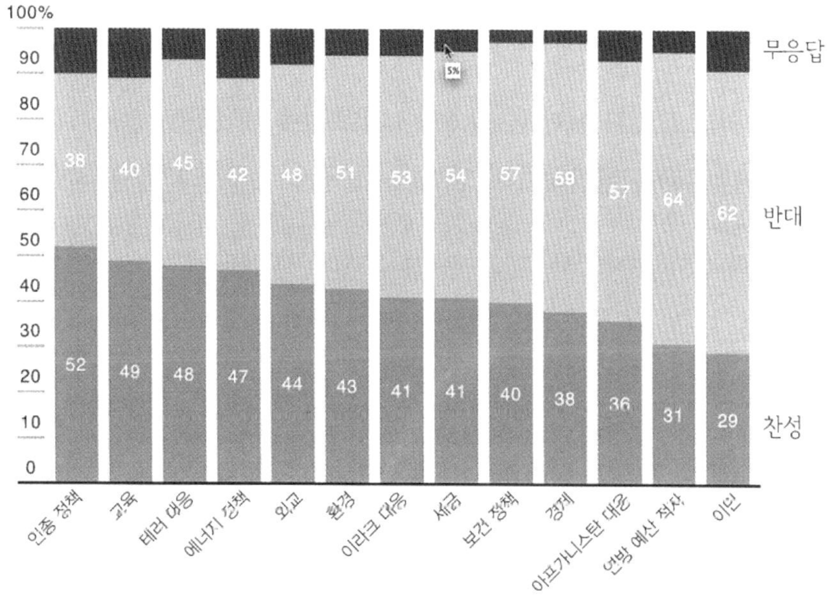

<그림 4-16> 누적 막대 분포 그래프[MAT2012]

누적 연속 분포 그래프 표시 기법

누적 막대 분포 그래프 표시 방법과 유사하게 누적 연속 분포 그래프도 분포 가시화를 위해 사용될 수 있다. 이 기법에서는 <그림 4-17>에서와 같이 서로 다른 세 개의 색깔로 월별 정보를 순차적으로 표시하고 있다고 가정할 때, 이들 정보를 차곡차곡 쌓아올려 그래프로 그려 빈 공간을 채워가는 기법이다. <그림 4-17>에서 월별 정보를 연속적으로 표현하기 위해서는 선형 보간을 통한 누적을 취하였다.

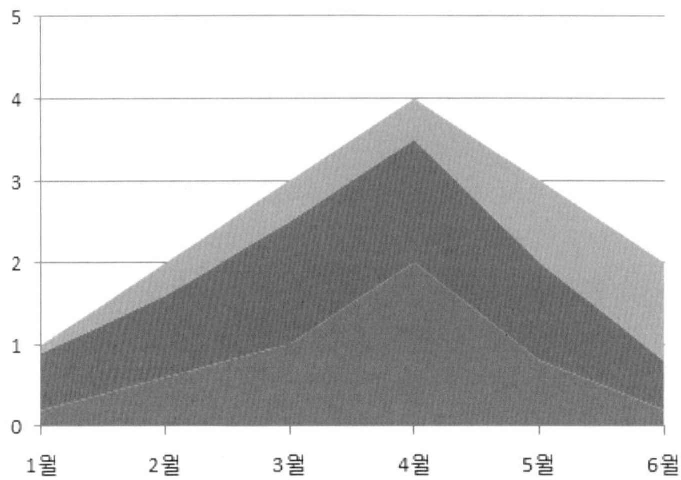

<그림 4-17> 누적연속 분포 그래프 표시 방법

지금까지 분포 정보를 가시화하기 위한 대표적인 방법인 파이차트, 도넛차트, 트리맵, 누적막대, 누적 연속 표시 기법에 대해 설명하였다. 이들 방법의 공통적인 특정은 전체 분포를 한 눈에 가시화하고 있다는 것이고, 또한 개별적으로 갖는 정보가 전체적으로 어떤 의미를 갖고 있는지를 한 눈에 볼 수 있게 하고 있다는 것이다. 다른 가시화 기법에서와 같이 특정 정보를 분포적인 측면에서 가시화할 때 소개된 가시화 기법 중 무엇을 사용할 것인가? 이의 결정은 매우 의미있는 작업일 것이고, 각 분포 가시화 기법은 몇몇 특징을 갖는다. 예를 들어 수치가 몇 개 안될 경우는 파이차트를 사용함이, 다양하게 분류된 데이터에 대해 여러 개의 수치 자료를 갖고 있을 경우에는 파이차트를 사용하는 것보다 누적막대분포 그래프를 사용하는 것이 더욱 현명할 것이다. 이상에서 보는 바와 같이 데이터에 적합한 분포가시화 기법을 취하여 가시화 하는게 무엇보다도 중요하다.

4.2.3 관계 가시화

다음으로 데이터에서 중요한 항목 중의 하나가 데이터간에는 어떠한 관계가 있는

지를 알아보는 것이다. 다시 말해 데이터를 구성하는 특정 요소의 변화가 다른 요소의 변화에 어떠한 영향을 미치는지를 알아보는 것이다. 가장 간단한 예로 휘발유 가격 변동이 A라는 과자 가격에 어떠한 요인이 되는가? 분명 휘발유 가격이 오르면 과자 A를 만들어내는 기계를 작동시켜야 하므로 전기료가 인상되어 과자 A의 가격은 올라갈 수 있음을 알 수 있을 것이다. 이를 증명하기 위해 일상생활의 휘발유 가격과 과자 A의 가격을 조사하여 가로축은 휘발유의 가격, 세로축은 해당 과자 A의 가격을 나타낸다고 할 때 가로축과 세로축에 해당되는 가격을 점으로 표시하면 휘발유 가격과 과자 A의 가격과의 관계를 알 수 있을 것이다. 이처럼 데이터들간의 관계를 밝혀주는 가시화 기법을 소개하고자 하며, 대표적인 방법으로 스캐터 플롯 표시 방법, 스캐터 플롯 행렬 표시 방법, 버블차트 표시 방법, 히스토그램 표시 방법, 밀도 그래프 표시 방법을 소개한다.

스캐터플롯(Scatter Plotter) 표시 기법

앞서 언급한 시간가시화 기법에서와 달리 관계가시화 기법에서는 두 변수와의 관계를 알아보기 위해 사용하는 방법이다. 이를 위해 가로축에 하나의 변수를 설정하고, 세로축에 다른 변수를 설정한 후 그 관계를 점을 표시한다. <그림 4-18>에서는 5개의 관계가 표시되어 있으며, 가로값 1과 세로값 2.5, 가로값 2와 세로값 1, 가로값 2.5와 세로값 3.5, 가로값3과 세로값 4, 그리고 가로값 4와 세로값 2의 관계를 표시한다.

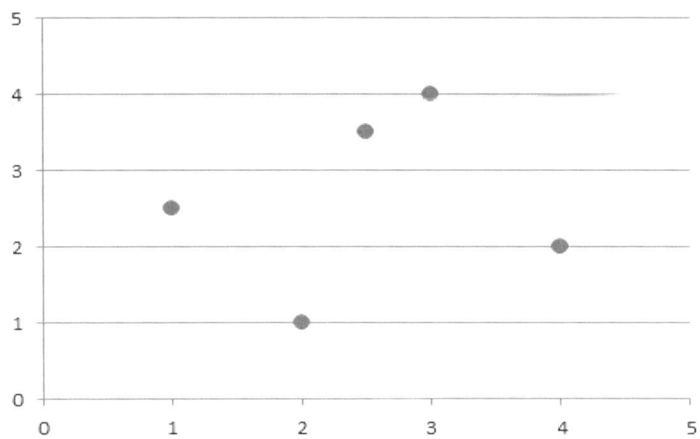

<그림 4-18> 2개의 변수를 비교하는 스캐터플롯의 구조

이러한 관계를 만든 데이터에 대해 조사하여 보면 두 변수간의 수치값의 변화에 따른 점들의 성향을 알 수 있다. <그림 4-19>에서 가장 왼쪽에 나타나는 그림은 두 변수간의 양의 상관 관계, 즉 점이 오른쪽 위로 올라가는 추세임을 알 수 있으며, 중간에 있는 그림은 음의 상관관계, 즉 점이 오른쪽 아래로 떨어지는 추세임을 알 수 있다. 그러나 가장 오른쪽에 있는 그려진 점들을 보면 점들의 배치에 전혀 패턴을 볼 수 없어 두 변수가 서로 상관이 없음을 알 수 있다.

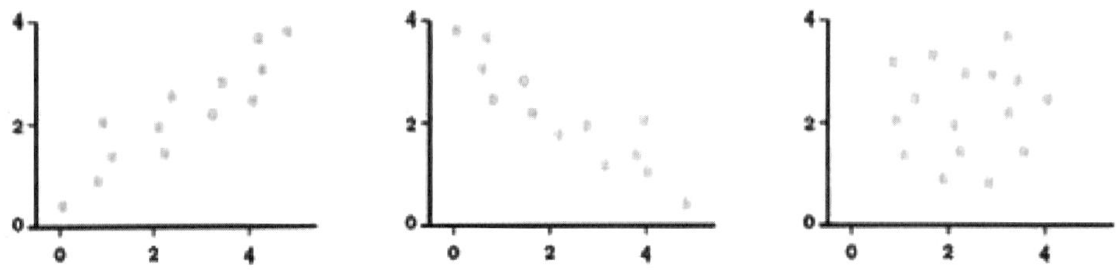

<그림 4-19> 스캐터플롯 표시 기법을 통한 상관관계 파악 표시 기법

스캐터플롯 행렬 표시 방법

두 변수간의 상관관계를 알기 위한 스캐터 플롯 표시 기법을 확장하여 여러 변수간의 상관계를 알아 보기 사용하는 방법 중의 하나가 스캐터 플롯 행렬 표시 기법이다. 행렬이라는 용어처럼 이 기법은 가능한 모든 변수들간의 관계를 쌍으로 설정하여 각 쌍에 대해 스캐터플롯 가시화를 수행한다. 예를 들어 인구 200,000명에 따른 사건사고 증가율을 알아보기 위해, 단순하게 하나의 스캐터플롯을 사용하여 표시할 수도 있지만, 사건 사고를 살인, 강간, 강도, 폭행, 절도, 절취, 차량절도 등으로 분류하고 이들 사건사고들간의 관계를 서로 비교하여 <그림 4-20>과 같이 가시화하는 방법이 스캐터플롯 행렬 표시 기법이다. 이러한 스캐터플롯 행렬 표시 기법은 일반적으로 가로 세로로 이뤄진 모든 변수의 정 사각 그리드의 모습으로 그려진다. 하나의 행과 열은 각각 가로 축과 세로축의 변수를 나타내어지며, 모든 변수 쌍에 대한 행렬 값에 해당 스캐터플롯을 그려 해당 두 변수간의 관계를 파악할 수 있다. 일반적으로 대각선은 같은 변수간의 간계를 나타내기 때문에 대각선 위치는 공간으로 비워두거나 변수의 이름을 표기한다. <그림 4-20>이 범죄 유형별 발생 비율을 스캐터 플롯 행렬로 표시한 예를 보여주고 있다.

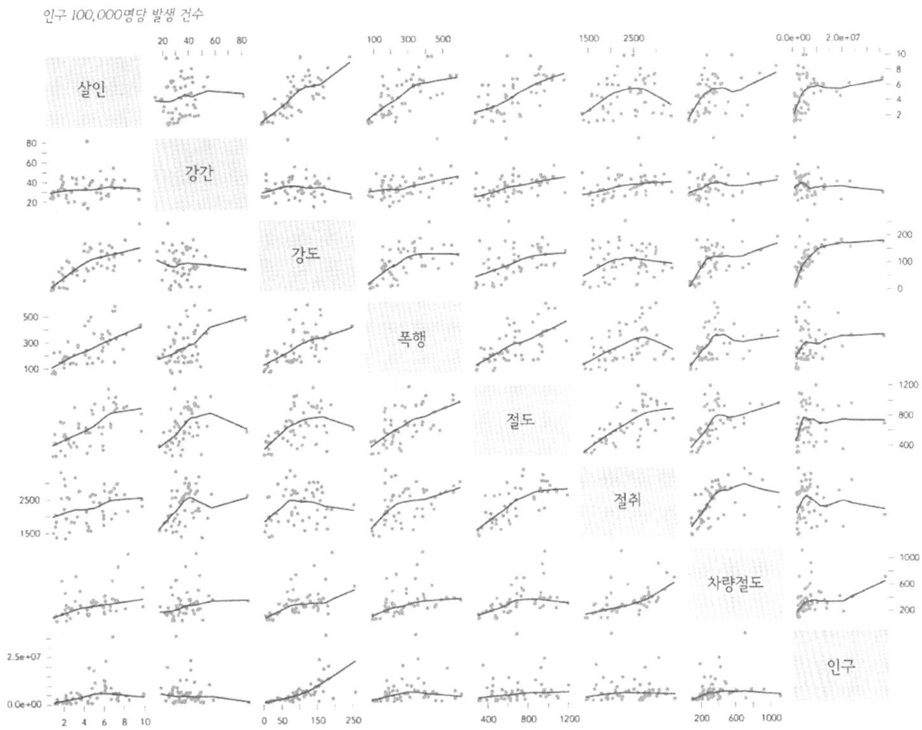

<그림 4-20> 범죄 유형별 발생 비율의 스캐터플롯 행렬[MAT2012]

버블차트 표시 방법

일반적으로 버블차트는 비율에 따라 크기를 달리한 원형 버블로 표시하는 차트를 말한다. 이러한 버블 차트의 개념은 스캐터 플롯과 함께 하지만, 오늘날의 버블차트는 스캐터플롯에 버블의 크기로 세 번째 변수를 나타내는 그래프를 일컫는다. 버블차트는 <그림 4-21>의 설명과 같이 한번에 3개의 변수를 비교해볼 수 있다는 점이 특징이다. 한 변수는 x축 좌표로, 다른 한 변수는 y축 좌표로, 세 번째 변수는 버블의 면적으로 표시한다. 가장 대표적인 버블차트의 사용은 한스 로슬링(Hans Rosling)이며, 그는 주요 국가별 경제적 부와 건강간의 상관관계를 지속적으로 조사하였고, 조사 결과를 인구를 나타내는 버블 차트로 표시하였다[HANS2012]. 특히, 한스 로슬링은 특정 시점의 버블 챠트를 연도별로 애니메이션하여 나타내어 경제적 부와 건강간의 상관관계 그리고 인구의 변화를 한 눈에 볼 수 있도록 하였다.

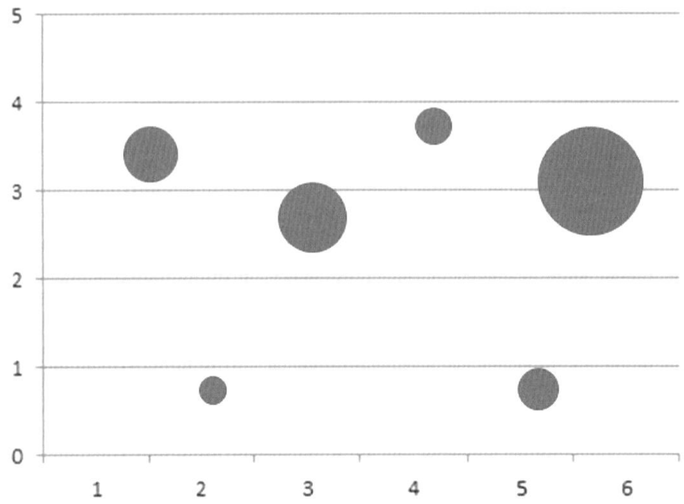

<그림 4-21> 버블 차트 표시 기법

히스토그램 표시 기법

히스토그램(histogram)이란 주어진 데이터가 몇 번 나타나는지를 표시하는 빈도 분포를 그림으로 나타낸 것이다. 일반적으로 가로축은 데이터를, 세로축은 해당 데이터의 빈도를 나타낸다. 따라서 세로 값이 크면 높은 빈도를 나타내고, 작으면 낮은 빈도를 나타낸다. 예를 들어 "빅데이터 이해와 활용"이라는 과목을 수강하는 100명의 학생들이 중간고사를 보았다고 하자. 60점이상 70점이하의 점수인 학생이 10명, 70점이상 80점이하의 점수인 학생이 30명, 80점이상 90점이하의 점수인 학생이 40명, 90점이상 100점이하의 점수인 학생이 20명이라고 할 때, 히스토그램으로 표시하여 나타낼 수 있다. 히스토그램 표시 기법과 막대 그래프 표시기법은 매우 유사하다. 그러나 막대그래프는 가로축의 값이 불연속적일 때 많이 사용하는 반면 히스토그램에서는 가로축의 값이 연속적인 의미를 가질 때 주로 사용한다.

특히 히스토그램 표시 기법은 CCTV 등과 같이 영상 빅데이터에서 유사도를 검사하기 위해 사용하는 방법 중의 하나로 사용될 수 있다. 예를 들어, CCTV에 나타나는 각 영상에 대해 히스토그램을 만들어 저장한 후에 새로 들어오는 영상에 대한 히스토그램을 만들어 히스토그램 유사도 비교를 통해 두 영상의 유사도를 판단 할 수 있다.

밀도그래프 표시 방법

일반적으로 히스토그램에서 가로축은 연속적인 값을 몇 개의 구간으로 나누어 표시하고 있으며, 세로축은 특정 구간에 해당하는 대상의 모음 혹은 숫자를 나타내는 막대로 표시한다. 만약에 연속적인 값에서의 분포를 막대가 아닌 곡선으로 사용할 수도 있다. 일반적으로 밀도그래프에서는 <그림 4-22>에서와 같이 곡선을 사용하여 연속적인 값에 나타나는 분포를 보여주며, 곡선 아래 영역의 전체 면적은 1이고, 세로축은 전체 영역에서 구간에 해당하는 확률을 나타낸다. <그림 4-22>에서 m은 데이터의 평균을 의미하며, σ는 분산을 말한다.

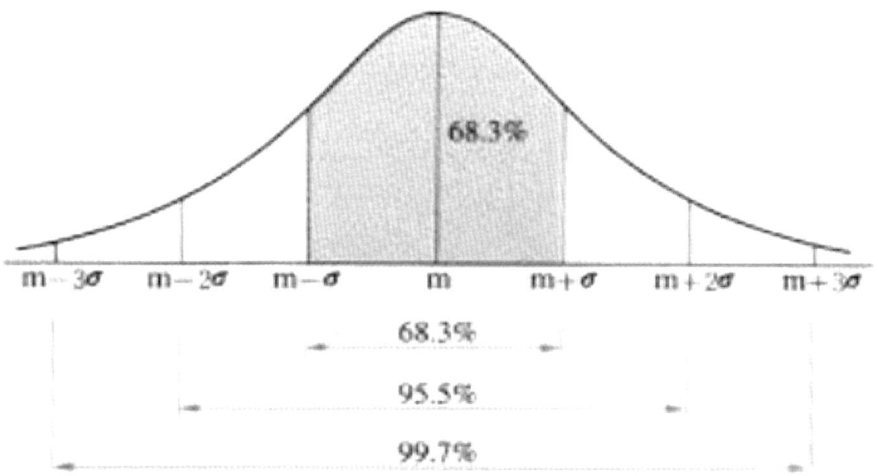

<그림 4-22> 밀도 그래프 표시 기법

4.2.4 비교 가시화

일반적으로 빅데이터 분석 결과를 하나의 변수로 비교하기는 그리 쉽지 않다. 어떤 시계의 크기와 가격은 다른 시계보다 크고 비싸고, 사용하는 휴대폰이 다른 휴대폰보다 비싸고, 내가 타는 자동차의 가격이 다른 차보다 비싸다. 이렇게 비교해야 할 변수들이 두 개 이상일 경우 지금까지 언급한 가시화 기법으로 이를 나타내기란 그리 쉽지 않다. 그렇지만 불가능한 것은 아니다. 예를 들어, 특정한 장소에서 시간대별로 버스, 택시와 자가용의 통행량을 분석한다고 하여보자. 분류해야 할 대상으로 장소, 시간, 버스의 통행량, 택시와 자가용의 통행량 정보를 고려하여 비교해야 한다. 이 처럼 결과적으로 비교해야 할 많은 대상의 단위 비교 목록을 나열해야 해서 그리 쉬운 문제는 아닐 것이다.

여기에서는 비교 가시화를 위해 널리 사용되는 가시화 기법인 히트맵(hitmap), 체르노프페이스(**Chernoff Face**), 단어 구름(Word Cloud), 스타챠트(star chart) 등에 대해 논의한다.

히트맵(Heatmap) 표시 방법

히트 맵(heat map)이라는 용어는 열을 뜻하는 히트(heat)와 지도를 뜻하는 맵(map)의 합성어로, 히트맵 표시 기법은 일정한 이미지위에 색상으로 표현할 수 있는 다양한 정보를 열분포 형태로 가시화한 특징을 갖는다. 이러한 히트맵 표시 방법은 다양한 분야에 응용할 수 있다. 예를 들어, 특정 홈페이지에 매주 월화수목금토일요일에 시간대별 방문자수를 색깔을 사용하여 가시화를 하고자 한다고 생각해 보자. <그림 4-23>이 그 예를 보여주고 있다. 그림에서 보는 바와 같이 가로축은 시간(0시부터 24시까지)을 의미하며, 세로축은 요일(월요일에서 일요일까지)을 나타낸다. 자주색은 거의 방문하지 않음을 나타내고, 점점 방문자수가 증가하는 함을 나타내기 위해 파란색, 하얀색 마지막으로 가장 많이 방문한 수에 대해서는 빨간색으로 표시하였다. 그림에서 보는 바와 같이 거의 모든 요일에 새벽 3시에서 6시까지는 방문자가 거의 없으며, 월요일에서 목요일 오후 1시부터 4시까지의 홈페이지 방문자 수가 가장 많음을 볼 수 있다.

이외에도 히트맵을 이용하면 특정 지역의 교통 흐름도 등을 잘 표현할 수 있다.

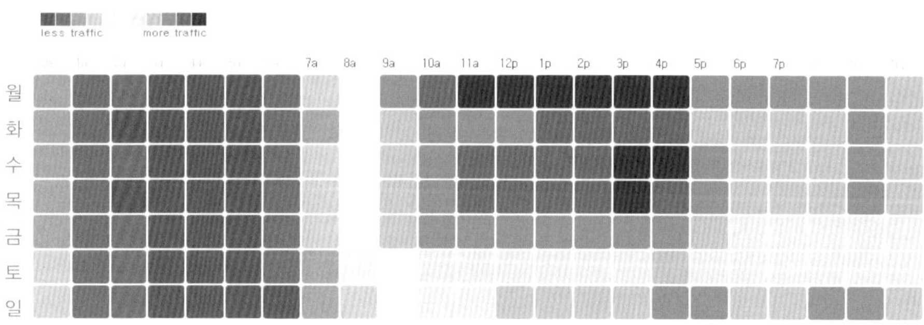

<그림 4-23> 홈페이지 방문을 표시하는 히트맵의 구조

체르노프 페이스(Chernoff Face) 표시 기법

히트맵의 장점은 전체 데이터를 한눈에 볼 수 있다는 것이다. 체르노트 페이스 기법은 사람의 얼굴 이미지를 이용하여 다차원 통계 데이터를 시각적으로 표현하는 방법으로, 얼굴의 가로 너비, 세로 높이, 눈, 코, 입, 귀 등 각 부위를 변수로 대체하여 데이터의 속성을 쉽게 파악할 수 있도록 하기 위해 만들어졌다. 이러한 체르노프 페이스는 일상생활에서 사람의 얼굴을 쉽게 구분할 수 있으므로, 실제 데이터의 특징을 얼굴에 나타나는 특징과 연계하여 표현하면 데이터의 특징을 보다 쉽게 이해할 수 있을 것이고 생각하였다.

예를 들어 <그림 4-24>에서 얼굴 전체 길이는 데이터의 크기를 나타내도록 하였으며, 머리 모양, 눈, 코, 입술 등은 데이터의 특징을 표현하고 있어, 코에 대응하는 데이터에 대해 코가 크면 해당 데이터의 값이 크고, 코가 작으면 해당 데이터 값을 작게 표현한다. 유사하게 큰 눈, 긴 입술 모양은 해당 데이터 값이 크다는 것을 의미하게 하고, 작으면 해당 데이터 값이 작다는 것을 의미하게 한다.

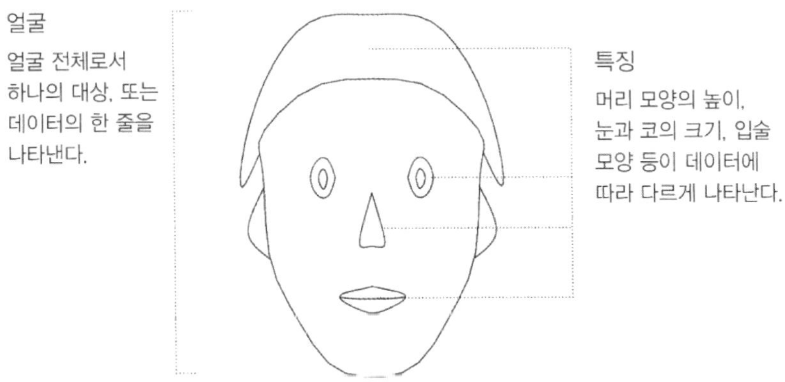

<그림 4-24> 체르노프 페이스의 구조[MAT2012]

단어구름(Word Cloud) 표시 기법

단어구름 표시 기법은 관심있는 문서에서 사용하고 있는 단어의 빈도수를 계산하여 빈도수에 따라 사용하고 있는 단어의 중요성을 비교하여 표시하는 가시화 기법이며, 태그구름(Tag Cloud)라고도 한다. 이 기법에서는 대개 단일단어에 대해 빈도수를 계산하며, 빈도수가 많은 단어는 폰트의 크기를 크게 하거나 혹은 중요한 색깔을 사용한다. 예를 들어, <그림 4-25>는 위키피디어에서 사용하는 단어의 빈도수를 계산하여 단어구름 표시기법을 이용하여 가시화한 결과다. 그림에서 보는 바와 같이, wikipedia, people, foudnation-l, think, like, projects, one 등의 단어 빈도수가 많아 보이고 이들 단어가 매우 크고 중요한 색깔로 그려져 있음을 알 수 있다.

<그림 4-25> 위키피디어에서 단어구름 표시 기법의 예[WIKI2014]

스타차트(Star Chart) 표시 기법

스타차트 표시 기법은 주어진 데이터를 스타형으로 가시화하는 기법으로 레이더 차트(Radar chart) 혹은 스파이더 차트(spider chart)라고도 한다. 이 기법에서 스타의 중점에서 스타형으로 관심데이터를 표현하는 가지가 펴져 나간다. <그림 4-26>은 미국의 전체와 각 주별로 범죄 데이터를 여섯 가지 유형(살인(murder), 강간(rape), 강도(robbery), 폭행(assault), 침입(burglary), 절도(theft))으로 분류한 후, 이들 데이터를 스타차트로 가시화한 예를 보여주고 있다[R2014]. 이 스타차트는 중심의 오른쪽 중앙에서부터 반시계방향으로 돌아가면서 여섯 가지 유형의 범죄를 표시하고 있으며, 길이가 길면 길수록 해당 범죄가 많이 일어났음을 표시하고 있고, 길이가 작으면 해당 범죄가 거의 없음을 나타내고 있다. 미국 전역의 범죄 상황을 살펴보면 살인 및 강도는 그리 많지 않지만, 침입과 절도는 많은 편이며, 강간과 폭행은 중간 정도 됨을 알 수 있다. Connecticut에서는 여섯가지 유형의 범죄가 상대적으로 거의 없음을 표시하고 있고, District of Columbia에서는 많은 범죄가 일어나고 있음을 알 수 있다. 그 이외의 지역도 스타차트를 통해서 전체적으로 파악할 수 있다.

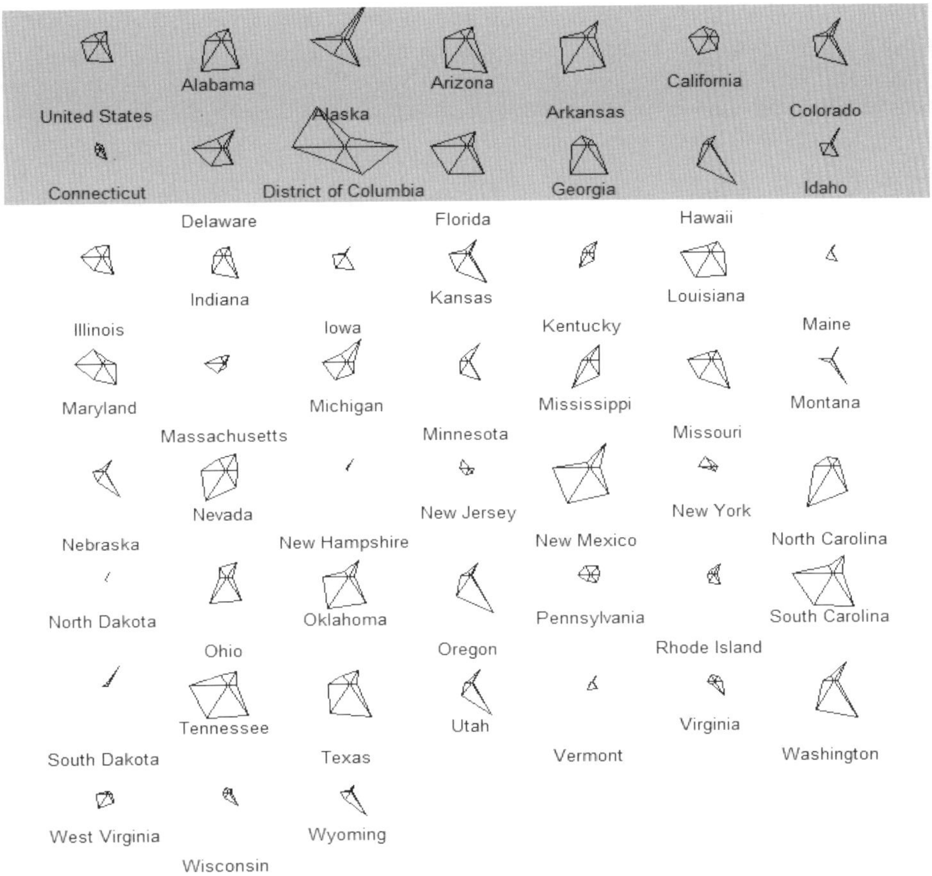

<그림 4 26> 미국의 범죄데이터를 스타차드로 가시화한 예[R2014]

4.2.5 공간 가시화

공간 가시화는 스마트기기를 사용하는 우리들에게는 매우 친숙한 기법중의 하나이다. 예를 들어, 차량용 네비게이터를 사용자가 출발지점과 도착지점을 설정하면 출발점에서 도착점으로 가는 경로가 지도 위에 표시되고, 이동하면 실시간으로 정보를 받아 현재의 위치를 경로 상에 표시해 주고 있다. 이러한 가시화 기법이 바로 공간 가시화의 대표적인 예라고 할 수 있다. 이처럼 우리가 살아가고 있는 지구를 표현하는 지도 위에서 발생하는 다양한 데이터를 지도와 연계하여 가시화한다면 그 데이터의 이해를 보다 친숙하고 쉽게 이해할 수 있을 뿐만 아니라 해당 데이터를 다양한 방법으로 활용할 수 있을 것이다.

이제 공간 가시화를 위한 기본 지식을 살펴보자. 먼저 공간 가시화에 필수적으로 사용되는 정보가 지도이며, 널리 사용되는 지도로는 구글 지도와 마이크로소프트 지도가 있으며, 우리나라에서는 네이버 지도와 다음 지도가 널리 사용된다. <그림 4-27>은 구글회사에서 제공하는 구글 지구의 지도를 보여주고 있다.

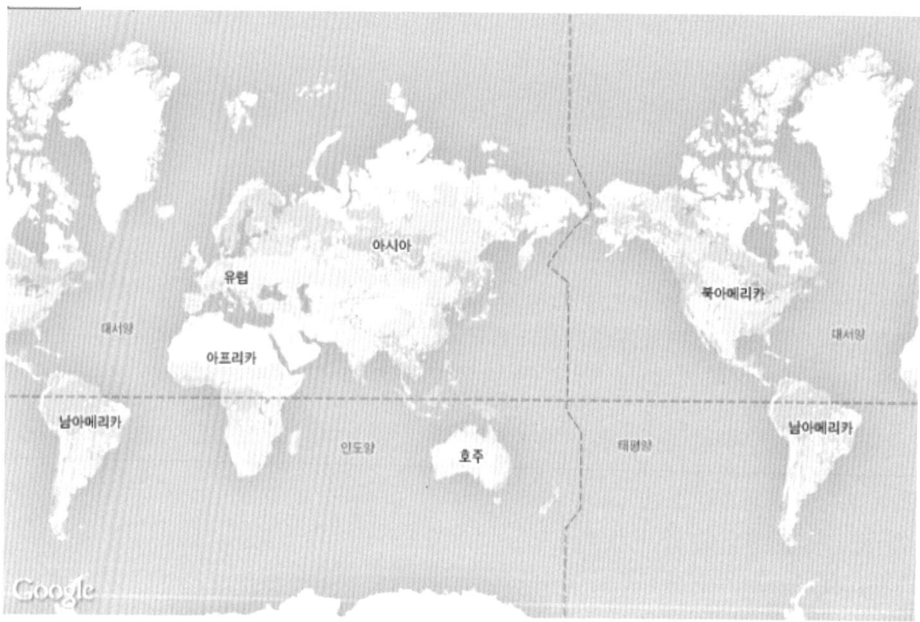

<그림 4-27> 구글에서 제공되는 지구의 지도

이제 가시화한 지구에서 본인이 위치한 곳의 지도를 어떻게 표현할 것인가? 이러한 작업은 분명 지도 위에 본인의 위치를 알면 본인이 위치한 곳의 주변을 그려주면 될 것이다. <그림 4-28>이 본인이 위치한 곳인 반석교회를 중심으로 주변 정보를 지도를 통해 보여주고 있다. 그럼 지도 상의 본인의 위치를 어떻게 표현할 것인가? 그 대안으로 우리가 사용하는 주소일 것이다. 그러나 주소는 나라마다 표기 방법이 다르기 때문에 표준화된 표현 방법이 요구되는데 그게 바로 "위도"와 "경도"이다. 위도는 지구상에서 적도를 기준으로 북쪽 또는 남쪽으로 얼마나 떨어져 있는지 나타내는 위치이며, 경도는 지구상에서 본초 자오선을 기준으로 동쪽 또는 서쪽으로 얼마나 떨어져 있는지 나타내는 위치이다. 우리나라 경도의 범위는 동경 124°~132° 이며, 위도의

범위는 북위 33°~43° 이다. 이처럼 공간시각화에서 현재의 위치를 표시하기 위해서는 위도와 경도 값을 사용하고 있다. 그러나 대다수의 일반 사용자는 위도와 경도 값을 정확히 알고 있지 못하다. 이러한 문제는 다음에서 제공하는 "http://apis.daum.net/local/geo/addr2coord" 와 같은 함수를 이용하여 해결될 수 있다. 또한 "http://apis.daum.net/local/geo/coord2addr"를 이용하면 위도경도 좌표를 주소로 변환할 수 있다. 네이버도 "http://openapi.map.naver.com/api/geocode.php"라는 함수를 이용하여 좌표와 주소간의 변환을 행할 수 있다.

<그림 4-28> 사용자 현재의 위치에서 지도 보기

지도에 그래프 표시 기법

데이터 분석 결과 두 위치간의 연결 정보를 표시할 필요가 있다. 예를 들어, 청주에 있는 A대학과 서울에 있는 B대학 간의 관계를 두 대학간의 거리로 표시하였을 경우 그들간의 관계를 <그림 4-29>와 같이 지도상의 파란색깔의 그래프로 표시할 수 있다. 이처럼 데이터의 주요 분석 결과를 지도상에 표시할 때 두 지점을 연결하는 그래프를 사용할 수 있다.

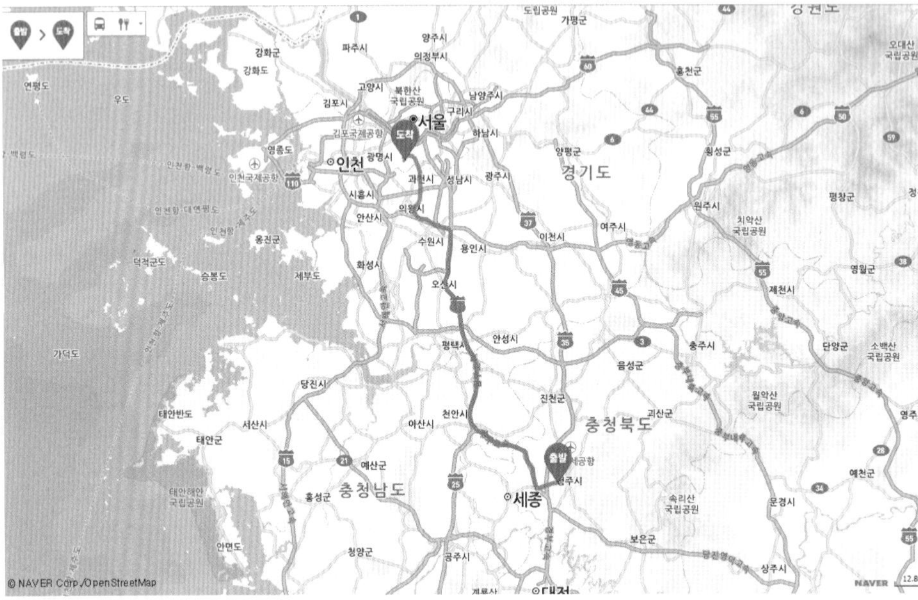

<그림 4-29> 두 지점간의 관계를 그래프로 표현하기

지도위에 데이터에 따른 색상 표시 기법

일반적으로 세계지도를 그릴 때 인접한 국가간에 서로 다른 색깔을 이용하여 나라를 구분한다. 유사하게 빅데이터 분석 결과 지역별로 다른 특징을 표시하기 위해 서로다른 색깔을 사용한다. 예를 들어 <그림 4-30>에서와 같이 2007년 서울시 지역별 도보 통근/통학 비율을 분석한 결과를 <그림 4-30>의 하단의 바차트와 같이 그 비율에 따라 서로 다른 색깔로 표시하고, 서울시를 구성하는 모든 구(지도상에 영역과 위치 구분이 명확함)에 대해 해당 색깔로 그려 표시하였다. 이처럼 특정 색깔로 분석 데이터를 지도와 함께 표시하면 사용자들이 해당 데이터를 다른 지역과 비교하면서 쉽게 이해할 수 있다.

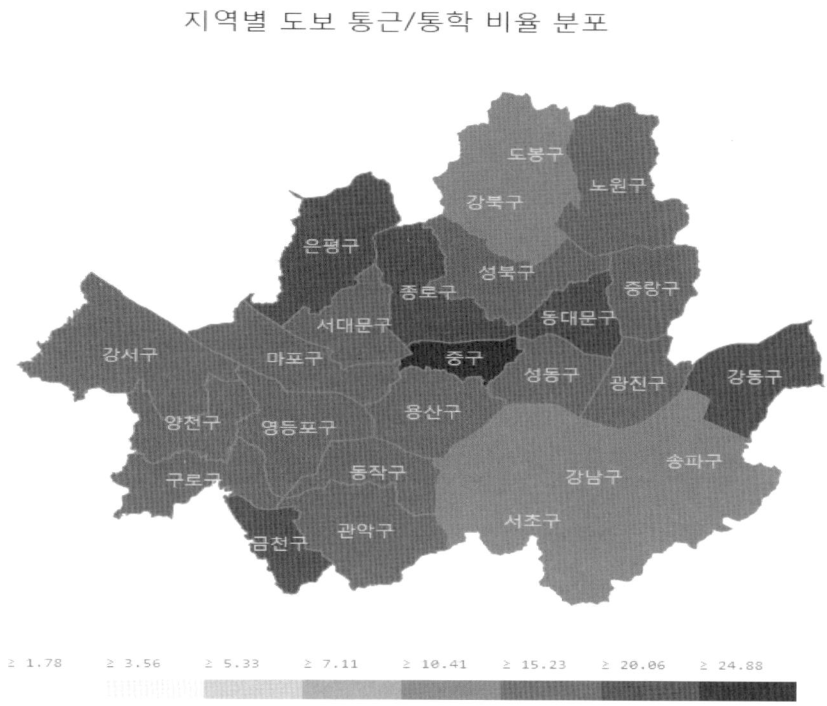

<그림 4-30> 지도위의 색상 정보를 위한 표시 기법[SEOUL2014]

등치지역도 표시 기법

등치지역도 표시 기법은 지역별로 나타나는 분석결과를 상세히 보여주기 위한 방법이다. 이 방법은 앞에서 설명한 지역별 색상 표시 기법과 유사하며, 이에 대한 정보를 보다 더 자세히 표시할 수 있는 방법이다. 예를 들어, 2008년부터 미국실입율을 0%에서 15%까지의 범위로 조정하여 미국 전지역별 상세 그림을 그릴 수 있다. 범위 조정은 색상의 나타남을 고려하여 이루어질 필요가 있다. <그림 4-31>에서 보는 바와 같이 미국을 구성하는 주에 대해 보다 더 세밀한 지역에 대한 실업율을 분석하고 그 결과를 지도상에 색상으로 표시한다.

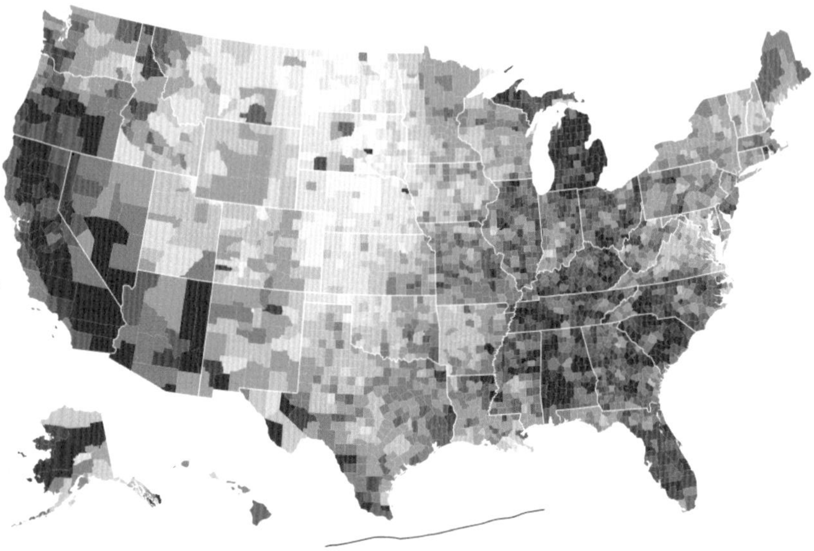

<그림 4-31> 등치 지역도 표시 기법의 예[D3JS2014]

이상에서 살펴본 바와 같이 공간 가시화는 지역에 해당하는 분석 정보를 지도와 같이 보여줌으로 보다 쉽게 분석 결과를 이해하게 해주고 있다. 따라서 공간 가시화는 지도 가시화+분석결과 가시화+패턴 가시화+설명자료 가시화 등과 같이 복합적인 형태의 가시화로 발전하고 있다. 지도 상에 나타나는 분석결과는 앞에서 언급한 시간 가시화, 비교 가시화, 분포 가시화와 관계 가시화 기법을 통해 표시될 수 있다.

<그림 4-32>가 공간 가시화와 기존 가시화 기법과의 합성을 통한 가시화 예를 잘 보여주고 있다[50YEAR2914]. 오른쪽 상단에 2008년 미국 전지역에 LBGT 권한에 대한 법률에 대한 결과를 공간 가시화를 통해 보여주고 있으며, 하단에는 1964년부터 2014년까지의 LBGT에 관한 법률 상황을 보여주고 있다. 그리고 왼쪽 상단에는 그림에 대한 설명자료가 제시되어 있다.

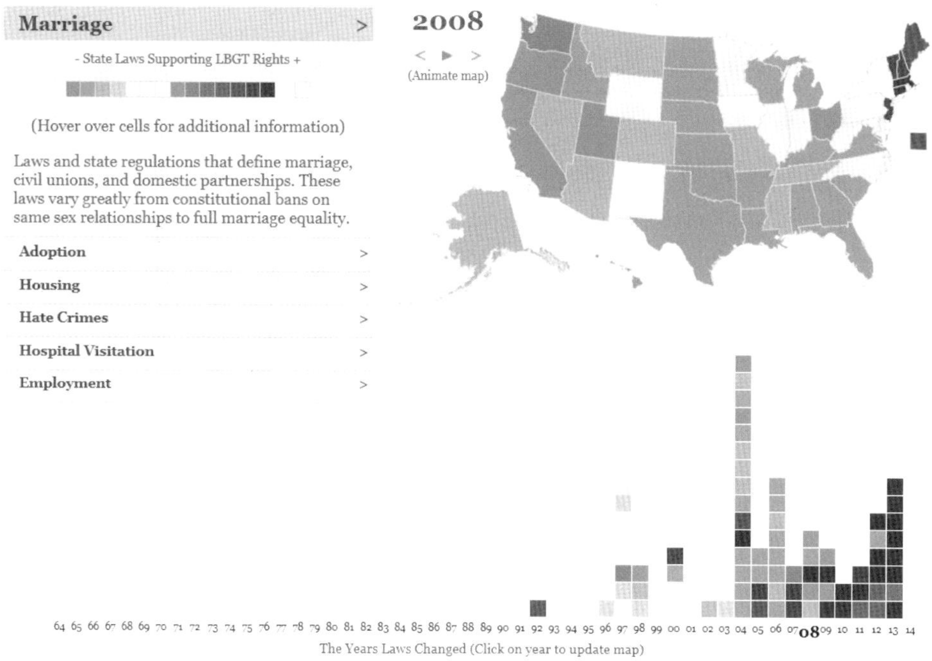

<그림 4-32> 미국지역의 LGBT 권리 관련 정보 표시를 위한 공간 가시화[50YEAR2914]

공간 가시화에서 지도가 2차원으로 표시되고 있지만, 가시화 기술이 지속적으로 발전해서 공간이 3차원으로 가시화되고 있다[CES2014, 김진국2014]. 뿐만아니라 분석 결과도 <그림 4-33>에서 보는 바와 같이 2차원 객체가 아닌 3차원 객체(예를 들어, 3차원 막대그래프, 빌딩, 표시기)를 사용하고 있다[CES2014]. 이처럼 분석 결과를 생성감있게 보여주기 위해서는 애니메이션과 3차원 가시화 기법이 지속적으로 발전할 예정이며, 빅데이터 가시화의 주류를 형성할 것으로 판단된다.

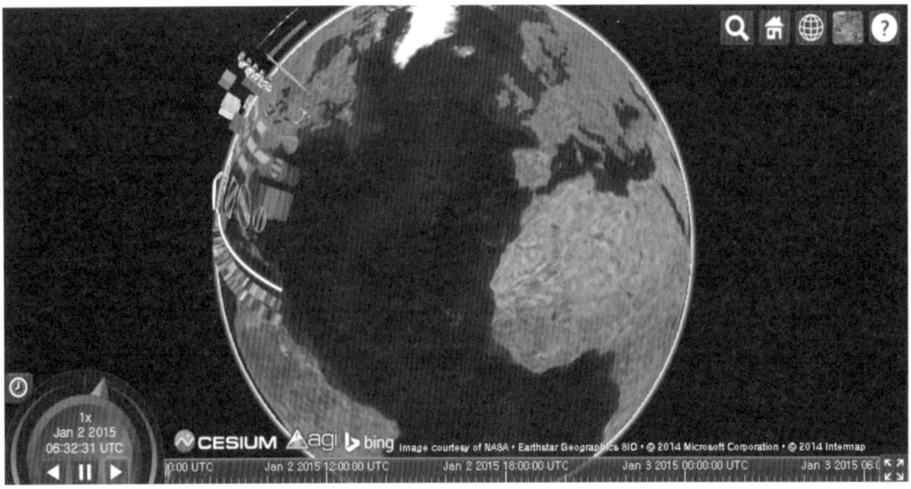

<그림 4-33> 3차원 지도 가시화와 3차원 객체로의 분석 결과 가시화 예[CES2014]

4.3 빅데이터 가시화 활용사례

이번 절에서는 일상생활에서 일어나고 있는 다양한 사례를 중심으로 빅데이터를 가시화한 의미있는 사례들을 살펴보고자 한다. 이러한 사례를 통해 분석된 의미있는 데이터를 많은 사람들이 딱딱한 문자로 읽는 대신 다양한 멋진 그림으로 보고 충분히 의미있는 내용을 쉽게 파악할 수 있을 것이다.

■ 2013 US Movie Box Office 데이터 가시화

미국영화박스오피스를 표현하기 위해 선택한 가시화[USMovie2013]는 Zach Beane이 Box Office Mojo에서 정보를 얻어 Common Lisp Program을 사용하여 만들어낸 그래프이다<그림 4-34>. 이 그래프는 Edward Tufte의 stream praphs에서 영감을 얻었다고 한다. 마우스를 차트 위에 올리면 선택된 영화의 이름과 총 매출액이 왼쪽 상단에 표시된다. 좀 더 자세한 영화정보를 필요로 한다면 그래프를 클릭하면 된다. 그래프에 링크가 걸려있어 Box Office Mojo 웹페이지로 넘어간다.

<그림 4-34>에서 보는 Zach Beane의 Movie box office charts는 시간 가시화를 통해 2013년 1월부터 12월까지 개봉된 영화, 상영기간과 매출에 대한 데이터를 가시화하고 있다. 이러한 시각화는 월단위에 그치지 않고 좀 더 세분화하여 주단위로 가시화되고

있다. 예를 들어, 2013년 2월 2일에는 warm bodies 라는 영화가 개봉됐고 매출액은 $20,353,967이이며, 1주 후인 2월 9일에는 $11,356,090이다. 이런 형식으로 영화가 스크린에서 내려갈 때까지 연속적으로 가시화되며, 그래프 아래에 날짜와 월이 적혀있어 쉽게 찾을 수 있다.

<그림 4-34> Zach Beane의 Movie box office charts[USMovie2013]
(http://www.xach.com/moviecharts/2013.html)

■ Similar Song Network 가시화

Similar Song Network 사례[Song2014]는 음악을 노드로 표현하고 유사한 음악을 에지로 연결하여 가시화하는 네트워크 가시화 기법을 이용한 사례로, 네트워크 가시화란, 개별 항목에 대한 데이터와 개별 항목 간의 관계를 시각적 형태로 나타내는 기법을 말한다. 데이터는 last.fm 사이트의 track.getsimilar API를 이용해 가지고 왔다. <그림 4-35>에서 나타난 유사 음악 네트워크 사례를 좀더 자세히 설명하면 각각의 노드들은 '음악'을 의미하며 노드의 인기도에 따라 노드의 크기가 정해진다. 20명의 아티스트별로 노드의 색깔이 구분되며 유사한 노드 간의 관계를 노드와 노드 사이의 링크로 표현하였다.

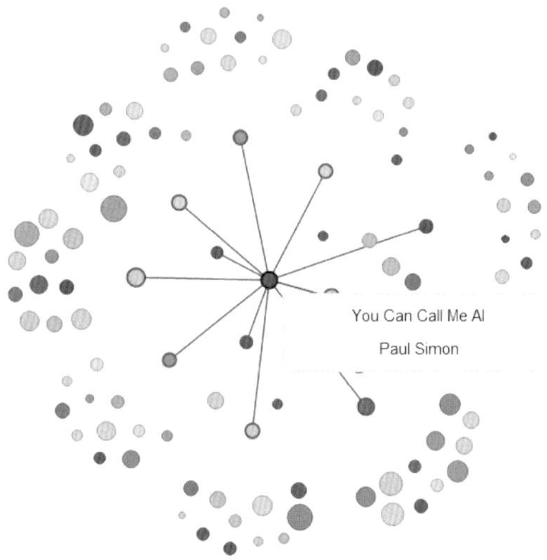

<그림 4-35> 유사 노래 네트워크 가시화[Song2014]

(http://projects.flowingdata.com/tut/interactive_network_demo/)

■ US Wind Map 가시화

US Wind Map 가시화[Wind2014]는 공간 가시화의 대표적인 사례로 미국 국립 디지털 예보 서비스(National Digital Forecast Database)에서 바람공공데이터를 원본 그대로 가져와 US 지도위에 실시간으로 가시화하고 있다<그림 4-36>. 이러한 가시화는 현 미국 전역의 바람의 방향과 세기를 쉽게 파악할 수 있어, 날씨와 관련된 재앙을 미리 방지할 수 있을 것으로 판단된다. 특히 바람 원본 데이터는 Database에 저장될 수 있으며, 이들 자료는 다양한 목적으로 사용될 수 있다. 특히 이 예제에서는 온라인 가시화 도구인 d3.js 라이브러리[D3JS2014]를 이용하여 시간에 따라 바람의 흐름을 애니메이션하여 보다 효과적으로 가시화하는 기법을 제공하고 있다. 이러한 애니메이션 효과를 이용해 바람을 가시화한 미국을 예로 들면, 단순히 바람 하나만을 가시화 한 것에는 큰 의미를 찾을 수 없다고 생각할 수도 있다. 하지만, 정적이고 알아보기 어려운 수치들을 동적이고 직관적으로 알아볼 수 있게 만들었다는 것 자체에서 큰 의미를 찾을 수 있다고 생각한다.

<그림 4-36> 미국의 wind map 가시화 사례[Wind2014]

(http://hint.fm/wind/)

■ 구글 맵과 클러스터링을 활용한 트위터 발생 빈도 가시화

이번 사례는 클러스터링 기법과 구글맵 API를 활용하여 트위터 발생 빈도를 공간에 가시화하는 사례이다[충북대학교201401]. 다시 말해 분포 가시화와 공간 가시화가 결합되어 표시되는 예이다. 특히 이 가시화를 위해 사용한 fluster 라이브러리[fluster2014]는 지도의 스케일에 따라 군집되는 구역이 변화하여 지두상에 숫자와 원의 크기, 색으로 구분하여 가시화할 수 있는 기능을 제공하기 때문에, 지도상에서 데이터를 한눈에 알아보기 쉽다는 장점이 있다. 기존의 마크 방식은 특정 구역에서 발생빈도가 높아진다면, 서로 겹쳐서 마킹되는 경우가 생기기 때문에 알아보기 힘들 수 있으나, 이 사례에서는 군집화를 한 후 가시화하기 때문에 특정 구역에 발생빈도가 높아진다고 하더라도, 데이터의 발생 건수와 다른 구역과의 비교과 용이하다.<그림 4-37>

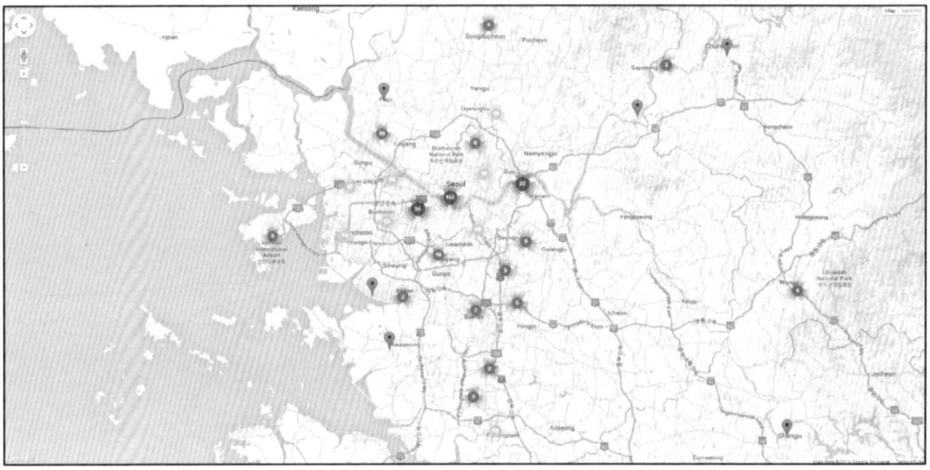

<그림 4-37> 트위터 발생 빈도 가시화

(구글 맵과 클러스터링을 활용한 트위터 발생 빈도 가시화, 충북대학교201401)

■ 공항정보와 항공노선정보를 이용한 R 가시화

세계 공항 위치데이터 및 공항들을 오가는 비행기 노선 데이터를 R의 ggplot2 패키지가 지원하는 막대그래프 차트와 ggmap을 이용하여 가시화하였다[GIST]. 본 가시화를 통해 우리는 한국-일본 운행노선들의 빈도수 정도를 지도위에 표현하여 한 눈에 파악할 수 있고, 한국-일본 노선 중 착륙이 가장 많은 공항이 어느 곳인지 막대그래프로 표현 할 수 있다. 마지막으로 국제선을 모두 포함하여 착륙이 가장 많은 공항이 어느 곳인지 막대그래프로 한 눈에 파악할 수 있다.<그림 4-38>

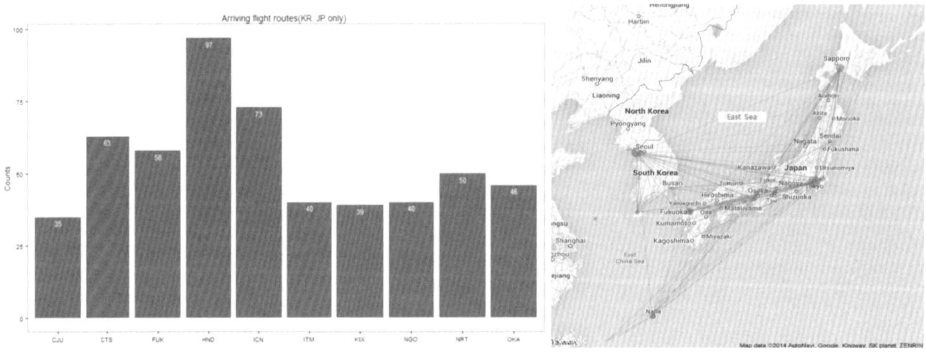

<그림 4-38> 공항정보와 항공노선정보를 이용한 R가시화[GIST]

(https://gist.github.com/mitrad/5820018)

■ 서울시 예산 현황 가시화

서울시에서 예산서를 공개하지만 예산서는 몇 십장이 넘는 문서들로 시민들이 전체적인 예산을 한눈에 파악하기 힘들며, 빽빽한 글씨들로 인해 오래보기 힘들다는 단점이 있다. 그래서 서울특별시에서는 정부 3.0에 맞춰 정보공개 좀 더 쉽게 하기 위해 '서울 열린 데이터 광장' 홈페이지를 만들고 가시화하였다[서울시시각화2014]. 버블차트를 이용하여 한 페이지 내에서 예산의 분야, 부문을 볼 수 있고 총 예산, 세부 예산, 증감율도 확인할 수 있어 시민들의 편이를 돕고 있다. 서울시는 예산현황 뿐만 아니라 국적별 외국인 관광객 등 많은 사례를 가시화로 나타내고 있다.<그림 4-39>

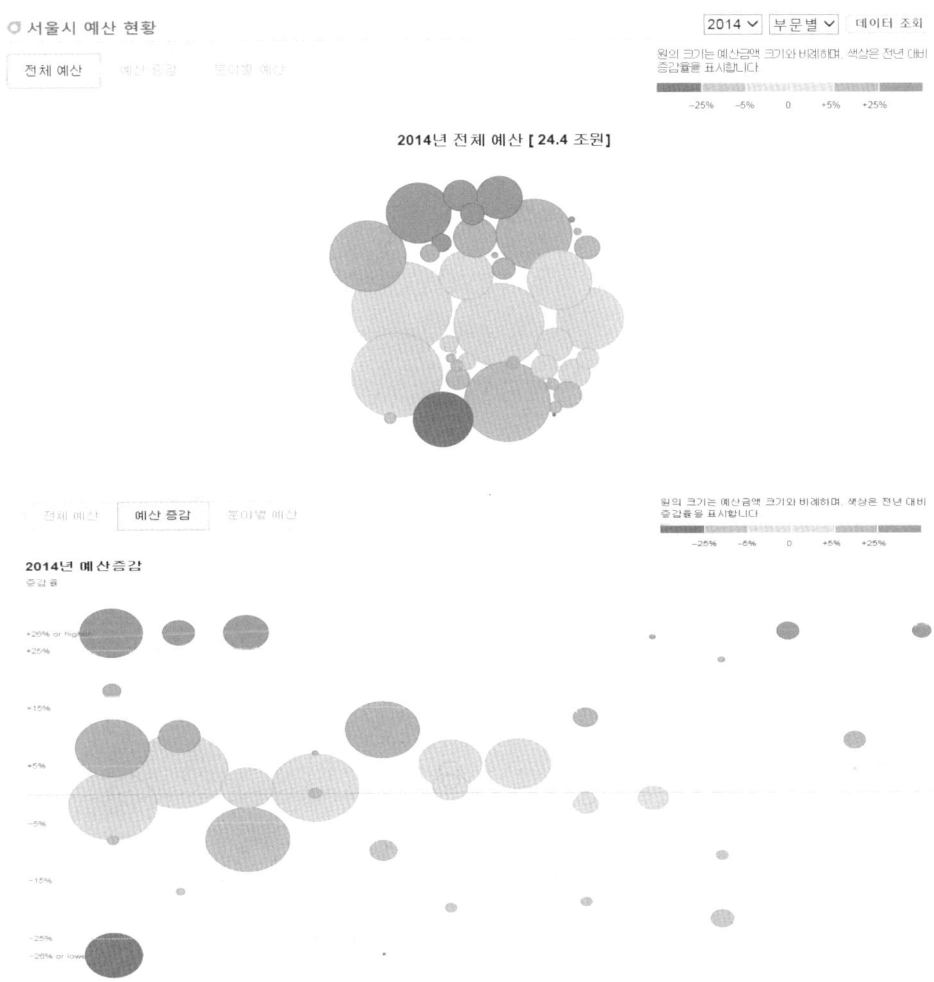

<그림 4-39> 서울시 예산 현황[서울시시각화2014]

(http://data.seoul.go.kr/index.jsp)

■ House Hunting All Day, Every Day 가시화

미국의 가장 큰 부동산 회사인 tulia(트룰리아)에서 미국 지역별로 무슨 요일 몇 시에 가장 많이 자사 홈페이지나 앱을 통해서 쇼핑을 하는지 궁금하였다. 그래서 컴퓨터와 핸드폰의 사용을 나누어서 지역별로 사용량을 Heatmap과 원형, 막대그래프로 표시하였다[HHAD2014]. 지역을 먼저 클릭하면 그 지역에 해당하는 값이 나타나는 것이다. 거기에 모바일과 컴퓨터를 나누어서 볼 수 있고, 그 값에 해당한 원형과 막대그래프로 다시 표현을 하였으며 막대그래프는 마우스의 움직임에 따라 함께 변한다. <그림 4-40>

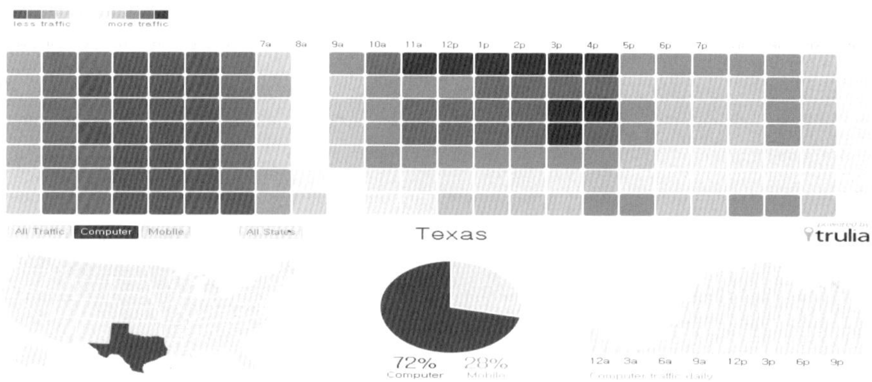

<그림 4-40> House Hunting All Day, Every Day[HHAD2014]

(http://www.trulia.com/vis/tru247/)

■ 한국 영화 박스오피스 차트 가시화

각 지역 별 2013년 영화 매출액, 매출액 점유율, 관객 수를 가시화하기 위해 데이터를 사용하여, 우리나라 지역 구분 기준인 서울특별시, 인천광역시, 대전광역시, 대구광역시, 부산광역시, 울산광역시, 광주광역시, 경기도, 충청남·북도, 전라남·북도, 경상남·북도, 강원도, 제주특별자치시로 구분해 영화 데이터를 수집하였다. 이러한 수집데이터를 이용하여 전국 혹은 지역단위에서의 순위, 관람객 수, 매출 및 점유율을 가시화하고 있다.<그림 4-41> 특히, 지역별로 가시화를 위해 공간가시화를, 순위별 및 수치 정보의 가시화를 위해 표 가시화와 비교 가시화 기법을 이용하였다[충북대학교 2013402].

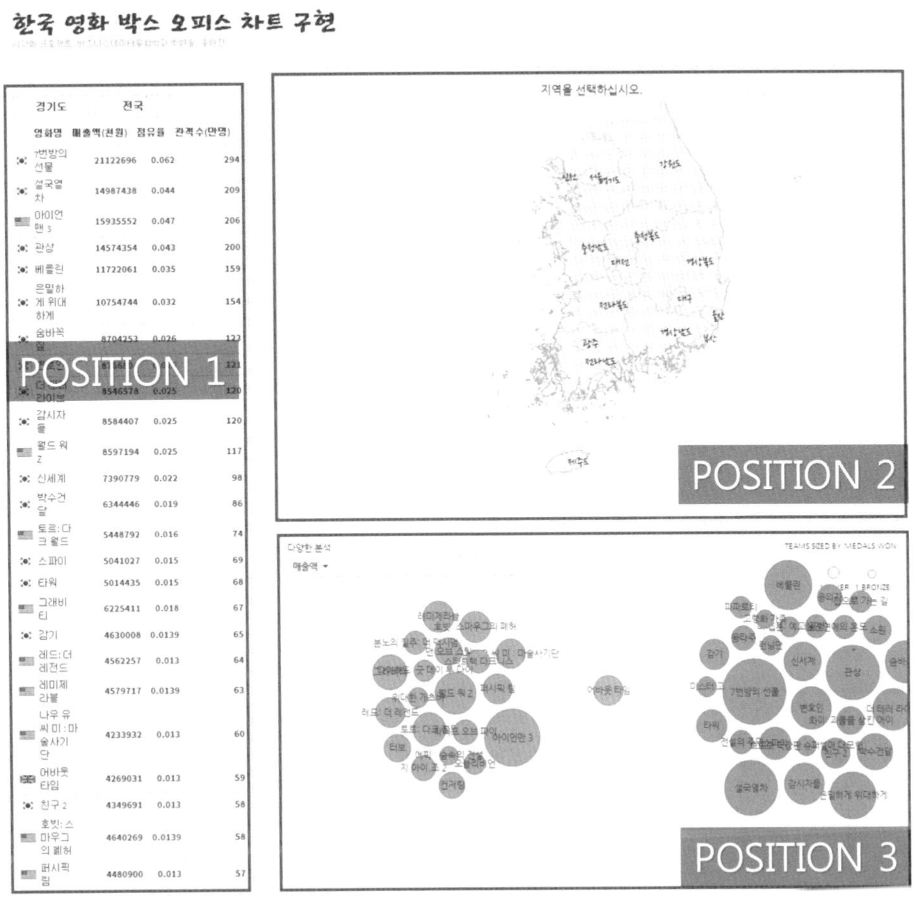

<그림 4-41> 한국 영화 박스오피스 차트

(한국 영화 박스오피스 차트, 충북대학교201402)

■ White Cat Monitoring 가시화

화이트 캣의 구성화면은 5개의 차트로 구성되며, 모니터링하는 데이터는 트위터, 뉴스 두 가지 종류이다. 트위터의 경우, 초당(10초) 발생하는 트위터 발생량과 일별 트위터 발생량, 트위터 위치 정보 및 트위터 내용을 모니터링 할 수 있게 설정이 되어 있다. 발생하는 트위터 발생량은 vaadin에서 제공하는 spline 차트로 구성되어 있으며 녹색으로 선택된 부분이다.

<그림 4-42>에서와 같이 일별 트위터 발생량은 vaadin에서 제공하는 Zoomable 차트로 그려졌으며, 붉은 색으로 선택된 부분으로 모니터링 서비스를 제공한다. 트위터

위치 정보 및 트위터 내용의 모니터링은 보라색으로 선택된 부분으로 구글 맵을 통해 서비스를 제공한다. 뉴스 데이터는 충북과 전국 뉴스 데이터양 수집량을 파이차트로 제공한다. 파란색으로 선택된 부분이 전국뉴스, 주황색으로 선택된 부분은 충청북도 뉴스의 수집량을 나타낸다.

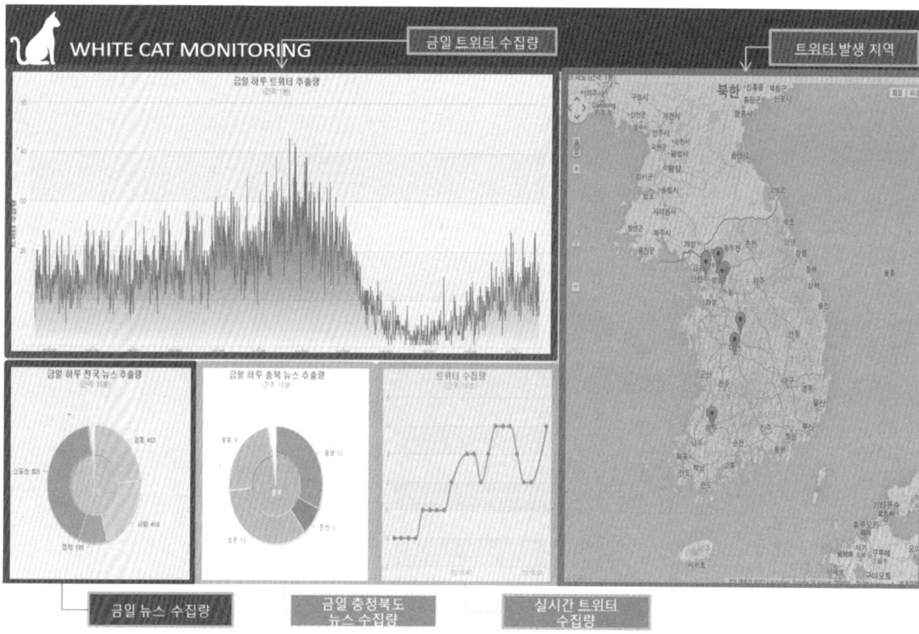

<그림 4-42> White Cat Monitoring

(White Cat Monitoring, 충북대학교201403)

■ Animated Korea Wind Chart 가시화

국내 기상청에서 제공하고 있는 상세관측자료(AWS)를 수집하기 위하여 Java의 클래스 중 하나인 HttpClient와 Jsoup을 사용하여 원하는 데이터를 추출하고, D3와 TopoJson을 이용하여 웹상에 맵을 구현하였다. 현재 기상청에서 제공하는 바람의 풍속과 풍향 데이터는 94개 주요 지역에 대해 제공하고 있으며, 그 정보를 우리나라 지도에 가시화한 예가 <그림 4-43>이다. 그림에서 보는 바와 같이 미국 전지역에 제공되는 바람 풍속과 풍향 정보에 비해 우리나라 기상청에서 제공하는 정보는 몇 개되질 않아 의미있는 바람 정보를 관찰할 수 없음을 알 수 있다.

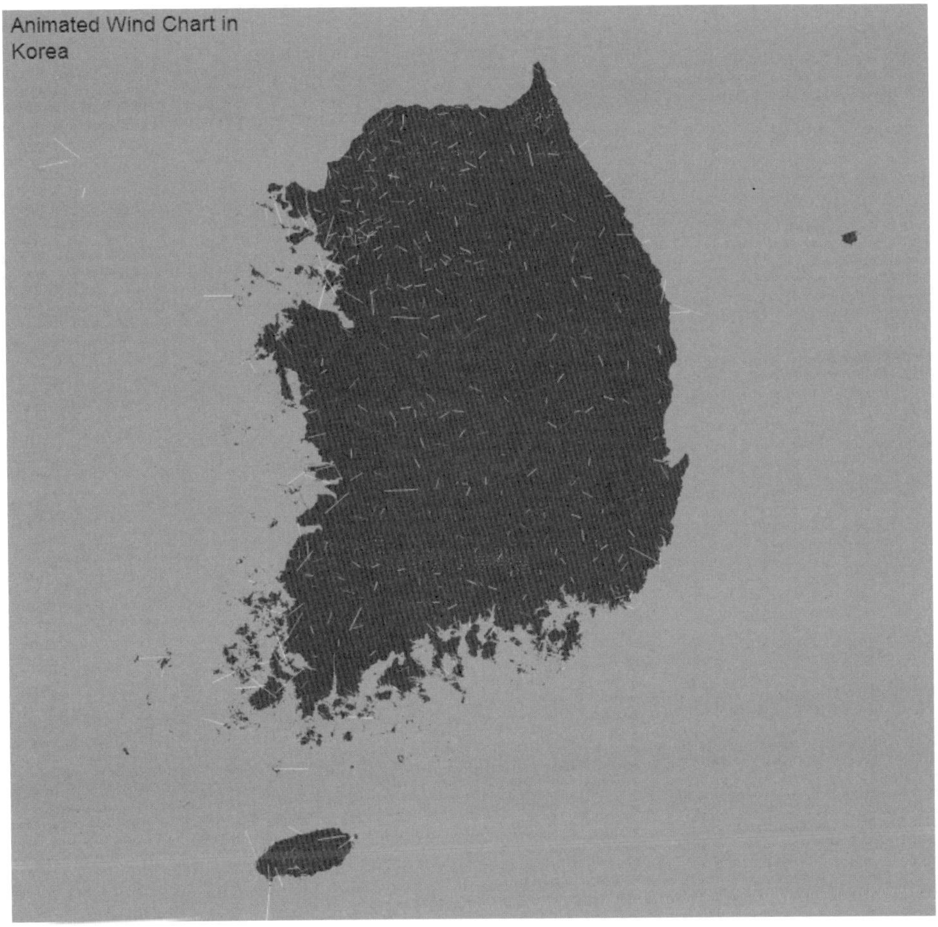

<그림 4-43> Animated Korea Wind Chart

(Animated Korea Wind Chart, 충북대학교201404)

■ **대한민국 예산 가시화**

전국 시, 도청에서 예산서를 공개하지만 예산서는 몇 십장이 넘는 문서들로 시민들이 전체적인 예산을 한눈에 파악하기는 힘들다는 단점이 있습니다. 그래서 전국 광역시 및 도 단위 지역별 예산데이터를 가지고 과거 예산 추이 및 예산 편성을 한 눈에 볼 수 있도록 버블트리차트(Bubble tree chart)와 단계구분도(Choropleth map) 및 막대 차트(Bar chart)를 이용해 가시화 사례다.

<그림 4-44>에서 보는 바와 같이 버블트리차트(Bubble tree chart)를 통해서 국가예산과 지방예산 편성을 한 눈에 파악할 수 있도록 나타냈다. 또한 지방예산액을 전국

적으로 어느 정도의 차이가 있는지를 표현하기 위해 단계구분도(Choropleth map)를 통해 지도위에 색채를 넣어서 나타내었고, 마지막으로 막대 차트(Bar chart)를 통해 국가예산이 년도 별로 차이를 나타내었다.

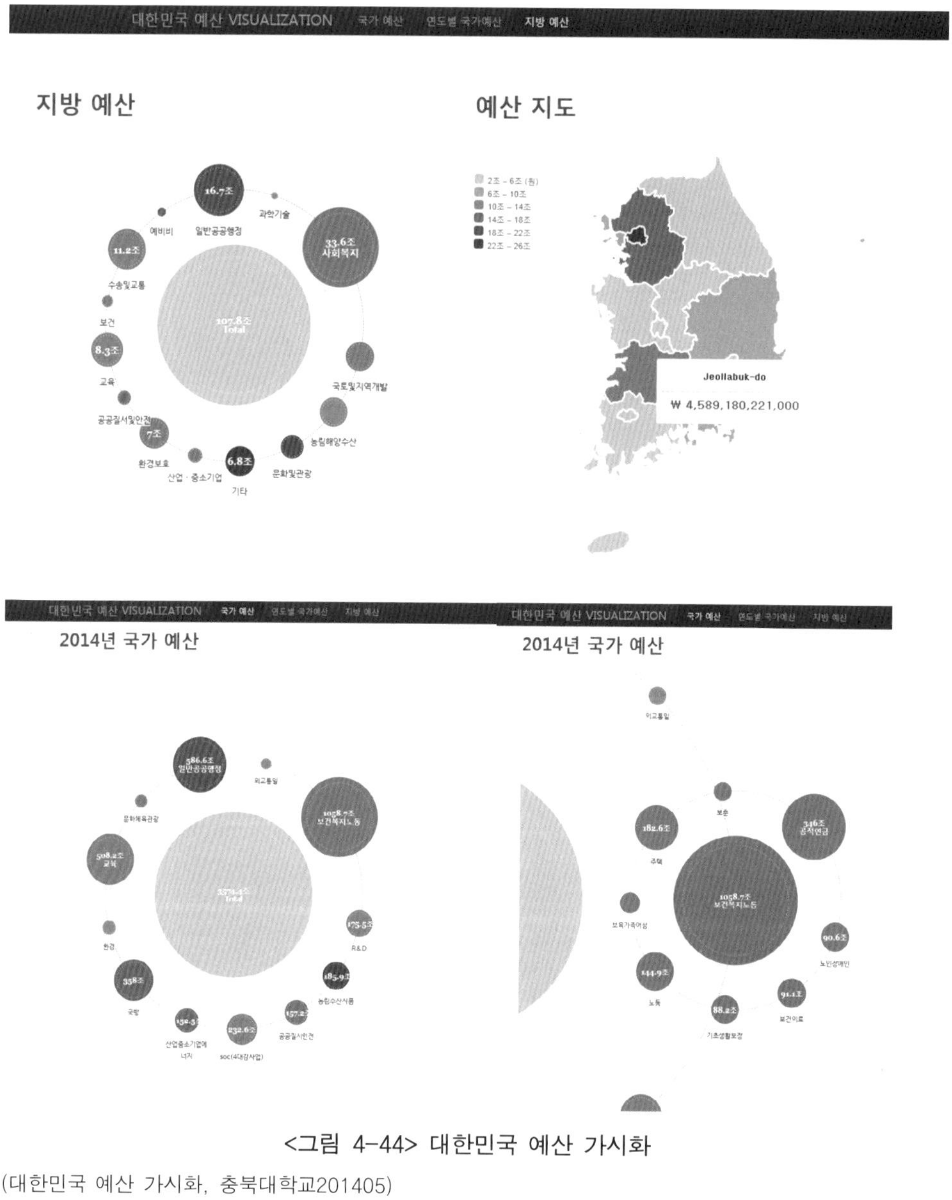

<그림 4-44> 대한민국 예산 가시화

(대한민국 예산 가시화, 충북대학교201405)

■ 5대 만성질환의 합병증과 복합만성질환 분석 및 가시화

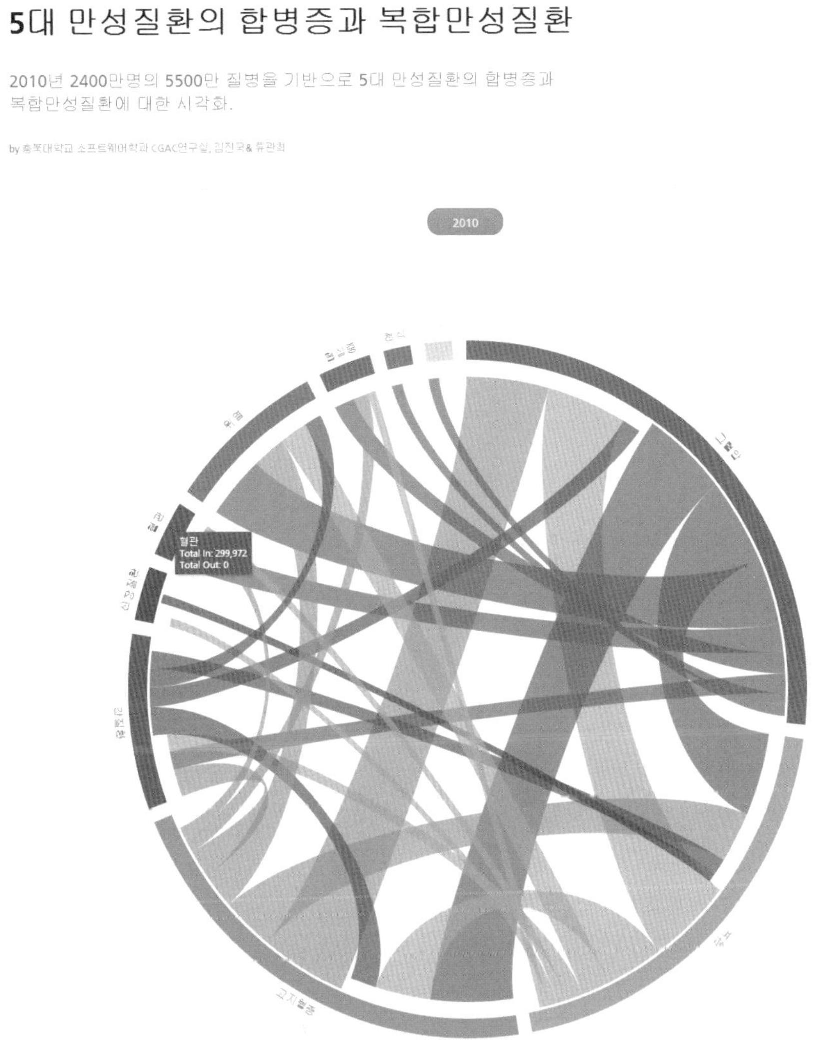

<그림 4-45> 5대 만성질환의 합병증과 복합만성질환

(http://doctorcare.cbnu.ac.kr/visualization/index.html, 충북대학교201406)

본 사례는 건강보험심사평가원에서 제공하는 HIRA-NPS(전체환자표본) 2010년 데이터 이용한 사례이다. 이 사례에서는 약 2400만명의 환자에 대해 약 1억 1200만건의 진료내역을 가지고 5500만의 만성질화 질병에 대한 함병증과 복합 만성질환을 구하기 위하여 환자별로 5대 만성질환과 그에 대한 합병증 데이터를 우선적으로 추출하였다. 그리고 추출한 데이터를 R이라는 대용량 데이터 분석 툴을 이용하여 질병간의 연관분석 통하여 얻은 자료를 가지고 HTML5와 d3.js 자바스크립트 라이브러리를 활용하여 가시화하였다. 이용한 가시화의 방법으로는 chord diagram활용하여 각 질병을 색으로 분류해주고, 질병 간에 얼마나 관계가 있는지 선의 굵기로 표현하였다. 마우스를 이용하여 선이나 질병에 올려놓으면 그에 대한 실제 값을 나타내고, 간섭이 없는 다른 선들은 잠시 없어진다.

<그림 4-46>에서 보는 바와 같이 가시화 한 결과는 분석한 데이터를 그냥 수치로 볼 때 보다 알아보기 쉽고 한눈에 파악할 수 있도록 간결하게 요약된다. 예를 들어, 고혈압과 고지혈증간의 관계가 있음을 연결선의 두께를 통해 쉽게 파악할 수 있다. 또한 누구든지 결과를 처음 보는 사람도 제목과 그림만으로 말하고자 하는 내용이 어떠한 의미를 담고 있는지 파악하기가 쉽다.

■ 빅데이터 분석을 활용한 스마트 귀가 서비스 개발

이 서비스는 빅데이터 분석을 통해 사용자가 안전하게 원하는 목적지까지 갈 수 있도록 도와주는 서비스이다. 안심귀가서비스를 제공하기 위해 오프라인 데이터와 온라인 데이터(실시간 데이터)를 사용하였으며, 오프라인 데이터로는 CCTV 위치, 관공서 위치, 범죄 관련 데이터등이 사용되었으며. 온라인 데이터로는 뉴스, 기상, 교통, Twitter 데이터가 사용되었다. 이들 데이터를 이용해 사용자에게 CCTV나 관공서 위치 보기 기능을 제공하고, 뉴스나 기상, 교통 데이터 등을 분석해 사용자에게 주변의 위험 상황을 가시화하여 알려준다. 분석을 위해서 아파치 하둡과 형태소 분석기를 사용하였다. 아파치 하둡(Apache Hadoop, High-Availability Distributed Object-Oriented Platform)은 대량의 자료를 처리할 수 있는 큰 컴퓨터 클러스터에서 동작하는 분산 응용 프로그램을 지원하는 프리웨어 자바 소프트웨어 프레임워크이며, 형태소 분석기는 각각의 문서를 품사단위로 나누어 주는 기능이며, 본 연구에서는 KAIST의 한나눔 형태소 분석기를 사용하였다. 이를 이용해 뉴스와 같은 실시간 데이터를 분석해 위험 상황(범죄, 재난, 사고 발생)을 지도에 가시화하여 사용자에게 알려주며, 가시화를 위한 아이콘으로 구글의 범죄, 재난 아이콘을 사용하였다.<그림 4-47>

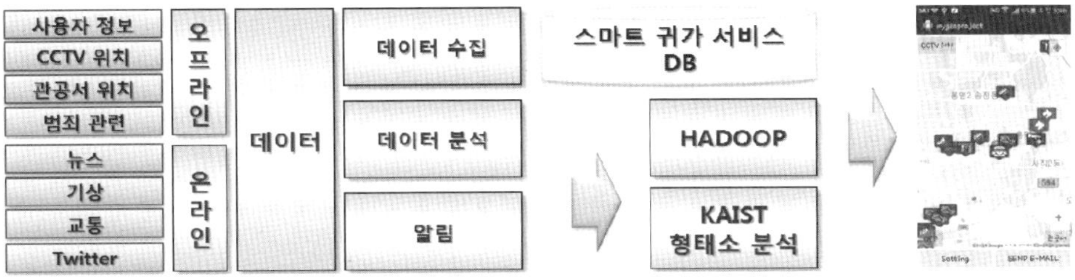

<그림 4-47> 분석 서버 기능 및 수행 과정

(빅데이터 분석을 활용한 스마트 귀가 서비스, 충북대학교201407)

■ 페이스북 사용량의 인기 가시화

전세계에서 페이스북의 사용자의 수를 보여주기 위한 가시화 예제로, 공간상에 나타나는 빛의 세기는 페이스북 사용량의 인기를 나타낸다. <그림 4-48>에서 보는 바와 같이 북아메리카 지역과 유럽 지역에서 많은 사람들이 페이스북을 사용하고 있으며 페이스북 사용자간의 친구 관계를 실선으로 보여주고 있다.

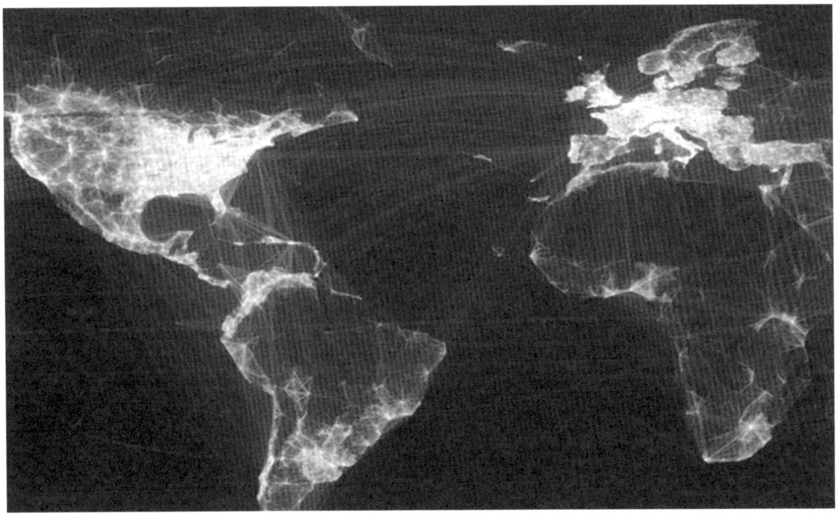

<그림 4-48> Popularity of Facebook usage

(http://sweb12.hciresearch.org/content/data-visualization-age-big-data)

■ NASA's Perpetual Ocean

이 예제는 바다표면 해류의 애니메이션 가시화를 나타낸다. NASA의 위성에서

2005년 6월부터 2007년 12월까지 지구 표면의 해류 데이터를 수집하여 이용하였다. 해류의 흐름을 잘 이어서 이미지도 매우 예술적으로 표현하였다. 전 세계의 해류를 한눈에 파악할 수 있고 원형으로 이루어 진 곳은 소용돌이를 나타낸다.<그림 4-49>

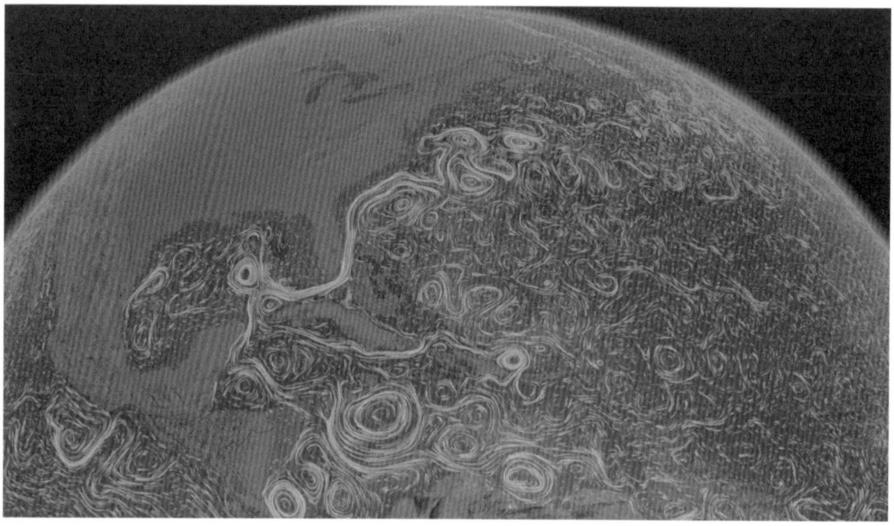

<그림 4-49> NASA's Perpetual Ocean

(http://www.nasa.gov/topics/earth/features/perpetual-ocean.html)

■ Health InfoScape

이 가시화에 사용되는 정보는 GE의 데이터베이스에서 7,200,000 환자 기록을 기반으로하고, 오늘날 일반적으로 미국인에 영향을 미치는 조건의 일부를 나타낸다. 어느 한 질환이 다른 질환에 관련되는 방법을 조사함으로써, 질환에 대한 다양한 통찰력을 얻을 수 있다. 숫자와 비율은 일반적인 경향을 나타내는 것을 의미한다. 이 같은 새로운 방법으로 데이터를 보면 우리가 건강을 이해하고 더 나은 자신의 관리 및 보건 의료 시스템을 가지고하는 방법에 대한 새로운 통찰력을 얻을 수 있다.<그림 4-50>

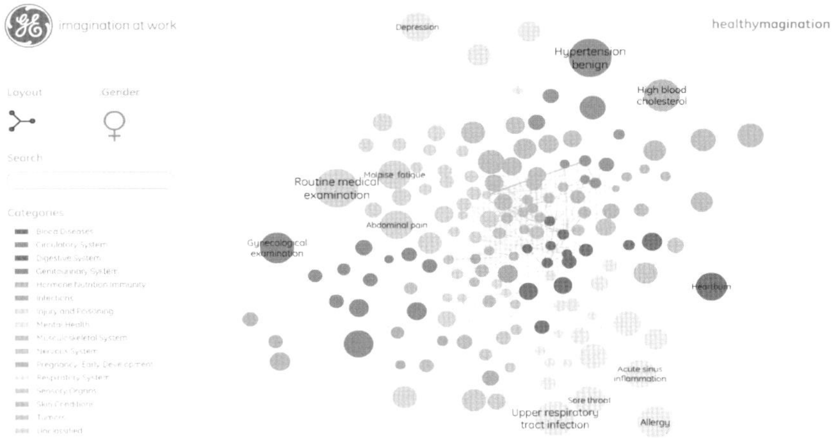

<그림 4-50> Health InfoScape

(http://visualization.geblogs.com/visualization/network/)

■ Crayola Chart

Crayala Chart는 Crayola라는 미국의 한 미술용품 전문업체 제품의 색상 진화에 대한 가시화 자료이다. 회사에서 지난 11년 동안 출시한 제품을 토대로 데이터베이스를 만들고, 그 결과와 함께 시간 가시화를 이용하여 지난 110년 동안의 색상 진화에 대해 색들이 얼마나 다양해 졌는지 한눈에 파악할 수 있다. 분석 결과로는 28년마다 색이 2배로 증가하는 추세를 확인 할 수 있다.<그림 4-51>

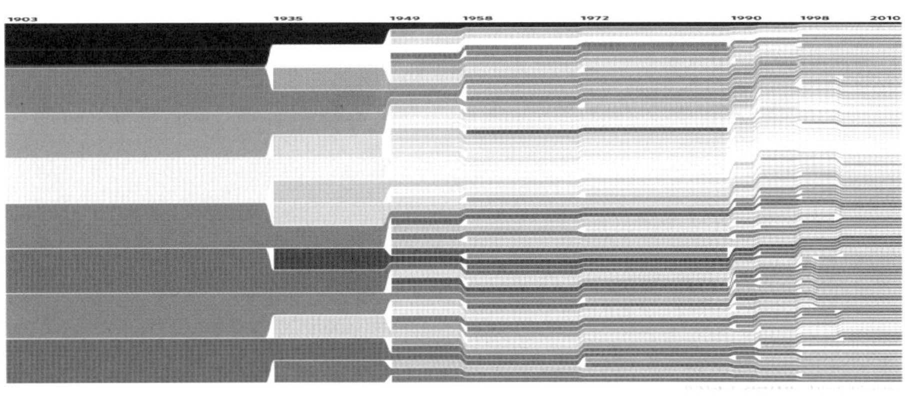

<그림 4-51> Crayola Chart

(http://www.datapointed.net/2010/01/crayola-crayon-color-chart/)

■ Corruption and bribery

투명성 및 공개의 흥미로운 노력의 일환으로, Transparency.org라는 조직은 "글로벌 부패 척도"를 개발했다. 그들은 그들의 각각 국가의 부패 지수를 측정하기 위해 세계에서 응답자의 수천 설문 조사 데이터를 수집하여 가시화하였다.<그림 4-52>

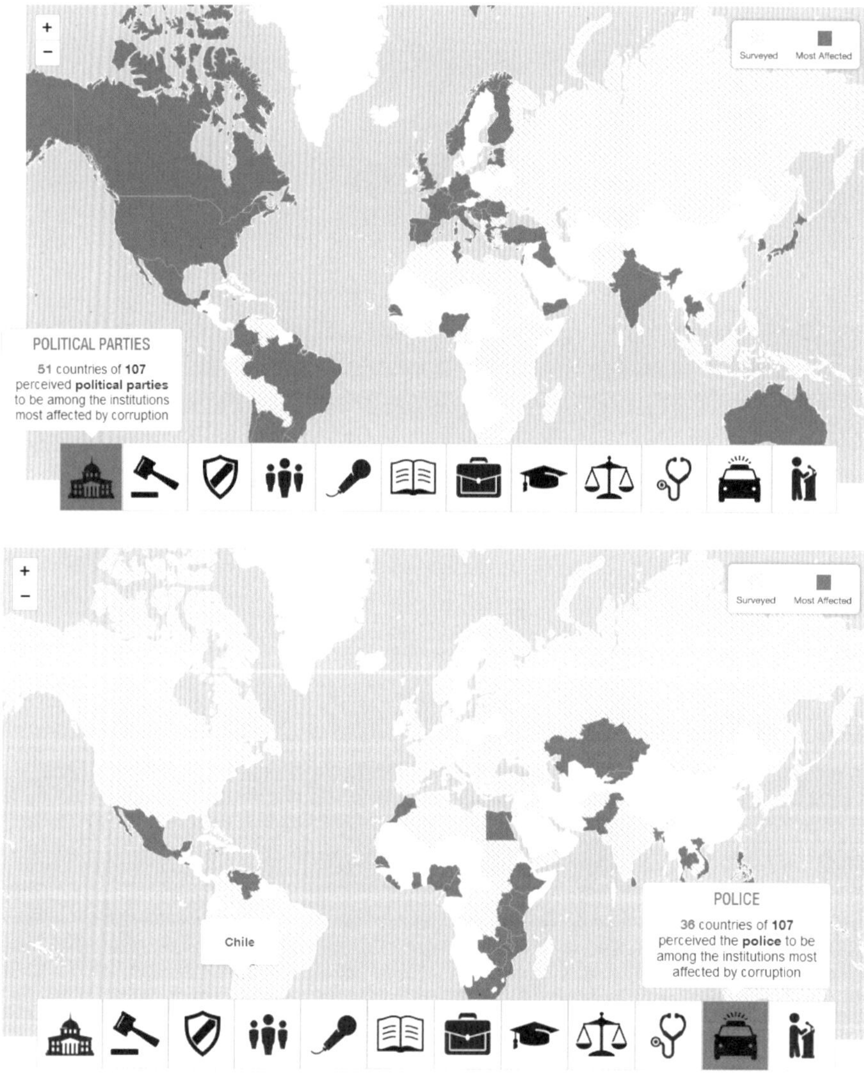

<그림 4-52> Corruption and bribery

(http://www.transparency.org/gcb2013/results)

■ Cesium+d3 data visualization

공간 가시화 툴인 cesium.js와 데이터 가시화 툴인 d3.js를 이용하여 시간에 따른 전 세계의 기대수명, 소득, 인구의 변화량을 가시화하였다. 이 가시화는 공간 가시화와 그 이외의 다른 가시화 기법을 결합하여 종합적이고 통합적으로 분석 데이터를 가시화하고 있다.<그림 4-53>

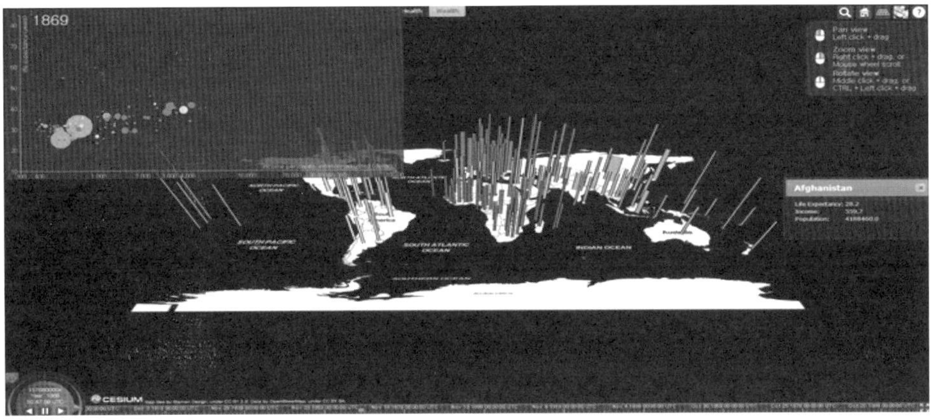

<그림 4-53> cesium + d3 data visualization

(https://cesiumjs.org/d3cesium/)

■ Fireball from outer space

과거 100년간 총 606개의 운석이 떨어진 지역을 공간 가시화를 통하여 한눈에 파악 할 수 있다.<그림 4-54>

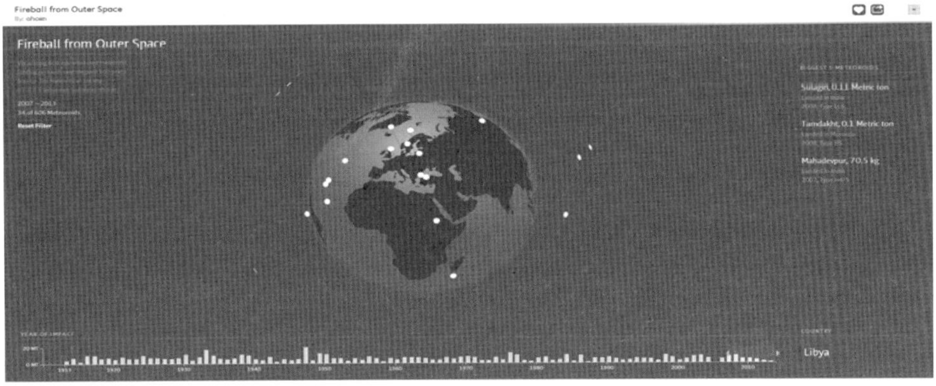

<그림 4-54> fireball from outer space

(http://visual.ly/fireball-outer-space)

■ Visualization of rainfall data for Singapore

x3dom.js 가시화 라이브러리를 이용하여 싱가폴의 강우량 데이터를 지역별로 3차원으로 가시화한 예제이다.<그림 4-55>

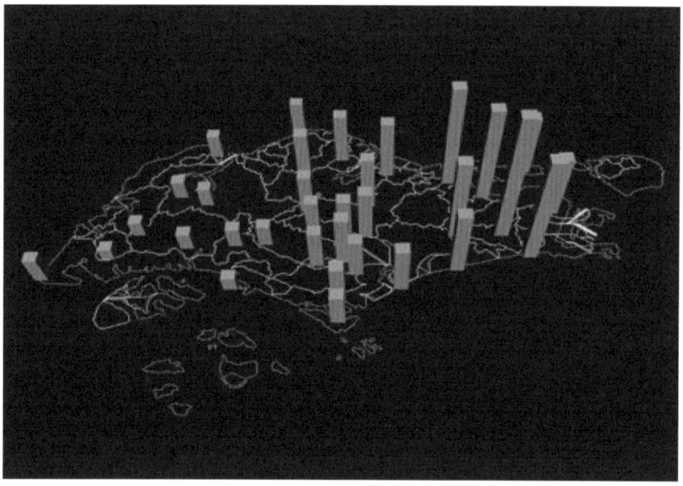

<그림 4-55> Visualization of rainfall data for Singapore

(http://x3d.byoo.net/metavis/metavis-x3dom-c.php?l=12)

■ Visualization of mature hurricane data

x3dom.js 가시화 라이브러리를 이용하여 태풍(hurricane)의 상세궤적을 3d로 공간 가시화하고 있다.<그림 4-56>

<그림 4-56> visualization of mature hurricane data

(http://x3d.byoo.net/metavis/metavis-x3dom-c.php?l=14)

■ Browser market share (Jan 2002 to Aug 2009)

2002년에서 2009년까지 브라우저 시장 점유율을 비교가시화 한 모습이다. Firefox, 크롬이 IE보다 시간이 갈수록 지지율이 늘어나는 것을 색 분포를 통해 한눈에 파악할 수 있다.<그림 4-57>

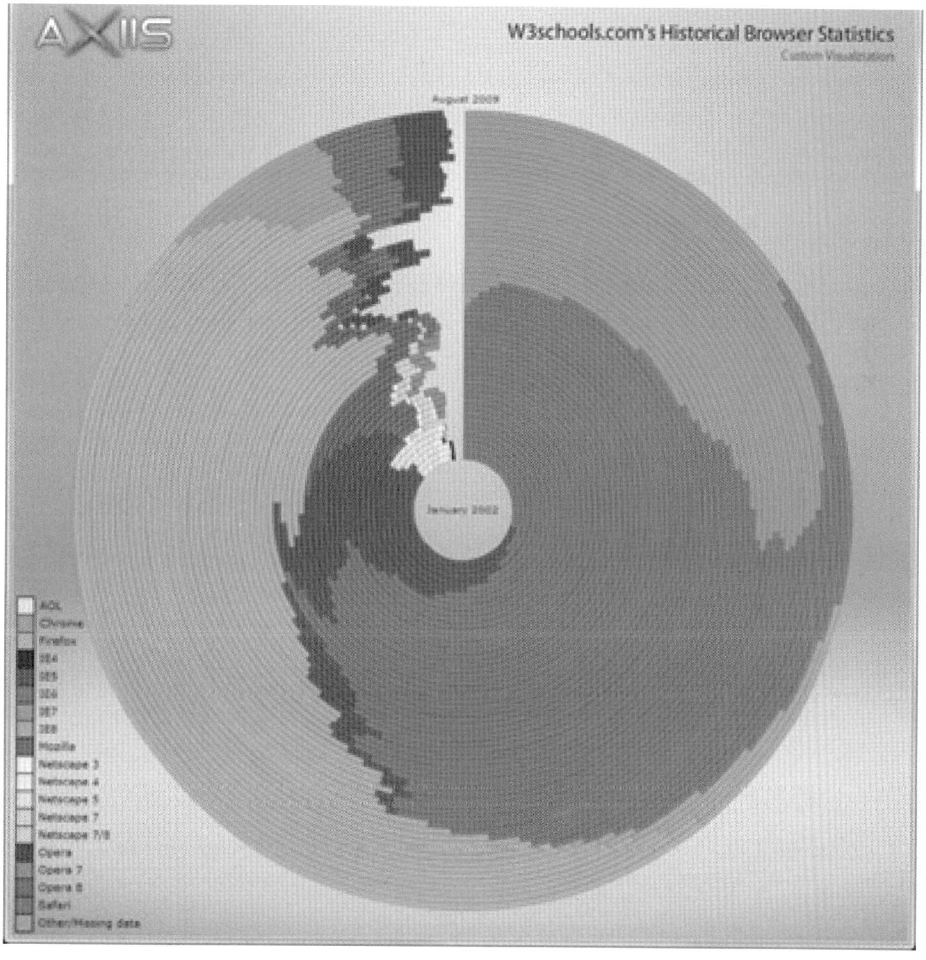

<그림 4-57> Browser market share (Jan 2002 to Aug 2009)

(http://www.axiis.org/examples/BrowserMarketShare.html)

참고문헌

[NAT2012] 송용근옮김, NATHAN YAU, VISUALIZE THIS, 에이콘출판사, 2012

[NAT2013] 서경진옮김, NATHAN TAU, 데이터포인트, Wiley, 2013

[NAVER2014] NAVER, 지식백과 데이터 가시화, http://terms.naver.com/entry.nhn?docId=1691559&cid=42171&categoryId=42183, 2014

[ENG2014] Where does my money go?, http://wheredoesmymoneygo.org/bubbletree-map.html#/~/total, 2014

[FRI2014] Michael Friendly, http://www.datavis.ca/, 2014

[EVEL2012] Evelson.B & Yuhanna.N, "The Forrester Wave:Advanced data visualization (ADV) Platforms", Forrester Research, Q3, 2012

[HANS2006] http://www.ted.com/talks/hans_rosling_shows_the_best_stats_you_ve_ever_seen?language=en, 2006

[WIKI2014] Wikipedia, Word Cloud, 2014

[R2014] R Packages, http://www.rstudio.com, 2014

[D3JS2014] D3, http://www.d3js.org/, 2014

[SEOUL2014] http://data.seoul.go.kr/openinf/visual/popup/popvisual.jsp?seqNo=16, 2014

[50YEAR] http://50yearsofchange.com/, 2014

[CES2014] Cesium data visualization, https://cesiumjs.org, 2014

[김진국2014] 김진국, 빅데이터 분석결과의 3D가시화 도구개발, 석사학위논문, 충북대학교, 2015.2

[USMovie2013] 2013 USA Movie Box Office, http://www.xach.com/moviecharts/2013.html, 2013

[Song2014] Similar Song Network, http://projects.flowingdata.com/tut/interactive_network_demo/, 2014

[Wind2014] USA Wind Map, http://hint.fm/wind/, 2014

[충북대201401]충북대학교, 구글 맵과 클러스터링을 활용한 트위터 발생 빈도 가시화, 2014

[GIST] 공항정보와 항공노선정보를 이용한 R가시화,

https://gist.github.com/mitrad/5820018
[서울시2014] 서울시 예산 현황, http://data.seoul.go.kr/index.jsp, 2014
[서울시시각화2014] http://data.seoul.go.kr/openinf/visual/datavisual.jsp, 2014
[HHAD2014] House Hunting All Day, Every Day, http://www.trulia.com/vis/tru247/
[충북대201402]충북대학교, 한국 영화 박스오피스 차트, 2014
[충북대201403]충북대학교, White Cat Monitoring, 2014
[충북대201404]충북대학교, Animated Korea Wind Chart, 2014
[충북대201405]충북대학교, 대한민국 예산 가시화, 2014
[충북대201406]충북대학교, 5대 만성질환의 합병증과 복합만성질환 분석 및 가시화,
http://doctorcare.cbnu.ac.kr/visualization/index.html
[충북대학교201407], 빅데이터 분석을 활용한 스마트 귀가 서비스, 2014
[PFU2014] Popularity of Facebook Usage,
http://sweb12.hciresearch.org/content/data-visualization-age-big-data, Sep. 2014
[NASA2014], NASA's Perpetual Ocean,
http://www.nasa.gov/topics/earth/features/perpetual-ocean.html, Sep. 2014
[Health2014] Health InfoScape,
http://visualization.geblogs.com/visualization/network/, Sep. 2014
[Crayola2014] Crayola Chart,
http://www.datapointed.net/2010/01/crayola-crayon-color-chart/, Sep. 2014
[CB2013] Corruption and bribery, http://www.transparency.org/gcb2013/results
[Fireball] Fireball from outer space, http://visual.ly/fireball-outer-space
[유병연01] Visualization of rainfall data for Singapore,
http://x3d.byoo.net/metavis/metavis-x3dom-c.php?l=12
[유병연02] Visualization of mature hurricane data,
http://x3d.byoo.net/metavis/metavis-x3dom-c.php?l=14
[BMS] Browser market share (Jan 2002 to Aug 2009),
http://www.axiis.org/examples/BrowserMarketShare.html

빅데이터 이해와 활용

5 장

빅데이터 인문사회

5장 빅데이터 인문사회

5.1 빅데이터와 인문사회

스마트폰과 태블릿 PC 등 모바일 기기의 사용이 확산되면서 디지털 혁명은 새로운 국면을 맞고 있다. 급속히 늘어나는 데이터를 활용하기 위한 새 기술과 용도를 찾으려는 노력과 시도를 통해 빅데이터라는 새로운 도약의 지렛대가 생겨났기 때문이다. '21세기의 원유'로도 불리는 디지털 데이터에서 새로운 가치를 얻을 수 있다는 가능성과 가설이 여기저기서 입증되고 있는 가운데, 인문학에도 이 새로운 기술의 활력을 불어넣으려는 움직임이 서서히 그리고 지속적으로 일고 있다.

흔히 인문학은 문・사・철 즉 문학, 사학 그리고 철학으로 대표되는 가장 고전적인 학문을 아우르는 영역으로, 고리타분하고 폐쇄적인 지식 위주의 학문분야를 가리키는 용어로 받아들여진다. 따라서 이다지 오래되고 완고한 학문에 첨단과학기술을 바탕으로 하는 빅데이터를 접목시키려는 시도는 마치 물과 기름을 섞으려는 실현 불가능한 것을 꾀하는 무용(無用)하고 주제 넘는 일처럼 여겨질지도 모른다. 하지만 이런 걱정은 인문학 자체의 본질과 인간이 개발한 모든 기술의 궁극적 목표와 용도가 무엇인지를 생각하면 어렵지 않게 넘어설 수 있는 성질의 것이라 생각된다.

우선 인문학이란 딱딱한 고전적 학문이기에 앞서 인간 삶의 다양한 현상과 조건에 관한 관찰과 사유가 본연의 대상과 방법이다. 그것은 고대 이래로 동서양의 선현들이 쌓아올린 방대하고 심오한 지식의 기념탑을 가리키기도 한다. 하지만 그와 무관하거나 별도는 아닐지라도, 동시에 혹은 거기에 앞서, 삼척동자의 순진한 눈과 귀로 보고 듣는 갓 피어나는 풀잎과 지저귀는 새소리를 포함한 삼라만상의 오묘한 자태를 비롯하여, 그 속에서 그를 낳아주고 보살펴주는 부모형제와 이웃의 따뜻한 시선과 사랑을 깨달아 가는 과정 그 자체가 인문학의 가장 기본적이고 소중한 바탕이자 출발점이다. 그리하여 인문학은 우리가 살아가는 삶 속에서 만나고 발견하는 세상의 다양한 현상과 움직임, 그것들을 견인하고 추동하는 힘과 원리, 방식 등에 대한 이해와 함께 새롭고 선한 것, 미지의 사상(事象)을 향한 끝없고 끊임없는 의문과 탐구로 이어지는 것이다.

이런 사실과 함께 오늘날에 이르러 전통적 학문의 경계가 허물어지고 다양한 지식의 융합을 통하여 새로운 학문 영역과 응용 분야가 생겨나며, 이에 걸맞은 사고와 발상의 전환과 함께 지식활동의 패러다임에 대한 변화가 끊임없이 요구되는 현실을 주목할 필요가 있다. 인문학의 대표적 과목인 문학만 하더라도 작품 내용을 분석하고 해석하는 데에 철학과 언어학 이외에 심리학이나 지리, 사회학과 같은 인접 인문사회과학은 물론이고, 통계학이나 전산학의 원리와 기술을 도입하여 작품을 보다 '객관적'이고 '과학적'으로 이해하려는 방법과 이론이 이미 정립되어 활발하게 적용되고 있다. 또한 고고학의 발굴과 탐사 같은 분야는 원래 다양한 공학적 기술이 필요할 뿐만 아니라, 발굴한 자료를 처리, 보관하고 해석하며 전시하는 데에는 문·이과를 넘나드는 다양한 학문 기술적 보완체제가 필요한 것이 사실이다. 이런 현상과 추세는 극단적으로 말하면 기존의 학문 구분과 분류가 더 이상 현실적 필요성 나아가 존재이유를 갖지 못하는 지난 시대의 유물이 되는 결과를 초래하는 동시에 융·복합적인 새로운 학문 생성과 발달을 가속화하고 있다. 가령 오늘날 다양한 매체의 발달이 낳은 미디어 관련 학문은 기존의 언론학뿐 아니라 새로운 시청각 기술은 물론 조형예술과 문학까지 포함하는 여러 학문과 기술을 아우르는 새로운 개념의 학문이다. 또한 대량생산을 추구하는 산업사회가 요구하는 상품 디자인과 포장 등에 관한 기술과 이를 뒷받침하는 학문은 문·이과의 벽을 넘어 재료공학과 조형예술 등이 어우러져 다양하게 발전하고 있는 새로운 연구와 응용 분야로 자리 잡고 있다.

이 같은 학문과 기술 발달의 전반적인 흐름 속에 특히 디지털 기술이 몰고 온 사회문화적 여건의 변화는 인문학에도 예외 없이 파급되어 학문 자체의 기반이 되는 대상과 방법에 대한 새로운 시각과 접근법이 절실하게 요청되는 것과 동시에 그런 필요에 부합하는 기술과 도구가 속속 개발되어 사용되고 있다.

5.1.1 인문학과 첨단기술

이제 문학을 포함한 인문학은 딱딱한 의자와 책상에서 '붓과 종이'만으로 배우고 익히는 난해한 언어유희와 그것을 풀어내려는 땀내 나는 독서주해(讀書註解)에만 머물지 않는다. 우리시대에 닥아온 디지털 기술은 시시각각으로 전해지는 현실세계의 생생한 소식과 함께 동네 서점은 물론 지구 반대편 도서관에서 제공하는 많고 다양한 책과 자료를 언제 어디서나 보고 들을 수 있는 여건을 마련해주고 있다. 스마트폰과 인터넷이 주축을 이루는 디지털 세상에서 학문 활동은 시간과 장소에 구애받지 않고 지식의 자양과 열매를 더불어 나누고 가꾸는 적극적인 참여와 소통의 동의어가 되었다. 따지고 보면 학문의 기본 도구가 되는 '붓과 종이' 또한 시대의 변천에 따른 기술의 발달과 함께 끊임없이 진화하여 오늘날의 디지털 전자문서와 필기구에 이르게 된 것이며 이는 기술발달이 학문 조건에 가져온 변화를 보여주는 단적인 예로서 시사(示唆)하는 바가 작지 않다. 혹자는 '붓과 종이'는 단지 학문의 도구일 뿐, 학문 자체와는 무관하다고 할지 모르지만, 행위에 사용되는 도구는 행위의 대상에 대한 접근법 즉 시각을 규정한다는 점에서 '붓과 종이'의 진화가 학문 변화에 미친 효과를 유추하기는 어렵지 않다. 이 같은 사실과 상황은 문・이과를 포괄하는 모든 개별 학문과 거기에 연관된 기술이 그 자체가 갖는 대상과 방법에 따라 다양한 개념과 전망을 형성하여 복잡다단한 내용과 체계를 담고 있지만 궁극적으로 인간과 세상의 실체를 규명하고 이를 바탕으로 인류의 행복과 번영에 기여하는 학문 활동의 필연적인 발로(發露)이기도 하다는 점을 잘 말해준다.

<그림 5-1> 테블릿 PC를 이용한 인터넷 조회

이런 의미와 맥락에서 첨단 기술인 빅데이터 또한 문학과 지리, 역사학과 같은 인문학의 내용과 방법을 이루는 요소로서 자리 잡게 될 것이라는 전망을 가늠하는 작

업의 필요성이 대두된다. 앞서도 부언한 것처럼, 이미 학문은 고고한 상아탑의 칸막이 속에 던져진 채 홀로 발광하는 반딧불이 같은 고독하고 희미한 두뇌운동이 아니다. 이제 그것은 새로운 기술이 터놓은 정보와 지식의 고속도로를 거침없이 오가며 거기서 조우하는 다양한 개체와 사상에 상호작용하면서 새로운 가치와 지향을 생성하고 유도하는 현실적 참여활동이 되었다. 학문과 세상의 이런 변화에 과학기술이 이바지해온 바는 우리의 주된 관심사인 빅데이터의 바탕이라고 할 수 있는 디지털 기술의 집적체(集積体)인 컴퓨터 자체의 사용이 어떻게 시작되고 변화하여 일반화의 길로 접어들었는지를 보아도 확인할 수 있는 사실이다. 오늘날 누구나 편리하게 사용하는 컴퓨터는 그리 오래 되지 않은 1970년대에만 하더라도, 일반인들은 물론 대학에서조차 컴퓨터 전공학과에 소속되거나 그 분야의 일을 담당하는 전문가가 아니면 기계 자체가 어떻게 생겼는지 어디에 있는지 보지도 알지도 못하는 미스터리였다. 하지만 그 이후 불과 20년이 채 지나지 않은 시기가 되어 컴퓨터는 일반 가정에도 그것을 두지 않는 일이 드물 정도로 널리 보급되었으며, 우리가 생생하게 체험하고 있듯이 오늘날에 와서는 공사(公私)를 막론한 생활의 필수품으로 자리 잡은 만큼 학문과 연구활동의 불가결한 요소가 되었다. 그리하여 거기에 맞는 기기의 개발과 개선이 끊임없이 이어지는 가운데 이제 스마트 폰이라는 이름과 형태를 갖춘 모바일 체제의 단말기가 등장함으로써 빅데이터시대의 자원인 데이터를 쏟아내고 있다. 특히 인문학에 있어 이런 변화와 쇄신의 추이는 소위 디지털인문학이라는 이름으로 20세기 중반 이후로 서서히 그러나 지속적으로 진행되어 오늘에 이르고 있으며, 이제 빅데이터라는 새로운 기술적 도약대를 맞아 더욱 가속화될 것이 분명하다.

5.1.2 디지털 인문학

인문학 분야에 빅데이터가 도입되어 활용될 수 있는 가능성과 양상을 내다보기 위해서는 그 배경과 전제 내지는 전 단계가 되는 '디지털 인문학'이라는 개념과 이 새로운 학문 개념이 등장하여 변모하는 과정을 살펴볼 필요가 있다.

디지털 인문학이란 디지털 기술이 적용된 인문학의 모든 연구 활동 분야를 가리키는 대단히 포괄적인 개념으로서 그 구체적 방법과 정확한 대상 학문을 정의하기란 쉬운 일이 아니다. 디지털 기술 자체가 그 적용 분야나 범위가 쉽게 한정할 수 없는 데에다 인문학에 해당하는 개별 학문에 있어서도 다양한 디지털 기술이나 도구가 사용될 수 있기 때문이다. 그럼에도 불구하고 굳이 디지털 인문학에 대한 정의를 고집한다면, "문학과 예술을 포함하는 인문사회 분야 연구의 자료 수집, 분석과 연구결과 작성, 출력, 배포, 저장 과정에 정보통신 기술을 접목시킨 새로운 학문 방법론" 정도로 요약하면 큰 무리는 없을 듯하다. 이와 함께, 디지털 인문학을 가리키는 별명을 소개하는 것도 이 학문의 실체와 내용을 이해하는 데에 도움이 될 법하다.

우선 '빅 텐트'라는 합성어는 '빅'이라는 같은 형용어가 사용된 '빅 데이터'라는 말과 함께 '빅 브라더'를 연상시키는 말이기도 하다. 영국 작가 조지 오웰의 소설인 <1984년>에 나오는 빅 브라더는 과학기술이 기형적으로 발달하여 감시와 통제가 보편화되고 인간성이 마비된 사회를 대변하는 악명 높은 가상인물로서 과학기술의 역작용을 획책하는 괴물이나 악마처럼 여겨진다. 이런 빅 브라더의 이름을 구성하는 형용어를 동반하면서 동시에 같은 어순으로 된 '빅 텐트'라는 말은 '빅 브라더'가 조장하는 과학기술의 부정적 측면과는 정반대의 성격을 나타내려는 표현이다. 그것은 디지털 인문학이 마치 하나의 큰 텐트처럼 그 이름 아래 다양한 학문과 분야를 포괄한다는 비유적인 의미를 갖는 것으로 기술 발전이 가져다줄 넉넉함과 어울림을 암시한다. 또 다른 하나는 '거래 구역'이라는 뜻으로 풀이할 수 있을 '트레이딩 존 trading zone'이라는 표현이다[Dacos2010, p.16]. '빅 텐트'와 마찬가지의 공간개념으로 새로운 학문분야의 성격을 은유적으로 드러내는 이 별명 또한 디지털 인문학 안에서 많은 학문과 분야의 교류가 이뤄지는 상황을 나타내는 것이다. 역시 디지털 기술로 인해 인문학 연구와 활동이 활발히 소통하고 역동적으로 진행될 것임을 말해주는 긍정적인 이름으로 받아들일 수 있다.

고전적 학문 분야인 인문학 연구에 디지털 기술을 접목함으로써 학문 활동의 새로운 방법과 함께 '디지털 인문학'의 성립을 가져오게 된 계기로는 이탈리아의 인문학자인 로베르토 부사(Roberto Busa, 1913 - 2011)의 사례를 꼽는다. 1940년대 말, 카톨릭 성직자인 부사는 중세 신학자인 토마스 아퀴나스(Thomas Aquinas, 1225 - 1274)의 저작을 연구하면서 당시에 새롭게 개발된 컴퓨터 기술을 자신의 연구에 도입한 것이다. 처음 그는 컴퓨터의 계산능력을 이용하면 자신이 연구하는 방대한 저작의 색인 작성과 어휘 빈도 계산을 자동화할 수 있겠다는 생각을 갖고 있었다. 비슷한 시기에 부사는 컴퓨터 개발사인 IBM사의 창업자 토머스 왓슨(Thomas J. Watson, 1874 - 1956)을 만나 친한 관계를 유지하게 되었고, 그런 친분을 매개로 자신의 연구에 IBM 컴퓨터를 부담 없이 사용할 수 있는 혜택을 입었다. 이후로 30여년에 걸쳐 부사는 그가 계획한 작업을 착실하게 진행하여 70년대 말에 이르러 56권으로 된 연구결과를 세상에 내놓았다.

<그림 5-2> 영화 '빅브라더' 포스터

이렇게 시작된 디지털인문학의 정립 과정을 세 단계로 구분할 것을 주장하는 이는 영국 옥스퍼드 대학의 디지털인문학 연구원 루 버나드(Lou Burnard)이다. '텍스트 인코딩 주도권' 즉 TEI(Text Encoding Initiative)을 제안한 장본인이기도 한 루 버나드는 초기 컴퓨팅 기술 단계에서 오늘날에 이르기까지 디지털 인문학이 진화한 과정을 다음과 같이 세 단계로 구분한다.

어문학 컴퓨팅

제1단계는 '어문학 컴퓨팅'(Litterary and Linguistic Computing)에 해당하는 단계로서 위에 언급한 로베르토 부사의 작업을 필두로 주로 컴퓨터의 계산능력을 이용하여 색인 작성과 어휘 빈도수 계산을 자동화하였다. 이 같은 바탕위에 소위 '컴퓨터 언어학'이 생겨나 1960년대부터는 자연어 처리와 함께 코퍼스 언어학의 본격적인 발달을 가져오게 된다. 이런 흐름 속에서 특히 영어권과 불어권에서 전범이 되는 인문학 코퍼스가 구축되었는데, 미국에서는 브라운대학에 생겨난 브라운 코퍼스(Brown Corpus), 영국에는 국립 도서관이 마련한 영국 국립 코퍼스(British National Corpus) 그리고 프랑스는 프랑텍스트(FRANTEXT)가 그 예이다. 특히 프랑 텍스트는 언어사전 편찬에 필요한 어휘자료집을 제공하기 위해 만들어졌다가 독립적인 운영체제를 갖춘 대규모 텍스트 코퍼스로 발전하였다. 그 안에는 엄정한 기준에 따라 선정된 4000여 권의 저작이 수록되어, 자체 개발한 텍스트 마이닝 기법으로 다양한 분석을 가할 수 있다.

인문학 컴퓨팅

1980년대에 시작된 디지털 인문학의 제2단계는 '인문학 컴퓨팅'(Humanities Computing)으로 불리어지기도 한다. 이 단계에서는 어문학의 틀을 벗어나 인문학의 다양한 분야에 컴퓨터 디지털 기술이 도입되었다. 이제는 인문학 각 분야와 과목에 필요하고 적합한 자료 발굴과 제작, 보존, 출력, 전달 등 일련의 과정에 그 일부 또는 전부를 디지털 방식으로 처리하기에 이르렀다. 사실 이전 단계에서도 이를테면 역사학이나 고고학과 같은 분야는 컴퓨터를 이용하여 자료의 수량적 분석과 계산 등을 실행해오고 있었으며 이런 추세가 점점 확대될 것은 이미 예견된 것이었다. 그 당시 이미 어느 역사학자는 "미래의 역사학자는 프로그래머가 아니면 안 될 것이다"라는 주장을 내세우기도 했었다[Dacos2010, p.9]. 그리하여 이 시기에 와서 인문학의 여러 분야는 디지털 기술을 보다 다양하고 발전된 방식으로 도입 적용하여, 범용되는 전산 프로그램을 사용할 뿐 아니라 필요한 프로그램을 자체적으로 개발하기에 이르렀다. 이제 컴퓨터는 단지 계산만 하는 연구 보조도구의 차원을 벗어나 연구방법을 좌우하는 요소가 된 것이다. 그러다보니 이 시기에는 각기 다른 전공분야와 과목에 따라 거기에 맞는 문서를 포함한 각종 자료와 프로그램이 다양한 형식과 모델을 띠고 나타나게 된다. 이런 움직임이 가속화되자 마침내 여러 분야와 학제간 공통된 기준과 방식에 대한 필요성이 제기되고 거기에 부합하는 해결책이 나온 것 또한 이 시기 인문학 컴퓨팅의 특징 가운데 하나라고 할 수 있다. 이를테면 텍스트 인코딩의 통일을 위한 TEI(Text Encoding Initiative)가 표준으로 채택됨에 따라 모든 디지털 텍스트 소스에 사용할 수 있는 XML이 생겨난 것이 좋은 예이다. 인문학 분야에서 TEI의 채택은 대단히 중요한 의미를 지닌다. 각 분야나 과목 심지어 개별 프로젝트에 따라 사정에 맞는 언어를 경우마다 개발하여 사용하다 보니 프로그램 언어가 중구난방이어서 상호소통이 어려운 실정이었지만, 분야별 특수성을 허용하는 유연한 작업 틀을 제공하는 메타언어가 마련되었기 때문이다.

디지털 인문학

1990년대 중반에는 인터넷의 등장으로 디지털 환경이 급속히 바뀌었다. 이런 변화의 와중에 '디지털 인문학'이라는 용어 자체가 생겨난 사실이 말해주듯이 이전 단계인 인문학 컴퓨팅의 차원을 넘어 제3단계에 해당하는 본격적인 디지털 인문학 시대가 열렸다. 거미줄을 뜻하는 웹(web)을 가리키는 이름으로 불리어지는 인터넷의 일반화는 무엇보다도 의사소통의 혁명적 발달을 불러 특히 소셜 미디어의 사용이 폭발적으로 증가하였다. 거미줄처럼 사통팔달로 이어진 인터넷 통신망을 통해 정보와 지식의 소통이 시공간에 구애받지 않게 되고, 이런 여건을 통해 자료의 발굴, 저장, 분석과 그 결과의 발표, 전달, 출판 등 인문학의 모든 활동 또한 온라인을 통해 가능한 상황이 되었다. 또한 이전 단계에서 만들어진 것을 포함한 다양한 코퍼스들이 속속 온라인으로 제공되고 이들의 복사와 전송까지도 가능하다. 따라서 사용자들은 언제 어디서나 자료를 검색하여 필요한 내용을 보고 듣는 것은 물론 복사나 내리받기로 그것을 받아들고 손수 가공하여 새로운 자료를 확대재생산하는 데에도 사용할 수 있게 되었다.

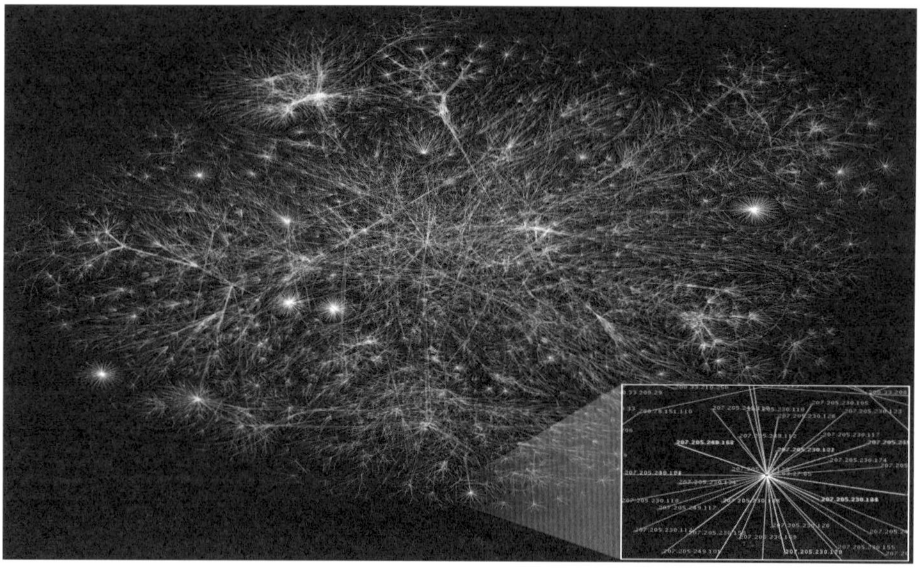

<그림 5-3> 전세계 인터넷 연결망의 가시화

5.1.3 인문학 코퍼스

지식 정보는 경험적인 것이 아니라 가설을 검증하는 과정을 통하여 얻어지는 지적 활동의 산물이다. 학문과 연구는 이 과정을 담당하는 역할을 하며 여기에 필요한 자료의 수집은 그것의 승패를 좌우하는 관건이다. 디지털 시대에 접어들어 학문연구에 필요한 대다수의 자료가 디지털 방식으로 제작되거나 변환되어 사용되는 것은 인문학의 경우도 예외가 아니다. 사진이나 동영상과 같은 시청각 자료가 포함되는 경우가 있기도 하지만 텍스트가 자료의 대부분을 차지하는 점은 대부분의 학문과 연구에 공통된 특징이며 특히 문학을 필두로 하는 인문학이 그런 성격을 드러내는 대표적인 분야이다.

앞서 소개했듯이 디지털 기술이 인문학에 도입된 초기에 텍스트를 통계적으로 분석하는 것과 병행하여 텍스트 자체를 디지털화하는 작업을 통해 다수의 인문학 코퍼스가 만들어지기 시작했다. 이것은 같은 시기에 생겨난 전산언어학의 발달과도 밀접한 연관이 있는 것으로, 그것의 핵심적인 부분에 해당하는 자연어처리 기술을 사용하면 방대한 량의 텍스트를 분석하여 그 내용을 빠르고 정확하게 알아낼 수 있어 연구의 효율을 획기적으로 높일 수 있게 되었다. 또한 이때부터 구축된 인문학 코퍼스는 인터넷 시대를 맞아 서둘러 온라인으로 제공되기 시작했다. 이제 시간과 장소에 구애받지 않고 다양한 코퍼스의 검색과 조회가 가능해짐에 따라 학문연구의 글로벌화가 자연스럽게 이루어지고 시간과 비용을 대폭 절약할 수 있는 여건이 갖추어진 것이다. 이런 인문학 코퍼스 가운데 대표적인 것으로 많은 사람들이 편리하게 사용하는 것은 '전자도서관'이라는 이름으로 일반에 제공되고 있다. 아래 소개하는 것은 그 가운데 대표적인 사례에 해당한다.

구텐베르크 프로젝트

"무지와 문맹의 벽을 깨부수자!"는 슬로건 아래, 구텐베르크 프로젝트는 1971년 미국인 마이클 하트에 이해 시작된 최초의 전자도서관이다. 인터넷에 전자화된 문서 즉 e-text를 저장해 놓고 누구나 무료로 책을 받아 읽을 수 있는 가상 도서관을 만드는 것을 목표로 한다. 그 이름은 서양 금속활자의 발명자인 요하네스 구텐베르크의 이름에서 따온 것으로 인쇄술의 발전을 통해 인류가 지식의 전달을 편리하고 빠르게 할 수 있는 것처럼 전자화된 문서를 통해 지식에 접근을 편리하게 할 수 있도록 하려는 의지를 담고 있다. 2013년 11월 현재 약 42,000권의 책이 제공되고 있다고 발표하였다[wikifr2014]. 대부분 영어로 된 자료이지만, 프랑스어, 독일어, 스페인어, 이탈리아어 등 다양한 언어로 된 자료도 다수 포함된다. 주로 자원봉사자들에 의해 매주 50여 권의 책이 추가로 입력되고 있으며, 입력 자료들은 저작권이 해소되거나 없는 것들이다.

갈리카(Gallica)

프랑스 국립도서관에서 제공하는 전자도서관. 1997년에 처음 서비스를 시작하여 2014년 4월 현재 제공되는 3백만여 자료에는 책과 정기간행물은 물론 작가원고, 사진, 악보, 녹음 등 다양한 종류가 포함된다. 각 자료마다 '아카이브 자원 열쇠' 즉 ARK(Archival Resource Key) 방식에 따라 제목, 저자, 생산연도 등과 같은 기본적인 정보 이외에도 선명도, 확장성 등 자료의 장기적인 관리를 위한 자세한 사항이 표시되는 것이 특징 가운데 하나이다. 저작권이 소멸된 자료만을 디지털화하여 제공하던 관행을 깨고 저작권이 유효한 자료에 관한 정보도 검색 결과로 제공하고 있다. 이는 전자책의 확산에 따른 정보 확대라는 자연스러운 측면도 있지만 이와 함께 특히 구글사(社)에서 제공하는 구글북스의 공격적인 서비스에 맞서는 나름대로의 대비책으로 보이기도 한다.

<그림 5-4> 프랑스 국립도서관의 텍스트 서비스 갈리카

구글북스

축적된 기술을 바탕으로 디지털 문화를 선도하는 구글사가 제공하는 전자도서관으로 2010년 6월 현재 1500만권의 책을 디지털화하였다. 2004년 '구글 프린트'라는 이름으로 시작된 구글의 전자도서관 프로젝트는 일차적으로 북미의 대학과 공공도서관 서적을 디지털화하는 것이었다. "세계의 정보를 체계화하여 모두가 편리하게 이용할 수 있도록 한다"는 회사의 목표에 부합하여 이후 그 대상 지역을 점차 확대하여 유럽의 독일, 오스트리아, 스위스, 네덜란드, 프랑스 등을 포함하고 이제는 한국과 일본 등 아시아 지역으로 확대되고 있다. 대상 서적도 저작권이 소멸된 것뿐만 아니라 신간 도서도 포함되어 독자가 원하면 구글북스를 통해 즉시 구입도 가능한 상업적 기능도 갖추었다. 또한 페이지 표시와 메모 등 여러 가지 편리한 기능을 추가하고 최근에는 '구글지도(Google Map)'를 통해 책속에 언급된 지명을 지도에 표시하는 기능도 선보였다. 이는 '구글어스(Google Earth)'와도 연계된 서비스로 역사와 지리 등은 물론 문학작품 연구와 감상에도 작지 않은 영향을 미칠 것이다. 또한 교육과 관광 산업 분야에도 새로운 비즈니스 모델을 유발할 수 있으리라는 기대도 갖게 한다.

구글사는 이 프로젝트를 계속해오면서 작가를 포함하는 개인과 단체로부터 갖가지 소송에 휘말려 온 것도 사실이다. 이는 첨단기술이 적용된 새로운 개념의 책과 저작물이 생산되고 유통되기 시작하는 상황에서 출판 저작권의 행사와 보장이 전례 없는 새로운 국면을 맞으면서 겪는 진통이라 할 수 있을 것이다. 출판문화와 산업의 새로운 방향을 제시하는 구글북스의 행보와 거취는 이런 점에서 비상한 관심을 끈다.

한편, 구글은 다양한 언어로 된 대규모의 텍스트 코퍼스를 구축하는 것과 병행하여 여기에 빅데이터 기술을 적용한 몇 가지 새로운 서비스를 선보였다. 우선 구글 엔그램 뷰어[ngram2014]는 낱말이나 문장의 빈도 변화 추이를 연도별 그래프로 나타내는 기능을 제공하고 있다. 2008년 구글북스에 디지털화된 5백만 여권의 장서에 수록된 어휘 통계를 바탕으로 시작된 이 서비스는 개별 어휘의 사용 빈도 변화와 함께 여러 어휘 사이에 빈도를 비교할 수 있어 어휘의 생멸과 같은 통시적 관찰과 함께 시대에 따른 화두 즉 주제어의 변천을 알아내고 추적하는 작업을 편리하게 해낼 수 있다. 이런 개념과 작업들은 이것들을 더욱 발전시켜 연관된 방법론을 모색하고 적용 분야를 유기적으로 연결 지으면서 타당한 원리와 법칙을 정립해 나간다면 '문화과학 science de la culture' 혹은 '문화경제학 culturomique'과 같은 새로운 학문이 성립될 가능성도 보여준다[Dacos2010, p.15].

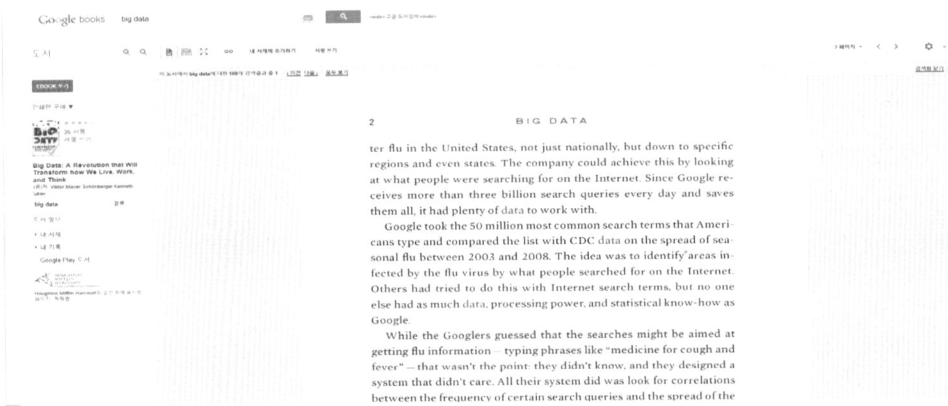

<그림 5-5> 구글북스 서비스

구글북스의 수록 장서가 늘어감에 따라 어휘 통계 역시 정확도를 더하여 연관된 많은 연구의 신빙성과 타당성을 더욱 강력하게 뒷받침해주고 있다. 이 같은 맥락에서 구글은 획기적인 방법으로 자동번역 기술을 개발하여 서비스를 시작했다. 이 역시 구글북스에 수록된 다양한 언어로 된 방대한 텍스트 코퍼스에 빅데이터 기술을 적용한 결과이다. 종래의 자동번역과는 전혀 다른 방식으로 기존의 작업이 해결하지 못한 문제를 효과적으로 처리하면서 자동번역에 새로운 도약의 계기가 마련되었는데, 여기에 대해서는 다음 장에서 자세히 소개할 것이다.

우리나라에도 소중한 텍스트 자료들이 코퍼스로 제공되고 있는 것들이 많다. 이들은 대부분 국책사업으로 구축된 데이터베이스에 기반 한 것들이다. 국사편찬위원회에서 제작한 것만으로도 '조선왕조실록'과 '승정원일기' 등을 들 수 있다. 특히 조선왕조실록은 이조 600년에 걸친 우리의 역사를 기록한 빛나는 문화유산으로 디지털 기술에 의해 이 귀중한 자료를 쉽고 편리하게 접할 수 있게 되었다. 또한 조선시대의 의전행사에 관한 기록인 외규장각도서의 코퍼스는 엉뚱하게도 프랑스 국립도서관의 디지털도서관인 갈리카에서 제공되고 있다. 이는 1866년 병인양요 당시 프랑스인들이 약탈해간 문화재 가운데 해당 문헌이 포함되어 프랑스 소유가 되어버린 역사의 아픈 흔적을 말해주는 것이기도 하다.

<그림 5-6> 국사편찬위원회에서 인터넷으로 제공하는 조선왕조실록

5.1.4 인문학 콘텐츠

형식과 내용은 동전의 양면과 같은 관계여서 모든 지적활동의 내용은 형식을 갖추어야 비로소 현실 속에 존재할 수 있다. '내용'을 가리키는 영어의 content라는 낱말에 '복수의 s'를 디한 밀의 한국식 발음인 '콘텐츠'가 유독 우리말에서는 독특한 의미를 갖는다. '내용' 가운데에도 디지털 기기에 적용할 수 있는 내용물을 가리키기 때문이다. 인문학 콘텐츠는 따라서 디지털 형식을 갖춘 인문학에 관한 내용물이라고 정의할 수 있을 것이다 하지만 이 같은 정의는 앞에서 우리가 본 것처럼 '인문학'의 범수를 어떻게 설정하느냐에 따라 그 범위가 가변적이 될 것이다. 바꾸어 말하면 '인문학'의 범위를 한정하기 쉽지 않듯이 '인문학 콘텐츠' 또한 디지털 형식을 갖춘 콘텐츠의 일부지만 그 범위가 쉽게 한정되지 않는다. 이런 사정을 고려하여 여기서는 인문학 콘텐츠를 '인문학과 연관된 디지털 내용물'이라는 편리한 뜻으로 받아들이고 그 안에 드는 대표적인 컨텐츠를 소개하는 데에 초점을 맞출 것이다. 빅데이터와 연관된 디지털 인문학의 요소로서 인문학 콘텐츠를 언급하는 필요성에 어울릴 것으로 판단되기 때문이다.

디지털 인문학센터

우선, 인문학 콘텐츠 제작을 주도하는 곳은 각 나라 대학의 디지털 인문학 센터이다. 주로 북미에 집중적으로 분포하는 디지털 인문학 센터는 전 세계에 걸쳐 있으며 물론 우리나라에도 있다[ADHO]. 전 세계 약 160여 군데에 이르는 센터 가운데 제일 처음 생겨난 것은 1994년 버지니아 대학에 생겨난 인문학 선진기술원 즉 IATH(Institute for Advanced Technologies for Humanities)이다. 특정 학과에 소속되지 않는 여러 전공 분야 연구원과 엔지니어로 구성된 이 센터의 독특한 체제는 이후에 생겨나는 미국 디지털 인문학센터의 모델이 되었으며 여기서 처음 실행한 프로젝트가 '어둠의 골짜기'(Valley of the Shadow)[valley]와 '로세티 아카이브'(Rossetti Archive) [rossetti]이다.

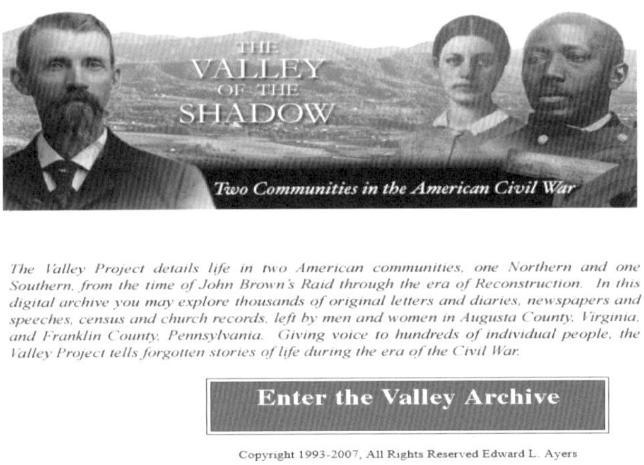

<그림 5-7> '어둠의 골짜기' 홈페이지

전자는 미국 독립전쟁 당시 남부연합 군인들의 체험을 실은 기록과 사진 등으로 된 방대한 자료를 디지털 방식으로 보여주는 것이며, 후자는 영국 시인 로세티의 글과 그림을 포함한 모든 작품들을 디지털화한 것이다.

〈문학 공화국 맵핑〉과 〈문화 가시화〉 프로젝트

이 같은 인문학 센터가 수행한 프로젝트의 대표적인 것 가운데 하나가 <문학 공화국 맵핑>으로 스탠포드 대학 센터에 의한 것이다. 볼테르, 존 로크, 달랑베르 등 주로

서유럽의 계몽 사상가들이 17세기에서 19세기에 걸쳐 주고받은 6만여 통 편지들의 내용과 함께 송수신 경로를 분석하고 가시화도 더하여 이들의 활동을 쉽게 알 수 있게 해준다. 이와 함께 역시 미국의 메사추세츠공대인 MIT에서 수행하는 '문화 가시화' 즉 'Visualizing Cultures'[MIT] 프로젝트도 관심을 끈다. 이 프로젝트는 ""'이미지가 이끄는 학술"(Image Driven Scholarship)을 표방하는 디지털 환경의 인문교육 교재개발 사업이다. 역사적 사실에 관한 그림, 사진 등의 이미지자료를 디지털 영상으로 제작하고 영상자료의 구석구석에 담긴 지식의 모티브를 찾아 학술적인 설명을 부가하는 방법으로 시각적인 스토리텔링을 구현하고 있다.

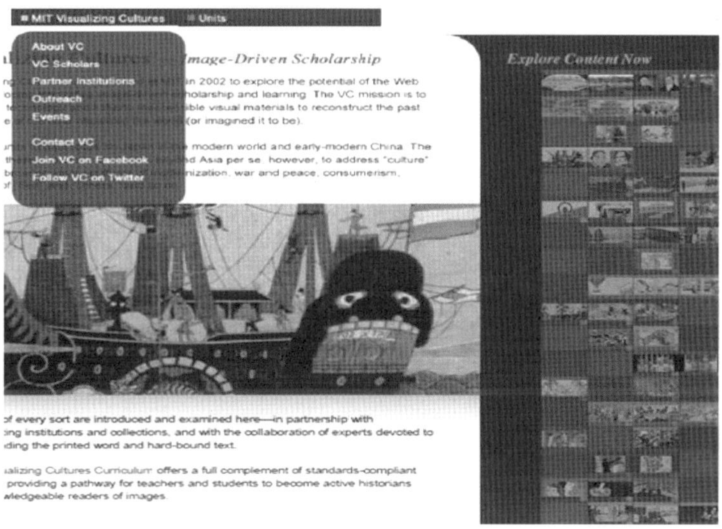

<그림5-8> MIT의 'Visualizing Cultures Project' 홈페이지

이 저작물은 모두 월드와이드웹(World Wide Web)을 통해 공개되고 있으며 MIT의 온라인 교육 프로그램으로 활용되고 있다 '중국 광동 무역의 흥망' (Rise & Fall of the Canton Trade System), '흑선과 사무라이'(Black Ship & Samurai) 등 20개 주제에 관한 45개의 코스웨어 유닛이 만들어져 있는데, 흥미로운 사실은 그것이 모두 아시아의 근대에 관한 내용이라는 것이다. MIT의 Visualizing Cultures Project는 2010년부터 예일대학의 동아시아학 위원회과 함께 'Visualizing Asia in the Modern World'라는 이름의 컨퍼런스를 개최해오고 있다. 시각적인 자료를 통해 아시아의 역사와 문화를 연구한 것이나 아시아의 문화와 자연을 담은 멀티미디어 데이터베이스 등이 이 컨퍼런스를 통해

소개되고 있는데 이러한 주제들이 앞으로 MIT의 Visualizing Cultures Project의 외연을 넓혀갈 것으로 예상된다"[김현2013, p.14].

한국콘텐츠진흥원과 〈문화원형〉 라이브러리

디지털 강국인 우리나라에도 디지털 인문학센터가 이미 개설되고 인문학 관련 여러 연구기관에서 제작한 인문학 콘텐츠가 많이 나와 있다. 이를테면 '한국영상자료원'[영상]에서는 우리나라에서 제작된 영화 작품 소개와 함께 풍부한 관련 자료를 콘텐츠화해서 보여주고 있다. 또한 한국콘텐츠 진흥원에서 운영하는 사이트[콘텐츠]에는 우리의 '문화원형'에 관한 분야별 콘텐츠를 제작해서 우리문화에 대한 이해의 폭과 깊이를 더할 수 있는 소중한 자료들을 제공하고 있다.

<그림 5-9> 문화원형 라이브러리

이런 흐름과 맞물려 눈에 띄는 현상 가운데 하나가 도서관의 변신과 활성화이다. 이제 도서관은 종이책을 보관하고 대출해주는 종래의 기능을 넘어서 전자책을 포함한 각종 디지털 자료를 온 오프 라인에 걸쳐 전시하고 공개하는 역할을 하는 첨단 문화공간이다. 또한 이런 것들과 연관된 모임과 행사를 여는 종합 박물관 내지 문화관

역할을 하고 있는 것이 사실이다.

포털사(社)와 문화콘텐츠

코퍼스 즉 자료체가 연구에 필요한 자료 모음으로서 데이터 성격이 강한데 비해, 콘텐츠는 그 자체가 완성된 내용과 형식을 갖춘 완성품으로 하나의 작품이라 할 만하다. 물론 콘텐츠가 연구 코퍼스로 사용될 경우도 있겠지만, 그보다는 그 자체를 사용하고 즐기는 디지털 형식의 최종 소비재 성격이 짙다. 우리나라 몇몇 인터넷 포털 회사는 콘텐츠 소비자인 네티즌들의 '니즈'와 입맛에 맞는 여러 가지 콘텐츠를 제공하고 있다. (대표적으로 '네이버 캐스트'[캐스트]를 들 수 있다.) 이들 콘텐츠는 학문적인 입장이라기보다는 흥미를 이끄는 상업적 의도에서 인문학의 다양한 주제와 문제에 관한 내용을 대중의 취향에 맞도록 잘 '가공'한 것들이다. 이런 회사들을 경영하는 오너들은 대부분 사업에 성공한 IT 전문가들로 알려져 있다. 이들은 이 분야에 정통한 기술과 경험 그리고 축적한 자본력을 배경으로 전문 인력을 포함한 인문학 자원을 개발하고 가공하여 '재미있는' 콘텐츠를 제공함으로써 시청률이나 페이지뷰를 높이고 이에 따른 수익을 창출하는 데에 탁월한 수완을 발휘하는 것으로 보인다. 맛좋은 교양을 공급하는 이런 흥미 위주의 포털 콘텐츠들은 한편으로 대중의 문화적 허기를 채워주는 동시에 기업의 수익을 올리는 데에 기여하는 부가가치 높은 문화상품임에 틀림없다.

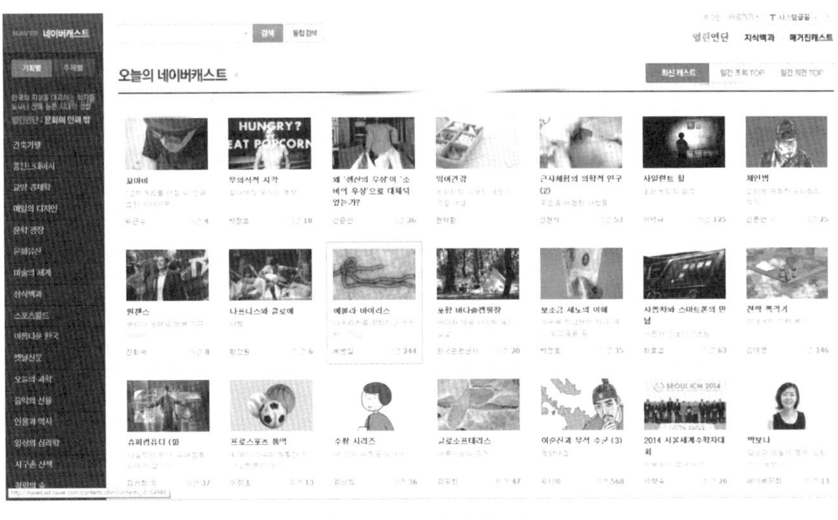

<그림 5-10> 네이버 캐스트

지금까지 소개된 인문학 콘텐츠에서 보듯이 이들은 말의 본래 의미에서 빅 데이터라 할 만한 방대한 량의 콘텐츠로 구성된 것들이다. 그 중에 몇몇은 빅데이터 기술을 이루는 요소인 시각화 등에 의해 구현된 내용들도 포함한다. 하지만 엄밀히 말해 이들은 소위 3V를 갖춘 전문적인 의미의 빅데이터와는 거리가 있는 디지털 콘텐츠에 해당한다. 각도를 달리 해서 보면 이들은 앞으로 빅데이터 기술을 적용해서 가치를 더욱 높이고 빛을 낼 수 있기를 기다리는 빅 데이터의 '경작(耕作) 후보지'라고 할 수 있을 것이다. 따라서 빅데이터 기법을 이용해서 가령 이들이 갖는 형식과 내용을 분석하고 분류, 조합해서 더욱 다양한 용도를 기획하고 활발한 수급을 유도하면 더욱 큰 사회문화적 파급효과를 기대할 수 있을 것이다.

5.1.5. 자동번역과 빅데이터

바벨탑 이후 인류의 공존에 걸림돌이 되는 문제가 각기 다른 언어 공동체 사이의 소통 문제였다. 무역과 여행 등 국제적 교류가 일상화되어 소위 글로벌 시대로 불리는 오늘날에 와서 언어장벽을 뛰어넘는 일은 더욱 현실적인 필요성으로 대두되고 있다. 그런 가운데 디지털 기술을 바탕으로 삼는 빅데이터의 활용은 이 문제를 해결하는 데에 획기적인 돌파구를 마련할 수 있으리라는 희망을 갖게 하고 있다. 이미 그것을 이용한 구체적인 번역 프로그램이 나오고 그것을 사용하여 얻는 결과가 상당한 수준의 만족도를 보여주고 있다. 이와 관련된 일련의 과정과 상황을 소개하는 일은 빅데이터의 가능성과 위력을 이해하는 데에 도움이 될 것이다.

자동번역의 역사

자동 번역의 가능성과 필요성에 관한 실질적인 문제 제기와 논의가 처음으로 대두된 것은 제2차 세계대전 직후였다. 당시 미국은 국제 사회의 패권을 놓고 소련과 경쟁하는 와중에 상대방의 문서를 대량으로 해독할 필요가 생겨났고 때마침 개발된 컴퓨터가 이 문제를 해결하는 데에 결정적인 역할을 할 것으로 기대되었다. 이 일을 감당한 주역은 초기 컴퓨터의 개발을 주도한 IBM사와 조지타운 대학이었다. 두 기관은 기계를 사용한 자동번역을 실현하기 위한 야심찬 계획을 수립하고 관련 프로그램을 개발하는 작업에 힘을 기울였고, 단문으로 된 러시아어를 영어로 자동 번역하는 데에는 목표한 수준을 어렵사리 달성할 수 있었다. 초기의 이런 발전과 성취에 고무된 개발자들은 1954년을 기준으로 향후 5년, 빠르면 3년 이내에 "여러 가지 언어를 사용해서 많은 업무를 수행하는 분야에 전산처리를 통해 언어를 전환하는 일이 실현 가능할 것이다"라는 낙관적 전망을 내놓았다[lemondeinfo]. 하지만 이후의 연구와 개발이 난관에 부딪혀 소요 비용을 감당할 수 없는 상황을 맞았고 결국 이 계획을 계속 수행해야할 것인지에 대한 문제를 놓고 논란이 확대되었다. 마침내 1964년 미국 정부는 국방성 산하에 '자동번역자문위원회'를 구성하여 이 문제에 대한 논의를 집중적으로 전개하는 것과 함께 자동번역에 응용되는 전산기술을 평가하는 보고서를 작성하여 1966년에 발표하였다. 이 보고서는 "자동번역의 속도는 사람이 번역하는 속도를 절대 능가할 수 없다"며 자동번역 계획 자체에 대해 매우 비판적인 견해를 보이고, 특히 이 계획을 실행하는 데에 드는 과도한 비용을 두고, "번역에 종사하는 사람 수가 너무 많아 과잉 공급된 상태이며, 이런 사정을 고려할 때 상대적으로 사람에 의한 번역 비용이 오히려 적게 든다"고 빗대었다. 한마디로 '자동번역은 전망이 없다'는 이 보고서의 내용은 그동안 미국 사회에서 재정적 호황을 누려온 관련 연구 분야에 찬물을 끼얹는 결과를 초래했다. 이후 수십 년에 걸쳐 이 분야에 종사하는 연구자들은 자신이 종사하는 직업을 떳떳하게 밝히지 못하고, 수행하는 작업을 수치스럽게 여길 정도였다[*ibid*].

<그림 5-11> 기계번역 초기에 사용된 컴퓨터

이런 침체와 비관의 시절을 지나면서도 자동번역에 대한 필요성과 거기에 따른 기술 개발의 명맥을 유지한 것은 주로 국방과 정보 분야에서 감당한 역할에 의지한 것이 대부분이었다. 이는 미국과 소련을 양극으로 하는 냉전체제가 조성한 정치 사회적 여건에 따른 것임은 두 말할 필요도 없다. 이리하여 자동번역의 연구개발과 실행은 상당 기간 동안 침체를 겪으면서 국가 주도로 은밀하게 유지되었지만, 한편으로는 지속적이고 체계적으로 필요한 역량을 쌓은 것도 사실이다.

특히 이 시기를 지나면서 전산학과 함께 언어학을 중심으로 하는 연관 분야와 방면에서 자동번역에 필수적인, '언어에 관한 체계적 분석'과 이것을 바탕으로 정립한 이론과 기술이 만들어졌다. 그 가운데 가장 대표적인 것이 시스트란(Systran)이라는 자동번역 소프트웨어이다. 원래 시스트란은 기계번역 기술을 개발하기 위해 설립된 미국 회사였다. 당시 미·소간의 대결 상황 속에서 설립된 시스트란 회사는 미공군과 협력하여 자동번역 시스템을 개발하고 회사이름인 시스트란을 브랜드명으로 정하여, 러시아어로 된 많은 량의 과학기술 문서를 영어로 번역하는 데에 사용하였다. 시스트란에 의한 번역 수준은 사람에 의한 것과는 거리가 멀지만 문서 내용을 대략 파악할 수 있는 정도여서 초벌 번역용으로 유용하게 사용되었다. 이후 시스트란은 유럽공동체의 탄생 등 국제사회의 상황변화로 인하여 늘어난 번역수요를 소화하는 데에 큰 몫을 담당하였다. 그런 가운데 시스트란 회사는 프랑스인에게 매각되어 프랑스국적 회사로서 주식시장에 상장되어 호평을 받기도 하였다. 2014년 이 회사는 다시 한국 회사에 매각되었다[wikienSystran].

시스트란의 예에서 보듯이 자동번역 기술과 산업은 냉전시대를 지나면서 침체국면을 맞았으나, 1980년대 접어들어 국제사회의 해빙무드를 타고 크게 늘어난 수요를 충족하면서 새롭게 각광받기 시작했다. 이어서 인터넷이 도입되어 정보통신이 비약적으로 발달하고, FTA 즉 무역자유화와 해외여행이 활발해지는 등 글로벌 환경이 조성되는 추세에 따라 자동번역의 수요 또한 전례없이 늘어나는 상황을 맞는다. 이제 시스트란과 같은 기존의 전문회사는 물론 IBM과 구글 같은 IT산업의 대표적인 기업들이 이 분야에 진출하여 기술 개발과 시장 형성을 주도하고 있다. 이런 가운데 특히 2008년을 지나며 자동번역 기술에 새로운 빛이 들기 시작하였다. 그것은 바로 빅데이터 기술을 활용한 통계적 방법을 도입하여 이전과는 전혀 다른 방식으로 자동번역이 이뤄지게 된 것을 의미한다.

<그림 5-12> 시스트란 번역서비스

시스트란에서 개발하여 종래의 자동번역에 대세를 이루며 사용된 기술은 소위 언어학적 접근법이다. 이것은 문법과 통사 즉 문장구조를 지배하는 규칙을 컴퓨터가 인식하도록 하여 문장성분 하나하나에 대한 분석을 실행하고, 여기에 대응하는 표적 언어의 어휘와 문법 규칙을 대입 적용하여 번역 결과를 얻도록 하는 방식이다. 이 방식은 자동번역이 처음 시작될 때부터 도입되어 60여년을 지나며 지속적으로 개선 보완하며 오늘날까지 사용하고 있는 가장 고전적인 시스템이다. 이것은 문장 구조가 비교적 간단하고 단어의 뜻이 명확한 과학 기술관련 사료나 제품 설명서와 같은 실용문서와 함께 공문서 등의 번역에 활발하게 사용되고 있다. 하지만 이 방식은 미묘한 뉘앙스를 갖는 문학적 표현이나 작품, 언어유희를 구사하는 말과 글은 물론 길고 복잡한 구조로 된 문장과 텍스트의 번역에는 한계를 드러낸다. 또한 한국어와 일본어, 영어와 프랑스어처럼 같은 계통의 언어들 사이에는 상당한 수준의 정확한 번역 결과를 얻을 수 있지만 이와는 달리 영어와 한국어 혹은 일본어와 프랑스어의 경우처럼 계통이 다른 언어 사이에는 만족스런 결과를 기대하기 어려운 것이 사실이다.

구글 번역

고전적 방식의 자동번역이 뚜렷한 해결책을 제시하지 못한 채 봉착한 이 같은 난점을 해결하는 데에 희망을 가져온 것이 바로 빅데이터를 이용한 방식이다. 새로운 자동번역은 디지털 기술을 선도하는 구글이 앞장서서 빅데이터에 적용되는 통계적 방법을 사용해서 개발한 것이다.

사실 세계 제1의 검색 엔진을 개발해서 운영하는 구글사도 2007년까지는 시스트란의 기술을 사용하는 자동번역 서비스를 제공하였다. 하지만 구글은 인터넷에 들어있는 모든 자료가 하나의 거대한 도서관 구실을 하는 것과 마찬가지라는 사실을 그 누구보다 잘 알고 그것을 활용하는 것이 자사의 주 무기라는 것도 자각하고 있었다. 이런 사실과 원리 자체를 이용하여 이번에는 종래와 다른 개념의 새로운 번역기술을 개발하기에 이른 것이다.

<그림 5-13> 구글 번역 서비스

구글은 자동번역이라는 것을 번역할 문장 자체를 일일이 새로 번역하는 것이 아니라, 이미 번역된 것을 찾아내어 '재활용'하면 된다는 개념으로 접근했다. 일단 한 번이라도 번역된 자료가 있다면 그것을 다시 사용하면 된다는 지극히 단순한 원리이다. 하지만 이 방법이 가능한 것은 번역이라는 것이 먼저 번역된 것과 나중에 번역된 것 사이에 질의 차이가 있을 이유가 없다는 평범한 사실을 응용하는 것만으로는 해결할 수 없는 기술이 뒷받침되기 때문이다. 즉 새로운 번역 방법이 나오게 된 것은 구글사가 자체 보유한 엄청난 규모의 서버에 들어있는 방대한 량의 웹 페이지를 가졌을 뿐 아니라 그 방대한 량의 웹 내용을 초고속으로 검색할 수 있는 고성능의 디지털 장치와 그것을 다각도로 처리하는 소프트웨어의 결합인 빅데이터 기술을 구사할 수 있었기 때문이다. 앞서 말한 대로, 구글이 개발한 자동번역 기술은 컴퓨터가 번역할 문장

이나 텍스트의 내용을 정확히 분석하고 이해하는 능력에 달린 것이 아니라, 주어진 데이터 속에서 이미 번역된 것을 찾아내는 능력에 달린 것이다. 그것은 달리 말하면 데이터가 얼마나 많이 축적되었느냐에 따라 번역이 가능한지 아닌지, 가능하다면 얼마나 정확한 번역 결과를 얻을 수 있는지가 결정된다는 것이다. 구글의 이런 번역 개념은 이 프로젝트를 담당하는 팀을 구성하는 팀원들의 면면을 보아도 잘 드러난다.

'구글 번역 Google Translate'의 총괄 책임자인 프란츠 요제프 오흐(Franz Joseph Och)는 독일 출신의 컴퓨터 과학자이다. 그에게 남은 인생의 유일한 목표는 완벽한 번역기를 만들어내는 것이다. 그가 자신의 힘으로 기필코 해내고 싶은 일은 대화 상대방의 말이나 읽고 싶은 웹 사이트가 어떤 언어든지 잽싸게 번역해서 속삭이듯 소곤소곤 알려주는 기기를 만들어서 누구나 눈에 잘 띄지 않도록 귓속에 장착하여 편리하게 사용할 수 있도록 하는 것이다.

오흐는 십대(十代)부터 인공지능에 관심을 갖고 인간의 속성을 그대로 흉내 낼 수 있는 기계를 꿈꾸었다. 대학에 진학하여 컴퓨터 과학을 공부한 오흐는 인공지능에 관한 논문으로 박사학위를 받았다. 이후 그는 캘리포니아에 있는 미국 국방성 소속 연구소에 취직해 근무하던 중에 구글사로 영입되었다. 구글의 공동 창업자인 래리 페이지는 오흐에게 "보다 큰 일을 하지 않겠느냐"는 제의를 했고, 그는 연구소를 나와 구글의 자동번역부서를 맡게 된 것이다.

그 자신이 언어학자가 아닌 것처럼 그의 부서원들 또한 언어 전공자는 단 한 명도 없고 독일 출신이 주축이 된 컴퓨터 과학자들로 구성되었다. 그들에게 요구되는 가장 중요한 자질은 수학과 통계학에 능통하고 프로그램을 만들 수 있는 능력이다. 구글 번역은 언어학적 분석에 의한 것이 아니라 기존의 번역을 재활용한다는 단순하면서도 새로운 방법론을 구현하는 인적자원의 성격을 그대로 드러낸다: "시스템이 기본적으로 하는 것은 기존에 번역된 것들을 상호 연결하고, 텍스트의 수천 수억 단어들을 이용해서 어느 정도는 독립적으로 그 일을 해내는 방법을 학습하는 것이다... 결국 우리가 하는 일은 번역의 확률을 계산하는 일이다."[Spiegel2013]

구글의 새로운 자동번역 기술은 계통이 다른 언어들 사이의 번역처럼 기존의 언어학적 방법을 사용한 시스트란이 넘지 못한 곤란한 문제를 효과적으로 해결해주었다. 이제 상이한 이 두 가지 번역 방식을 정교한 알고리즘으로 엮어 상호보완적으로 사용하면 더욱 정확한 자동번역이 가능하리라는 희망이 더욱 커지고 있다. 여기에는 빅데이터의 힘을 이용할 수 있다는 은근한 믿음이 작용한다. 비록 지금까지 쌓아온 번역 기술은 만족스러운 번역을 해내기는 여전히 역부족이기는 하다. 특히 미묘한 뉘앙스를 갖는 문학적 표현이나 비유, 언어유희가 포함된 말과 글 앞에서는 여전히 한계를 넘지 못하고 얼버무리고 있다. 하지만 구글 번역 팀이 시스트란과 손을 잡고 빅데이터의 힘을 이용하면 이런 문제를 해결할 날도 멀지 않을 것이라는 기대는 결코 헛된 바램이 아닐 것이다.

5.2 세상을 바꾸는 힘 - 소셜 미디어

위키피디어[wikiko2014]에 의하면, 소셜 미디어(social media)란 "개방, 참여, 공유의 가치로 요약되는 웹 2.0시대의 도래에 따라 소셜 네트워크의 기반 위에서 개인의 생각이나 의견, 경험, 정보 등을 서로 공유하고 타인과의 관계를 생성 또는 확장시킬 수 있는 개방화된 온라인 플랫폼을 의미한다." 또한 "그 자체가 일종의 유기체처럼 성장하기 때문에 소비와 생산의 일반적인 매커니즘이 적용되지 않으며, 양방향성을 활용하여 이용자들이 자발적으로 참여하고 정보를 공유하며 콘텐츠를 만들어 나가는 특성이 있다."

<그림 5-14> '사회 연결망'의 시각적 표현

또한, "TV, 신문, 잡지, 라디오 등과 같은 전통매체가 일대다(one-to-many)의 일방적 관계형에 기초한 커뮤니케이션의 속성을 가진 데에 비해 소셜 미디어는 다양한 형태의 콘텐츠가 다양한 이용자들에 의해 생성되고 공유되는 다대다(many-to-many)의 쌍방향적 관계성을 토대로 하는 것을 의미하는 것"이다. 이에 따라 "소셜 미디어는 방송매체의 일방적 독백을 사회적 매체의 대화로 변환시키고, 그 이용자들이 콘텐츠 소비자임과 동시에 콘텐츠 생산자가 되는 것을 가능케 하는 것"이다. 소셜 미디어의 이런 성격들은 정보의 민주화와 개방화를 촉진시키고 따라서 사회의 변화를 이끄는 힘으로서 그 역할과 가치를 이미 드러내어 입증하기 시작하였다.

여기서 소셜 미디어가 갖는 힘은 다수가 정보를 생성하고 공유하는 매체 자체로서의 역할로도 설명될 수 있는 것이지만, 그것을 통해 전달되는 정보를 수집 저장하고 분석하여 활용하는 것도 포함하며 이것이 오히려 더 가치 있고 위력적이기도 한 기능으로 부상하고 있다. 그 속에 들어있는 많은 사람들의 관심사와 욕구를, 그것도 실시간으로 알아낸다는 것은 얼마 전까지만 하더라도 언감생심의 실현하기 어려운 일이었다. 하지만 빅데이터 기술에 의해 소셜 미디어 분석은 현실이 되었고, 그 용도가 질병예측에서 범죄예방, 광고, 판매, 관광, 공연, 금융, 선거, 교육, 교통, 제조 등에 이르기까지 사회 모든 분야에 해당되지 않는 곳이 없다고 해도 과언이 아니다. 소셜 미디어에 드러나는 대중의 관심사와 심리를 통해 소위 '집단과 사회의 내면'을 들여다보는 것은 그 집단과 사회의 현실을 파악하고 미래를 예측할 수 있는 중요한 판단 근거와 자료를 손에 쥐는 것과 마찬가지다. 여기에 따라 필요하고 적절한 대비책을 세우거나 반응을 유노하면 집단적 스트레스와 재난은 줄이고, 쾌적한 환경과 건강 그리고 신뢰를 증진시켜 궁극적으로 삶의 질을 높이는 데 기여하게 될 것이다.

스마트 폰 사용이 보편화되어 이제 거의 모든 사람들은 카톡과 페이스북 그리고 트위터 등을 통해 일상에서 일어나는 일들에 관해 주변 사람들과 소통할 뿐만 아니라 자신과 일면식도 없는 익명의 사람들, 심지어 지구 반대편에 있는 사람들을 상대로 단순한 의문과 호기심에 관한 질문과 답을 주고받는다. 거기에다 비즈니스와 사회참여 등과 같은 다양한 동기와 이유에서 비롯된 글과 사진, 동영상 등 갖가지 내용의 갖가지 자료를 게시하여 누구든 언제 어디서든 그것을 보고 소통할 수도 있다.

소셜 미디어의 이런 다양한 용도는 그것을 대하는 주체의 입장과 의도에 따라 제각기 달리 받아들여지고 활용되기 마련이다. 기업의 입장에서 보면 이러한 소셜 미디어는 그것을 통해 기업의 존재이유인 이윤추구를 극대화하기 위한 기회로서 이를 적극적으로 이용하기 위한 다양한 해법을 마련해야하는 필요성도 제기될 것이다. 여기에는 소셜 미디어를 이용하여 자사의 제품을 판매하는 기본적 기업업무인 '장사'에만 머무는 것이 아니라, 기업 활동 전반이 원활하고 지속적으로 유지 발전될 수 있도록 하는 홍보와 지원 활동을 다각적으로 전개하는 일이 포함된다. 이를테면 기업은 소셜 미디어를 통해 제품은 물론 기업 자체의 이미지를 높이고, 신뢰를 쌓는 데에 필요한 정보를 제공하며, 소비자와 직접 소통하는 창구를 마련하여 소비자의 생생한 목소리를 받아들일 수 있는 통로를 갖추어야 한다. 여기서 중요한 것은 새로운 매체인 소셜 미디어가 형성하고 이끌어가는 '경험'의 확산과 공유에 대한 인식이다. 소셜과 경험의 결합은 이전 시대에 볼 수 없던 막강한 사회적 영향력을 행사하고 있다. 최근에 들어 기업이 고객을 대하는 시각의 변화가 CRM(customer relationship management, 고객관계관리)에 대한 집착에서 CEM(customer experience management, 고객경험관리)이라는 패러다임으로 옮겨가는 추세를 통해 발견할 수 있는 것도 이런 맥락으로 이해된다. 이제까지 기업이 추구해온 CRM은, 상품 중심에서 고객중심으로 관점이 변한 진전된 경영방침이긴 하지만 고객의 소비성향을 기계적으로 분석하는 차갑고 무미건조한 데이터 위주의 고객관리라는 한계에 직면하였다. 이런 결정적인 '경험'의 요구에 따라, 기업과 고객의 접점에서 고객의 심리적 상태를 감지하여 전반적인 '경험'을 지혜롭게 관리하는 CEM이 새로운 시대의 요구에 부합하는 대안으로 떠오른 것이다.

소셜 미디어의 발달은 개인의 일상생활은 물론 기업의 환경과 경영방식을 바꿀 정도로 사회전반에 변화의 돌풍을 몰고 왔다. 이런 가운데에서도 특히 관심이 집중되는 이슈는 스마트 기기의 보급과 함께 영향력이 급격히 확산되고 있는 SNS 즉 사회관계망 서비스와 거기에서 대량으로 생산되는 데이터의 효과적인 활용이다. 이제 그것은 광고와 마케팅 같은 상업적 용도를 포함하여 재난, 질병 예방과 같은 실용 영역에서 문화 예술에 이르는 다양한 분야로 확대되고 있다. 최첨단 기술인 빅데이터가 추동하는 소셜 미디어의 힘이 어디까지 어떻게 뻗치게 되는지 지켜볼 일이다.

5.2.1 빅데이터와 광고 마케팅

'자본주의 매체의 꽃', '가장 자본주의적인 예술', '20세기의 가장 위대한 예술 형식' 등 최상급이 동원된 화려한 별명으로 불리는 광고는 디지털 시대를 지나오며 첨단기술이 제시하는 새로운 기법과 방향에 따라 진화를 계속하고 있다. 새로운 시대에 접어들어 새로운 기술로 개발한 광고를 통해 성공한 대표적인 사례로 꼽히는 경우가 아마존이다. 아마존이 오늘처럼 성공한 기업이 된 것은 '디지털 시대의 원유'로 불리는 데이터를 새로운 방식으로 활용한 결과이며 그 새로운 방식이 바로 빅데이터를 이용하는 것이다.

〈아마존〉

1990년대 초반 인터넷 사용이 활기를 띠기 시작하던 시기와 때를 같이해서 문을 연 아마존은 설립 초기만 하더라도 온라인을 통해 책을 판매한다는 점 이외에 이렇다 할 '디지털적인' 특색이 없는 상태였다. 특히 고객들에게 추천도서를 제안하는 방법도 '재래식'이었다. 인터넷을 통해 책을 판매하는 회사인 만큼 직원들은 다수의 컴퓨터 전문가들로 이뤄졌다. 이들과 함께 상당수의 도서 비평가와 편집자도 고용하여 신간서적에 관한 리뷰를 쓰고 추천도서를 골라서 소개하는 일을 담당하도록 하였다. 그들의 손으로 제작 발행하는 '아마존의 소리'라는 서평과 책 소개 웹진은 회사가 설립되어 정착하는 데에 나름의 역할을 한 것도 사실이다. 하지만 아마존이 '성공한 디지털 기업'으로 우뚝 서게 된 것은 단지 인터넷을 통하는 제품 판매방식 때문만은 아니다. 그것을 기반으로 삼아 철저히 디지털적인 사업도구를 개발해서 사용한 결과였다. 즉, 아마존이 판매 실적을 획기적으로 올릴 수 있었던 것은 고객이 인터넷을 이용하면서 남긴 디지털 데이터를 꾸준히 수집하고 저장하였으며, 그것을 체계적으로 분석하여 효과적인 도서추천을 제공할 수 있었기 때문이다.

아마존이 창업하여 어느 정도 기반을 갖춘 시점에 이르러 사장 제프 베저스는 "고객 개개인의 구매선호에 맞춰 책을 추천할 수 있는"[쿠키어2013] 방법을 모색했다. 이 일을 맡은 담당자가 해결책으로 제시한 것은 회사가 가진 다량의 고객 데이터를 이용하는 것이었다. 아마존은 사업 시작부터 모든 고객에 대해 데이터를 수집해 쌓아오고 있었고, 그 데이터에는 고객이 구매한 책은 물론 보기만하고 구매하지 않은 책, 보는 데에 걸린 시간 그리고 고객들이 공통적으로 구매한 책 등에 관한 정보가 들어 있었다.

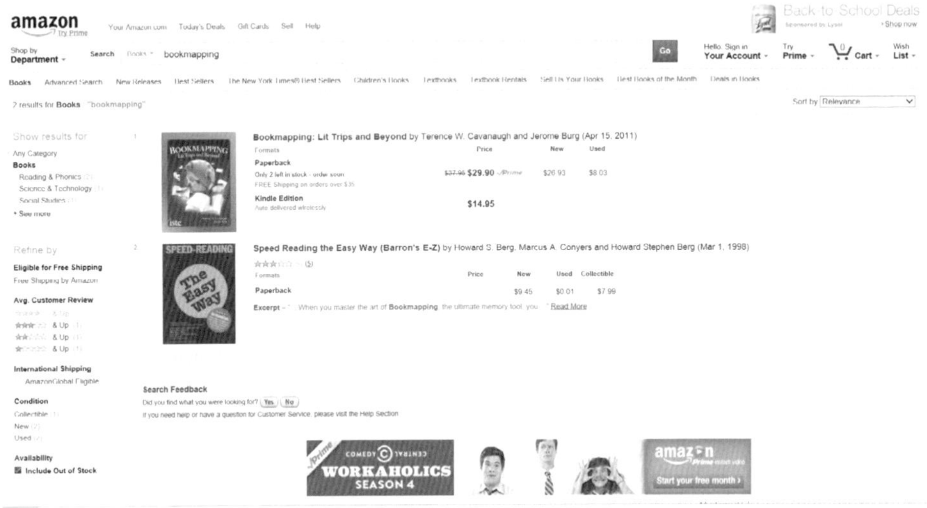

<그림 5-15> '아마존'의 도서판매 사이트

아마존 담당자는 우선 전체 데이터를 이용하여 상품들 사이의 연관성을 찾아내고 이를 다시 고객마다 구입한 도서 목록과 날짜, 독서시간 등을 기록한 데이터와 결부시켰다. 그리고 두 가지 데이터를 적절히 분석처리해서 고객이 다음에 구입할 도서를 예측해내고 그 결과를 추천목록으로 작성하여 고객 본인에게 제안했다. 디지털 데이터를 사용해서 '과학적으로' 작성한 이 추천목록은 고객의 속마음을 꿰뚫어 보는 듯한 것이었고 아마존의 매출은 가파르게 올랐다. 이 방법은 도서 이외의 다른 카테고리에 속하는 상품에도 신속하게 적용할 수 있는 것이어서 아마존이 취급 아이템을 늘리고 사업을 확장하는 데에 결정적인 사업도구로 사용되었다.

〈타게트〉와 〈월마트〉

방식은 다르지만 여전히 디지털 데이터를 이용한 효과적인 표적광고를 통해 실적을 올리는 기업이 상호 자체도 '표적'이란 뜻을 가리키는 타겟사(社)이다. 월마트에 이어 미국 제2위 유통업체인 타겟사는 고객의 데이터를 최대한 많이 수집하고 그 안에 들어있는 상관성을 분석해서 상품판매에 이용한다. 이 회사는 특히 젊은 커플의 구매패턴을 관찰하는 일에 비중을 두고 데이터를 분석하였다. 그 결과 여성은 임신 3개월을 지나면서 화장품을 선택하고 영양보충제를 구입하는 패턴이 일정하다는 점을 밝혀내었다. 이 점을 이용하여 여성고객의 임신 시기와 출산 예정일을 정확하게 계산하고, 임신 기간 동안 단계별로 필요한 제품을 추천 광고하는 표적 마케팅 방식을 개발했다. 물론 제품추천과 함께 할인쿠폰을 동봉해서 보내는 수고도 병행하였다. 정확한 분석과 예측을 통한 데이터 기반의 광고와 마케팅으로 타겟사는 미국 유통업계의 앞자리를 차지하고 있다.

<그림 5-16> 타겟트사(社)와 월마트사(社)의 로고

월마트는 고객의 데이터에 숨어있는 상관성을 통해 예상 밖의 사실을 발견하고 이것을 마케팅에 연결하여 영업실적도 높이는 흥미로운 사례를 종종 보여준다. 그중 하나는 미국 남부의 경우다. 이곳에서는 정전에 대비해서 손전등을 준비하는 것은 허리케인과 같은 폭풍우가 닥칠 때 필수적인 준비조치이다. 월마트는 자사 데이터를 분석한 결과 고객들은 정전에 대비한 손전등과 함께 간식으로 인기 있는 팝-타르츠를 함께 구입하는 구매 패턴을 밝혀냈다. 마치 귀저기를 사러온 젊은 아빠가 맥주를 함께 구입하는 경우처럼 상품 사이의 인과관계와는 관련이 없는 상관관계를 알아낸 것이나. 이런 분석결과에 따라 미국 남부 월마드에서는 허리케인이 예보되면 손전등 판매대 가까운 곳에 그것과는 직접적인 관계가 없는 팝-타르츠도 함께 준비하여 고객의 만족을 더하고 매출도 늘이는 일석이조 마케팅을 구사한다.

스마트 기기를 붙잡고 '정보의 홍수' 속을 헤치듯 살아가는 오늘날의 소비자는 필요한 상품과 기업에 관한 무시 못 할 수준의 정보를 수집하여 이용하는 '똑똑한' 소비자들이다. 이들은 자신들과 직접 소통하는 가까운 사람들뿐 아니라 전혀 알지 못하는 사람들을 통해서도 원하는 소식과 정보를 얻어서 소비활동에 적극 사용한다. 이들은 소위 '관계 데이터'를 이용해서 당당하고 기민하게 자신의 의견을 제시하고 또 원하는 바를 요구하기도 한다. 이런 똑똑한 소비자의 상품 구매 행태는 종래에 E. S. 루이스가 설명한 AIDA[강승구2006, p.30] 즉 주목(Attention)하고 관심(Interest) 갖고 욕구

(Desire)를 느끼면 행동(Action) 즉 구매하는 과정을 거치던 것과는 차이를 드러낸다. 이제는 새로운 미디어가 매개하는 참여와 공유를 통한 AISAS 즉 주목(Attention)하고 관심(Interest)을 갖게 되면 정보를 찾아보고(Search) 구매(Action)하며 그런 다음에 자신의 구매 정보를 공유(Share)하는 소셜 액션을 거침없이 이어간다.

〈스폰서 스토리〉와 〈애드 센스〉

위에서 본 월마트나 타게트사의 경우처럼, 신용카드, 할인카드, 고객카드 등 기존의 카드 사용에서 나오는 데이터는 기업이 몰래 훔치듯이 거두어 가서 광고와 마케팅 용도에 맞도록 일방적으로 사용한다. 이에 비해 가장 최근에 선을 보인 몇 가지 방식은 소셜 미디어의 특징인 쌍방향의 실시간 소통을 통해 생겨난 데이터를 공개적으로 이용하는 것들이다.

대표적 소셜 미디어 회사인 페이스북은 쌍방향 소통을 매개하면서 여기서 오가는 대화와 메시지 자체를 이용하는 새로운 형식의 광고 방식을 선도하고 있다. 페이스북의 스폰서 이야기(sponsored stories)는 페이스북의 실시간 소통 통로에 오르는 일상생활 자체를 광고에 연결시킴으로써 기존 광고의 틀을 벗어난 새로운 개념의 광고라는 평가를 받고 있다.

구글사가 개발하여 운영하고 있는 애드 워즈와 애드 센스라는 광고 프로그램은, 광고주가 애드 워즈를 통해 광고를 의뢰하면 애드 센스를 통해 광고게시를 신청한 네티즌의 웹사이트에 광고가 자동적으로 게재되는 방식이다. 이때 게재되는 광고는 해당 웹 사이트의 콘텐츠와 이를 조회하는 네티즌들에 관한 데이터 분석을 통해 상관성이 높은 것을 선정한 것이기 때문에 광고효과가 높다. 이런 방식은 인터넷 광고의 효과를 높이는 새로운 형태의 표적광고이다. 쌍방향 실시간 표적광고의 정밀성을 높이는 기술을 개발하는 데에 주력하는 디지털 광고회사가 프랑스 국적의 크리테오라는 회사이다. 크리테오는 이 분야에서 세계적으로 기술력을 인정받고 있으며 미국의 나스닥에도 상장되었다.

이 같은 첨단 방식의 광고와 마케팅은 사생활과 저작권 침해와 같은 암초에 부딪혀 시행착오를 겪는 것도 사실이다. 앞서 소개한 페이스북 스폰서 스토리 광고는 개인 아이디와 사진 같은 사생활에 속하는 내용이 광고에 포함되는 등의 문제점으로 인해 가입자들의 강한 반발과 함께 소송에 휘말리기도 하여 서비스를 중단해야하는 상황을 맞고 있다.

5.2.2 빅데이터와 선거

민주주의의 꽃으로 불리는 선거는 구성원들이 자신이 속한 조직이나 사회를 바람직한 방향으로 나아가도록 바꿀 수 있는 기회이다. 이런 중요한 의미를 갖는 선거의 결과 예측뿐 아니라 준비에서부터 캠페인 과정을 거치는 동안에도 빅데이터가 유용하게 사용되고 있다.

선거의 성격과 종류에 따라 빅데이터의 쓰임새가 다를 수 있지만 선거의 일반적인 요건과 과정을 생각하면 몇 가지 단계로 나누어 생각할 수 있다. 우선 선거에 참여하는 유권자와 함께 특정 후보나 정당을 지지하고 후원하는 당원과 지지자의 명단을 입수하여 관리하는 것이 첫 번째이고, 다음은 그것을 바탕으로 여론의 향배를 감지하고 분석하는 것이며, 거기에 따른 내용과 정도를 분류하여 각각의 경우에 적합한 정보와 의견 또는 공약을 제시하여 유권자에게 지지와 후원을 호소하고 설득해야 할 것이다. 또한 적당한 시기에 따라 지지도를 측정하고 선거결과를 예측하는 작업을 병행하여 캠페인의 방향과 전략을 그대로 밀고 나가거나 수정해야할지를 결정하는 일이 필수적이다. 이 같은 몇 가지 국면과 단계에 따라 사용되는 빅데이터 또한 각각의 경우에 적합한 것이어야 하는 것은 물론이다. 최근에 벌어진 중요한 선거전에서 빅데이터를 잘 활용한 후보자가 승리를 거둠으로써 빅데이터는 '승리의 과학'이라는 영광스러운 별명을 얻기에 이르렀으며, 가장 대표적인 경우가 미국 오바마 대통령이 재선에 성공한 2012년 선거이다.

오바마는 이미 2008년 선거에서 8년 동안 집권해온 공화당 정권을 밀어내고 백악관의 주인이 되는 데에 성공했다. 이 과정에서 그의 선거캠프는 트위터와 유튜브를 포함한 SNS를 적극 활용하였으며 그 때문에 오바마는 'SNS대통령'이라는 별명을 얻기도 하였다. 재선을 위한 2012년 선거 캠페인에서도 오바마 대통령은 여전히 SNS를 사용했다. 하지만 그 정도와 방식은 이전과는 판이한 것이었다. 간단히 말하면, 오바마는 빅데이터를 이용한 SNS 선거운동으로 승리를 거두었고, 빅데이터는 '승리의 과학'이라 불리게 되었다.

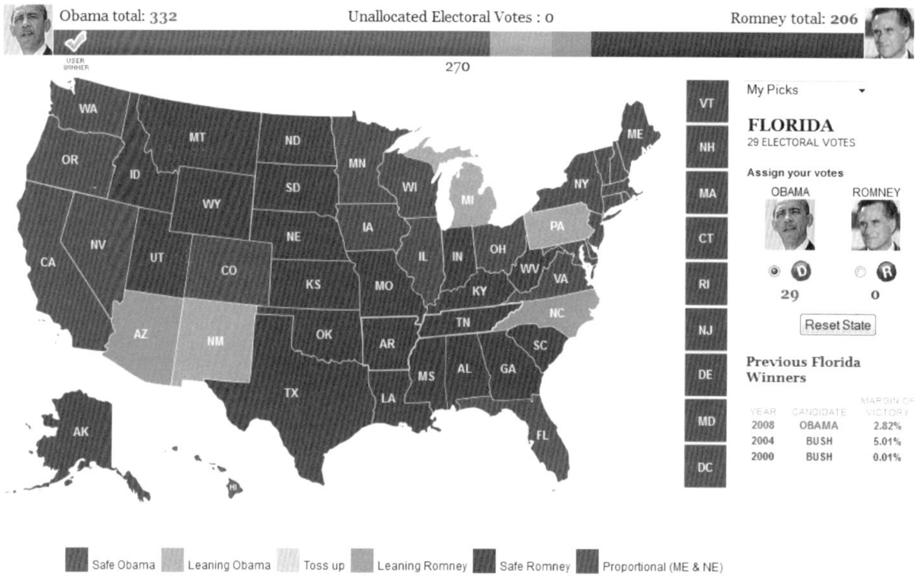

<그림 5-17> 2012년 미국 대통령선거 결과지도

페이스북과 트위터 서비스는 각각 2003년과 2006년에 시작된 것으로, 2008년 오바마의 첫 선거 당시만 해도 이들 소셜 미디어는 초기 단계여서 여전히 이메일이 소셜 기능을 하는 통신 수단의 대세였다. 하지만 2012년에 이르러서는 사정이 전혀 달랐다. 그 사이 소셜 미디어의 사용자 수는 폭발적으로 늘어나 불과 3년 전인 2009년에 미국 인구의 1%를 차지하던 트위터 사용자는 2012년 6월 말에 전체 인구 3억 1300만의 45%인 1억 4100만에 이르렀다[고한석2013, pp.28-29]. 이 기간 동안 IT기술도 진화하여 클라우드 컴퓨팅이 활성화되고, 빅데이터가 디지털 시대의 새로운 화두로 떠올라 관련 기술의 개발과 적용이 속속 진행되었다. 그 중에는 SNS의 실시간 분석도 포함되었다.

2000년과 2004년 선거에 연거푸 패배한 민주당은 공화당에 비해 '데이터'가 부족하다는 사실을 깨닫고 유권자의 정보를 데이터베이스화하는 일에 공을 들였다. 이렇게 구축한 데이터베이스에는 1억 6천만 명이 넘는 유권자들의 인적사항을 포함한 정치적 성향에 관한 상세한 정보가 들어있었다. 여기에는 민주당에 대하여 가장 확실한 지지와 후원을 보내는 유권자들의 정보를 갖춘 데이터베이스인 '보트빌더 VoteBuilder'가 주축이 되고 후원자와 자원봉사자들의 명단을 관리하는 NGP-VAN 그리고 모든 유권자의 정보가 든 캐털리스트라는 데이터베이스 등 여러 개의 데이터베이스가 더해졌다. 이들은 각기 성격이 다른 만큼 경우와 용도에 따라 달리 사용하기 위한 것이었다. 이런 데이터베이스를 마련하는 일은 민주당 지지자들의 도움과 특히 자원봉사들의 헌신적인 노력이 없었더라면 불가능했을 것이다. 그들은 지지자는 물론 일반인들에게 전화를 걸거나 직접 찾아가 만나서 자료를 수집하여 입력하고 입력된 자료를 확인하여 업그레이드하는 등의 작업을 끝까지 도맡아 처리했다.

오바마 캠프에서는 2012년이 되어 선거를 준비하면서 미국 선거 역사상 처음으로 IT 관련 활동을 담당할 테크놀러지팀을 구성했다. 이것은 이전 선거에서와는 달리 보다 전문적인 기술이 동원된 선거를 대비하기 위한 조치였으며 실리콘밸리의 엔지니어인 하프 리드에게 이 팀의 최고기술책임자 자리를 맡겼다. 그가 팀원과 함께 수행할 핵심적인 역할은 선거전의 여러 국면과 단계에 따라 그동안 준비해둔 데이터베이스와 함께 빅데이터 기술을 최대한 효과적으로 사용하는 것이었다.

테크놀러지팀은 먼저 IT 인프라를 구축하고 이를 바탕으로 소중한 정보가 들어 있는 데이터베이스를 연동체제로 전환했다. 그리고 필요한 프로그램을 만들고 애플리케이션을 개발하면서 클라우드와 빅데이터 기술을 적극적으로 활용하였다. 그들은 수천만의 유권자들에 의해 대규모 트래픽이 발생하더라도 전체 시스템이 원활하게 작동하는 데에 각별한 주의를 기울였다. 이렇게 개발하여 사용한 애플리케이션 가운데에는 지지자와 일반 유권자를 구분해서 자동으로 전화를 연결해주는 가상 콜 센터를 비롯해서 대량의 메일과 문자를 보낼 수 있는 것도 포함되었다. 특히 메일과 문자를 보내는 경우 종래에는 일률적인 내용이 든 것만을 보낼 수밖에 없었지만, 빅데이터 기술을 이용함으로써 차별화된 개인맞춤형 메시지를 보낼 수 있게 되었다[*ibid.*, p.116]. 각 유권자의 거주지역, 투표내력, 소득수준 심지어는 평소의 소비성향에 이르기까지 여러 가지 개인적 특성을 빅데이터가 분석하고 거기에 적합한 내용을 갖춘 메시지를 작성하기 때문이다.

첨단의 빅데이터 기술을 동원한 선거 캠페인의 가장 특징적인 점은 유권자와 지지자 개개인에 대해 (충분하지는 않더라도) 많은 데이터를 확보하고 이를 다각도로 분석하여 활용한다는 점이다. 2008년 선거에만 하더라도 데이터베이스에 담긴 내용은 유권자의 메일주소와 전화번호 정도의 정보에 머물러 있었다. 따라서 이것을 이용해서 할 수 있는 일은 동일한 내용의 메일이나 문자를 일괄적으로 혹은 몇 개의 그룹으로 나누어 보내는 정도의 일에 머물렀다. 그 외에는 경우에 따라 유권자의 표본을 추출하여 전화통화로 여론조사를 하거나 이메일과 문자를 통한 앙케트 조사를 실시하여 표심의 향방을 측정하는 정도에 그쳤다. 하지만, 스마트폰 사용이 본격화된 이후 처음 실시된 2012년 대통령 선거에서는 수집한 데이터의 종류뿐 아니라 양도 이전과는 비교가 안 될 정도로 늘어났다. 이런 사정에 맞추어, 이 데이터들을 효과적으로 이용하기 위해서는 이전과는 다른 기술로 이들을 처리해야하는 필요성이 대두되고 상응하는 해결책이 제시되었다. 이를테면 선거 운동기간 동안 어떤 이슈가 쟁점이 되면, 다양한 데이터를 신속하게 분석해서 그것에 대한 유권자 개개인의 지지여부나 반응을 예상하고, 거기에 맞는 관련 정보나 정책 그리고 공약을 준비하여 해당 유권자에게 즉시 전달하였다. 여기에는 기존 데이터베이스에 있는 정형 데이터 이외에도 사용자 접속 로그나 SNS 등과 같은 비정형의 다양한 데이터를 대량 수집하여 하둡(Hadoop)을 이용해서 데이터 마이닝과 다차원 분석을 가하는 빅데이터 기법이 필수적이었다.

테크놀러지팀의 이런 역할과 활동은 그것만으로 선거를 승리하게 되었다고는 할 수 없지만 거기에 큰 힘을 더한 것은 부인할 수 없는 사실이다. 그런 의미에서 빅데이터가 '승리의 과학'이라는 멋진 이름을 얻게 된 것은 합당하고도 어울리는 일이라 할 있을 것이다.

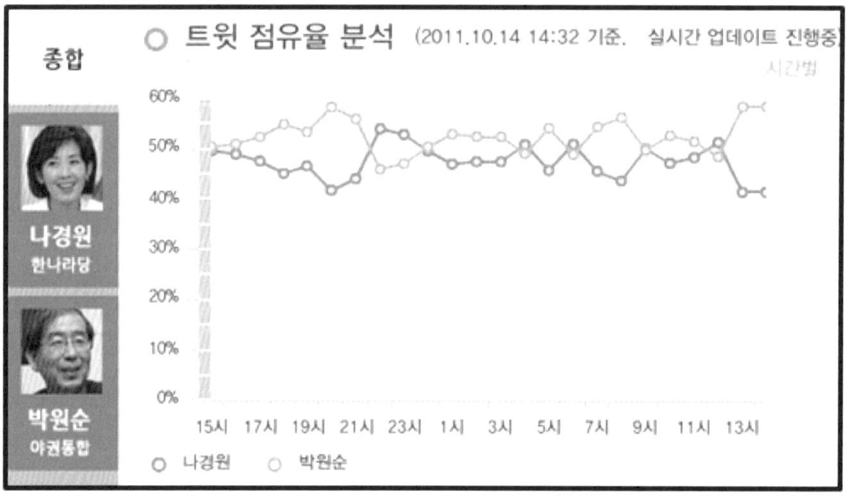

<그림 5-18> 2011년 서울시장 보궐선거 트윗 점유율

디지털 강국인 우리나라에서도 빅데이터가 선거에 도입되고 그 사례가 속속 소개되고 있다. 그러기 전부터 한국에서는 SNS를 이용해 소위 '인증 샷'이라는 투표참가 사진을 주고받는 일이 유행처럼 생겨나 소셜 미디어를 활발하게 사용하는 한국사회의 단면을 잘 보여주고 있다. 친구나 가족 등 가까운 사람 혹은 가수나 탤런트 같은 유명인들의 인증샷은 주위 사람들이나 일반대중들에게 투표에 대한 관심을 불러일으켜 투표율을 높이고 심지어 특정 후보자를 위한 투표를 독려하여 당락에 무시 못 할 영향력을 행사하는 것도 사실이다.

우리나라에서 선거에 빅데이터가 처음 도입된 것은 2011년 서울시장 보궐선거로 2012년 오바마의 재선 선거 캠페인보다 앞선 것이다. 주로 빅데이터 전문회사들이 SNS 분석을 통해 추적하여 공개한 사실들은 선거과정 자체와 후보자들 사이의 특징과 차이를 잘 보여주며 선거 승리를 위해 필요한 요건이 어떤 것들인지를 알 수 있게 해주었다. 우선, 트위터 상에 드러난 박원순 후보와 나경원 후보의 네트워크의 양상을 비교해 보면, 박후보의 네트워크는 수적인 면에서 우세할 뿐 아니라, 사회의 다양한 분야에 소위 파워 트위터리언들이 포진해서 팔로워들과 활발하게 의견을 주고받는 양상을 보인다. 이에 반해 나경원 후보의 네트워크는 수적으로 박후보의 네트워크에 미치지 못하고, 트위터리언들 사이에 의견 교환의 빈도가 상대적으로 낮은 것으로 나타났다. 또한 트윗을 통해 주고받은 대화의 내용을 분석해도 박원순 후보를 주제어로 검색한 연관어 분석에서는 긍정적인 낱말들이 함께 사용된 데에 반해 나경원 후보의 경우는 이와는 반대로 나 후보를 비판하거나 그의 주장을 반박하는 내용의 연관어들이 많이 들어있었다.[배성환2012, pp.105-109] 결론적으로 말하면, 기존의 여론조사보다 실시간 트윗 분석이 표심을 읽는 데에 훨씬 정확하며, 트윗을 점령하는 후보가 선거를 승리한다는 것이다.

5.2.3 빅데이터와 대학평판분석

스마트폰이 대중적인 통신수단으로 사용되는 오늘날에 와서 카톡과 페이스북 그리고 트위터 등 SNS가 자연스럽게 소셜 미디어의 대세를 이루고 있다. 여기를 통해 오가는 메시지, 사진, 동영상 등의 데이터는 개인은 물론 집단의 관심사와 욕구를 담고 있어 그것을 분석하면 많은 정보를 얻을 수 있다. 빅데이터 기술을 이용한 SNS 분석은 사회의 현실과 함께 집단의 심리와 욕망을 들여다볼 수 있는 창문이나 마찬가지다. 이것을 통하면 정치 경제 교육 문화를 포함하는 사회 모든 분야의 이슈가 무엇인지, 그것에 대한 사람들의 생각과 반응이 어떤지를 실시간으로 알 수 있다.

충북대학교 비즈니스데이터융합학과에서 실행한 한국의 '대학평판연구'는 SNS 빅데이터 분석의 이런 기능을 잘 보여준다. <SNS 데이터를 활용한 국내 대학 인식 파악 및 선호도 분석>이라는 제목으로 진행한 이 연구는 흥미로운 주제뿐 아니라 SNS 빅데이터 분석의 구체적인 과정도 명료하게 기술하고 있다. 아래 소개한 것은 해당 논문의 내용을 <결론> 부분 위주로 요약한 것이다. 첨가하는 그림과 도표 또한 논문에 수록된 것을 그대로 사용하였다.[양민석2014]

〈SNS 데이터를 활용한 국내 대학 인식 파악 및 선호도 분석〉

본 연구는 제목에 잘 드러나 있는 것처럼 SNS 빅데이터 분석을 이용하여 일반인들이 한국의 대학에 관해 갖고 있는 생각을 밝히기 위한 것이다. 이 연구를 위해 우선 소셜 네트워크 서비스 즉 SNS 가운데 하나인 트위터(Twitter)에서 작성된 트윗(Tweet)을 수집하고, 수집된 비정형 데이터를 분석이 가능하도록 전처리 작업을 수행하였다. 트위터 데이터 수집을 위해서는 대학교명을 포함한 '대학교'의 동의어와 연관어를 망라하는 약 300여 개의 키워드를 사용하였다. 기간은 2013년 10월 15일부터 11월 23일까지 약 6주 사이에 걸쳐 작성된 트윗을 수집한 것으로 데이터 량은 12.3GB 250만 건이었다. 전처리 과정을 통하여 모음 또는 자음만으로 이루어진 문자, 특수기호, 홈페이지 주소 등 사전에 정의되지 않은 텍스트나 기호들을 제거하고, 부적절한 트윗은 제외하여 90만 건의 유효 트윗 데이터를 확보했다.

전처리 작업을 통해 정제된 데이터들은 데이터베이스에 적재하여 빅데이터 분석 기술 및 데이터 마이닝을 이용하여 분석을 시도한다. 이 연구에서는 향후 축적되는 데이터가 대용량이 될 것을 감안하여 하둡(Hadoop) 기반의 하이브(Hive)에 적재하고 RHive를 이용하여 분석을 수행하였다.

분석은 크게 세 가지로, '대학교별 빈도분석', '대학교 연관 키워드 빈도 분석 및 감성분석' 그리고 '국립대와 사립대에 대한 감성분석'으로 구성된다.

'대학교별 빈도분석'을 수행한 결과 '서울대학교'에 대한 빈도가 국공립대, 사립대를 불문하고 가장 높게 나왔다. 트위터에서 사람들이 '서울대학교'를 자주 언급한다는 것은 그만큼 많은 관심을 갖고 있다는 것을 말해준다. 국공립대와 사립대로 구분하여 분석을 수행한 결과 국공립대에서는 '서울대학교'가 44.9%로 가장 높게 나왔으며, 사립대에서는 '고려대학교'가 26.68%로 가장 높게 나왔다. 또한 지역별 대학교에 대한 빈도분석 결과 '서울특별시'에 소재한 대학들이 언급된 비율이 75.47%로 나왔고 이는 서울 지역에 있는 대학들이 많이 회자됨을 나타냈다.

<그림 5-19> SNS 데이터를 활용한 국내 대학 인식 파악 및 선호도 분석 작업공정

앞선 빈도분석에서 상위권에 위치한 대학들을 대상으로 연관키워드 분석을 수행하였다. 그 결과 모든 대학에서 '교수'라는 키워드가 등장한 것은 '대학'과 '교수'가 밀접하게 연관되어 있다는 사실을 말해주는 것이다. 또한 각 대학의 연관어로 타대학명이 나타나는 경우가 자주 드러나는데, 그 중에서도 특히 '서울대학교'는 대부분 대학에 연관어로 등장하고 있다. 이것은 '서울대학교'가 한국 대학교의 비교대상 즉 레퍼런스 역할을 한다는 것을 뜻한다. 이번 연관성 분석에 '수능, 정시, 입시, 수시, 논술 등' 입시와 관련된 키워드들이 대표적인 이슈로 떠오른 것은 데이터 수집기간이 수능기간과 맞물려 이 시기의 일시적 이슈인 대학입시에 관한 사람들의 관심이 나타난 것으로 보인다.

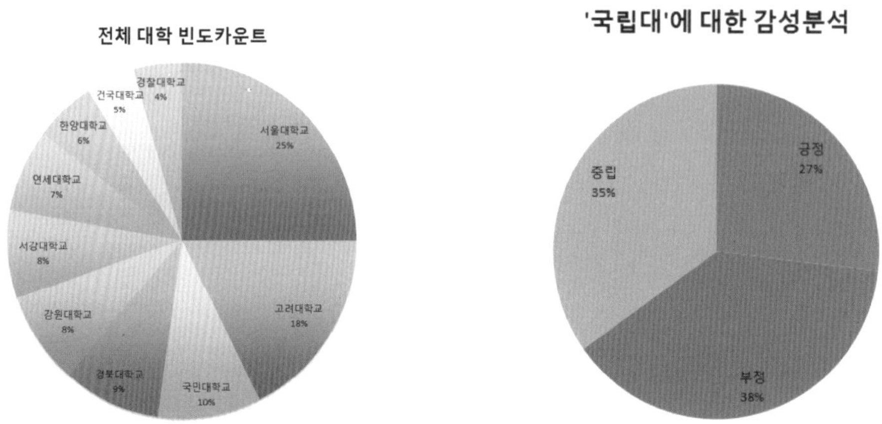

<그림 5-20> 대학평판조사 결과 가시화(부분)

'대학'이라는 키워드로 수행한 감성분석은 긍정적인 반응이 81.52%에 이르렀다. 이런 결과를 드러내는 구체적인 키워드들로 '좋은, 합격, 희망, 최선, 열정' 등의 낱말이 포함된 것은 수능을 마친 학생들의 생각이 많이 반영된 것을 알 수 있었다. 그와 반대로 부정의견을 나타내는 키워드들을 살펴보면 '고민, 망하다' 등의 키워드들이 있었고 이 역시 수능을 치른 수험생들의 입장을 반영한 것으로 보인다.

많은 사람들의 관심을 받고 있는 '서울대학교'를 키워드로 감성분석을 시도하였을 때 부정 40%, 긍정 34%, 중립 26%의 결과가 나왔다. 이중 부정적 의견에 '표절'이라는 키워드가 큰 비중을 차지한다. 이 점은 데이터 수집기간 중에 언론에 보도된 '표절 문제'가 사실여부를 떠나 대학 자체의 이미지에도 부정적인 영향을 미치고 있다는 것을 알게 해준다.

5.3 빅데이터와 문화예술

일상생활의 근간인 의식주의 변화는 그것을 이끌고 또 반영하는 문화예술 방면에 그 변화의 자국과 흔적을 남긴다. 디지털 기술이 주도하는 우리 사회의 환경과 생활양식의 변화는 우리가 숨 쉬고 접하는 문화공간과 예술 작품에 물기처럼 스며들기도 하고 조각처럼 뚜렷이 각인되어 다가오기도 한다. 새로운 기술은 문화와 예술을 생산하고, 전시하거나 전달하고, 저장하는 측면뿐 아니라 그것을 보고 듣고 느끼는 사용자 측면에서도 이미 익숙하게 되고 일상화되었다. 이제 디지털 방식만으로 찍을 수 있는 사진은 언제 어디서나 찍을 수 있으며 누구든 함께 공유할 수 있는 기록과 의사소통의 필수품이 되었다.

이와 함께 새로운 미디어 환경은 언제 어디서나 새로운 뉴스를 접할 수 있듯이 언제 어디서나 문화예술을 접하고 감상할 수 있는 수단을 갖게 해주었다. 대중예술의 왕자로 군림하는 영화는 시설 좋은 영화관의 대형 스크린 앞에서 감상하는 거창한 작품일 수도 있지만, 혼자 기차 타고 가면서 혹은 잠자리에 들어 가장 편한 자세로 몸을 풀고 나만이 즐길 수 있는 재미난 장난감이 되기도 한다. 이런 모든 것을 가능하게 해주는 스마트 폰 모바일 기기는 '도깨비 상자'라고 해도 과언이 아니다. 소통과 대화는 기본이고 거기에다 대부분 무료로 구입하여 즉각 사용할 수 있도록 개발되는 다양한 앱과 센스를 이용하면 생활에 필요한 많은 것들을 편리하게 구하고 사용하며 처리할 수 있게 해주기 때문이다.

디지털 기기의 진화에 따라 일상생활의 방식과 내용이 끊임없이 바뀌어 가는 것처럼, 문화예술 또한 그 내용과 형식이 새로워지고, 그것을 접하고 감상하는 절차와 방식 또한 더욱 평등하고 편리하게 되어가고 있다. 이에 따라 많은 사람이 문화예술을 향유할 수 있는 기회가 더욱 확대되고 있으며, 빅데이터는 이런 변화를 이끌고 확산하는 새로운 힘이 되고 있다.

5.3.1 빅데이터와 관광

소득과 함께 생활수준이 높아지면서 여가생활에 대한 욕구와 필요가 강하게 나타나고 그 가운데 중요한 부분을 이루는 관광과 여행이 생활 속에 차지하는 비중 또한 크게 늘었다. 관광과 여행 수요가 늘어남에 따라 여기에 걸맞은 다양한 여행지와 관련 상품에 대한 안내와 추천이 필요하기 마련이다. 관광여행 수요라는 것이 주로 개인과 가정 단위에서 비롯되는 것이지만, 그 해당기관과 파급효과는 직접 관련된 음식, 숙박, 안내 등의 산업 분야에만 한정된 것이 아니라 도로, 교통 등 사회간접자본과 시설 이외에도 안전과 위생 등 행정적 제도적 차원의 지원과 뒷받침이 필요한 국가차원의 이슈이다. 최근에는 우리나라의 국제적 인지도가 높아지고 이와 맞물려 소위 K-팝이 대표하는 '한류'가 전 세계로 확산되어 나가는 현상에 힘입어 외국인 관광객이 늘어나고 내국인 관광도 꾸준히 증가하는 등 관광산업이 전반적으로 활성화되고 있는 추세가 뚜렷해 보인다.

이미 우리 사회는 관광과 여행에 대한 적극적인 인식을 공유하고 적지 않은 노력을 기울여 왔다. 그동안 전국의 많은 관광자원이 개발되어 알려지고 관련 시설과 제도도 마련되어 괄목할 만한 관광 인프라를 확보한 상태이다. 이와 병행하여 지역의 여건에 맞는 축제와 대회를 유치하거나 기획하여 정기 혹은 부정기적인 행사를 개최함으로써 사회문화적인 소통과 함께 경제적 활성화에 기여하고 있다. 이런 일들은 특히 지방자치가 정착된 이후 크고 작은 지자체가 중심이 되어 중점적으로 이루어낸 결실이기도 하다. 또한 이들은 앞으로도 계속될 항구적인 사업으로서 장기적인 비전과 거기에 어울리는 계획을 세워 일관성 있게 이어져야 할 중요한 과제이기도 하다.

이 같은 맥락에서 우리의 관광여행 업계와 분야는 우리 사회가 보유한 막대한 디지털 자원과 시설을 이 방면에 접목시켜 관광산업의 체질과 풍토를 개선하는 노력을 기울여 온 것도 사실이다. 이제 빅데이터 시대에 접어들어 지금까지 갖추어진 시설과 문화를 기반으로 새로운 기술을 적용함으로써 관광과 여행 산업의 경쟁력을 한 단계 더 높일 좋은 기회를 맞고 있다.

<그림 5-21> 관광안내 사이트 ‘대한민국 구석구석’ 인터넷 홈페이지와 앱

방금 말한 것처럼, 우리의 관광 여행 분야는 앞선 IT기술을 접목하여 여행지와 문화행사 등에 관한 정보와 안내를 제공하고 관련된 숙박업소와 음식점을 소개하며 연

결시켜주는 일도 해결해주는 편리한 IT기반과 장치를 갖추고 있다. 국가 차원에서 관광 여행 산업에 관한 홍보와 안내를 전담하는 한국관광공사의 홈페이지 메뉴 가운데 <대한민국 구석구석> 항목으로 들어가면 국내 여행의 일체에 관한 정보를 상세하게 안내받을 수 있다. 이 같은 기존 디지털 자료와 시설 기반을 빅데이터 기술로 보완하면 관광 종사자와 수요자들의 만족도가 더욱 높아지리라 기대할 수 있을 것이며, 최근 그런 노력의 사례가 속속 발표되고 있다.

2013년 부산 해운대구는 '빅데이터 분석팀'을 신설하고 활동을 시작했다. 이들은 "해수욕장 관광, 일자리 창출, 재난 관리를 위한 날씨 예측 활용 등 3개 주제에 대한 빅데이터 분석을 진행"하여 거기서 나온 결과를 정책에 반영하고 있다. 이 조사에 따르면, 해운대를 찾는 관광객들은 모텔이나 민박보다 게스트하우스를 선호하며, 음식점의 경우 돼지국밥이나 밀면 같은 이 지역 향토음식보다 횟집·대구탕·스시 등 일반음식점에 대한 언급이 더 많았다. 이런 분석 자료들은 관공서의 행정지도 등에 유용하게 사용될 수 있다. 해운대구청은 창업을 희망하는 구민들 대상의 상담을 통해 향토음식점보다는 일반음식점을 창업하는 것이 더 유리하다는 점을 강조하고 있다.[연합2014]

고도의 자치권이 보장되는 특별자치도 체제를 갖춘 제주도는 지방 3.0 최우수 과제로 선정된 '빅데이터를 활용한 스마트 관광정보 서비스' 추진을 통해 빅데이터 서비스 플랫폼 구축사업을 진행 중이다. 제주도의 빅데이터 기반 관광서비스는 관광객과 관광지, 기상 등 제주 관광 관련 빅데이터를 수집, 분석하여 실시간으로 이용자에게 제공하는 시스템이다. 관광객들은 자신이 원하는 디바이스를 통해 제주도에 도착하는 순간부터 떠날 때까지 30분 단위로 이동 상황을 정확하게 파악함으로써 자신이 선호하는 실시간 관광지별 관광객 수, 실시간 입장료, 영업시간, 관광지 이동 경로, 체류시간, 기상 등을 한 눈에 알 수 있게 된다. 제주도는 관광객이 맞춤형 관광서비스를 이용할 수 있도록 관광객의 동의를 얻어 모바일에 스마트여행 길잡이 애플리케이션을 설치하면 해당 관광객의 동선과 정보가 자동으로 빅데이터 분석 시스템에 전송되도록 하여 보다 풍부한 분석결과를 전송할 계획이다.[문정욱2013]

최근 충북의 내륙 도시인 제천시는 대한지적공사(LX) 및 한국관광공사와 공동으로 「빅데이터 기반 스마트 관광정보 구축 시범사업」에 관한 업무협약을 체결했다. 이 사업은 제천시 관광관련 정보 등의 자료를 공간정보의 빅데이터 기반으로 융·복합 가공하여 관광정책에 활용함으로써 시의 관광발전에 크게 기여할 것으로 기대되고

있다.[제천2014]

5.3.2 빅데이터와 영화

'전기'와 '사진술'이라는 과학기술의 바탕 위에 등장한 제7의 예술인 영화. 시설 좋은 극장의 수많은 관객들과 함께 어울려 대형 스크린에 '영사(映寫)'된 화려한 장면을 감상하는 '종합예술'과, 혼자 기차간에서 핸드폰에 파일을 내려 받아 손바닥 크기의 액정화면에서도 볼 수 있는 '디지털 장난감' 사이에서 영화는 여전히 대중예술의 왕자 자리를 지켜나갈 것인지? 제작과 상영 그리고 배급과 저장에 이르는 모든 과정과 형식이 디지털 방식으로 바뀐 영화가 빅데이터 시대를 어떻게 맞고 있으며, 그 영향이 어떤 방향과 양상으로 귀착될지 궁금증을 갖게 한다.

빅데이터라는 용어 자체와 그 기술이 확산되기 시작한 지 4~5년이 지난 오늘날에 이르러 그것이 영화와 맺고 있는 관계의 양상은 크게 두 가지 측면에서 관찰된다. 하나는, 빅데이터 기술을 이용해서 영화관객을 예측하는 것이다.

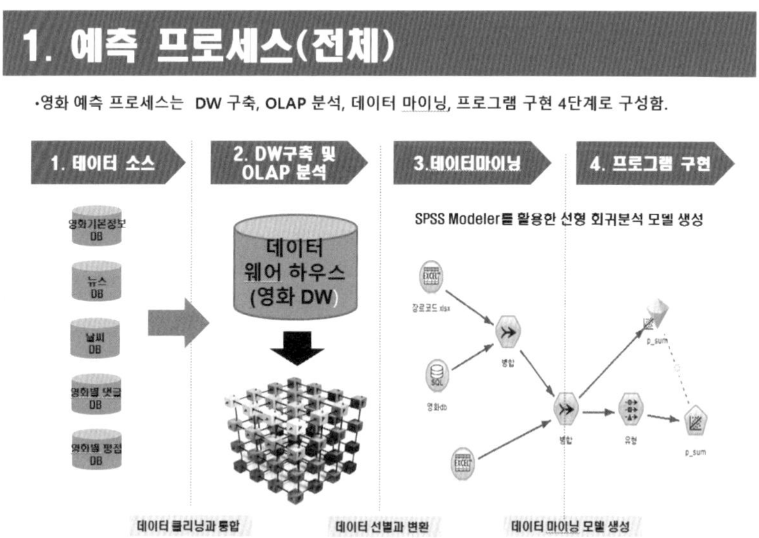

<그림 5-22> 영화 관객예측 프로세스

영화관객은 영화를 관람함으로써 시장에 나온 영화라는 상품을 구입하는 영화의 소비 주체 즉 소비자이다. 따라서 소비자인 관객수를 예측하는 일은 영화산업을 담당하는 측의 입장에서는 상품의 수요를 예측하는 일이므로 사업의 진행 여부를 결정하고 만일 진행을 결정한다면 사업을 원활하게 수행하기 위해서도 반드시 알아야 할 내용이며 거쳐야 할 과정이다. 지금까지는 이런 일을 객관적인 데이터 없이 사업자들의 경험을 통해 터득한 직관이나 느낌으로 하거나 아니면 생략할 수밖에 없었다고 해도 틀린 말은 아닐 것이다. 빅데이터 분석이 가능한 오늘날은 확실한 데이터에 의지해 이 작업을 해내고 있다.

영화 관객을 예측하는 데에 사용하는 데이터는 감독, 배우, 배급사 파워, 관객 호감도 등 4가지 요소에 관한 것이다. 이중 앞의 세 가지인 감독, 배우, 배급사 파워에 관한 데이터는 정형 데이터로 된 것이고 관객 호감도는 비정형 데이터에 해당한다. 영화에 대한 관객의 호감도를 분석하는 방법은 네이버, 다음, 네이트와 같은 포털 사이트에 올라온 네티즌 영화평을 사용한다. 이들을 일일이 수집하여 알 수 없는 문자와 기호 텍스트 등을 제거하는 정제과정을 거친 다음, 문장을 형태소 단위로 분리하여 이를 긍정적인 메시지와 부정적인 메시지로 나누어 계산하고, 두 개의 비율과 해당 영화의 흥행 성적을 비교해 상관관계를 찾는다. 이런 분석에 의하여 영화 흥행에 영향을 미치는 가장 중요한 변수는 감독이며 그 다음으로 배우, 감성 데이터, 배급사 순으로 비중을 차지한다는 결과가 나왔다. 여기에다 포털 사이트의 검색 쿼리를 이용해 간단하게 영화 관객 수를 예측하는 방법도 있다. 개봉 전 일주일 동안의 영화 제목 검색 량에 전국 상영관 수를 변수로 넣어 계산하면 첫 주 박스오피스를 예측할 수 있는데 이미 많은 국내외 영화 마케팅 업체에서 활용하고 있다. 구글코리아 관계자는 이 방법으로 오차 허용범위 7%의 비교적 정확한 데이터를 얻을 수 있다고 한다.[매경 2014]

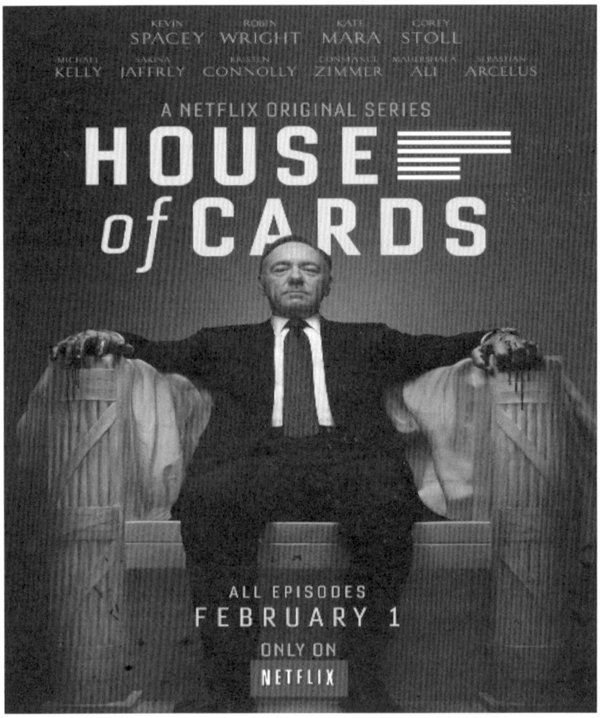

<그림 5-23> 영화 '하우스오브카드' 포스터

빅데이터 분석에 의해 영화의 흥행을 좌우하는 이런 요소들을 엄밀하게 따져서 영화제작 자체에 적용하여 흥행에 성공한 사례가 미국에서 나왔다. 빅데이터가 영화와 맺는 또 하나의 관계양상으로, 글로벌 영화 · 영상 스트리밍 업체인 `넷플릭스'가 BBC TV의 동명 드라마를 원작으로 삼아 제작한 `하우스 오브 카드'가 대표적이다. 넷플릭스는 자사에서 영화를 구매해서 감상하는 고객에 관한 방대한 데이터를 수집 저장하였다가 빅데이터로 분석하였다. 즉, 넷플릭스는 자체 개발한 추천 알고리즘을 통해 일시 정지, 되감기 등의 이용 행태를 포함해 하루 평균 3천만 건의 동영상 재생 기록, 최근 3개월의 기간에 해당하는 20억 시간 이상의 동영상 시청 기록, 또 하루 평균 400만 건의 이용자 평가 및 300만 건의 검색 기록, 위치 정보, 단말 정보, 주중 및 주말의 시청 행태, 영상물의 색깔톤과 음량, 시청률 조사업체와 시장조사 업체 등에서 제공하는 메타데이터, 페이스북과 트위터로부터 수집한 소셜데이터등을 추적해 제작할 콘텐츠와 영화의 예측 분석에 나섰다. 넷플릭스가 이 같은 빅데이터 분석을 바탕으로 결정한 것은 1990년에 방영된 영국 BBC의 드라마 <하우스 오브 카드>를 리메이크하

는 것이었다. 캐스팅을 위해서는 해당 BBC 드라마를 좋아하는 회원들의 선호도를 파악했다. 이 과정에서 넷플릭스는 회원들이 케빈 페이시가 주연한 드라마와 데이비드 핀처 감독을 검색해서 본다는 사실을 알 수 있었다. 이 같은 분석은 빅데이터가 제작자의 역할을 맡아 하는 것과 마찬가지라고 생각할 수 있다. 마침내 넷플릭스는 <하우스 오브 카드> 제작에 유명 감독 데이빗 핀처를 제작에 참여시키고 케빈 스페이시 등의 배우들을 캐스팅했다. 이 영화는 2013년 상반기 미국을 휩쓰는 여세를 몰아 그해 제 65회 에미상에서 최우수 감독상을 비롯해 3관왕을 차지하였다. 빅데이터가 만들어준 상이라 해도 과언이 아닐 것이다.

5.3.4 스토리 헬퍼

다양한 분야에서 나오는 대량의 데이터를 수집 저장하고 분석하는 것이 빅데이터의 일반적인 처리 과정이며 거기서 발견하는 고유한 패턴이나 원리를 통해 지혜와 통찰을 얻어내는 것이 빅데이터의 최종 목표와 용도라고 일컬어진다. 광고와 선거, 여론 분석 등 각 방면에서 이런 방식으로 빅데이터를 사용해서 성과를 얻는 사례가 점점 늘어나고 있다. 새로운 빅데이터 기술의 확산과 활용은 이런 추세를 더욱 가속화할 것이 확실하다. 이런 가운데에도 빅데이터는 유독 문학과 예술 등 창작에 관계된 것과는 거리가 멀어 보인다. 그것은 사회 전체 혹은 거기에 속한 집단을 대상으로 삼는 통계분석을 사용하는 빅데이터의 원리와 기술이 유일하고 독창적인 것, 새로운 것을 추구하는 창작과 예술의 속성과는 접점을 찾기 어렵거나 불가능한 관계에 있기 때문인지도 모른다. 실제로 지금까지 우리가 살펴보고 기술(記述)한 인문학과 빅데이터가 맺고 있는 관계를 보아도, 그것은 인문학의 방법이나 보조수단으로서의 성격이 강한 반면 그 자체가 주제와 내용을 좌우하는 경우는 만나기 쉽지 않다.

앞서 본 영화 제작의 경우만 하더라도, 빅데이터가 주제와 감독(제작자)을 정하고 배우를 캐스팅하는 데까지 사용될 수 있지만, 영화 시나리오를 만들어내는 것은 아니다.

<그림 5-24> 스토리 헬퍼

이런 사정에 비추어 방대한 데이터를 끌어들여 빅데이터 기법으로 처리해서 창작도구를 만드는 작업에 사용한 것은 빅데이터가 사용될 수 있는 새로운 영역을 보여주는 예라 할 수 있을 것이다. 국내 게임업체인 엔시소프트와 이화여대 연구팀이 개발한 '스토리 헬퍼'라는 이름의 창작지원 프로그램이 그렇게 만들어진 새로운 창작도구이다. 이것을 구현하는 소프트웨어는 1500편에 이르는 기존 영화와 애니메이션 시나리오에서 추출한 3만 4천개 요소로 된 데이터베이스로 구성되었다. 이 데이터베이스는 "작가들이 자신이 구상하는 스토리에 따라 자유롭게 대조, 검토, 검색, 추출, 재구성"하는 데에 사용된다.

"'스토리 헬퍼'는 아이디에이션, 트리트먼트, 파이널 스크립트 단계의 프로세스로 구성됐다. 먼저 아이디에이션 단계에서는 작가가 자신의 아이디어를 구체화할 수 있도록 이야기에 관한 29가지 질문을 던진다. 작가가 이 질문들에 대답하면 스토리헬퍼는 데이터베이스에서 작가가 구상하고 있는 이야기와 가장 유사한 30가지 이야기를 도출해준다. 작가는 이렇게 제시된 이야기들을 변형하고 조합해보는 과정을 통해 자신만의 아이디에이션 시트를 완성할 수 있다.

트리트먼트 단계는 구체화된 아이디어로 이야기의 얼개를 만드는 단계로, 스토리 아이디어를 시나리오로 확장하는 역할을 담당한다. 인물이나 배경에 대한 세부 질문을 통해 사용자의 응답과 매칭률이 높은 영화들의 목록이 제공된다. 또한, 쓰기 전환으로 편집모드를 활성화하면, 씬 삽입 및 삭제, 그리고 순서 변경과 같이 내용 수정이 가능하다.

파이널 스크립트는 완성된 이야기를 만드는 단계로, 별도의 C/S 프로그램을 통해 저작물을 완성한다. 파이널 스크립트 프로그램의 경우 시나리오 작성에 특화된 워드 프로세스 프로그램으로 작가가 컴퓨터에 다운로드 받아 사용하면 된다."[인벤 2013]

'스토리 헬퍼' 프로그램은 디지털 기술이 인간의 두뇌활동에 더욱 가까워지는 양상을 보여주는 사례이며, 빅데이터가 창작의 영역에 발을 들이려는 새로운 시도이다. 예술은 새로운 것을 창조하는 인간의 고유한 능력에 의해서 태어나지만, 하늘아래 새로운 것은 없다는 진리 또한 존재한다는 사실을 기억할 필요가 있다.

5.3.5. 빅데이터와 문학지도

디지털 기술의 발달과 함께 지리정보시스템 즉 GIS을 편리하게 이용할 수 있는 여건이 갖춰졌다. 이에 따라 내비게이션 장치 등을 통한 지리정보의 이용이 일상화된 것도 사실이다. 여기에 병행하여 여전히 디지털 기술을 등에 업고 발달한 카메라 기술과 장비에 힘입어, 이제 인터넷에 연결되기만 하면 화면을 통해 지구촌 구석구석의 위치를 확인하고 실제 지형과 지리를 조망할 수 있는 단계가 되었다. 특히 구글에서 제공하는 구글어스와 지도 서비스는 지도를 통해 지구촌의 공간을 새롭게 이해하고 접근하는 계기가 되고 있다. 오늘날의 이 같은 지리정보의 생산과 이를 활용하는 다양한 기술과 장치의 도입은 산업적 측면은 물론 학문과 문화예술 분야에서도 지리에 대한 새로운 인식과 시각을 갖게 하고 있으며 소위 'spatial turn' 즉 공간적 전회(前回)를 맞이했음을 실감케 하고 있다.

지리 혹은 공간과 장소 개념에 대한 이런 전반적인 분위기와 경향은 문학을 바라보는 시각에서도 확인된다. 최근 들어 국내외를 막론하고 '문학지리' 혹은 '문학지도'라는 개념과 주제어에 대한 언급이 늘어나고 관련된 연구가 여기저기서 속속 진행되고 있다. 문학이 인간 삶의 총체적인 모습을 다루는 것이며, 인간의 삶은 구체적인 공간에서 이루어지는 것임을 상기하면 이런 관심과 열풍은 지극히 당연한 일로 받아들여지기도 한다.

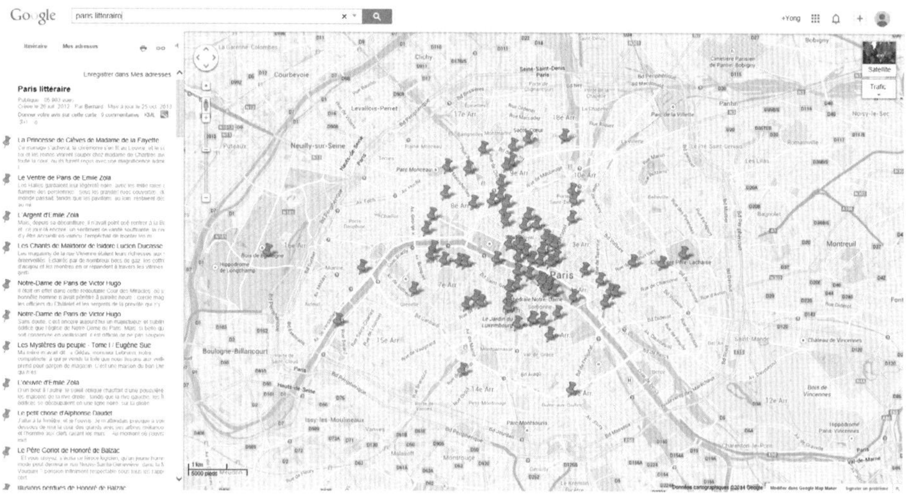

<그림 5-25> 구글지도상의 '파리 문학'

이런 관점에서 문학작품의 배경이 되는 지리와 장소에 대한 체계적인 연구와 그 결과물을 빅데이터 기술을 통해 표현하고 소개하는 작업은 여러 가지 측면에서 관심을 끌고 있다.

우선 구글사(社)에서는 제공하는 지도 서비스를 통해 사용자들이 특정 문학작품 속에 나오는 거리나 지명을 해당 도시의 지도상에 표시할 수 있도록 하고 있다. 예를 들어 'Paris littéraire' 즉 '문학 파리' 지도를 펼치면, 파리가 배경이 되는 80여 개의 문학작품 목록이 사이트 왼쪽에 나타나고 오른쪽에 표시된 파리 지도에는 왼쪽 리스트에 표시된 작품 속에 나오는 지명이나 거리명을 가리키는 표시가 되어있다[maps]. 다시 지도상의 표시를 클릭하면, 해당하는 거리나 지명이 나오는 작품의 본문 발췌 부분이 표시된다. 이와 동시에 이 지점의 거리를 목적지로 하는 길찾기와 이 곳의 실제 정경을 볼 수 있는 거리뷰 연결이 표시되어 있어 필요에 따라 이곳을 찾아가거나 찾아가지는 않더라도 이곳의 공간 구조와 상황을 이해하는 데에 실질적인 도움이 될 수 있는 VR 즉 가상실체(Virtual Reality) 사진을 이용할 수 있도록 하고 있다. 또 다른 사이트에는 이런 방식의 문학지도를 프랑스 전국에 걸쳐 제공하고 있기도 하다[carto]. 프랑스 동북부의 도시인 스트라스부르에 소재하는 서점에서 제공하는 이 사이트에는 프랑스 문학작품 900여편에 나오는 도시나 지역을 표시하고 역시 해당 작품의 텍스트 발췌부분을 보여주고 있다. 또한 저작권이 해소된 해당 작품의 경우에는 본문 전체를 즉석에서 읽거나 내리받기로 이용할 수 있는 서비스도 제공하고 있다.

영국의 랭커스터 대학에서 추진한 '레이크스 맵핑' 프로젝트는 문학지리에 관한 방법과 가능성의 또 다른 형태를 보여주고 있다. 영국 아카데미의 지원으로 수행된 이 프로젝트는 "GIS 기술이 문학의 공간과 장소에 대한 이해를 이끄는 데에 사용될 수 있는지 여부를 시험하고 동시에 이 주제에 관한 학제간 연구 방법론의 가능성과 문제를 가늠하기 위한" 것이었다. 구체적인 내용은 두 편의 여행담을 분석하여 여정에 따른 장소를 지도상에 표시하고 필자가 방문한 지점과 지역을 해당하는 텍스트의 내용과 연결시켜 보여주는 방식으로 제작되어 있다. 사용된 두 텍스트는 영국의 두 시인 토머스 그레이(Thomas Gray, 1716 - 1771)와 새뮤얼 테일러 콜러리지(Samuel Taylor Coleridge, 1772-1834)가 각각 1769년과 1802년에 영국 북서부 산악지역인 레이크 지방을 여행하고 쓴 여행기록에 해당하는 것이다. 30여년의 시차를 두고 동일한 지역을 여행한 두 시인이 각기 묘사하고 설명하는 이야기를 최신 지리정보시스템을 이용하여 실제 지형을 구현한 지도 상에 나타낸 것이다. '레이크스 맵핑' 자체는 GIS를 문학 텍스트와 연결 짓는 시도이지만 빅데이터를 이용하는 데에까지 이른 것은 아니다. 하지만, 앞서 소개한 '문학 파리' 등의 예와 연관하여 살펴보면 문학 특히 소설을 구성하는 요소로서 배경인 장소를 GIS와 결합함으로써 문학작품 속의 장소와 공간을 보다 실감 나게 드러낼 수 있는 방법을 모색할 수도 있으리라는 기대를 갖게 된다.

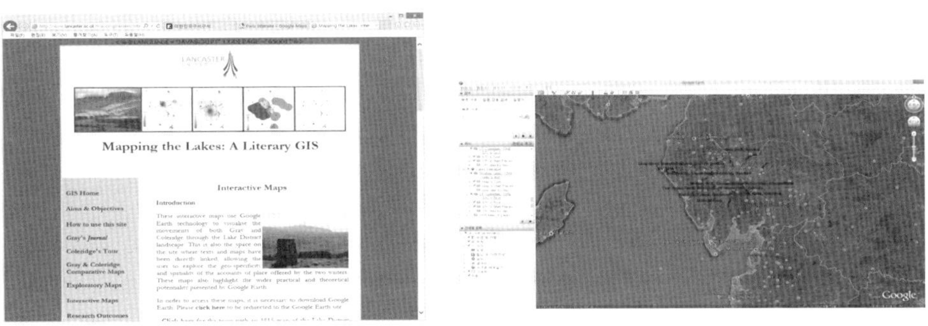

<그림 5-26> '레이크스 맵핑' 홈페이지와 관련 구글어스 지도

국내에서는 1990년대 초반부터 지리학자들이 주축이 되어 '문학지리'라는 개념을 소개하고 그것의 의미와 중요성을 부각시켰다. 지리학자의 관점에서 '문학지리(학)'은

"경관에 대한 해설로서의 문학 작품이나, 또는 지리학적 현상으로서의 문학작품을 연구하는 것을 의미한다."[이은숙1992, pp.147-166] 이런 관점은 지리학 또한 인간의 삶의 조건에 관한 문제를 취급하는 학문으로서, "인간집단이 그들 자신의 세계를 경험하는 방법에 대한 어떤 시각을 제공하는" 문학이 "지리학자에게 연구의 원천이 된다"라는 확신에서 비롯된 것으로 보인다. 이를 바탕으로 그동안 여러 문학작품을 대상으로 그 속에 들어있는 지리적 요소를 조명하는 작업들이 지속적으로 이루어져오고 있다. 이런 연구와 경험의 축적은 우리의 '문학지리'를 앞선 예에서 보는 것처럼 GIS 등의 디지털 기술과 연결 짓는 작업에 기반이 될 것이다.

참고문헌

[강승구2006] 강승구, 김병희 공저, 『현대광고와 카피전략』, 한국방송통신대 출판부, 2006.

[고한석2013] 고한석, 『승리의 과학』, 이지스퍼블리싱, 2013.

[김현2013] 김현, "디지털 인문학" in 『인문콘텐츠 29호』, 2013.

[매경2014] 매일경제(http://digital.mk.co.kr), 2014/07/16.

[문정욱2013] 문정욱, "관광서비스 발전을 위한 ICT 활용현황과 시사점: 국내외 사례분석을 중심으로", in 『정보통신방송정책』, 제25권 20호, 2013.

[배성환2012] 배성환 외, 『빅데이터와 SNS 시대의 소셜 경험전략』, 에이콘, 2012.

[양민혁2014] 양민혁, 『SNS 데이터를 활용한 국내 대학 인식 파악 및 선호도 조사』, 석사논문, 충북대학교, 2014.

[연합2014] 연합뉴스(http://www.yonhapnews.co.kr), 2014/03/12.

[영상] http://www.koreafilm.or.kr/index.asp

[이은숙1992] 이은숙, "문학 지리학 서설" in 『문화역사지리 제4호』, 1992.

[인벤2013] 인벤 웹진(http://www.inven.co.kr/webzine/), 2013/07/18.

[제천2014] 제천시청(http://www.okjc.net), 2014/07/22.

[캐스트] http://navercast.naver.com/

[콘텐츠] http://www.culturecontent.com/main.do

[쿠키어2013] 빅도트 케네스 쿠키어, 마이어 쇤버거, 『빅데이터가 만드는 세상』, 21세기 북스, 2013.

[ADHO] ADHO(The Alliance of Digital Humanities Organizations)에서 제공하는 웹페이지 (http://digitalhumanities.org/centernet/)

[carto] http://www.cartographie-litteraire.net/

[Daco2010] Marin Dacos et Pierre Mounier, *Humanités numériques : état des lieux et perspectives*, Institut Français, 2010.

[lemondeinfo2012] http://www.lemondeinformatique.fr, 2012/01/17.

[maps] https://maps.google.fr

[MIT] http://ocw.mit.edu/ans7870/21f/21f.027/home/index.html

[ngram2014] https://books.google.com/ngrams, 2014/07/30 조회.

[rossetti] http://www.rossettiarchive.org/

[Spiegel2013] Spiegel Online, 2013/09/13.(http://www.spiegel.de/international/europe/google-translate-has-ambitious-goals-for-machine-translation-a-921646.html)

[valley] http://valley.lib.virginia.edu/

[wikienSystran2014] https://en.wikipedia.org/wiki/SYSTRAN, 2014/07/30 조회.

[wikifrGutenberg2014] https://fr.wikipedia.org/wiki/Projet_Gutenberg, 2014/07/30 조회.

[wikiko소설2014] https://ko.wikipedia.org/

빅데이터 이해와 활용

6 장

빅데이터 거버넌스

6장 빅데이터 거버넌스[3)]

6.1 빅데이터 거버넌스의 필요성

빅데이터 시대에는 방대하고 다양한 데이터가 빠르게 생성되고 있으며, 정부, 공공기관, 기업들은 빅데이터를 활용하여 가치를 창출하는 문제로 고민을 하고 있다. 맥킨지 보고서[MCK2011]에 따르면 미국내에서 빅데이터 활용으로 연간 스페인 의료비의 2배 정도인 2500억달러가 절감된다고 예측하였다. 공공 및 산업 분야에서도 엄청난 효과가 기대되고 있다. 빅데이터를 분석하면 과학적인 의사결정을 할 수 있고, 이를 통하여 정부나 기업의 업무가 혁신되어 경쟁력 강화로 연결될 수 있기 때문이다. 선진국을 중심으로 각 나라들은 이미 빅데이터의 활용을 통한 국가 경쟁력 강화를 야심차게 추진하고 있는 상황이다. 우리 정부가 발표한 정부 3.0도 빅데이터의 활용을 통한 일자리 창출과 국가 경쟁력 강화가 그 목표인 것이다.

이와 같이 빅데이터의 활용이 강조될수록 빅데이터에 대한 체계적인 관리(거버넌스)가 중요한 문제로 부각될 것이다. 이는 자동차의 확산과 더불어 관련 제도나 법규, 조직 및 인력이 필수적인 것과 유사한 것과 동일한 이치이다. 100년전 자동차가 처음 도입될 당시 자동차에 관한 규제나 관리를 위한 조직이 필요할 것이라고는 누구도 생각하지 않았을 것이다. 지금은 어떠한가? 자동차에 관한 수많은 법규와 규제(도로교통법, 자동차관리법, 대기환경보전법, 소음진동규제법, 관련 시행령과 제도 및 규정 등)가 있으며, 도로와 신호체계 등 인프라 구축과 함께 자동차 관련한 조직과 인력이 있다.

실시간으로 쏟아지는 빅데이터의 분석 결과로부터 미래에 관한 통찰력을 얻고, 이를 중요한 의사결정에 활용하려는 조직은 데이터 거버넌스 문제를 함께 고민해야 할 것이다. 데이터 거버넌스의 주요 내용은 데이터의 품질보장, 프라이버시 보호, 데이터 수명관리, 데이터 소유 및 관리권의 명확화, 관련 조직과 인력배치, 제도 등을 완비하는 것이다. 분석 대상이 되는 데이터의 품질이 낮으면 분석결과가 오류를 포함하

3) 이 장의 내용은 참고문헌[조완섭2014]의 내용중 일부를 발췌 요약한 것임.

므로 중요한 의사결정에 활용될 수 없을 것이다. 개인의 프라이버시를 침해하는 데이터가 적절히 관리되지 못하면 빅브라더의 우려가 현실화될 것이다. 폭증하는 다양한 데이터에 대하여 수명(lifecycle) 관리가 제대로 이루어지지 못하면 IT 비용 증가는 물론 각종 규제에 취약할 수 밖에 없다. 이러한 기술적 문제들이 완비되더라도 빅데이터 관련 조직과 인력 및 제도가 없다면 빅데이터로 인한 효과는 지속가능하지 못할 것이며, 위험한 상황에 직면하게 될 것이다.

정부 3.0은 정부와 공공기관들에서 축적된 데이터를 공개하고, 이를 민간이 활용하여 양질의 일자리를 만들고, 가치를 창출하는데 크게 기여할 것으로 기대된다. 이러한 현상은 기업들도 마찬가지이며, 선진국은 더 빠르게 대응하고 있다. 그러나, 빅데이터의 활용 효과가 지속가능하도록 하려면 조직마다 빅데이터 거버넌스 체계를 먼저 갖추는 것이 선결과제이다. 거버넌스가 없는 빅데이터 활용은 지속가능하지 못할 뿐 아니라 감당하지 못할 혼란과 위험성을 안고 있는 양날의 칼이라 생각된다.

6.2 빅데이터 거버넌스란 ?

오늘날 사람들은 데이터 속에서 살아가고 있다. 이들 데이터는 소셜 미디어, 전화 GPS 신호, 스마트 시설 측정기, RFID 태그, 디지털 사진, 온라인 비디오 등과 같은 다양한 소스로부터 생성되고 있다. IDC는 디지털 세계에서 2011년 1.8 zettabytes(1.8 trillion gigabytes)의 정보가 생성되었으며, 2년마다 데이터의 양이 2배씩 증가하는 것으로 추정하였다. 빅데이터는 volume(엄청난 크기), variety(다양한 유형의 데이터), velocity (빠른 분석속도)와 더불어 value(비용 효율성)의 특징을 가진다.

먼저 IT 거버넌스와 데이터 거버넌스를 살펴본 다음에 빅데이터 거버넌스를 정의해보자. **IT 거버넌스**란 기업의 전략과 목표에 부합되도록 IT와 관련된 자원과 프로세스를 통제하고 관리하는 체계를 의미한다. IT 거버넌스의 등장배경은 다음과 같다.

70년대~80년대에 조직내 IT 역할은 메인 프레임 기반의 단순 대용량 연산처리였으나 90년대를 지나면서 ERP 등의 보급으로 조직내 업무의 IT 의존도가 심화되고 있다. 즉, 기업내의 전략, 생산, 재무, 고객관리 등 주요 업무가 IT기반으로 이루어지고 있으며, 이러한 IT 자산의 최적 활용도에 따라 기업의 가치도 달라지게 되었다. 예전의 CEO는 IT가 경영활동에 큰 영향을 미치지도 않았고, 기술적인 내용을 이해할 필요도 없었기 때문에 IT관련 사항들을 모두 CIO에게 일임하였으나 이제는 IT 의존도가 높아지고, IT 비용은 지속적으로 증가하고 있으며, 기업관련 강화된 규제 사항들을 IT 기반으로 관리해 나가야 하는 시대가 되었다. 기업회계 투명성을 위한 "샤베인스 앤 옥슬리법", 금융기관의 리스크 관리를 위한 "바젤 II", 최근의 국제회계기준 "IFRS" 등이 IT 기반으로 관리되어야 할 규제의 예이다. 이러한 규제준수가 과연 회계 및 재무관련 부서 만의 일인가? 이와 같이 전사적 자원관리는 물론 각종 규제를 통제하는 IT는 CIO 혹은 전산실의 문제가 아니라 CEO 및 이사회의 문제가 되고 있다.

CEO 혹은 이사회 관점에서 IT는 투자대비 효과성을 설명할 수 있어야 하고, IT의 전략수립과 투자 및 성과관리는 경영전략과 조율되어 투명하게 관리되어야 한다. IT 거버넌스를 실행하는 다섯가지 도메인과 이를 구현하는 솔루션은 다음과 같이 정리된다.

1. **전략적 연계(Strategic Alignment)**: 경영, 조직, 사업의 전략과 IT 계획의 일치
   IT는 반드시 경영활동과 목표를 맞추어야 한다. 이는 IT투자를 하면 반드시 경영적인 성과가 나와야 한다는 의미이다. 이 부분을 담당하는 기법으로는 ISP(Information Strategy Planning), ITA/EA(IT Architecture/Enterprise Architecture), PPM(Project Portfolio Management) 등이 있다.

2. **가치 제공(Value Delivery)**
   IT가 제공하는 가치는 IT가 아닌, 사용자, 고객, 기업의 입장에서 입증된다. ERP(Enterprise Resource Planning), BPM(Business Process Mgmt.) 등을 통하여 고객에게 가치를 제공할 수 있다.

3. **위험 관리(Risk Management)**
   조직내 위험은 불확실성으로서 긍정적 요소는 높이고 부정적 요소는 낮추는 관리가 필요하다. GRC(Governance, Risk Management, Compliance), BCM(Business Continuity Mgmt.), DRP(Disaster Recovery Planning) 등의 솔루션이 있다.

4. 자원 관리(Resource Management)

주어진 자원 안에서 비용 측면과 비용대비 효과를 고려하여 자원 재투자 실행 효과/효율성을 높여야 한다. 이를 위해 ITSM(IT Service Mgmt.), ITAM(IT Asset Mgmt.) 등이 사용된다.

5. 성과 측정(Performance Measurement)

IT 투자의 성과를 측정할 수 없다면 관리할 수도 없다. 성과측정은 이해 관계자에게 보고되고 승인 받는 필수요건이다. IT ROI(IT Return on Investment), IT BSC(IT Balanced Score Card) 등의 기법이 사용된다.

데이터 거버넌스(data governance)란 전사적인 차원에서 보유하고 있는 모든 데이터에 대해 관리 정책, 지침, 표준, 전략 및 방향을 수립하고 데이터를 관리할 수 있는 조직 및 서비스를 구축하는 데이터 관점에서의 IT 관리 체계(IT 거버넌스)를 의미한다 [조완섭2014, THO]. <그림 6-1>은 (빅) 데이터 거버넌스를 그림으로 보여주고 있다. 데이터 거버넌스는 상수도 체계(원수를 채취하여 정수장과 파이프를 거쳐 깨끗한 식수를 필요로 하는 사람들에게 적시에 공급하는 체계)와 유사하게 원시 데이터를 수집, 정제, 통합, 가공하여 데이터를 필요로 하는 사람에게 적시에 공급하는 체계를 만드는 것이다.

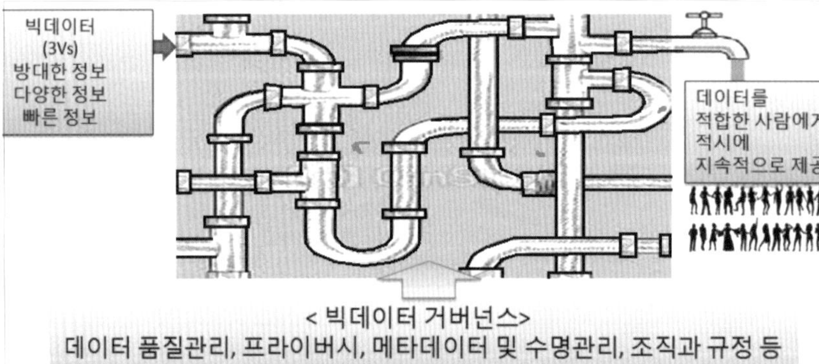

<그림 6-1> 빅데이터 거버넌스

데이터 거버넌스의 궁극적인 목적은 고품질 데이터의 확보와 관리를 통해 기업에

제공할 수 있는 정보 활용을 극대화하여 기업의 다양한 가치 창출에 지속적으로 기여하는 것이다. 이것은 데이터로 인한 리스크의 감소, 데이터 관리 비용의 절감과 데이터 활용도 증대를 통해 데이터의 가치를 향상시키고, 이러한 고품질 정보가 기업의 비즈니스 목적에 부합하고 최적의 서비스를 지속적으로 제공할 수 있도록 효과적으로 관리되고 진화될 수 있도록 하는 것이다.

데이터 거버넌스를 IT 문제로 취급하는 조직에서는 데이터가 비즈니스 프로세스, 의사결정, 업무 개선과 새로운 가치 창출 가능성으로의 연결고리와 같은 중요한 가치가 있음에도 불구하고 "데이터를 위한 데이터"로 한정하여 큰 그림을 잃어버리게 된다. 역사적으로 많은 조직에서 데이터에 대한 관리 책무를 데이터 관리 그룹에 전담시켜 왔으며, 이들은 데이터를 통합하고 (단순) 관리하는 역할만 담당해 왔다. 많은 경우에 "하드웨어와 소프트웨어 관리만 잘 하면 데이터는 자동으로 따라오는 것"으로 생각하였다.

빅데이터 시대에 조직들은 데이터 관리에 대하여 더욱 광범위한 계획 (빅데이터 거버넌스)을 필요로 하고 있다. 빅데이터 거버넌스는 방대한 정보, 다양한 정보, 빠른 정보를 적합한 사람에게 적시에 지속적으로 안전하게 제공하는 것을 목표로 데이터에 대한 품질관리, 프라이버시 보호, 메타데이터/마스터 데이터 관리, 데이터 수명관리, 조직과 규정 등을 정립하여 시행하는 것이다. <그림 6-1>에서 빅데이터는 여름철 홍수와 같이 다양한 종류의 방대한 데이터가 빠른 속도로 상수도 시스템에 유입되는 것에 비교될 수 있다. 평상시와는 다른 관리가 필요한 것과 마찬가지로 빅데이터 시대에 데이터 거버넌스의 중요성은 더욱 강조되어야 할 것이다. 예를들어 개인의 프라이버시 관련 데이터가 유출됨으로써 조직의 CEO가 책임지고 물러나는 시대가 되었고, 저품질의 데이터를 중요한 의사결정에 사용함으로써 재난이 초래될 수도 있다. 빅데이터 거버넌스 프로그램을 통하여 고품질의 빅데이터가 안전하게, 적시에 관련된 직원에게 공급되도록 함으로써 데이터의 가치를 극대화될 수 있는 체계를 만들어야 할 것이다.

빅데이터 거버넌스(big data governance)는 데이터 거버넌스의 일부로써 빅데이터의 최적화, 프라이버시, 가치창출과 관련된 정책을 정하는 것이다. 이 정의에 포함된 중요한 부분들을 나누어서 구체적으로 설명하면 다음과 같다.

- **빅데이터 거버넌스는 기존 데이터 거버넌스의 일부이다**. 기존의 데이터 거버넌스 조직들은 반드시 빅데이터를 기존 데이터 거버넌스 틀 (framework)에 추가해야 한다(<그림

6-2> 참고). 이를 위하여 다음의 작업이 필요하다.

- 기존의 데이터 거버넌스의 범위를 확대하여 빅데이터를 포함하도록 한다.
- 데이터 거버넌스 위원으로 데이터 과학자와 같은 빅데이터 전문가를 추가한다.
- 빅데이터의 카테고리 별 (예를들어 소셜 미디어) 데이터 관리 책임자 (data steward)를 지정한다.
- 빅데이터에 대한 메타 데이터, 프라이버시, 데이터 품질, 마스터 데이터 등을 데이터 거버넌스 규정에 맞게 조정한다.

■ **빅데이터 거버넌스는 빅데이터와 관련된 정책을 제정하는 것이다.** 정책은 사람들이 주어진 상황에서 어떻게 행동해야 하는지를 정한 것이다. 빅데이터 거버넌스 정책의 한 예로서 고객의 공식적인 동의가 없는 한 고객의 Facebook 프로파일을 마스터 데이터(master) 레코드에 통합할 수 없도록 금지하는 것이다.

■ **빅데이터는 최적으로 관리되어야 한다.** 조직들이 실세계의 원칙을 빅데이터에 어떻게 적용하는지 살펴보자. 조직들은 기계, 항공기, 자동차, 기타 조직내 자산들에 대하여 잘 정의된 자산관리 프로그램으로 관리한다. 빅데이터에 대해서도 실세계의 자산들에 대한 목록을 관리하는 것처럼 다음과 같이 관리할 필요가 있다.

- **메타 데이터** : 조직내 빅데이터의 종류를 파악하여 목록을 작성한다.
- **데이터 품질 관리** : 물리적 자산에 대하여 예방적 점검을 하는 것과 마찬가지로 빅데이터를 정제하여 정해진 수준의 품질을 유지해야 한다.

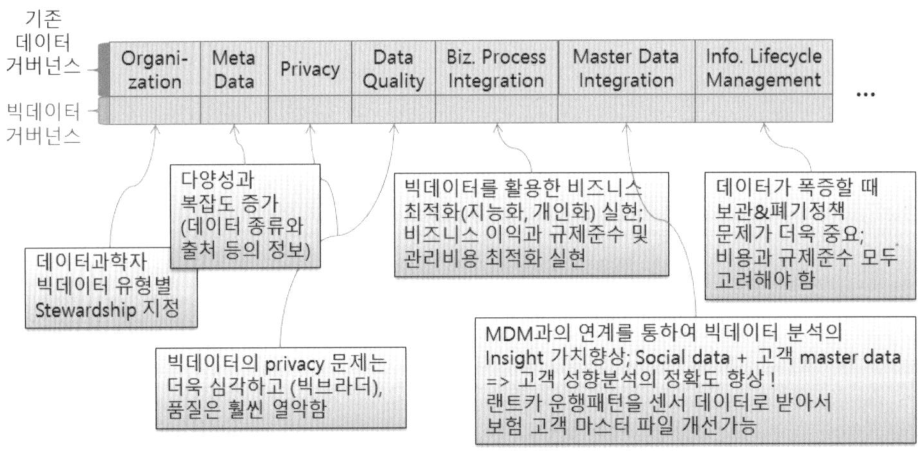

<그림 6-2> 빅데이터 거버넌스

- **정보 수명주기 관리** : 대규모 데이터를 유지하는 것은 비용이 많이 들 뿐 아니라 위험성을 수반하므로 데이터 종류에 따라 폐기, 보관 정책을 수립해야 한다.

■ **빅데이터의 프라이버시가 중요하다.** 조직들은 빅데이터의 오용을 막을 수 있는 정책을 수립해야 한다. 소셜 미디어, 위치정보, 생체정보, 그 외 개인식별 정보를 취급하는 조직들은 프라이버시 침해로 인한 평판 리스크, 규제 리스크, 법적 리스크를 신중하게 고

려해야 한다. 최근 개인정보보호법 등 프라이버시 규제가 강화됨에 따라서 조직은 이 문제에 대하여 기술적, 제도적 장치를 마련해야 할 것이다.

- **빅데이터는 자산과 동일하게 간주되어야 한다.** 빅데이터는 제 3의 조직에 판매하거나 새로운 서비스를 개발하는데 사용할 수 있으므로 중요한 자산으로 간주되어야 한다. 기존 회계 기준은 대차대조표 작성시 외부에서 구매하지 않은 정보를 재정적 자산으로 간주할 수 없도록 한다. 이러한 보수적 회계규정에도 불구하고 많은 조직들은 빅데이터를 재정적 가치를 가진 회사의 자산으로 인식하기 시작하였다. 예를 들어 시설 운영부서에서는 센서 데이터를 사용하여 예방관리를 함으로써 장비의 가동시간을 높일 수 있다. 콜센터에서는 에이전트의 노트를 분석하여 왜 고객이 전화했는지를 이해함으로써 통화량을 줄일 수 있다. 소매상에서는 고객 마스터 파일을 이용하여 충성도를 높이는 페이스북 어플을 강화할 수 있다.
- **빅데이터는 부서들 사이에 긴장을 조성한다.** 빅데이터 거버넌스는 조직의 여러 기능들 사이에 조성되는 경쟁적, 대립적인 목표들을 조정해야 한다. 예를 들어 통신업체의 무선통신 마케팅 부서는 위치정보를 활용하여 새로운 수업원 (예를 들어 가입자가 소매상 근처에 접근할 때 유용한 쿠폰을 받도록 함)을 찾는데 관심이 있다. 그러나 유선 비즈니스 부서에서는 가입자의 동의가 없이 위치정보를 사용하는데 있어 발생하는 평판 리스크를 걱정하고 있다. 반면 네트워크 관리팀에서는 이러한 정보를 특정 무선 중계기에서 통화 중 끊김 현상과 같은 네트워크 성능 문제를 해결하는데 사용하려고 한다. 마지막으로 개인정보보호 부서에서는 잠재적인 규제 위반을 걱정하고 있다. 이러한 상황에서 빅데이터 거버넌스는 새로운 서비스로 인한 이득이 평판 리스크와 규제 리스크를 능가하는지를 점검한 후, 예를 들어 위치정보를 내부적으로 네트워크 분석에 활용하는 것은 허용하지만 다른 비즈니스에의 활용은 금지함으로써 부서간의 갈등을 조정할 수 있을 것이다.

6.3 빅데이터 거버넌스 프레임웍

빅데이터를 활용하는 조직들은 빅데이터 거버넌스를 어떻게 구체화할 것인가를 고민하고 있다. 빅데이터 거버넌스 프레임웍은 그 해답을 제시할 것이다. 빅데이터 거버넌스 프레임웍은 <그림 6-3>과 같이 3차원 큐브구조로 생각할 수 있다[조완섭 2014]. 먼저 X 축은 **빅데이터의 타입**을 의미하며, 웹과 소셜 미디어, M2M 데이터, 빅트랜잭션 데이터, 생체정보, 사람이 생성한 데이터(문서, 이메일 등) 등으로 구분된다. Y 축은 **산업분야**를 의미하는 것으로 그림에는 빅데이터 활용 산업의 일부만 명시되어 있다. 예를들어, 제조생산 분야나 위기 및 재난관리 분야도 빅데이터를 활용할 수 있는 주요 분야이지만 지면관계로 일부만 표시하였다. 마지막으로 Z 축은 **기존 정보(데이터) 거버넌스의 요소**들을 나열한 것이다.

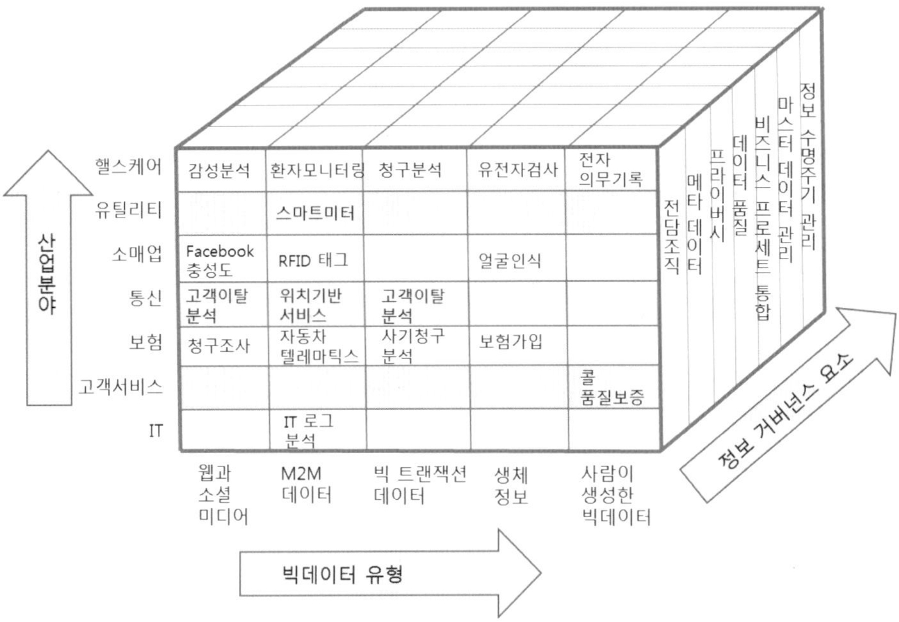

<그림 6-3> 빅데이터 거버넌스 프레임웍

조직은 큐브구조의 해당 셀에 빅데이터 분석과 활용 솔루션을 명시하고, 데이터 거버넌스의 각 요소를 명확히 하는 것으로 빅데이터 거버넌스가 구현될 수 있다. 예를들어, 헬스케어 산업에서 빅데이터 분석을 통하여 환자를 모니터링하는 솔루션을 생각해 보자. 이 경우 환자에 부착된 각종 장치에서 생성하는 M2M 데이터는 개인을 식별할 수 있는 프라이버시 정보가 포함되어 있으므로 이를 암호화하여 프라이버시 규제나 법을 준수해야 할 것이다. 또한, 환자가 발생시키는 M2M 데이터는 여러 가지 이유로 (예를들면 습도가 높은 곳이거나 환자의 움직임이 과도한 경우) 오류가 포함될 수 있으며, 이를 분석한 결과를 바탕으로 환자를 관리하는 경우 사고를 초래할 수 있다. 즉, 데이터의 품질을 누군가가 전담하여 보장해야 하는 문제가 발생한다. 또한, 환자로부터 발생한 거대한 M2M 데이터를 언제까지 보관할 것인가? 라는 정보수명주기 관리 문제도 IT 비용 절감과 법적인 사항을 고려하여 데이터의 종류별로 정해야

할 것이다. 그리고, 환자의 M2M 데이터 중에서 일부를 환자 마스터 데이터와 통합하는 문제도 고려해야 하며, 이러한 일을 책임지고 수행할 조직이나 사람도 지정되어야 할 것이다. 즉, 환자를 빅데이터 분석을 통해 모니터링하면 효율성이 증대되지만 수반되는 제반 문제점들을 파악하여 전반적인 관리체계를 갖추지 않는다면 그 효과는 지속될 수 없을 것이다.

6.4 빅데이터 유형

다양한 유형의 빅데이터는 다음과 같이 5가지로 분류할 수 있으며, 여기서는 이들에 대하여 빅데이터 거버넌스 관점에서 차례로 하나씩 살펴본다.

(1) 웹과 소셜 미디어

페이스북, 트위트, 링크드인, 블로그 등과 같은 소셜 미디어와 클릭 스트림 데이터가 이 부류에 속한다. 빅데이터 거버넌스 프로그램에서는 이러한 데이터를 마스터 데이터 및 비즈니스 프로세스 (예: 고객 충성도 프로그램)와 통합하려는 요구가 증가하고 있다. 빅데이터 거버넌스 프로그램에서는 규제나 판례 등을 참고하여 소셜 미디어 데이터를 통합하는 것에 관한 지침을 마련해야 한다. 또한, 쿠키정보 (특히 제 3의 기관의 쿠키)를 사용하여 사용자를 추적하거나 그들의 웹 상호작용 정보를 개별적으로 분석하는 것에 관해서도 적절한 지침을 마련해야 한다. 웹과 소셜 미디어에 대한 메타 데이터도 매우 중요하다. 예를들어 클릭 스트림 분석에서 두 사이트가 "unique visitors"라는 용어를 서로 다르게 정의할 수 있다. 예를 들어, 한 사이트에서는 1개월 내에서 유일함을, 두 번째 사이트에서는 1주일 내에서 유일함을 의미하는데, 이를 통합하여 분석하면 오류를 유발하게 된다.

(2) M2M 데이터

Machine-to-machine 혹은 M2M은 다른 디바이스와의 유선 혹은 무선통신을 위한 기술을 의미한다. M2M은 센서 혹은 미터기를 사용하여 속도, 온도, 압력, 플로우(flow), 염분 함유량 등을 측정한 이벤트를 캡처한다. 이러한 이벤트는 유무선 네트워크를 경유하여 이벤트를 의미있는 정보로 변환하는 응용으로 전달한다. M2M 통신은 사물

인터넷이라는 IoT(Internet Of Things) 개념을 실현하게 된다. 빅데이터 거버넌스 프로그램에서는 M2M 데이터와 관련된 다수의 정책을 마련해야 한다. 예를 들어, 개인의 프로파일을 생성하여 프라이버시를 침해할 가능성이 있는 위치정보와 RFID 데이터의 활용에 관한 규정이 그 예이다. 또한, 거버넌스 프로그램에서는 거대한 M2M 데이터의 폐기에 관한 정책을 마련해야 보관으로 인한 IT 비용증대를 막을 수 있을 것이다. 빅데이터 거버넌스 프로그램에서는 습기가 많은 환경이거나 혹은 혼잡도가 높은 경우에 RFID 읽기 빈도에 관한 규정을 두어 데이터 품질을 관리해야 한다. 마지막으로 빅데이터 거버넌스는 사이버 공격에 대한 취약성을 이기는 SCADA(Supervisory Control and Data Acquisition) 인프라도 가져야 한다.

(3) 빅 트랜잭션 데이터

이 부류의 데이터로는 헬스케어 클레임, 통신 CDRs, 시설 요금 청구서 레코드 등이 있다. 통신사의 경우 거대한 CDRs 데이터를 축적하고 있다. 예를 들어, TESCO사는 매달 15억건 이상의 고객관련 데이터를 수집하고 있다. 빅 트랜잭션 데이터에도 반구조화(semi-structured) 혹은 비구조화(unstructured) 형식이 증가하고 있다. 기존의 데이터 거버넌스 이슈들인 메타 데이터, 데이터 품질, 프라이버시, 정보 수명주기 관리 등이 그대로 여기에 적용되어야 한다.

(4) 생체정보

생체인식 혹은 생체정보란 개인의 해부학적 혹은 행동양식의 특징에 근거한 자동식별정보이다. 해부학적 정보란 개인의 신체적인 특성으로부터 생성되는 데이터로써 지문, 홍채, 망막, 얼굴, 손의 모양, 귀의 모양, 음성패턴, DNA, 특별한 경우 몸의 냄새 등이 그 예이다. 행동양식에 근거한 데이터로는 필기체, 키보드 타이핑 분석 등이 있다. 기술의 발전으로 다양한 생체정보가 개발되고 있다. 법률집행, 법률제도, 정보국 등에서 오랫동안 이러한 정보를 사용해 왔다. 최근에는 생체정보가 상용분야에서도 사용이 확대되고 있으며, 소셜 미디어 등 다른 유형의 정보와 통합되고 있다. 이러한 추세는 비즈니스 기회를 주는 동시에 개인 프라이버시와 개인 데이터의 축적 및 유지라는 거버넌스 문제를 야기하고 있다.

(5) 사람이 생성한 데이터

정보화 사회에서 사람의 활동 결과로 많은 데이터가 생성되고 있다. 콜센터 데이터, 음성녹음, 이메일, 문서, 조사, 전자의료정보 등이 그 예이다. 이러한 데이터 중에는 숨겨져야 할 민감한 데이터도 포함되어 있다. 또한 이들 중에는 구조화된 데이터의 품질을 높이거나 MDM과 통합되어야 하는 데이터도 있다. 이러한 문제 외에도 조직은 규제나 스토리지 비용을 감안하여 대규모로 축적되는 데이터의 보유기한에 관한 정책도 가지고 있어야 한다.

6.5 데이터 거버넌스 요소

기존 데이터 거버넌스의 일곱가지 요소가 빅데이터에 대해서도 그대로 적용된다. 여기서는 이들을 하나씩 구체적으로 살펴본다.

(1) 조직과 제도 및 사람

데이터 거버넌스 조직의 전체적인 프레임웍에 빅데이터 관련 조직과 인력을 추가해야 한다. 예를 들어, 데이터 거버넌스 위원회는 데이터 과학자와 같은 빅데이터 전문가를 찾아 위원으로 임명해야 할 것이다. 또한, 소셜 미디어, RFID 등과 같은 빅데이터 유형별로 관리자를 임명해야 할 것이다(steward). 마지막으로 데이터 거버넌스 프로그램에서는 기존 관리자에게 추가적인 책임을 할당해야 한다. 예를 들어, 기존의 고객 데이터 관리자에게 마스터 데이터 리파지토리 안에서 고객의 페이스북이나 트위트 계정에 대한 관리 책임을 부과하는 것이다.

(2) 메타 데이터

빅데이터 거버넌스 프로그램에서는 빅데이터를 엔트프라이즈 메타 데이터 리파지토리와 통합하는 것이 필요하다. 이를 위하여 다음과 같은 활동이 필요하다.

- 빅데이터 용어들을 비즈니스 사전에 등록한다. 예를 들어, 클릭 스트림 분석을 지원하기 위해 "unique visitor"라는 항목을 비즈니스 사전에 추가한다.
- Hadoop에 있는 기술적 메타 데이터를 메타 데이터 리피지토리로 가져와서 등록한다.

- 데이터 흐름 관리자가 Hadoop에서 기술적인 데이터를 메타 데이터 리파지토리로 이전할 수 있도록 지원한다.
- 빅데이터 환경 내에서 데이터의 흐름과 영향력 분석을 관리한다.

(3) 프라이버시

1890년 루이스 브랜디(Louis Brandeis, 미국의 대법원 판사를 역임함)와 사무엘 워랜(Samuel Warren)은 프라이버시 보호권리에 관한 논문을 Harvard Law Review에 발표하였다. 이 논문에서 프라이버시는 "혼자 있을 권리"로 정의하고 있다. 이후 세계는 규제와 법률의 제정에서 이 프라이버시에 관한 이론을 확장하고 정형화하였다. 빅데이터 거버넌스는 민감한 데이터를 식별하고, 이를 활용하기 위한 정책을 수립해야 한다. 이러한 정책은 빅데이터 타입과 산업 및 나라에 따라서 다른 규제를 할 필요도 있다. 많은 논란이 있는 바와 같이 소셜 미디어와 위치정보의 사용에 관한 가이드라인을 빅데이터 거버넌스에서 다루어야 할 것이다. 최근들어 각국에서 개인 프라이버서 보호법을 강화하는 추세이므로 빅데이터 거버넌스 프로그램에서는 빅데이터에 포함된 민감한 데이터에 관하여 기술적, 제도적 장치를 마련해야 한다.

(4) 데이터 품질

조직의 데이터에 관하여 품질 측정, 품질 개선, 품질 인증과 무결성 보장 등의 규정을 정하는 것이다. 빅데이터의 경우 크기와 속도 및 다양성 때문에 기존 데이터 품질과는 다른 접근이 필요하다. 예를 들어, 어떤 유형의 빅데이터는 품질 보장보다는 실시간성의 보장이 중요할 수 있으며, 반구조화 혹은 비구조화된 데이터의 경우 품질 보장에 한계가 있을수도 있다. 또한, 빅데이터의 품질이 비즈니스 통찰력을 제한적으로만 방해하는 경우도 있다 (예를 들어, 추세를 보는 경우 원시 데이터의 정확도를 감내할 수도 있음).

(5) 비즈니스 프로세스 통합

데이터 거버넌스 프로그램은 빅데이터를 필요로 하는 핵심 비즈니스 프로세스를 식별하여 거버넌스를 지원하는 정책을 수립해야 한다. 예를 들어, 땅을 파서 생산을 하는 작업은 오일과 가스 업종의 핵심 프로세스이다. 빅데이터 거버넌스 프로그램에서는 관련 시설의 온도, 흐름, 압력, 염분 함유정도 등을 감지하는 센서 데이터를 얼마동안 보관할지를 결정해야 한다. 이러한 데이터는 보관하는데 비용이 비싸지만 오일이 새는 경우 규제기관에 장비 조작자의 행위를 정당화하는 수단이 되기 때문에 신중한 결정이 필요하다. 또 다른 예제로써 고객의 페이스북 프로파일 (그의 친구 목록까지 포함하여)을 접근하려는 소매업자는 고객의 서면 동의를 받아야 한다는 거버넌스를 수립하여 시행할 수 있다. 이 경우 소매업자는 전체 고객충성도 프로그램에서 특정 상품에 디스카운드를 제공하는 방식으로 고객의 서면 동의를 받을 수 있을 것이다.

(6) 마스터 데이터 통합

빅데이터 거버넌스 프로그램에서는 빅데이터를 마스터 데이터 관리 환경에 통합시키는 정책을 수립해야 한다. 앞에서 논의한 바와 같이 소매업자들은 소셜 미디어 정보를 고객 마케팅에 활용하는 문제에 관하여 규정을 정해야 한다. 다음으로 소매업자는 적절한 데이터 관리권 정책과 도구를 사용함으로써 페이스북 상의 "Susie Smith"가 고객 마스터의 "Susan Smith"와 동일인인지를 검정해야 할 것이다.

(7) 정보 수명주기 관리

빅데이터의 경우 데이터 양이 급증하는 특징이 있으므로 조직들은 규제 혹은 비즈니스 요구사항을 분석하여 어느 데이터를 운영 시스템 혹은 분석 시스템에 유지할 것인지를 결정하고, 나머지는 보관소(archieve)에 저장하거나 폐기하도록 하는 것이 중요하다. 정보에 대하여 법적으로나 규제로써 분명한 명시가 없다면 IT 부서는 정보를 가치가 높고, 보관할 의무가 있다고 가정하고 정보를 관리해야 한다(즉, 가장 보수적으로 운영해야 함) IT 비용이 지속적으로 증가하는 상황에서 불필요한 정보를 시스템에 유지관리하는 것은 부담이 된다. 빅데이터 거버넌스 프로그램에서는 빅데이터에 관한 규제나 비즈니스 요구를 분석하여 유지 관리에 관한 정책을 수립함으로써 이러한 부담으로부터 벗어날 수 있도록 해야 한다. 빅데이터 거버넌스 팀에서는 기록유지나 전자증거활동(e-Discovery) 등을 대비하여 빅데이터의 저장소에 관한 위치정보를 관리해야 한다. 또한, 응용의 성능을 보장하고 저장 비용을 적절한 수준으로 관리하기 위한 베스트 프렉티스, 도구, 아카이빙 및 압축 정책 등을 찾아야 할 것이다. 마지막으로, 조직들은 더 이상 규제 혹은 비즈니스 요구사항 측면에서 필요하지 않은 빅데이터는 폐기하여 비용을 절감해야 할 것이다.

6.6 산업별 빅데이터 거버넌스 사례 분석

다양한 분야에서 빅데이터를 활용하여 성과를 거두고 있다는 보고와 함께 거버넌스 문제가 본격적으로 제기되고 있다. 여기서는 몇가지 사례를 통하여 빅데이터 거버넌스의 중요성을 살펴본다.

사례 1. 빅데이터 거버넌스와 화성기후 탐사선 폭발

물체를 우주에 착륙시키는 데는 엄청난 양의 숫자가 필요하다. 운이 좋지 않은 화성기후탐사선 사건이 빅데이터 거버넌스의 중요성을 상기시키는 좋은 예이다.

1999년 탐사선이 궤도진입 직전에 운항 에러가 위성에 전송되었고, 화성 상공의 예정된 궤도보다 170km 아래에서 진입하게 되었다. 측정값의 단위 불일치가 우주탐색 역사상 가장 비싼 오류를 발생시킨 것이다. NASA 엔지니어가 newton 단위 대신에 pound를 사용한 것이 그 원인이다. 이 작은 실수가 9개월 간의 항해 후에는 엄청난 고도 차이를 가져오게 된 것이다. 결국 그 위성은 예정보다 낮은 고도에서 대기 마찰을 견디지 못하여 불타버렸다.

데이터에 관한 이러한 작은 실수가 3억 2천 8백만 달러의 손실을 가져왔으며, 미국의 우주탐사를 수년간 후퇴시킨 결과를 초래하였다.

<그림 6-4> 위성탐사선

사례 2. 의료산업

병원들은 신생아 집중치료실에서 스트리밍 기술을 사용하여 신생아의 건강을 모니터하려고 한다. 스트리밍 기술을 사용하면 질병 감염으로 인한 증세가 나타나기 24시간 전에 예측할 수 있다. 이 예측 기술에는 대용량의 타임시리즈 데이터를 분석하는 것이 중요한 과제이다. 그러나 이러한 타임 시리즈 데이터는 환자가 움직이거나 하면 읽을 수 없는 불안한 정보이다. 이 경우에 시스템은 선형 혹은 폴리노미얼 회귀분석기법을 사용하여 데이터를 보정해야 한다. 또한, 병원은 이 경우에 오리지널 데이터와 보정된 데이터를 모두 보관함으로써 추후 법률적인 분쟁이나 의학적인 질문에 대처할 수 있도록 해야 한다. 또한 병원측은 보호가 필요한 헬스 정보의 분실에 대비한 정책을 수립해야 한다.

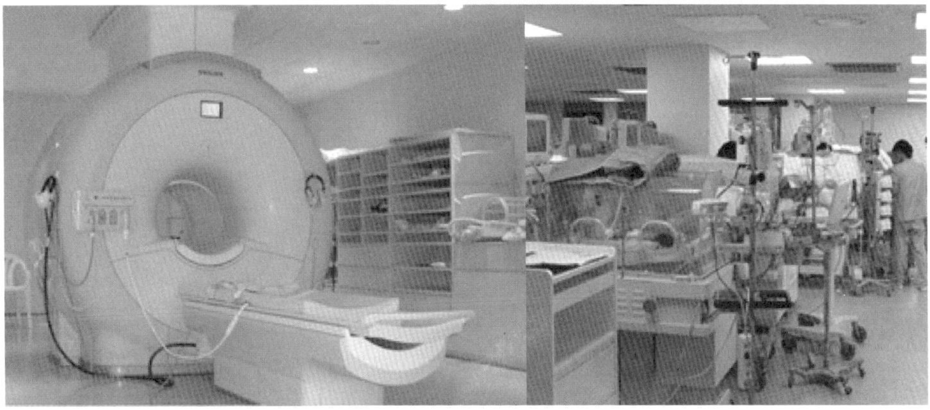

<그림 6-5> 첨단의료장비와 빅데이터 거버넌스

사례 3. 시설관리 산업

공공시설 분야에서는 수도, 전기, 가스 등의 검침을 자동화하고 있다(스마트 미터기). 이러한 스마트 미터기 사업에서는 엄청난 양의 스트림 데이터가 발생하며, 이들에 대한 적절한 관리가 요구된다. 또한인, 이러한 검침 정보는 집에 거주하는 시간이나 집에서의 활동들을 암시하는 프라이버시 정보를 포함하므로 프라이버시 보호가 필요하다. 이 데이터를 분석하면 빈집을 정확하게 예측할 수 있으므로 도둑이나 강도의 표적이 될 수 있기 때문이다. 또한, 이러한 대규모 정보는 저장 및 관리비용을 증가시키므로 폐기 시점과 절차를 명확하게 규정해야 한다.

<그림 6-6> 전기, 가스, 수도 원격검침

사례 4. 보험산업과 SNS

많은 보험회사들이 보험청구 조사를 위해 소셜 미디어를 사용한다. 그러나 아직까지 규제에서는 보험요율이나 정책을 정하는 과정에서 소셜 미디어의 사용을 허용하지 않고 있다. 예를 들어, 생명보험사가 보험 가입신청자의 페이스북 프로파일에 나타나 있는 스카이다이버라는 사실을 근거로 그의 보험료를 높게 책정할 수 있는가 ? 사고를 낸 고객의 페이스북이나 카카오톡 대화 내용을 근거로 보험금 지급을 거부할 수 있는가 ? 보험회사의 데이터 거버넌스 팀은 이러한 문제를 고민해야 할 것이다.

<그림 6-7> 보험산업과 SNS 빅데이터

사례 5. 오일과 가스 산업

과거에는 오일 굴착장치에 단지 1,000개 정도의 센서를 장착하였으며, 데이터베이스 용량의 제한으로 2주마다 데이터베이스를 비워야 했다. 그러나 오늘날에는 각 시설에 30,000개 정도의 센서를 장착하고 있으며, 센서들로부터 수집된 데이터를 더 오래 보관하고 있다. 특히 이러한 정보는 굴착장치의 수명이 다한 이후에도 환경규제 등에 대응하기 위해 오랫동안 보관되어야 하는 경우도 있다. 그 결과 이러한 데이터 중 일부는 50~70년 혹은 100년까지 저장되어야 하며, 아무리 저장장치가 저렴해도 저장 및 보관 비용이 부담 될 수 밖에 없다. 빅데이터 거버넌스 프로그램에서는 센서 데이터의 유지에 관항 정책을 세워서 비용을 절감하는 방안을 마련해야 할 것이다.

사례 6. 무선통신 산업

독일 녹색당의 Malte Spitz씨는 빅데이터의 프라이버시와 관련된 명확한 법률을 만들기를 원하고 있다. Malte Spitz씨는 6개월이 넘는 기간 동안 그의 모바일 폰에서 수집된 데이터를 공개하기로 결정했다. Malte Spitz씨는 지난 6개월 동안 수집된 그의 위치를 보여주는 35,000개의 점을 포함한 거대한 파일을 입수했으며, 관련 전화회사를 고발했다. 이 데이터는 그의 모바일 폰에서(전화회사 서버로) 전송된 GPS 시그널로써 그가 전화를 사용하지 않았을 때도 전송되었다. Malte Spitz씨는 이 정보를 공개하였다. 개별적으로 볼 때 이 데이터는 의미가 없다. 그러나 연구원들이 이 정보를 분석하고, 다른 정보와 결합하고, 지도상에 표현함으로써 Malte Spitz씨의 구체적인 행적을 생성할 수 있다. 예를들어, 그의 GPS 정보를 시간 데이터와 결합하여 언제 그가 정치 집회에 갔는지, 열차를 언제 탔는지, 어느 도시를 방문했는지, 어디서 잠을 잤는지, 어디서 작업을 하는지, 어느 맥주집을 방문했는지, 무슨 카드로 결제했는지, 맥주를 얼마나 마셨는지까지 알 수 있게 된다.

<그림 6-8> 무선통신 산업과 빅데이터 거버넌스

사례 7. 서비스 산업

2011년 12월 영국의 이혼 관련 웹사이트 www.divorce-online.co.uk에 의해 수행된 조사에 따르면 잘못된 행위의 33%가 Facebook에 나타난다고 보고하였다. 이혼 변호사는 소셜 미디어의 정보를 마이닝하여 상대방의 부정, 숨겨진 자산, 진실성, 숨겨진 정보 등을 찾아내는데 사용할 수 있다. 블로그, 소셜미디어, 사진공유 사이트 등에서 모여진 정보는 법정에서 핵심 증거가 될 수도 있다. 예를들어 38세 남자가 법률 사무소를 찾아가서 별거중인 부인의 재정 정보를 조사하려고 부탁했다. 조사원은 그녀의 Facebook에서 사진을 발견하였고, 그녀가 라루바 섬에서 친구와 찍은 사진과 마우이섬의 고급 호텔에서 저녁을 먹는 사진이었다. Twitter 상에 올라 있는 글을 보고 그녀의 가족이 고급 레스토랑을 가지고 있으며, 그녀가 그 비즈니스에 관련되어 있음을 알게 된다. 조사원들은 이 단서들을 가지고 그녀의 자산을 발견하는데 사용한다.

<그림 6-9> SNS와 빅데이터 거버넌스

6.7 결론

빅데이터의 활용이 강조될수록 빅데이터에 대한 체계적인 관리(거버넌스)가 중요한 문제로 부각될 것이다. 이는 자동차가 널리 활용되기 위하여 관련 법규나 조직 및 인력이 필수적인 것과 유사한 것이다. 실시간으로 쏟아지는 빅데이터의 분석 결과로부터 미래에 관한 통찰력을 얻고, 중요한 의사결정에 활용하기 위해서는 데이터의 품질보장, 프라이버시 보호, 데이터 수명관리, 데이터 소유 및 관리권의 명확화 등이 함께 이루어져야 하기 때문이다. 빅데이터를 정해진 시간 안에 통합하고, 정제하고, 분석하여 활용하려면 적절한 관리체계(데이터 거버넌스) 없이는 불가능할 것이다. 빅데이터가 중요한 의사결정에 사용될수록 더 큰 리스크를 가질 수 밖에 없으며, 이러한 리스크는 적절한 데이터 거버넌스를 통해서 관리될 수 있을 것이다.

빅데이터를 활용하여 조직의 업무를 혁신적으로 개선하고 미래에 관한 통찰력을 얻고자 하는 곳에서는 빅데이터 거버넌스 프로그램을 함께 수립함으로써 성공적이고도 지속가능한 빅데이터 활용이 정착되도록 해야 한다. 빅데이터 거버넌스는 빅데이터의 활용으로 인해 발생하는 여러 가지 문제를 해결하는 사람, 조직, 기술의 총체로써 지속가능한 빅데이터 활용을 보장하는 든든한 버팀목인 것이다.

참고문헌

[MCK2011] James Manyika, Michael Chui, Brad Brown, Jacques Bughin, Richard Dobbs, Charles Roxburgh, Angela Hung Byers, Big data: The next frontier for innovation, competition, and productivity, McKinsey Global Institute, 2011.5.

[THO] Gwen Thomas, The DGI Data Governance Framework, The Data Governance Institute (http://www.datagovernance.com/)

[조완섭2014] 조완섭 외, 빅데이터 거버넌스, 홍릉과학출판사, 2013.12, 번역출판예정 (http://bigdatagov.cbnu.ac.kr, 원서: Big Data Governance - An Emerging Imperative, MC Press, Sunil Soares, 2012.10).

[조완섭2013] 조완섭, 빅데이터 거버넌스 - 지속가능한 빅데이터 활용의 전제요건, 주간기술동향, 정보통신산업진흥원, 2013. 11. 13.

찾아보기